부부가 함께하는
경건한 생활

부부가 함께하는 경건한 생활

펴낸날 2017년 8월 17일

지은이 서창원, 유명자

펴낸이 신덕례

펴낸곳 우리시대

디자인 이하양, 진리의 깃발

경기도 고양시 덕양구 마상로 102번길 53 우리시대

유　통 기독교출판유통

ISBN 979-11-85972-13-8

부부가 함께하는
경건한 생활

서창원 · 유명자 지음

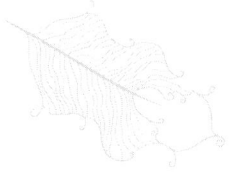

우리시대

목차

들어가면서   6
01 부부가 하나되는 길   11
02 죄와 용서   45
03 아내의 순종   77
04 남편의 사랑   109
05 부부 싸움   143
06 성생활, 간음, 음란   175
07 성도의 가정 예배   207
08 그리스도인의 가정교육   239
09 부부의 언어생활   273
10 부부의 노후생활   305
11 재정관리   339
12 처가와 시댁   371

추천의 글

이 책을 추천하는 영예를 안은 저는 이 책의 저자인 '서창원 목사님 내외분'과 근 30년 동안 교제해 왔습니다. 그런데 이번에 추천을 부탁받아 이 책의 내용을 보면서 이분들에게 이 책을 쓸 만한 은혜와 은사와 사명을 주셨다는 생각을 더 가졌습니다. 참 귀한 책입니다. 정말 우리에게 긴요한 책입니다. 이런 책을 우리에게 선물로 주신 주님께 먼저 감사드립니다. 주님 안에 있는 누구나 그러하듯이 부족한 저도 늘 확신하고 있습니다. 사람이 지상 순례길에서 누릴 수 있는 최상의 행복은 구원의 은혜에 감격하며 천성을 소망하며 주님의 영광을 위하여 삶을 드리는 것이지요. 그런데 '부부사이'가 경건한 동반자의 사이라면 이에서 더 큰 복이 무엇입니까. 우리가 다 알다시피 하나님께서 에덴동산에 베푸신 조건 중에서 최우선에 바로 '부부사이'를 놓으신 것이 아니겠어요. 아담과 하와의 '부부사이'를 통하여 하나님께서는 '가정'이라는 열매를 주셨고, 그 가정으로 '인류 역사(歷史)'의 강이 발원(發源)하게 하셨습니다. 그러니 하나님께서 한 남자와 한 여자를 섭리적으로 주장하시어 서로 '부부사이'로 맺어주면 거기서 하나님의 뜻이 이루어져 나가는 '거룩한 통로'가 탄생하는 것이지요. 그러니 '부부사이'를 향하신 하나님의 뜻이 얼마나 거룩하고 얼마나 아름답습니까! 무슨 말로 그 기이함을 다 묘사할 수 있겠습니까. 그 하나님의 의도를 알고 우리들의 '부부사이'들에 필요한 은혜를 늘 구하면 아버지께서 어찌 거절하시겠습니까. 그러나 '죄'는 정말 하나님의 아름다운 창조질서와 선하신 목적과 의도를 짓밟아 버렸습니다. 그래서 가장 친밀한 사이여야 마땅할 '부부사이'가 가장 미워하는 원수 사이'로 변해 버리기 일쑤입니다. "네 이웃을 네 몸 같이 사랑하라."는 주님의 말씀 실천의 최우선 자리가 '부부사이'가 아니겠어요. 그런데 '서로에게 가장 먼저 고통을 주는 사이'가 될 가능성이 상존하다니 참 생각하면 기막힌 일입니다. 이것이 '죄에 빠진 우리 모든 인생의 본 얼굴'이지요. 그러나 이제 그리스도 예수님을 믿는 우리는 '죄에서 구원을 받아 은혜 아래' 있습니다. 그러니 그 '은혜의 효력'이 '부부사이'에서 가장 먼저 드러나야 합니다. 그런데 아직도 우리 내면에 '옛 사람의 본성'인 죄가 내주하고 있어 그 일이 쉽지 않습니다. 정말 위로부터 부어 주시는 하늘에 속한 신령한 은혜를 힘입는 절제와 집중이 필요한 가장 어려운 일이지요. 가끔 만나는 이웃에게는 '잠깐 이웃 사랑의 미소'를 보내기가 어렵지 않을 수 있습니다(물론 그 일도 그리 쉽지 않지만). 그러나 살을 맞대고 늘 함께 사는 부부사이에서 '우리는 그 일에 있어서 마스터의 경지에 이르렀다.'고 할 부부가 어디 있겠습니까. 우리는 다 이 일에 실패와 실족의 '전과들'을 가지고 있습니다. 그러니 이 일은 '저자 부부'가 이 책에서 몇 번이고 당부하듯이 '부단한 경건의 반복 연습'이 필요한 것이지요.

이 책은 그 경건의 실제를 위하여 성경 말씀의 기준을 가지고 '부부사이'에서 제기되는 여러 문제들과 사명들의 해답을 아주 섬세하게 제시하고 있습니다. 경건이란 우리의 전인(全人)에 관한 것이라면, 이 책은 '부부사이'에서 경건을 유지하고 또 하나님의 원하시는 바를 산출하는 전인적 경건이 무엇인지를 잘 말해주고 있습니다.

이 책을 통하여 하나님의 사랑하시는 가정들이 "범사에 우리 주 예수 그리스도의 이름으로 항상 아버지 하나님께 감사하며 그리스도를 경외함으로 피차 복종하라."(엡 5:20,21)는 말씀에 순종하는 일에 진보를 보일 것을 기대합니다. 아울러 에베소서 5:22 이후에 이어지는 '남편과 아내'의 관계를 '교회와 그리스도'의 관계의 빛으로 조명하는 성령 충만한 삶의 실제의 영광을 맛보게 하실 줄 믿습니다. 주여, 이 책을 주님의 사랑하시는 많은 이들의 손에 넣어 주시어 경건의 최우선 자리인 부부사이와 가정이 거룩하고 정결하게 정돈되게 하옵소서!

서문강 목사(중심교회)

우리 시대에 심히 안타까운 점들 가운데 하나는 많은 가정이 사랑을 상실하고 있다는 사실이다. 그 가운데 상당수는 부부간 이혼의 위기에 처하거나 이미 가정이 해체된 경우도 많다. 기성세대 가운데서 그와 같은 문제가 발생하는 것은 이제 그리 새삼스럽지 않다. 우리는 가정을 이룬지 얼마 되지 않은 젊은 부부의 이혼이나 한평생 부부로 살아온 연세 많은 분들의 황혼 이혼이라는 말을 쉽게 들을 수 있다. 따라서 현대를 살아가고 있는 지각을 갖춘 성인들은 다음 세대를 염려하지 않을 수 없다. 가정의 해체를 가까이서 지켜보거나 직간접적으로 경험하게 되면 그와 같은 현상이 자연스럽게 받아들여질 우려가 따른다. 그렇게 되면 가정을 소홀히 여기는 것을 대수롭지 않게 여겨 부부 사이의 관계가 둔감해 질 수 있다. 이와 같은 위태로운 상황은 하나님의 교회마저 심각하게 위협하고 있다. 우리가 반드시 기억해야 할 대상은 자라나는 다음 세대이다. 지금 교회에서 성장하는 청소년들이 나중 혼인을 하고 성인이 되었을 때 어떻게 언약의 가정을 온전히 꾸려나가게 될지 염려되지 않을 수 없다. 이미 가정을 이루고 있는 성도들이 다음 세대에 본을 보이는 것은 매우 중요하다. 하지만 분명한 점은 앞으로 그 상황이 점차 악화되어 갈 것이라는 사실이다. 지상에 존재하는 하나님의 교회가 감당해야 할 가장 중요한 역할 가운데 하나는 언약의 가정을 올바르게 지켜 보호하는 일이다. 건강한 교회의 기초는 성도들의 가정이라 해도 과언이 아니다. 겉보기에 아무리 화려하고 재미있어 보이는 교회라 할지라도 그것만으로는 온전한 판단을 내릴 수 없다. 건강한 교회라면 소속된 성도들의 각 가정을 잘 보살필 수 있어야 한다. 교회의 장로들이 성도의 가정을 정기적으로 심방하는 이유가 바로 거기에 있다. 신실하고 언약에 충실한 가정들이 주축이 되어 교회를 이루고 있다면 영적으로 건강한 교회라 말할 수 있지만 각 가정들이 원만하지 못하여 위태로운 상황에 놓여 있다면 건강한 교회라 말하기 어렵다. 이번에 서창원 교수님 부부의 귀한 책이 출판되었다. 부부가 함께 고백적으로 써내려간 이 귀한 책을 여러 독자들에 한 발 앞서 접할 수 있는 기회가 나에게 미리 주어진 것은 감사한 특권이 아닐 수 없다. 책 속의 소중한 주제들 가운데 길지 않은 깔끔한 글들이 눈을 떼지 못하게 한다. 이 책은 앉은 자리에서 한꺼번에 읽어내려 갈 수도 있지만 집안에 비치해두고 온 가족이 주제에 따라 하나씩 음미하며 읽어야 할 중요한 내용들을 담고 있다. 남편은 아내를 위해 살아가고 아내는 남편을 위해 최선을 다하는 부부간의 아름다운 관계, 부모 자식을 포함한 온 가족 사이에 생동하는 사랑과 신뢰를 보며 거룩한 질투심을 일으킬 것 같은 느낌마저 들게 한다. 무엇보다 중요한 점은 책의 모든 내용과 의미가 단순한 사회 윤리적 배경이 아니라 교회를 염두에 둔 성경적 교훈을 배경으로 하고 있다는 것이다. 따라서 오랜 세월 믿음의 가정을 소중하게 이끌어온 서 교수님 부부의 삶이 성도들의 귀감이 되길 바란다. 혼탁한 시대에 말씀 위에 세워진 모범적인 가정의 삶과 신앙 원리가 소개되어 커다란 위로가 된다. 가정을 이루어 생활하는 모든 성도들에게 이 책을 음미하며 읽어보도록 권한다. 불안과 위기의 시대에 살아가는 현대 부부와 가족이 이 책을 통해 올바른 가정을 세워나갈 수 있으면 좋겠다. 만일 어떤 문제로 인해 가정의 어려움을 겪고 있는 부부가 있다면 이 책을 읽고 건강한 가정을 속히 회복하는 힘을 얻게 되길 원한다. 또한 혼인을 준비하는 젊은 세대들이 이 책을 통해 장차 언약의 가정을 세워가는 일에 큰 도움을 받았으면 한다. 금년은 특히 종교개혁 500주년이라 해서 각 교단과 교회들이 그에 깊은 관심을 가지고 있다. 그리하여 거창한 행사들을 준비하며 실행해 가고 있다. 하지만 정녕 중요한 것은 단회성의 거창한 행사가 아니라 성도의 본질적인 삶을 회복하는 일이라는 사실을 잊어서는 안 된다. 이 책이 한국 교회와 성도들에게 선한 유익을 끼칠 줄 믿는다. 가정의 회복은 부부간의 문제일 뿐 아니라 그 자녀들과 교회에 직접 연관된 매우 중요한 문제이다. 가정의 위기로 인해 고통 당하는 교인들이 적지 않은 위기의 시대에 살아가는 우리 앞에 이 귀한 책을 내놓으신 서 교수님 내외분께 진심으로 감사드린다.

이광호 목사(한국개혁장로회신학교)

귀한 청교도 목사님이요 우리들의 스펄전 같은 개혁파 설교자인 서창원 목사님께서 부부가 같이 묵상 할 수 잇는 귀한 책을 내어 주신 것은 또 하나의 좋은 선물입니다. 청교도들이 가정을 귀히 여기고 우리들의 가정들이 참으로 기독교 가정이 될 수 있기를 간절히 원한 것과 같이, 서 창원 목사님께서도 우리들의 가정이 제대로 된 기독교 가정이 되도록 부부 들이 하나님 말씀을 같이 묵상하도록 애쓰신 결과입니다. 우리들도 이 묵상을 같이 하면서 더욱 더 주님이 원하는 남편, 주님이 원하는 아내, 그리하여 주님이 원하는 기독교 가정이 되어 갔으면 합니다. 이 책을 이 땅의 모든 부부들에게 추천합니다.

이승구 교수(합동신학대학원 대학교 조직신학교수)

저자는 온전히 회복되어야 할 가정의 중요성을 다시 한번 일깨워주고 있다. 또한 성경이 말하는 부부가 함께 훈련해야 할 경건한 삶의 모습과 그 구체적인 방법을 우리에게 제시해 주고 있다. 추천의 글을 부탁받고 저자의 책을 읽으면서 이 시대에 꼭 필요한 책이 출간 되어서 너무 감사했다. 오랫동안 교회학교 현장에서 다음세대 아이들을 만나면서 느끼는 것은 교회교육의 가장 중요한 현장이 가정이 되어야 한다는 사실이다. 성경적으로 바로 세워진 부모가 매일의 삶 속에서 자녀들의 삶의 모범이 되고, 아울러 자녀들을 주의 교양과 훈계로 양육할 때 그들이 참된 그리스도인으로 자라가게 될 것이다. 쓰나미처럼 밀려드는 세속주의의 흐름 속에서도 가정이 우리 아이들의 울타리가 되고, 안식처가 될 수 있기를 기대한다. 이 책이 경건한 자녀를 양육하기를 원하는 모든 부모님들이 꼭 읽어야 할 책이라고 생각하기에 기쁨으로 추천한다.

권진하 교수 (숭실대 초빙교수(Ph.D), 교회교육훈련개발원 대표)

들어가면서

프로 스포츠 선수들의 훈련 스케줄에서 가장 많은 비중을 차지하는 것이 기본기를 다지는 것이라고 한다. 기초체력 훈련은 경기의 승패와 밀접하기 때문이다. 이 원리는 사회 전반 모든 분야에도 적용이 된다. 경제, 국방, 외교, 교육, 예술, 심지어 종교까지도 그러하다. 지금 장난감 분야의 세계 최고 강자인 레고도 경쟁사의 출현과 비디오게임 산업의 발전으로 한 때 심각한 위기 상황을 맞이하였다고 한다. 2003년도 당시 30대 중반의 최고경영자는 "레고의 본질은 무엇인가? 아울러 레고가 사라지면 우리의 고객들은 무엇을 가장 슬퍼할까?"라는 질문을 스스로에게 던졌다. 그가 내린 결론은 본질로 돌아가 단순해지는 것이었다. 결국 3년 만에 흑자로 돌아서 매출과 영업이익을 최대로 끌어올리게 되었고 여전히 업계 최강자의 자리를 지키고 있다.

한국의 교회 위기를 말하지 않는 사람은 거의 없다. 위기라는 말을 사용하기 시작한지 벌써 30년 가까운 세월이 지나가고 있다. 입이 있고 의식이 있다고 자부하는 이들마다 위기라는 말을 쓰지 않는 이가 없을 정도이다. 그런데도 교회는 나아졌는가? 국민들 사이에서 그리고 교인들 사이에서 교회에 대한 기대감과 자존감과 존경심이 한층 부풀어 오르고 있는가? 도리어 정반대의 현상이다. 갈수록 악화일로에 있다는 것을 부정하지 못한다. 그렇다고 소망을 버릴 수는 없다. 교회의 본질이 무엇인지, 교회의 머리 되신 예수 그리스도께서 왜 교회를 세우셨는지를 곰곰

이 되묻지 않을 수 없다. 본질의 회복이나 기본기 다지기는 '개혁된 교회는 항상 개혁되어야 한다'는 구호에도 가장 적합한 것이다. 그 잣대는 정확무오하고 영원불변하는 하나님의 말씀, 곧 성경이다. 그 성경을 사람들의 손에 되돌려 주었던 16세기 종교개혁운동이 시작 된지 500년이 되었다. 타도의 대상이었던 교황교회보다 더 부패의 온상이 되어버렸고 지탄의 대상이 되어버린 현실에서 개신교의 정신과 그 본질의 회복은 그 어느 때보다 절실하다.

 우리 부부는 그 본질적 회복 운동의 일환으로 일찍부터 교회 내에 출산장려위원회를 설치하고 거룩한 씨로 번성케 하는 운동을 벌였다. 그 원년이 1991년이었지만 누구도 귀를 기울이기는커녕 욕설과 조롱과 비난 일색이었다. 그러나 물러서지 않고 드디어 1997년에 그 위원회를 구성하고 본격적으로 실천했다. 결과는 대성공이었다. 한국 사회가 1.02명의 최저출산 국가가 되었을 때 당시 우리 교회는 평균 3.1명의 시대를 열었다. 아이들 소리가 버글 버글댔던 것이다. 가장 많이 낳은 가정이 6명의 자녀를 둔 것이었지만 아이 낳는 것을 두려워하지 않게 된 것이다. 지금도 그렇게 교훈을 받은 가정들은 건강하게 잘 자라고 있다. 허나 전체 교회적으로나 국가적으로는 침통함을 금치 못한다. 우리나라는 지난 십 년 동안 출산 장려를 위하여 무려 100조원의 돈을 쏟아 부었고 200개가 넘는 정책들을 발표하였지만 올해가 인구 절벽 원년이라고 한다. 교회의 위기도 인구절벽으로 인해 가속화되고 있는 것이다.

교회는 세상과는 구별된 구속함을 받은 신자들의 공동체이다. 세상의 가치관과 풍습을 반영해가는 종교집단이 아니다. 교회는 교회의 머리 이신 예수 그리스도께서 기뻐하시는 뜻대로 본질적인 사명을 충성스럽게 감당해야 할 하나님의 가시적인 왕국이다. 주님의 율례와 규례와 법도를 듣고 지켜 행하는 것이 가장 추구해야 할 최고의 가치이다. 그 왕국의 기초는 가정이다. 에덴동산에서 인간에게 교회 이전에 먼저 가정부터 허락하신 것이다. 그렇기 때문에 교회는 가정 같아야 하고 가정은 교회 같아야 한다는 말이 통용될 수 있는 것이다. 사실 성경은 교회를 설명할 때 가정에서 사용되는 용어들을 많이 소개한다. 아버지, 아들, 집, 신랑과 신부, 부모, 자녀 등의 용어들이 그것이다. 그런 의미에서 건강한 가정들이 많아지는 것이 곧 교회가 강해지는 것이요 동시에 국가의 자산이 된다. 그 건강한 가정, '교회와 국가를 위하여 꿀을 저장하는 신학교'라고 정의한 청교도들의 시각은 오늘 이 시대에도 그대로 적용된다. 그 토대는 가정에서의 경건 생활이다. 부부간의 신앙적 헌신이 없이는 교회의 기초체력 쌓기는 공허한 수고가 될 것이다. 이것이 우리 부부가 이 책을 내게 된 가장 큰 동기이다. 경건생활은 악세사리가 아니라 영적본능에 충실한 것이다. 부부의 경건은 거룩한 자손을 얻게 되는 첩경이다. 거룩한 자손의 번성은 하나님 나라 확장의 토대가 되는 것이며 사회 개혁과 개조의 동력이 된다. 경건생활은 안식일을 기억하여 거룩히 지키라는 말씀처럼 주중행사가 아니다. 매일 매시간 매 순간마다 실천되어져야 하는 의무이지 동시에 특권이다. 그래서 일년 365일 매일 묵상하자는 취지에서 총 12 주제로 나누고 매달 마다 묵상하고 새겨야 할 교훈들을 담아보았다. 목적은 하나이다. 이 땅에서 천국생활을 성도 스스로 맛보게 하는 것과 동시에 세상 사람들로 하여금 천지의 주재자이시며 죄인들의 구세주이신 한 하나님 아버지, 한 주 예수 그리스도가 다스리시는 나라가 있음을 알게 하는 것이다. 경건한 삶을 통하지 아니하고는 생명에 이르는 그리스도의 향기를 나타낼 수가 없다.

더구나 교회는 그리스도의 신부이다. 성도 개개인도 신랑되신 예수님을 만나 영원한 혼인잔치에 참여하게 될 것이나. 그 때 징결한 신부가 되지 않으면 신랑의 간택을 받을 수 없는 것이다. 그렇기 때문에 경건생활은 우리 스스로를 한 남편인 그리스도에게 정결한 신부로 단장하는 가장 주된 방편이다. 경건생활의 기초인 말씀과 기도 그리고 찬양이 넘치는 부부의 삶이야말로 그리스도의 주되심을 증명하는 삶이 된다. 우리가 주님께 속해 있고 주님께 바쳐진 몸이며 주님의 향기를 온 땅에 가득 풍기는 삶을 함께 추구하는 하나의 방편으로 이 책을 독자들 앞에 내놓는다.

가정에서 온 식구들이 둘러 앉아 하나님을 경외하는 모습처럼 아름다운 것은 없다. "여호와를 경외하며 그 도에 행하는 자마다 복이 있도다...네 집 내실에 있는 네 아내는 결실한 포도나무 같으며 네 상에 둘린 자식은 어린 감람나무 같으리로다 여호와를 경외하는 자는 이같이 복을 얻으리로다"(시 128:1-4). 부부의 경건생활은 거룩한 자손을 얻는 모판이다. 하나님께서 부르라고 주신 시편을 노래하고 하나님이 우리의 행복을 위해서 주신 말씀을 읽고 묵상하며 주님께 지혜와 능력을 구하며 동행하는 모습이야말로 사랑과 웃음과 평강이 솟아나는 아름다운 가정을 창조해가는 것이다.

여기에 수록된 글들은 아내가 지난 20여년 동안 부부 성경공부를 인도하면서 읽고 익힌 것들을 몸소 실천해가며 적은 것들이다. 가정생활, 부부생활 및 자녀교육에 관한 도서들은 한 권도 빠짐없이 다 구입하여 섭렵하였고 그 지식들이 쌓인 열매이다. 아내와 담소할 때마다 번뜩이는 지혜의 말들과 생각들이 사라지지 않기를 바라는 마음으로 글을 쓰라고 권유하였다. 수없이 망설이고 주저하던 아내는 이규종 장로님께서 적극 권장하시는 것을 힘입고 글을 쓰기 시작했다. 두 달 만에 탈고하는 놀라운 실력을 발휘하였다. 그 동안 축적했던 지식들이 영적인 지혜와 곁들여 글자로 본색을 드러내게 된 것이다. 물론 나는 아내가 쓴 글에 관련된 성경구절을 찾았고 그리고 마무리 기도문을 작성하였다. 조국 교회의 경건의 능력을 회복하는 길에 미약하나마 도움이 되기를 주님께 겸손히 구한다. 거룩하고 행복하고 건강한 부부들이 사회의 각양 해악들을 퇴치하는 보이지 아니하는 강한 손길이 될 것이다. 하나님의 웃음꽃이 만발하는 가정에서 거룩한 꿈을 안고 보양되는 천국의 씨앗들이 세상의 악을 이기는 개선가를 부를 것이다. 이 작은 책자를 통해서 망가진 가정, 찌그러진 가정, 불화와 고통의 시간들을 피하지 못하는 가정들이 말씀과 기도로 온전해지는 위대한 역사를 맛보게 되기를 간절히 소망한다.

주후 2017년 새해 하나님의 한 작은 노예
서창원, 유명자 부부가 창동 보금자리에서

CHAPTER_ 01

부부가 하나되는 길

1. 부부가 하나되는 길

"이러므로 사람이 부모를 떠나 그 아내와 합하여 그 둘이 한 육체가 될지니"(엡 5:31).

나 아닌 다른 사람과 함께 사는 것은 쉬운 일이 아니다. 가족도 잘 훈련되지 않으면 서로가 상처를 주고 받는 악순환이 되풀이 되는 삶을 살게 된다. 죽을 때까지 평생 동반자가 되어서 살아야 할 부부들이야말로 고도의 훈련을 거치지 않고서는 하나되는 길은 어렵다. 부부들은 각자의 길을 걸어가는 것이 아니다. 서로가 힘과 뜻을 모아서 하나의 길을 만들어가야 한다. 무엇보다도 하나되게 하시는 주님을 의지하면서 도움을 날마다 구하지 않으면 자기의 뜻을 펼치기 위해서 배우자에게 상처를 주게 된다.

이것은 결코 옳은 길이 아니다. 주님께서 허락하지 않은 길은 불행을 가져오게 된다. 불행하기 위해서 결혼한 사람은 이 세상에 아무도 없을 것이다. 사랑하는 사람과 행복하게 살려고 결혼한 사람들이기에 성경에서 제시한 하나되는 길을 걸어가야 한다.

먼저 자신을 포기해야 한다. 배우자에게 관심과 사랑을 가지고 친절하게 대하는 습관이 몸에 익숙해져야 한다. 처음에는 어렵겠지만 열심히 노력하다 보면 자연스럽게 부부의 사랑이 깊어지는 것을 느낄 수 있다. 아무리 멀고 험한 길을 가더라도 사랑하는 사람과 함께 가는 것이 즐거움이요 함께할 때 어떠한 시련도 극복할 수 있다.

서로 하나되는 결혼생활을 하도록 도와주는 것이 이 세상에는 많지 않기 때문에 늘 성경에서 찾아야 한다. 바른 길과 하나되는 길을 아주 명백하게 가르쳐주고 계신 분은 우리 하나님이시다.

'사랑의 하나님 아버지, 우리를 하나로 만들어주심을 감사하나이다. 성령의 하나되게 하신 것을 힘써 지켜서 주의 뜻을 행하게 하소서. 아멘!'

2. 아내에게 주신 아름다움

"덕행 있는 여자가 많으나 그대는 여러 여자보다 뛰어난다 하느니라 고은 것도 거짓되고 아름다운 것도 헛되나 오직 여호와를 경외하는 여자는 칭찬을 받을 것이라"(잠 31:29~30).

결혼 전에는 서로가 외모에 관심을 보이고 아름답게 가꾸기 위해서 참 많은 노력을 기울였다. 그러나 세월이 갈수록 외모는 시들어지고 아무리 노력을 해도 안 되는 것이 젊음을 다시 되돌릴 수 없다는 것이다. 그러나 세상은 갈수록 외모지상주의로 빠져들고 있는 현실이다. 나이를 가늠할 수 없을 정도로 만드는 성형수술이 성행하고 있다. 결혼을 한 사람인지 자녀가 있는 사람인지 손주들이 있는 사람들인지 가늠 하는 것이 쉽지 않을 때가 종종 있다.

하나님이 주신 아내들의 아름다움은 무엇인가? 아내가 되어가는 것이다. 사회에서의 어떠한 직위보다 더 중요하기 때문이다. 한 남편의 아내로서의 해야 할 일은 돕는 배필이다. 남편을 잘 알지 못하면 도울 방법을 찾을 수가 없다. 어떻게 알 수 있을까? 먼저 늘 남편을 위해서 기도하는 것을 잊어서는 안 된다. 지혜를 구하며 어떻게 잘 도와줄 수 있을지를 연구해야 한다.

남자들은 자신을 인정해주고 순종하며 따르는 여자들을 좋아한다. 성경에서 아내는 남편에게 복종하라고 말씀하셨다. 복종하는 것은 반복적인 훈련이 없으면 안 된다. 남편에게 복종하지 않으면 아름다운 아내의 모습을 포기하는 것이다. 외모는 아름답게 가꾸려고 많은 비용을 들여서 성형까지 한다. 그러나 하나님이 원하시는 아내의 아름다움을 위해서 얼마나 많이 노력했는지를 반성해 보자. 많은 시간과 노력을 기울이지 않으면 결코 되어지지 않는다. 참으로 예쁘고 사랑스러운 아내는 저절로 만들어지는 것이 아니다.

'사랑의 하나님 아버지, 외모를 보지 않고 중심을 보시니 감사하나이다. 마음이 예쁘고 여호와를 경외하는 아내를 주심을 감사하나이다. 아멘!'

3. 말하는 것을 배우세요

"만일 누가 말하려면 하나님의 말씀을 말하는 것 같이 하고 누가 봉사하려면 하나님의 공급하시는 힘으로 하는 것 같이 하라"(벧전 4:11).

인간들에게 주신 하나님의 최고의 선물은 말하는 것이다. 다른 동물들에게는 소리를 주셨지만 우리에게는 말을 할 수 있도록 만들어 주셨다. 말이 없으면 서로를 알아가는 것도 불가능한 일이고 인격적인 하나님을 알 수도 없을 것이다. 사람답게 살아가기 위해서 꼭 필요한 요소가 말하는 것이다. 혼자 살 때와 결혼해서 배우자와 살아갈 때 대화의 형식도 다르게 변해야 한다. 늘 배우자를 의식하면서 대화하는 법을 터득해야 한다. 나 혼자가 아니라 둘이 하나되어 살아가는 부부로서의 대화는 성숙한 말들이 나타나야 한다.

부부가 많이 사용해야 할 말들을 나열해 보자. "하나님이 우리 부부를 너무 많이 사랑해요", "여보 사랑해요", "당신을 존경해요", "고마워요", "미안해요", "앞으로 더 잘 할게요", "당신이 제일 아름다워요", "아주 멋지시고 용감하세요", "당신이 있어서 너무 행복해요", "당신 부모님들은 훌륭한 분이세요", "맛있는 밥을 해주어서 너무 감사해요", "나는 당신이 최고예요", "우리 자녀들은 하나님의 귀한 선물이예요".

선한 말들은 심령을 편안하게 해주고 듣는 사람들에게 힘이 되어진다. 그러나 저절로 되어지는 것이 아니다. 자꾸 입에서 자연스럽게 나오도록 하기 위해서는 상대방을 귀하게 여기는 마음이 있어야 한다. 남을 나보다 낫게 여기는 마음으로 대화를 하면 하나님이 웃으시고 복을 주시리라 믿는다. 부부는 서로를 살리는 방법이 무엇인지를 늘 깨닫고 대화를 통해서 성숙한 언어들이 쏟아져 나와야 한다.

'사랑의 하나님 아버지, 경우에 합당한 말은 은쟁반에 담긴 금 사과라 하였는데 선하고 덕을 세우고 감사하는 말을 하게 하옵소서. 아멘!'

4. 대화를 즐기면서 하세요

"무릇 더러운 말은 너희 입 밖에도 내지 말고 오직 덕을 세우는데 소용되는 대로 선한 말을 하여 듣는 자들에게 은혜를 끼치게 하라"(엡 4:29)

사랑하는 사람과 대화하는 것이 가장 행복한 시간일 것이다. 부부는 죽을 때까지 사랑하면서 살아가는 사이이다. 인생의 여정은 좋은 일들만 있는 것이 아니라 어렵고 힘든 시련들이 더 많을 수 있다. 그럴 때 마다 서로를 이해하고 격려해주는 방법이 대화일 것이다. 그러나 대화의 훈련이 되지 못한 부부들은 서로가 냉가슴만 안고 혼자서 외롭게 씨름하는 경우가 많다.

결혼 전에 사랑의 고백을 어떻게 해야 하나를 놓고 얼마나 많은 시간들을 연습하고 준비했는지 생각해 보자. 상대방이 내 마음을 알아주기를 바라면서 가슴 졸이며 말했던 기억들이 있지 않은가? 지금은 어떤가? 함부로 말하고 상대방의 마음보다 내 주장을 내세우지는 않는가? 조금도 생각해보지 않고 생각나는 데로 말해서 상대방에게 상처 주는 일이 얼마나 많은지 모른다. 결혼을 했다고 저절로 잘 되어 지는 것은 아무것도 없다. 서로가 인내하고 참아주고 노력하지 않으면 행복은 우리와 상관없는 일이 된다. 그래서 대화하는 것을 즐겨하지 않을 때 생겨나는 현상은 주변환경에서 일어나는 일들을 어렵게 풀어가는 부부들이 많다는 것이다.

하루 종일 배우자와 얼마만큼의 대화를 하는가? 지극히 사소한 것도 즐겁게 대화하는 기술을 발휘해 보았는가? 주님께서 늘 우리에게 기도하라고 말씀하셨다. 우리도 늘 사랑하는 배우자와 함께 즐겁게 대화하는 시간을 소홀히 할 수 없다.

'사랑의 하나님 아버지, 우리를 부부로 세워주심을 감사합니다. 서로가 덕을 세우는 대화, 은혜를 끼치는 대화를 잘 실천하는 부부가 되게 하소서. 아멘!'

5. 소리 좀 지르지 마세요

"분을 쉽게 내는 자는 다툼을 일으켜도 노하기를 더디 하는 자는 시비를 그치게 하느니라"(잠 15:18).

부부 싸움을 안 해 본 사람은 이 세상에 한 사람도 없을 것이다. 가끔 부부들이 싸우는 모습을 보면 전쟁이 따로 없다는 생각이 들 때가 있다. 집어 던지고 소리를 지르고 화를 내는 모습은 괴물이 아닌 이상 할 수 없는 짓일 것이다. 이런 싸움을 우리 가정에 허용해서는 절대로 안 된다. 한 번 습관을 들이면 나도 모르게 쉽게 싸움에 노출되어서 엄청난 손해를 보게 된다. 부부가 싸움을 하고 나서는 철저하게 회개를 하고 다시는 싸우지 않겠다고 기도하면서 다짐해야 한다.

화가 나면 절제를 할 수 없는 것이 인간의 본성일 것이다. 그러나 소리지르지 말고 참아내야만 한다. 소리를 지르게 되면 내 의지하고는 상관없이 악한 것이 서슴없이 자리잡게 된다. 특히 남자들은 할 말이 생각나지 않으면 소리부터 지르는 경향이 아주 많다. 사려 깊은 말이 나올 수가 없다. 때문에 버럭 소리 지르는 습관은 쓰레기통에 버려야 한다. 다시는 주어와서는 안 되는 더럽고 추악하고 냄새 나는 아주 나쁜 것이다. 더러운 것을 주어서 다시 사용하는 어리석은 부부가 되어서는 안 된다.

자녀들에게는 싸우지 말고 사이 좋게 지내야 한다는 교훈을 주기 위해서도 힘을 다해서 노력하고 참아내야 한다. 이것을 주님은 기뻐하신다. 싸움도 습관이기에 우리 부부에게는 상관없는 일로 만드는 지혜를 구해야 한다. 배우자를 이기려고 하지 말고 사단과 싸워서 이기는 멋진 부부가 되자.

'사랑의 하나님 아버지, 노하기를 더디 하시는 하나님의 성품을 본받게 하시고 사랑으로 용납하는 부부가 되게 하소서. 우리 혀에서 악을 금하고 선한 말을 하여 화평을 이루게 하소서. 아멘!'

6. 허물은 덮어주는 거예요

"미움은 다툼을 일으켜도 사랑은 모든 허물을 가리우느니라"(잠 10:12).

인생을 살면서 가장 많은 허물을 알고 지내는 사이가 부부일 것이다. 다른 사람들은 평생 같이 사는 것이 아니라 잠깐의 만남이어서 그렇게 많이 발견하는 것이 쉽지 않다. 또한 내가 좋아하는 사람이면 주로 장점을 볼 것이고 내가 싫어하는 사람은 허물만 보일 것이다. 그러나 부부는 늘 함께하는 삶이기에 장점보다 허물을 들추어 내는 경우가 많다. 결혼생활이 오래될수록 배우자에 대한 고마움보다 서운하고 섭섭한 마음이 더 드는 이유가 무엇일까?

배우자에 대한 기대감에서 오는 실망이 크기에 그런 것이다. 그러므로 기대치를 낮추어야 한다. 무엇보다도 허물을 말하는 어리석은 사람이 되어서는 안 된다. 이 세상에 완전한 사람은 아무도 없다. 나 자신도 완전하지 않기 때문에 배우자의 허물이 보이면 무조건 덮어 주는 것이다. 왜냐하면 배우자의 허물은 곧 내 허물도 되기 때문이다. 이것이 부부가 하나되는 길로 나아가는 것이다. 둘이 하나이다. 자신의 허물을 동네방네 떠드는 사람은 미련한 자이다. 배우자의 허물이 보일 때 기도하는 마음으로 무조건 덮어주어야 한다. 들추어 내서 긁어 부스럼만 내어 서로가 상처를 주고받는 일은 결코 주님께서 원하시는 방법이 아니다. 허물이 보일 때 위해서 기도하고 사랑으로 덮어주라. 그렇게 함으로 서로의 허물을 소화해내는 멋진 부부가 될 수 있다. 계속 덮어줄 때 허물이 보이는 것이 아니라 긍휼히 여기는 마음이 생길 것이다. 이것이 주께서 원하시는 부부의 삶이다. 주님이 우리의 허물을 덮어주셨기에 우리도 배우자의 허물을 덮어줄 수 있는 능력을 키워야 한다.

'사랑의 하나님 아버지, 우리의 죄악대로 처치하지 않으시고 사해주시며 인자와 긍휼로 관을 씌워주시듯이 우리도 서로의 허물과 약점을 덮고 사랑으로 하나되게 하옵소서. 아멘!'

7. 틈을 주지 마세요

"시험에 들지 않게 깨어 기도하라 마음에는 원이로되 육신이 약하도다"(마 26:41).

성경에는 사단에게 틈을 주지 말라고 하셨다. 틈이란 큰 구멍을 말하는 것이 아니라 아주 작은 구멍을 말하는 것이다. 사단은 우리 부부들이 행복하게 사는 것을 용납하지 않는다. 할 수만 있으면 불행의 씨앗을 뿌려서 엉망으로 만드는 전문가이다. 어느 누구도 감당하기 힘든 상대이다. 늘 깨어서 기도하지 않으면 방심한 틈을 타서 무자비하게 공격하는 무지막지한 자이다.

부부가 하나되지 않고서는 물리칠 수 없는 힘센 장사이다. 사단이 우리 가정과 부부 사이에 들어오도록 허용하지 말자. 눈을 크게 뜨고 서로를 지켜 주어야 이길 수 있다. 창문 유리창에 금이 갔으면 새것으로 갈아야 하는 수고를 감당해야 한다. 그렇지 않으면 겨울에는 추울 것이고 비바람이 몰아칠 때는 창문이 부서지는 위험한 일이 생기게 된다. 그냥 놔두면 생명의 위험을 느낄 수 있다. 그러나 우리의 현실은 어떤지 생각해보자. 대문을 활짝 열어놓고 들어오고 싶을 때 아무 때나 들어와도 어느 누구 하나 내쫓는 사람이 없지 않은가? 가정의 모든 식구들이 무방비 상태로 당하고 있지는 않는지 점검해 볼 필요가 있다. 부부싸움이나, 서로의 비방하는 말, 감사하지 않는 것, 불평을 입에 달고 사는 것, 기도하지 않는 것, 경건치 않은 물건들이 집에 있는 것, 원망하는 말, 배우자의 허물을 공격하는 행동 등 이 모두가 사단에게 틈을 주어서 우리를 마음대로 다스리도록 내버려 두지는 않았는가? 늘 깨어 있어야 한다. 사단의 밥이 되도록 우리 가족을 방치해서는 안 된다. 특히 부부가 힘을 모아서 힘센 사단을 물리칠 수 있어야 한다. 사단보다 강한 우리 주님을 믿고 그를 굳게 의지하며 서로를 위해 늘 기도하는 부부가 되어야 한다.

'오, 사랑의 주님, 여우가 포도원을 허무는 일을 결코 허용하지 않게 하소서. 늘 깨어 기도하며 우리 눈을 허탄한 것에서 돌이켜 오직 주님만 앙망케 하소서. 아멘!'

8. 가정의 질서

"그러나 나는 너희가 알기를 원하노니 각 남자의 머리는 그리스도요 여자의 머리는 남자요 그리스도의 머리는 하나님이시라"(고전 11:3).

가정을 세우신 분도 하나님이시요 가정의 질서도 하나님이 세우셨다. 가정의 기본적인 원리의 가르침이 다 성경에서부터 온 것임을 알아야 한다. 세상의 문화가 우리의 가정을 점점 엉망으로 만들어 가고 있음을 주의 깊게 살펴야 한다. 부부의 삶을 비롯해서 가정의 모든 생활이 갈수록 편리 위주로 바뀌어가고 있음을 깨닫고 기독교인들은 다시 성경에서의 가르침을 받아서 가정의 질서를 무너뜨리는 죄를 범해서는 안 된다. 편리보다는 진리를, 실리보다는 참 진리를 좇아가야 한다. 아내의 머리는 남편이요 남편의 머리는 그리스도이시다. 첨단 과학이 발달하고 우주를 다녀오는 시대에 살고 있지만 이 말씀은 변함없는 진리이다. 아내가 아무리 똑똑하고 사람들이 인정하는 높은 지위에 있는 자라고 할지라도 아내의 머리는 남편이다. 남편의 허락 없이 마음대로 하는 것은 가정의 질서를 세워가는 모습이 아니다. 지극히 작은 사소한 것일지라도 늘 남편과 상의하면서 하나의 행동을 만들어가는 아내가 되어야 한다. 아내가 무엇을 생각하며 살고 있는지 어떠한 영적 상태인지를 남편이 알고 있지 않으면 사단은 틈을 타서 많은 유혹 속으로 들어가도록 만든다. 세상은 우리가 생각하고 있는 것처럼 만만하지도 않고 안전지대가 더 이상 아니다. 아내들이 남편의 권위를 세워주지 않으면 하나님은 기뻐하지 않으신다. 하나님이 세워주신 권위를 무시하는 태도는 누가 좋아하겠는가? 바로 사단이다. 점점 가정의 질서가 무너지는 것을 보고 즐거워하지 않겠는가? 사랑하는 아내들이여! 광명한 천사의 모습을 하고 지금도 우리의 남편들을 우습게 여기도록 만드는 세상의 문화와 타협하지 말고 남편의 권위를 세워가는 지혜로운 아내가 되자.

'사랑의 하나님 아버지, 남편으로서 아내에 대한 의무와 아내로서 남편에 대한 의무를 다하게 하소서. 하나님의 창조 질서에 따라 성령의 하나되게 하심을 힘써 지키게 하소서. 아멘!'

9. 속임수에 넘어가지 맙시다

"악한 사람들과 속이는 자들은 더욱 악하여져서 속이기도 하고 속기도 하나니 그러나 너는 배우고 확신한 일에 거하라"(딤후 3:13-14).

사람을 속이기로 작정한 사에게는 당할 도리가 없다. 그래서 나도 모르게 쉽게 넘어가는 경우를 본다. 사기꾼을 가려내는 도구가 있다면 얼마나 좋을까? 그러나 그런 도구는 없다. 사기꾼들은 진짜처럼 보이기 위해 얼마나 많은 노력과 연구를 하는지 아는가? 그들은 공부하고 시험해보고 드디어 때를 만나면 가차없이 속임수를 써서 사람들을 넘어뜨린다. 인정이란 눈곱만큼도 찾아볼 수 없다. 사단의 정체도 다를 바 없다고 생각한다. 가정을 파괴하고 부부 사이를 이간질하는 이 무시무시한 속임수에 넘어가서는 안 된다. 우리는 늘 성경이 말하는 것을 하찮게 생각하는 습관이 있다. 나하고는 상관없는 일이라고 무관심하게 행동할 때가 종종 있다. 그러다가 나도 넘어지고 배우자와 가족들도 하나씩 하나님과 상관없는 삶이 몸에 배이게 되는 것이다.

부모님들이 우리의 롤 모델이면 얼마나 행복하겠는가? 비싼 수업료 내지 않고 자연스럽게 살면서 배웠으니 이것보다 더 큰 복은 없을 것이다. 그러나 그분들이 성경적인 부부생활과 가정생활을 하지 않았다면 우리는 성경으로 돌아가야 한다. 내가 존경하는 사람들이라고 무턱대고 따라 하는 것도 삼가야 한다. 세상의 흐름이 변했으니 우리 부부들도 모두 변해야 한다. 이것도 너무 위험한 일이다. 남편과 아내에게 주신 말씀을 늘 명심하고 기억하고 묵상하면서 사단의 속임수에 넘어가서는 안 된다. 세상에는 사기꾼을 가려내는 도구가 없지만 우리에게는 성경이 사단의 속임수를 가려낼 수 있는 무기이다. 가정의 질서를 세우시고 부부의 행복을 원하시는 주님이 살아 계시니 얼마나 감사한 일인가? 말씀의 무기를 잘 갈고 닦아서 우리 부부 사이에 사단이 틈을 타고 들어올 때에 가차없이 휘둘러서 쓰러뜨려야 한다.

'사랑의 하나님 아버지, 주의 말씀을 옳게 분별하여 부끄러울 것이 없는 자로 인정된 자로 늘 주님께 드리는 우리가 되게 하소서, 아멘!'

10. 가정이 본부석이다

"만군의 주 여호와여 주의 장막이 어찌 그리 사랑스러운지요"(시 84:1)

하루 종일 밖에서 일하고 지친 몸을 이끌고 집에 들어오는 남편들은 누구나 편히 쉬고 싶은 마음일 것이다. 힘들기는 아내들도 마찬가지이겠지만 가정의 중심이 되어서 식구들의 안식과 편안함을 제공해 주어야 한다. 학교에서 열심히 공부하고 피곤한 몸으로 집에 들어오는 자녀들을 맞이하는 곳도 가정이다. 이렇게 가정은 생활고에 지친 육신에 편안함을 제공해 주고 가족들의 건강을 살펴주어야 한다. 가정이 아닌 어디에 가서 우리 가족들이 쉴 수 있을까? 부모님 집이나 친척 집이나 친구들 집이 있겠지만 거기는 우리가 마음 편히 쉴 수 있는 곳이 아니다. 잠깐의 휴식은 될 수 있겠지만 지속적인 쉼의 공간은 아니다.

밖에서의 활동을 멈추고 재충전을 받아야 할 곳이 아내와 남편이 있는 가정이다. 비록 직장이나 학교에서 고통스럽고 어려운 일을 겪었을지라도 이 모든 아픔을 치료할 수 있는 곳이 가정이다. 자녀들에게 주의 교양과 훈계로 양육해야 할 곳도 가정이다. 삶의 중심이 되어야 하고 가르침에 본부석이 되어야 한다. 그곳에서의 전달사항이 내 삶의 질을 높이는 것이 되어야 하며 다른 사람들을 유익하게 해주는 믿음의 본부석이어야 한다. 이곳에서 제대로의 가르침과 편안함을 제공받지 못하면 방황하는 배우자가 생기게 되고 비행청소년들이 생기게 된다. 그러나 현실은 갈수록 가정의 중요성을 강조하지 않는다. 개개인의 삶을 우선시하고 더 이상 간섭하는 것을 싫어하고 가르침을 잘 받으려고 하지 않는다. 무엇보다도 가정에 있는 시간들이 적다는 것이다. 직장과 학교와 학원 등 개인의 취미활동이나 밖에 있는 시간들이 늘어남에 따라 가족끼리 함께하는 시간이 없다는 것이다. 하나님을 생각하는 시간은 아예 없다고 볼 수 있지 않을까? 밖에서의 활동을 줄이고 가정이라는 안식처에서 쉼을 누리자.

'사랑의 하나님 아버지, 사랑과 행복이 깃든 가정이 되게 하시고 주님의 장막처럼 안식과 평안이 넘치는 우리의 보금자리가 되게 하소서. 아멘!'

11. 복종의 일인자가 되어야 한다

"순종이 제사보다 낫고 듣는 것이 숫양의 기름보다 나으니이다"(삼상 15:22)

어느 날 아들 동윤이가 군대에서 휴가 나와 하는 말이 군인이 가장 잘 해야 할 덕목이 복종이라는 것이다. 상관의 말에 복종하지 않으면 생명의 위협을 느끼고 전쟁에서 죽을 수 있다는 것이다. 목회하는 아빠에게 '성도들이 말 안 들어서 힘들지요. 저는 군대에서 부하들이 복종을 잘 해 주어서' 신난다는 것이다. 지금은 어엿한 중대장이 되어서 복종의 달인들을 잘 키워내고 있다.

혈기가 왕성한 청년들이 군대에 가서 가장 먼저 배우고 익히는 것이 복종일 것이다. 군대 간 지 몇 달이 지나면 말의 어투가 분명해지고 행동의 절제가 보여져서 부모들의 마음을 흐뭇하게 해준다. 결혼 전에는 부모에게 순종하고 결혼 후에는 남편에게 순종하는 것이 아내들의 덕목이다. 순종이 몸에 익숙하지 않으면 가장 불행한 사람이 아내 자신들이다. 왜냐하면 그것이 하나님의 방법이기 때문이다. 하기 싫어도 해야 하는 것이 순종이다. 하고 싶은 것만 순종하는 것은 누구나 다 할 수 있다. 그러나 하기 싫어도 해야만 하는 것이 주님의 뜻을 이루는 것이기에 선택의 여지가 없다. 세상사람들은 남편들에게 복종하며 사는 것을 강조하지도 않고 부모들이 그렇게 가르치지 않는다. 그러나 우리 기독교인들은 기분에 따라서 움직이는 것이 아니라 하나님이 하라 하셨기에 기쁨으로 순종해야 한다. 그럴 때 가정의 질서를 유지할 수 있는 것이고 자녀들이 어머니의 순종을 배우면서 믿음을 지켜나갈 것이다. 이 순종은 저절로 되어지는 것이 아니다. 영적인 것이기에 늘 기도하면서 훈련에 임해야 한다.

결혼생활을 오래한 부부일수록 순종의 달인이 되어야 하지 않겠는가? 자기 자신을 쳐서 하나님의 말씀에 복종하는 훌륭한 아내들이 되자.

'사랑의 하나님 아버지, 교회가 그리스도에게 하듯 남편에게 순종하는 아내 되게 하시고 그리스도가 교회를 사랑하여 자신을 내어 주시듯 남편도 아내를 사랑하게 하소서. 아멘!'

12. 사랑의 전문가가 되도록 힘써야 한다

"사랑하는 자들아 우리가 서로 사랑하자 사랑은 하나님께 속한 것이니 사랑하는 자마다 하나님께로 나서 하나님을 알고 사랑하지 아니하는 자는 하나님을 알지 못하나니 이는 하나님은 사랑이심이라"(요일 4:7-8).

사람은 어린아이나 어른 할 것 없이 남녀노소 모두가 이기주의적인 성향이 짙다. 특히 남성들이 더하다는 것을 살면서 많이 느낀다. 사랑은 곧 헌신이기 때문에 이 같은 삶을 사는 것이 쉽지 않다. 헌신은 많은 것을 살펴야 하고 신경 쓰지 않으면 할 수 없는 것이다. 곧 자기 자신을 죽이지 않으면 이 거룩한 사랑은 할 수 없기 때문이다. 자기 자신을 드러내는 일은 물불을 가리지 않고 힘을 다하지만 남들에게 보이지 않는 희생을 요하는 일은 쉽게 하지 않는다. 얼마나 사랑하는 것을 원하셨으면 가장 힘든 상대를 주어서 사랑의 훈련을 하게 하셨을까? 예수님의 사랑을 몸소 실천하는 삶을 남편들에게 주신 것이다. 아내가 아닌 다른 사람들에게는 조금만 관심을 보이고 친절하게 대해주면 누구나 할 것 없이 좋아한다. 그러나 아내는 다르다. 다른 사람 대하듯이 건성으로 할 수 없기 때문이다. 내 자신을 다 주지 않으면 안 되는 사랑을 아내에게 주어야 한다. 한 달 동안 열심히 일해서 번 월급을 몽땅 주어야 하고 아프면 약도 사주고 지극 정성으로 보살펴 주어야 한다. 아내가 필요한 모든 것을 아낌없이 공급해주며 늘 더 주고 싶은 마음자세로 섬겨야 한다.

특히 아내들은 말을 많이 하기 때문에 잘 들어주는 것도 남편의 사랑을 보여주는 것이다. 사소한 것일지라도 관심과 사랑의 표현을 성의 있게 해야 한다. 아내가 세상의 유혹을 받지 않도록 기도하며 영적인 성숙을 위해서 노력해야 한다. 경건의 도구를 모두 사용하여 연약한 아내를 아끼고 사랑하지 않으면 주님께서는 결코 기뻐하지 않을 것이다. 내 자신을 다 내어주는 사랑을 예수님이 친히 모범을 보여 주셨고 남편들에게 이러한 사랑을 하도록 여러분의 아내를 주셨다. 믿음으로 잘 감당하는 남편들이야말로 사랑의 전문가의 길을 가는 것이다.

'사랑의 하나님 아버지, 주님의 사랑을 깊이 이해하고 그 사랑으로 서로를 사랑하여 그리스도의 법을 성취하는 부부가 되게 하소서. 아멘!'

13. 사랑은 일방통행이 아니다

"사랑은 무례히 행치 아니하며 자기의 유익을 구치 아니하며 성내지 아니하며 악한 것을 생각지 아니하며"(고전 13:5).

결혼을 했으면 아내에 대해서 공부를 해야 한다. 태어났을 때부터 시작해서 결혼에 이르기까지의 과정을 알고 있어야 한다. 아내가 맡할 수 있도록 자연스러운 분위기를 만들어 주자. 이것은 많은 시간과 노력을 기울이지 않으면 공부할 수 없다. 누군가를 알고 지낸다는 것은 많은 시간의 투자와 물질의 투자가 없으면 불가능한 일이다. 하물며 평생 인생의 동반자인데 더 많은 수고와 노력이 있어야 하지 않겠는가? 저절로 알아지기를 바라지 말자. 수고도 하지 않고 저절로 알 수 없기 때문이다. 결혼 전에는 관심을 가지고 서로를 알기 위해서 많은 노력을 기울이지 않았는가? 결혼 후에는 더 많은 시간을 내어서 수고를 해야 하지 않겠는가?

요즈음은 정상적인 가정에서 자란 사람들보다 문제 있는 가정에서 자란 사람들이 의외로 많다. 어떠한 환경에서 자랐으며 아내의 아픔과 고통이 무엇이었는지를 알고 있어야 한다. 상처가 있으면 함께 싸매어주고 고통이 있으면 함께 나누는 것이 부부의 삶이기 때문이다. 모든 것을 함께 누리고 나누는 일에 동참하도록 노력을 기울이자. 서로를 잘 알지 못하면 사랑을 주는 것이 일방통행이 될 수 있기 때문이다. 아내가 원하는 것을 해주어야 하는데 잘 알지 못하면 내 방식대로 판단해서 할 경우가 많기 때문이다. 어떤 음식을 좋아하는지, 무슨 색깔을 좋아하는지, 취미가 무엇인지, 어떤 옷의 취향을 좋아하는지, 하고 싶은 일이 무엇인지 등 이 모든 것을 알고 있는 것은 기본이다. 더 나아가서 아내의 발전되고 성숙한 삶을 위해서 남편들이 어떠한 방식으로 사랑하며 도와주어야 하는지 알고 있어야 한다.

'사랑의 하나님 아버지, 좋은 배필을 주셨으니 잘 이해하고 살펴서 아내를 섭섭하게 함이 없게 하시고 아내를 즐거워하며 감사하는 일들만 넘치게 하소서. 아멘!'

14. 하와가 지은 죄를 조심하세요

"남편은 그 아내에게 대한 의무를 다하고 아내도 그 남편에게 그렇게 할지라"(고전 7:3).

아내와 남편에게 각자의 역할 부분을 나누어 주셨다. 여자의 머리는 남자요 남자의 머리는 그리스도시다. 이것이 주님이 세워주신 영원 불변한 진리의 말씀이다. 그러나 지금은 남자의 머리는 여자로 바뀌어 가고 있음을 본다. 하와가 선악과를 먹기 전에 남편에게 물어 보고 허락을 받아야 했다. 과일 하나 먹는 것이 뭐 그리 대단하다고 일일이 남편에게 물어보는가라고 생각하겠지만 그것을 먹으면 정녕 죽으리라고 했기 때문에 이미 하와도 알고 있었을 것이다. 이는 내 뼈 중에 뼈요 살 중에 살이니라고 고백한 아담이었기에 분명히 하와를 사랑하며 지켜주었을 것이다. 사단이 죽지 않고 하나님과 같이 될 거라고 유혹해도 남편의 말을 먼저 듣고 따라야 했다.

남편들에게 주신 이 원리를 잘 지켜나가야 한다. 세상 삶이 아무리 고되고 힘들어도 아내와 자녀를 잘 살피고 돌봐주어야 한다. 가정의 무슨 일이 있으면 남편이 알아야 하고 아버지와 상의를 해야 한다. 그러나 요즈음은 어머니가 가정을 주도해 나가고 자녀들도 어머니에게 모든 것을 의논하며 지시를 받는 경우가 대부분이다. 남편들은 너무 바쁘다고 핑계를 대고 자신의 임무를 다하지 않는 경우가 얼마나 많은가? 세상은 우리 남편들에게 주님의 말씀에 순종하며 살도록 시간과 마음의 여유를 허락하지 않는다. 단지 돈을 버는 기계로 전락하여 아무것도 보이지 않게 만든다. 시간과 물질의 여유가 있으면 자신의 취미생활을 더 중시하고 가족들에게 신경 쓰지 않는다.

남편들은 가정을 잘 지키고 식구들이 사단의 유혹에 넘어가지 않도록 주의 깊게 살펴야 한다. 아내가 가정을 좌지우지하게 만드는 나태함에서 벗어나야 한다.

'사랑의 하나님 아버지, 부부가 서로를 잘 알아서 서로에 대한 의무를 게을리 하지 않게 하시고 사단이 우리를 시험하는 일이 없도록 지켜 주옵소서. 아멘!'

15. 무조건적인 사랑

"남편들아 아내 사랑하기를 그리스도께서 교회를 사랑하시고 위하여 자신을 주심같이 하라"(엡 5:25).

결혼 전에는 서로가 잘 보이기 위해서 많은 노력을 기울인다. 단점을 말해 주기보다는 할 수만 있으면 장점을 알려주려고 애를 쓴다. 자기의 허물을 될 수 있으면 감추고 좋은 모습만 보여 주려고 수단과 방법을 가리지 않는다. 마치 마법에 걸린 사람처럼 자기의 진짜 모습이 아닌 가짜를 보여 주려고 많은 노력을 한다. 없는 거짓말까지 만들어서 그럴싸하게 포장하여 더 나은 사람이라는 것을 보여 주려고 한다. 왜 그럴까? 아마도 좋아하고 사랑해서 그렇다고 말할 수 있을 것이다. 그런데 결혼 후에도 이러한 노력을 하는가? 한마디로 아니다. 결혼 전에 보여 주지 않았던 실체들을 하나씩 보여 주기 시작하는데 감당하기조차 힘들 정도로 쏟아져 나온다. 이 사람이 내가 그렇게 사랑하고 좋아했던 사람인가 의심할 정도이다. 사랑하기에 좋은 것만 보려고 했고 좋지 않는 모습은 감추려고 애썼던 것이다. 그러나 결혼을 했으면 배우자의 단점이나 장점을 다 사랑하고 품어주어야 한다.

특히 사랑하는 남편들이여! 아내에 대한 사랑은 무조건적이다. 결혼 전에 아름다웠던 아내의 모습에 반했으면 지금은 더 큰 사랑으로 아내를 아름답게 귀하게 만들어 가야 한다. 이것은 주님의 사랑이 없으면 불가능한 것이다. 나같이 못나고 허물 많고 실수투성이를 조건 없이 사랑하여 하나님의 자녀로 삼아주셨다. 이 엄청나고 위대한 사랑을 받았기에 할 수 있다. 잔소리하고 바가지 긁는다고 불평하지 마라. 이런 모습도 사랑하여 품어 주면 결혼 전에 알지 못했던 신비한 아내의 아름다움을 더 볼 수 있다. 그러나 아무나 이런 아름다움을 볼 수 있는 것이 아니다. 남편의 사랑과 헌신이 없으면 아내의 신비한 아름다움을 볼 수 없을 것이다. 선택은 여러분의 것이다.

'사랑의 하나님 아버지, 죄와 허물로 죽은 우리를 그 크신 은혜로 사랑해 주시고 구원하여 주심을 감사합니다. 그 사랑으로 뼈 중의 뼈요 살 중의 살인 아내를 뜨겁게 사랑하게 하소서. 아멘!'

16. 좋은 아내 노릇 하는 거예요

"사랑은 오래 참고 사랑은 온유하며 투기하는 자가 되지 아니하며 사랑은 자랑하지 아니하며 교만하지 아니하며"(고전 13:4).

무엇이든지 처음 하는 것은 어설프고 낯설고 실수가 많은 법이다. 한 번도 경험한 적이 없는데 잘하기를 기대하는 것은 욕심이다. 이제 막 결혼해서 아내가 되었으면 어린아이의 수준을 넘어갈 수 없다. 어린아이의 특성은 실수가 많은 것이다. 사랑스럽고 귀엽지만 천방지축이다. 실수할 때마다 야단치는 것보다 격려해 주고 잘 가르쳐주어야 한다. 그런데 문제는 어린 아내지만 어린아이가 아닌 어른이라는 것이다. 모든 사람들의 눈에는 어른으로 보이지 어린 아내로 보이지 않는다는 것이다. 당연히 시행착오가 생긴다. 어린아이는 주변의 모든 사람들의 관심과 사랑이 없으면 정상적으로 자랄 수 없다. 이럴 때 남편의 진가를 보여주어야 한다. 시댁식구들과 처가식구들로부터 아내를 철저히 보호해 주어야 한다. 하나님께서 허락해 주신 내 아내이기 때문이다. 어느 누구도 해롭게 하는 것을 눈 감고 있지 말고 남편의 자격으로 아내를 감싸주자. 그렇다고 다른 사람들에게 피해를 주자는 것은 아니다. 내 아내는 내가 지키지 않으면 어느 누구도 지켜주지 않는다는 것을 알아야 한다.

아내가 우선이고 그 다음이 부모 공경이다. 부모를 공경한다는 이유로 한국에 수많은 남편들이 아내들에게 씻을 수 없는 상처를 주고 있다. 결혼 전에는 부모가 우선이었지만 결혼 후에는 아내가 우선이다. 아내를 지극정성으로 돌보고 사랑해야 한다. 그럴 때 아내가 시부모님을 더 잘 봉양하고 공경할 것이다.

남편과 부모님과 친지들의 사랑을 받으면서 자란 성숙한 아내의 모습을 통해서 누가 제일 큰 혜택을 누리겠는가? 남편과 자녀들일 것이다.

'사랑의 하나님 아버지, 바다같이 넓은 마음 주셔서 아내를 이해하고 감싸주며 돌봐줌에 전혀 부족함이 없게 하옵소서. 아멘!'

17. 남편이 된다는 것이 부담스러워요

"오직 주께서 각 사람에게 나눠 주신 대로 하나님이 각 사람을 부르신 그대로 행하라"(고전 7:17).

내가 첫아들을 낳았을 때 시어머님께서 무척 감격해 하시며 우시는 모습을 아직도 생생하게 기억하고 있다. 아들이 뭐길래 그렇게 좋아하셨을까? 지금은 시대가 많이 달라져서 아들 딸 구별이 없다고 하지만 아직도 아들 가진 부모가 더 유세를 떠는 모습을 종종 볼 수 있다. 특히 결혼 후 시어머님의 힘을 무시했다가는 즉각 사랑하는 딸에게 화살이 날아오는 경우가 있다. 그래서 말 조심 행동 조심해야 한다.

이처럼 아들들은 태어나서부터 대우를 받고 자란다. 그래서 지속적인 부모님의 관심과 사랑은 큰 부담감으로 다가온다. 기대치에 부응하지 못하면 좌절감을 느끼며 속상해 한다. 언제부터인가 능력의 유무로 남자들을 평가한다. 돈이 없으면 장가도 못 간다고 한다. 그래서 대학을 졸업하면 안정된 직장을 구하며 자기 개발에 힘을 쏟다. 그러다가 어떻게 배우자를 만나서 결혼하게 된다. 결혼교육을 제대로 받은 적이 없다. 서점에 가면 수많은 결혼에 관한 책이 있지만 제대로 읽어 본 기억이 없다. 그냥 남들 하는것처럼 하면 된다고 생각한다. 그러나 이것은 아니다.

남편에게 부여된 권위를 무시하고 제멋대로 하다가는 큰 코 다친다. 엄청난 부담감을 가지고 가정을 잘 세워가야 한다. 가정 안에서 이루어진 모든 일은 전적으로 남편에게 책임을 전가하신다. 가정의 제사장의 직분을 주셨으니 함부로 살 수도 없고 내 마음대로 할 수 있는 것도 아니다. 욥기서에 보면 욥은 일곱 명의 아들과 세 명의 딸들을 포함해서 열 명의 자녀들을 두었다. 그는 늘 자녀들을 위해서 번제를 드렸다. 자녀들이 죄를 지어 하나님을 배반하는 일이 없도록 하기 위해서다. 가정에서 하나님을 높이는 삶을 살지 않으면 하나님과 상관없이 살아가는 허무한 인생살이가 되기 쉽다.

'사랑의 하나님 아버지, 가정의 제사장으로 세워주신 남편에게 순종하고 어른들을 공경하며 자녀를 주의 교양과 훈계로 잘 양육하게 하소서. 아멘!'

18. 호칭이 달라졌어요

"아담이 가로되 이는 내 뼈 중의 뼈요 내 살 중의 살이라 이것을 남자에게서 취하였은즉 여자라 칭하리라"(창 2:23).

사람들은 호칭에 따라서 변화되는 모습을 볼 수 있다. 내가 가장 사랑하고 존경하는 내 남편은 목사님이다. 어디를 가나 사람들은 목사인 것을 금방 알 수가 있다고 한다. 그분의 말투나 행동에서 목사 모습이 나오기에 그럴 것이다. 다른 사람들이 나를 어떻게 불러주느냐에 따라 행동과 마음가짐이 달라지는 것을 무시할 수 없다. 결혼 전에 불렀던 호칭을 바꾸지 않고 그대로 사용하는 부부가 적지 않음을 볼 수 있다. 맨 처음에는 멋쩍어서 그랬고 시간이 흐르면 자연스럽게 입에서 나오니깐 바꾸는 것이 오히려 낯설어서 부르는 경우가 대부분이다. 그러나 결혼했으면 결혼 전에 사용했던 오빠, 누나, 아무개 씨, 선생님, 자기야 등의 호칭을 과감하게 버리고 여보, 당신이라는 호칭으로 바꾸어야 한다. 반말을 사용했으면 존칭어로 바꾸어야 한다. 부부는 예의를 지켜야 하는 사이이지 함부로 대해서는 안 된다. 호칭을 바꾸는 것이 사소한 일이라도 소홀히해서는 안 된다.

자녀가 태어났는데 엄마가 아빠를 부를 때 계속해서 오빠라고 부른다고 생각해 보자. 이 아이는 자기 아빠를 외삼촌이라고 불러야 옳은 것이다. 물론 그럴리야 없겠지만 호칭문제 하나라도 가정을 세우는 일이라면 바르게 고쳐야 한다. 서양에서는 남편이 아내를 부를 때 darling(사랑스러움), honey(달콤함), sweetie(귀여움)이라고 부른다. 남편에게 하니라고 오십 년 이상 불리운 아내라면 어떻게 달라졌겠는가? 사랑스럽고 달콤한 아내의 모습일 것이다. 비록 늙어서 외모는 볼품이 없을지라도 아내에게 풍기는 아름다움을 그 남편은 즐기고 기뻐하지 않겠는가? 자녀들 이름을 앞에 놓고 누구 엄마, 누구 아빠라는 호칭은 삼가자. 그 호칭은 다른 사람들이 사용하는 호칭이다.

'사랑의 하나님 아버지, 우리의 주님이시며 우리의 아버지이신 주님이 우리를 부부로 삼아주셨으니 가장 달콤하고 사랑스러운 칭호로 부르게 하시고 즐거워하는 부부가 되게 하소서. 아멘!

19. 부부는 같은 편이예요

"혹시 저희가 넘어지면 하나가 그 동무를 붙들어 일으키려니와 홀로 있어 넘어지고 붙들어 일으킬 자가 없는 자에게는 화가 있으리라"(전 4:10).

같은 편끼리는 서로를 도와주고 감싸주는 일을 해야 한다. 서로가 싸우면 질 수밖에 없기 때문이다. 철저하게 단점을 감추어주고 힘을 합해서 상대팀을 이겨야 한다. 부부는 같은 편이다. 상대방이 내 남편이나 내 아내 흉을 보면 같이 맞장구를 치지 말고 두둔해야 한다. 속이 상할 때 친정 집에 가서 남편의 흉을 실컷 보는 경우가 있다. 때로는 친구에게 전화해서 배우자의 허물을 들추어내는 실수를 할 때가 종종 있다. 그것은 옳은 행동이 아니다. 내 배우자의 단점과 허물은 나한테 감당하라고 주님이 허락주신 훈련의 도구이다. 나를 더 정결하고 깨끗하게 만들어가시는 하나의 수단이다. 굳이 다른 사람에게 말해 보았자 전혀 도움이 되지 않기 때문이다. 나에게는 허물이 될 수 있지만 다른 사람에게는 아무런 피해를 주지 않기 때문이다. 예를 들어서 배우자가 잠을 잘 때 코를 너무 심하게 곤다면 내가 불편한 것이지 다른 사람에게는 아무런 피해를 주지 않는 것이다.

마음에 들지 않는다고 다른 팀에 속한 자를 함부로 데려올 수 있는 것이 아니다. 부부는 좋으나 싫으나 죽을 때까지 함께해야 하는 영원한 한 팀이다. 바꾸는 것을 주님이 허락하지 않으셨다. 어차피 바꿀 수 없는 팀이라면 즐기면서 기쁘게 서로를 도와주며 영원토록 함께해야 하지 않겠는가? 같이 마음을 맞추어 잘 해보기 위해서 노력을 기울인다면 멋진 팀이 될 것이다. 어렵고 힘들고 괴로운 일이 있을지라도 함께 힘을 모아서 헤쳐나가면 적을 쉽게 물리칠 수 있지 않겠는가? 부부가 한 팀이 되어서 어떠한 상황이 와도 담대하고 용감하게 이길 수 있는 힘을 길러내야만 한다. 허무는 자가 아니라 세우는 자가 되자.

'사랑의 하나님 아버지, 두 사람이 한 사람보다 낫게 하셨으니 서로 합하여 좋은 가정을 세워가게 하시고 좋은 남편 좋은 아내로 날마다 성숙하게 하소서. 아멘'

20. 결혼을 하게 하셨으니 감당할 지혜도 주신다

"나의 하나님이 그리스도 예수 안에서 영광 가운데 그 풍성한 대로 너희 모든 쓸 것을 채우시리라"(빌 4:19).

부모들이 혼기가 찬 자녀들에게 결혼하라고 독촉한다. 짝이 없는 자녀에게는 기회만 되면 선을 보라고 난리를 피우는 부모들도 있다. 내 나이에 다른 사람들은 손주가 생겼다고 시간만 있으면 손주타령이다. 당사자들은 마음의 준비가 안되었고 무엇보다도 돈이 없다고 이런 저런 핑계대기에 바쁘다. 그런데 막상 결혼을 하려고 준비 하다보면 비용이 정말 만만치 않게 들어간다. 부모님들은 어디에서 그런 돈이 있었는지 이것 저것 준비하시는 모습을 보면서 존경스럽고 무한히 감사하다는 생각이 든다. 물론 빚을 내어서 준비하는 부모님들도 있지만 없는 살림을 절약하고 모아서 자녀들에게 한 푼이라도 더 잘 해 주기 위해서 노력한 결과물이다.

육신의 부모들도 자식을 위해서 수고를 아끼지 않는데 하물며 하나님 아버지께서는 오직 하시겠는가? 주님의 섭리 가운데 인생의 반려자를 만나게 하시고 결혼하게 하셨으니 당연히 감당할 힘도 주시지 않겠는가? 우리가 구하고 찾는 부지런함을 발휘하지 않아서 실패하고 좌절하고 고통스러워하는 것이 아니겠는가?

하나님의 시각으로 배우자를 바라보자. 내 좁은 소견으로 판단하지 말자. 싫다고 함부로 말하지 말자. 괜히 결혼했다고 후회하지 말자. 모든 것이 주께로부터 왔으니 겸손하게 받아들이자. 우리에게 결혼하게 하시고 이 땅에서 하나님의 자녀로 구별되게 하시는 주님의 귀한 섭리를 깨달아 가는 지혜로운 부부가 되자. 그래서 세상의 빛과 소금이 되어 많은 사람들을 옳은 길로 인도하는 가정을 만들어 가자.

'사랑의 하나님 아버지, 에덴동산을 지으시고 아담과 하와를 두신 것처럼 우리에게도 필요한 모든 것을 넉넉히 채우시는 주님을 믿고 부지런히 살아가는 부부가 되게 하소서. 아멘!'

21. 아내와 남편은 주님이 주신 귀한 선물이다

"각양 좋은 은사와 온전한 선물이 다 위로부터 빛들의 아버지께로서 내려오나니 그는 변함도 없으시고 회전하는 그림자도 없으시니라"(약 1:17).

그리스도인에게는 우연이라는 것은 없다. 사람들을 만나게 하시고 헤어지게 하심도 다 주님의 허락하심이 없이는 이루어질 수 없다. 참새 한 마리가 떨어지는 것도 주님이 허락하지 않으면 안 되는 것이다. 하물며 누구를 만나고 관계를 맺는 것도 다 주님의 간섭아래 이루어지는 것이다. 우리의 생사화복을 주장하시는 하나님이 계시기에 늘 겸허하게 살아가야 한다. 결혼은 숭고한 진리이다. 주님의 허락하심으로 이루어지는 것이다.

배우자를 길을 가다가 만났든지, 버스 안에서 만났든지, 같은 회사를 다니다가 만났든지, 교회에서 만났든지 다 주님의 섭리 안에서 이루어진 것이다. 수많은 사람들 중에서 나에게 허락하신 배우자이기에 너무도 소중하고 귀하다는 것을 깨달아야 한다. 주님께로부터 왔으니 가장 좋은 선물이 아니겠는가? 배우자를 내 마음대로 생각하는 우를 범해서는 안 된다. 배우자를 가꾸고 만들어가는 것은 절대적으로 주님의 도움이 없으면 할 수 없다. 나 같은 죄인을 구원하여 주시고 영생의 복을 주신 주님께 감사하자. 아내와 남편을 허락해 주신 주님께 영광을 돌리자. 배우자에게 만족함을 누리는 법을 배워가자. 이 만족은 주님이 주신 것이다. 내 배우자 아닌 다른 사람에게서는 누릴 수 없는 편안함을 마음껏 누려보자. 샘솟듯이 좋은 것들이 흘러나올 것이다. 그 샘에서 자녀들이 행복해 할 것이고 이웃들에게 좋은 본보기가 될 것이다.

'사랑의 하나님 아버지, 하나님의 선하신 섭리하심으로 만나 부부가 된 우리들이 서로를 인하여 하나님께 감사하며 살게 하시고 부부가 되게 하신 주님의 뜻을 이루며 살게 하소서. 아멘!'

22. 결혼은 주님이 주신 복이다

"아내를 얻은 자는 복을 얻고 여호와께 은총을 받는 자니라"(잠 18:22).

이 세상에 복을 좋아하지 않는 사람들이 누가 있을까? 누구나 할 것 없이 복을 받기 위해서 얼마나 많은 수고와 노력을 하는가? 절간에 가서 자녀들과 사업이 잘되기를 바라는 마음에 천 번의 절을 하며 불공을 드리는 사람들이 있다. 또한 이방 신을 찾아서 나름대로 공덕을 쌓고 복을 받기 위해서 많은 물질을 허비하는 사람들도 수 없이 많다. 성경에는 아내를 얻은 자가 복이 있다 하였으니 결혼한 사람들이야말로 주께서 복을 주신 것이 아니겠는가? 복덩이가 들어왔는데도 복으로 알지 못하는 남편들이 얼마나 많은가? 복을 가졌음에도 불구하고 다른 곳에서 만족을 누리려고 하니 행복하겠는가? 아내를 주님께서 주신 복으로 귀하게 여기는 자만이 진정한 행복을 누릴 수 있을 것이다.

아내가 잘났든지 못났든지 또는 많이 배웠든지 적게 배웠든지가 중요한 것이 아니라 그 모습 그대로가 복이라는 것이다. 아내에게 무언가 훌륭하고 좋은 점이 많아서 복이 있다고 한 것이 아닐 것이다. 가진 것이 없고 못나고 무식해도 나에게 주신 아내는 그 자체가 복이라는 것이다. 내가 그 좋은 것을 발견하지 못하고 엉뚱한 짓을 하니 참된 평화가 가정에서 피어날 수 있겠는가? 아내의 가치를 과소평가하는 무례함을 범하지 말자. 무궁무한한 보화가 그 속에 있음을 알고 사랑으로 갈고 닦아서 진정한 행복이 무엇인지를 많은 사람들에게 가르쳐주자. 캐내어도 보화가 끝없이 나오는 즐거움을 상상해 보시라! 유쾌하고 신나지 않은가? 결혼한 부부에게 이러한 복을 주신 하나님을 찬양해야 할 것이다. 하나님을 믿는 모든 가정에는 복이 있음을 깊이 깨닫고 세상 어디에서도 누릴 수 없는 기쁨과 행복을 누리시기 바란다.

'사랑의 하나님 아버지, 홀로 사는 것이 좋지 않아서 돕는 배필을 주심을 감사합니다. 여호와께 은총을 입은 증거임을 알지 못하고 감사하지 못함을 용서하시고 주님께서 주신 아내를 즐거워하는 자가 되게 하소서. 아멘!'

23. 집에서 밥 먹고 싶어요

"그 손의 열매가 그에게로 돌아갈 것이요 그 행한 일을 인하여 성문에서 칭찬을 받으리라"(잠 31:31).

돈만 있으면 어디서나 쉽게 밥을 먹을 수 있다. 시간과 장소에 구애 받지 않고 배고플 때 먹으면 된다. 가는 곳마다 식당이 없는 곳이 없고 전화만 하면 즉시 음식을 배달해 준다. 이렇게 편리한 세상이 되어가고 있다. 밥하는 수고를 하지 않고도 얼마든지 먹고 살 수 있는 세상이 온 것이다. 더 나아가서 맛 집을 찾아 다니며 먹는 모습들은 흔하게 볼 수 있는 광경이다. 오죽하면 남편들이 한끼도 집에서 먹지 않으면 영식님이라는 대우를 받게 되었을까? 세끼를 다 집에서 먹으면 삼식 새끼라고 한다. 참 어처구니가 없는 말이다. 집에서 밥을 먹는 것은 당연한 일이다. 아내가 정성스럽게 밥을 해서 식구들과 오손 도손 먹는 가정이 흔하지 않다. 자녀들도 학교와 학원을 다니느라 바빠서 제 시간에 밥을 먹을 수 있는 형편이 아니다. 아내가 되었다는 것은 요리사가 되었다는 뜻이다. 결혼 전에는 어머니가 해 준 음식에 익숙하다. 그러나 결혼 후에는 아내가 해 준 음식에 익숙해야 한다. 신혼 때는 음식하는 것이 서툴겠지만 반복하다 보면 실력이 향상된다.

아무리 시간이 없어도 가족들의 건강은 아내가 책임져야 한다. 무엇보다도 먹거리에 신경 쓰지 않으면 몸이 상하게 된다. 음식을 하는 것은 아내의 몫이다. 남편들도 식구들을 위해서 가끔 요리하는 것을 누가 싫다 하겠는가? 그러나 가정에서 밥하는 일은 아내가 해야 한다. 남편과 자녀들의 건강을 위해서 늘 먹거리에 관심을 갖자. 가장 깨끗하고 영양이 풍부한 음식을 만드는 일에 신경을 써야 한다. 외식을 선호하는 가정보다 집에서 가족들만의 식사가 더 건강하게 만들어 줄 것이다.

'사랑의 하나님 아버지, 가족들의 건강을 위한 나의 수고를 기쁨으로 감당하게 하시고 각자 부름을 받은 대로 충성을 다하는 자들이 되게 하소서. 아멘!'

24. 손님 접대는 기본입니다

"남에게 대접을 받고자 하는 대로 너희도 남을 대접하라"(눅 6:31).

영국에서는 집집마다 작은 방문록 노트가 항상 현관에 준비되어 있다. 집에 손님이 오면 그 노트에다 사인을 하고, 남기고 싶은 말들을 적게 한다. 대부분 감사의 글과 축복의 글들이 많다. 그래서 손님들이 언제 누가 왔는지 그 동안 손님이 몇 분이나 오셨는지 한눈에 알 수 있다. 한번은 영국 웨일즈에 있는 친한 목사님 댁에 머무르는 기회가 주어졌다. 결혼을 하신 지 오십 년이 넘었으니 손님들이 얼마나 많이 오셨겠는가? 우리도 방명록에 글을 적고 어떤 분들이 오셨는지 궁금해서 노트를 뒤적여 보는데 그 유명한 설교자이신 마틴 로이드 존스 목사님께서 방문하시고 사인한 것을 보고 신기하게 여겼던 기억이 있다.

부지 중에 천사를 대접하는 영광스러운 일들이 우리 가정에 있다면 그 보다 더 큰 축복이 어디 있겠는가? 가정을 이루었다면 다른 사람들을 대접하는 기회를 가질 수 있다. 우리는 얼마나 많은 손님들을 대접했나 생각해 보자. 대부분 친척들이 많을 것이다. 그러나 부지 중에 천사를 대접하는 영광을 누려보시기 바란다. 물론 사람들을 대접한다고 식당으로 모시고 가서 먹는 일이 많을 것이다. 오히려 집으로 초대하는 일은 극히 드물다. 음식을 장만하는 번거로움이 아내들을 피곤하게 만들기 때문이다. 결혼해서 신혼 때 친구들과 친척들을 초대하는 경우가 대부분이다. 비록 방명록은 없지만 오랜 결혼 생활을 통해서 몇 명의 손님들이 우리 집을 방문했을까? 손님들이 우리 가정에 고마움을 느끼고 축복의 글들을 남긴 것을 읽는다면 얼마나 흐뭇할까? 집에서 손님을 맞이하고 대접하는 것이 삶의 풍요로움을 가져다 줄 것이다. 아내의 작은 수고가 남편의 삶에 크게 힘이 될 것이다. 불평하지 말고 기회가 주어지는 대로 손님을 대접하는 가정이 되자.

'사랑의 하나님 아버지, 부지 중에 천사를 대접하여 복을 받은 아브라함처럼 우리 부부도 손 대접하기를 즐거워하며 받는 것보다 주는 것을 더 좋아하는 부부가 되게 하소서. 아멘!'

25. 나를 위해서 주신 귀한 분들이다.

"나 여호와가 이같이 말하노라 너희를 향한 나의 생각은 내가 아나니 재앙이 아니라 곧 평안이요 너희 장래에 소망을 주려 하는 생각이라"(렘 29:11).

늘 불평만 하는 사람 옆에는 가기가 싫다. 모든 사물을 자기 방식으로 판단하고 평가해서 상대방을 당혹하게 만드는 자들이 있다. 누가 그런 사람을 좋아하겠는가? 불평하는 사람들은 모든 사물을 삐딱하게 보는 경향이 있다. 좋은 것을 생각하기 보다는 불편하고 좋지 않은 것을 먼저 생각한다. 매사에 긍정을 찾아보기가 힘들다. 그러나 그리스도인들은 나에게 속한 모든 사람들과 사물들을 하나님의 시각으로 보는 훈련이 필요하다. 왜 나한테 이런 것을 주셨습니까?를 반문하는 것보다 이런 것을 주셔서 감사합니다 라고 해야 한다. 이런 환경은 견디기가 너무 힘들다고 불평하기 보다는 어려운 환경을 잘 극복해서 성숙한 그리스도인이 되기를 갈망해야 한다. 주님은 모든 것을 허용하시지만 나에게 해롭게 하지 않으신다. 때로는 이해가 안되지만 지나고 나면 유익한 것이 된다. 그래서 모든 것을 협력하여 선을 이루시는 하나님을 신뢰하는 것이다. 나에게 주신 아내와 남편, 자녀들, 부모님들, 친구들, 친척들, 이웃들, 성도들 모두가 나를 위해서 주신 귀한 분들이다. 내 마음에 안 든다고 함부로 말하고 행동하는 죄를 범해서는 안 된다.

평가는 하나님이 하시는 것이다. 나는 그들을 즐거워하고 세워주고 격려해줄 수 있는 믿음의 자세를 길러내야 한다. 믿음이 없이는 이 모든 것을 주님의 마음으로 보기가 어려운 것이다. 내 주위를 다시 한번 둘러보자. 그들에게 해롭게 행동하지 않았는가?를 생각하며 잘못한 것이 있으면 회개하고 용서를 구하자. 이것이 주님이 주신 귀한 것임을 인정하는 것이다. 나를 위해서 준비하신 모든 것들을 겸손하게 받아들이며 성숙한 하나님의 자녀로 살아가자.

'사랑의 하나님 아버지, 우리를 향하여 가지신 주님의 생각은 선하고 아름다운 것임을 굳게 믿게 하소서. 불평과 원망으로 하나님을 욕되게 하거나 하나님의 선한 뜻을 무례하게 반응하지 않게 하소서. 아멘!'

26. 쇼핑도 함께해요

"네 샘으로 복되게 하라 네가 젊어서 취한 아내를 즐거워하라 그는 사랑스러운 암사슴 같고 아름다운 암 노루 같으니 너는 그 품을 항상 족하게 여기며 그 사랑을 항상 연모하라"(잠 5:18-19).

부부가 함께 사는 시간은 따지고 보면 그렇게 많지가 않다. 떨어져 있는 시간들이 의외로 많은 것을 알 수 있다. 하루에 십분 이상 대화하는 부부가 별로 없을 정도이다. 대화를 해도 일상적인 것 외에는 영적인 대화를 하는 부부가 과연 얼마나 될까? 대화하지 않고 서로가 알아간다는 것이 쉽지가 않을 것이다. 사랑하는 관계라고 하지만 아무런 노력도 수고도 기울이지 않는다면 남보다 나을 것이 무엇이겠는가?

부부가 함께하는 것이 무엇인지를 점검해 보자. 될 수 있으면 많은 것들을 함께 해야 한다. 식사하는 것, 잠자는 것, TV 시청하는 것, 음악을 듣는 것, 책을 읽는 것, 신문을 보는 것, 은행에 같이 가는 것, 특히 쇼핑을 같이 하는 것을 권하고 싶다. 사람은 죽을 때까지 먹고 살아야 하는데 아내가 아플 때 남편이 도와주어야 할 일이 있다. 바로 슈퍼마켓에서 먹거리를 사오는 것이다. 아내가 갈 때마다 따라 가라는 것이 아니다. 적어도 한 달에 한두 번은 시간을 내서 아내와 손을 잡고 시장에 가자. 그리고 먹고 싶은 것을 사면 마음도 즐겁고 기쁘지 않겠는가? 평생 아내와 함께 시장한 번 가지 않는 남편이 있을까? 아마도 의외로 많을 것이다. 그것은 내 일이 아니다라고 생각할 수 있기 때문이다. 그러나 아내가 하는 모든 일은 나 하고 관련 있는 일이기에 관심을 가지고 해야 한다. 요즈음 물가가 얼마나 비싼지 알 수 있는 철호의 기회이다. 전혀 살림살이에는 관심이 없고 단지 돈만 주는 무심한 남편이 되지 말자. 아내와 함께 기쁨을 누릴 수 있는 것이라면 시간과 돈을 투자해서 하나되는 삶을 맛보아야 하지 않겠는가? 실천해 보자.

'사랑의 하나님 아버지, 아내의 약함을 강하게 하고 아내의 부족함을 넉넉히 보충해 주는 남편이 되게 하소서. 평생의 동반자로서 즐겁게 주님 주신 동산을 거닐게 하옵소서. 아멘!'

27. 머리가 주관하는 것이다

"아내가 자기 몸을 주장하지 못하고 오직 그 남편이 하며 남편도 이와 같이 자기 몸을 주장하지 못하고 오직 그 아내가 하나니"(고전 7:4).

머리에서 명령을 내리면 몸이 움직여서 따라주어야 한다. 아무리 머리가 훌륭하고 좋은 생각을 가지고 몸에게 명령을 내릴 때 몸이 순종하고 따르지 않는다면 무용지물이 된다. 머리 되신 그리스도와 교회의 관계에서 완벽한 조화를 이루어가듯이 남편과 아내도 조화를 이루어야 한다. 남편이 아내의 머리이기 때문에 모든 행동을 같이해야만 한다. 좋아하는 것만 하고 싫어하는 것은 안 하게 되면 정상적인 부부라고 할 수 없다. 아내의 몸은 내 것이 아닌 남편의 것이다. 남편도 아내의 머리이기에 한 몸을 이루어가면서 사는 훈련을 해야 한다.

결혼 초에는 얼마나 어색한지 모른다. 그래서 서로가 다투면서 너 잘났니 나 잘났니 하는 거다. 전쟁이 따로 없다. 어떤 부부는 눈에 보이는 것은 다 던지고 부수고 난리를 피운다. 그래서 깨지지 않는 물건을 앞에 갖다 놓고 싸운다니 웃어야 할지 울어야 하지 모르겠다. 그러나 싸워서 될 일이 아니다. "부부싸움은 칼로 물 베기"라는 속담이 있다. 수많은 부부들이 싸워도 살아야 하는 것이기에 조상들이 이러한 속담을 만들어 주었을 것이다. 그러나 성경에서는 싸우는 것은 죄이기 때문에 부부싸움을 허락하지 않으셨다. 숭고한 진리의 말씀을 주셨다. 남편들에게 내 몸같이 아내를 사랑하라는 것이다. 자신의 몸을 해롭게 하는 어리석은 사람은 없을 것이다. 아내가 내 몸의 일 부분인데 어떻게 함부로 할 수 있단 말인가? 자기 몸을 아끼듯이 품어주고 보호해 주어야 한다. 흠도 티도 없이 정결하고 깨끗하게 보호해 줄 수 있는가? 주님이 원하시는 것이 그리스도가 교회를 위해서 내어주신 아가페의 사랑이다. 그럴 때 아내들의 자발적인 순종으로 말미암아 가정에서는 늘 꽃 향기가 나지 않겠는가?

'사랑의 하나님 아버지, 남편을 세워주신 주님의 권위를 인정하며 남편과 함께 경건에 이르는 연습을 잘 감당하게 하소서. 주님이 우리의 하나님이시니 우리를 가르쳐 주의 뜻을 행하게 하소서. 아멘!'

28. 아내가 남편보다 못한 것이 아니다

"마음을 같이 하여 같은 사랑을 가지고 뜻을 합하여 한마음을 품어 아무 일에든지 다툼이나 허영으로 하지 말고 오직 겸손한 마음으로 각각 자신보다 남을 낫게 여기고"(빌 2:2-3).

성경에는 아내에게 순종을 요구하고 있다. 그러나 남편보다 부족하기 때문에 그런 것이 아님을 명심해야 한다. 많은 아내분들이 오해 한다. 내가 무엇이 부족해서 남편에게 순종해야 하는가? 부족하고 모자라서 순종의 자리에 있게 하신 것이 아님을 알아야 한다. 이는 가정의 질서를 세우시기 위한 것이다. 둘이 다 머리라면 머리가 둘 달린 기형아가 된다. 무엇을 제대로 할 수 있겠는가? 아무것도 할 수 없게 된다. 결혼을 통해서 많은 사람들을 유익하게 해주어야 할 부부가 늘 머리 위치만 고집한다면 어떻게 되겠는가? 또한 몸이 둘이라면 얼마나 흉측하겠는가? 아름답고 예쁘게 살라고 결혼을 허락하셨는데 다른 사람들에게 혐오감만 준다면 얼마나 불행한가?

그래서 남편은 아내를 무시해서는 안 된다. 아내 또한 순종만 한다고 불평해서도 안 된다. 아내의 위치는 늘 순종의 자리이다. 이탈하면 남편이 가정과 사회 생활을 비롯해서 모든 일에 제대로 실력발휘를 할 수 없게 된다. 남편은 늘 아내의 도움이 필요하다. 먹는 것부터 시작해서 옷을 입는 것 등 사소한 모든 것에 아내의 도움이 절실하게 필요하다. 그러나 많은 아내들이 직장생활을 하므로 남편들을 도와 줄 여유가 없다. 피곤하고 지쳐서 남편의 삶 속에 깊이 관여하기가 싫어진다. 직장에서나 밖에서는 다른 남자들을 잘 도와주는 역할을 하지만 집에 와서는 피곤하다고 남편을 위해서 하는 일이 별로 없다면 깊이 반성해야 한다. 돈이 필요해서 직장을 다니겠지만 그 모든 것도 남편을 잘 도와주기 위한 일부분이 되어야 한다. 자기 개발을 위해서 남편과 자식까지 희생시키는 아내들이 되어서는 안 된다. 내 위치를 잘 지켜야 한다. 내 자리를 다른 사람에게 주면 가정 파괴가 되기 쉽다는 것을 알아야 한다.

'사랑의 하나님 아버지, 아내의 가치와 능력을 인정하며 주님이 주신 질서 안에서 서로를 잘 세워가는 부부가 되게 하소서. 아멘!'

29. 아내의 위치는 고귀한 것이다

"남편 된 자들아…지식을 따라 너희 아내와 동거하고 저는 더 연약한 그릇이요 또 생명의 은혜를 유업으로 함께 받을 자로 알아 귀히 여기라 이는 너희 기도가 막히지 아니하게 하려 함이라"(벧전 3:7).

성도들이 예배당에서 예배를 드릴 때 꼭 앉는 자리가 정해져 있다. 누가 지정해 준 것도 아닌데 수십 년을 녹같은 자리에서 예배드리는 것을 볼 수 있다. 자기 자리에 누가 앉기라도 하면 속상해 하면서 예배에 은혜가 안 된다고 한다. 나도 수일이면 매번 앉는 자리가 있다. 혹시라도 내 자리에 다른 분들이 앉기라도 하면 성도님들이 사모님자리라고 앉지 못하게 한다. 기분은 좋았지만 이것은 아닌 것이다. 돈 주고 산 것도 아닌데 아무데나 앉으면 되는 것이다. 그러나 성도들에게는 주님이 정해준 각자의 위치가 있다. 이것은 주님의 피 값으로 사신 고귀한 자리이다. 성도로서 주님이 정해주신 본연의 위치로 돌아가야 한다. 세상사람들이 어떻게 살든지 상관하지 말자. 그들은 그렇게 살다가 결국은 멸망의 길로 간다. 성도들이 왜 멸망의 길로 가는 자들을 따라 가야 하는가? 우리가 세상의 빛과 소금이 되어서 세상사람들이 우리들을 따라와야 하지 않겠는가?

사랑하는 아내들이여! 각자의 위치로 돌아가자. 멀리 왔다고 생각해도 지금 돌아가면 된다. 포기하지 말자. 주님이 우리를 포기하지 않는 이상 소망이 있다. 잘못한 것이 생각나면 회개하라고 주시는 기회이다. 놓치지 말고 즉각 순종하자. 주님이 기뻐하시고 은혜를 부어 주실 것이다. 은혜가 없으면 아내의 자리를 지켜낼 수가 없다. 험난한 길을 혼자 가게 하시는 주님이 아니시다. 한 몸 이루어 살라고 가장 가까이에 멋진 남편을 주신 하나님께 감사하라. 허물이 많은 남편이지만 돕는 배필로서 내가 할 수 있는 모든 재능을 사용해서 힘껏 돕자. 여러분이 기대하는 것 이상으로 훌륭한 남편이 될 것이다.

'사랑의 하나님 아버지, 주님께서 정해준 귀한 자리에서 가치 있는 역할을 잘 감당하게 하시어 하나님의 선택하심의 우월하심을 높여드리게 하옵소서. 아멘!'

30. 성경을 말하지 않는다

"너희는 그 거하던 애굽 땅의 풍속을 좇지 말며 내가 너희를 인도할 가나안 땅의 풍속과 규례도 행하지 말고 너희는 나의 법도를 좇으며 나의 규례를 지켜 그대로 행하라 나는 너희의 하나님 여호와니라"(레 18:3-4).

교회는 다니지만 하나님에 대해서 무지한 사람들이 참으로 많다. 성경공부는 세상 공부에 밀린 지 오래되었다. 하나님 말씀을 전해주면 어렵다고 싫어한다. 세상 돌아가는 쉬운 말을 해야 좋아한다. 인기 있는 목사가 되려면 죄를 회개하라는 선포보다 사랑만 강조해야 한다. 성도들에게 부담이 되는 헌금과 죄를 강조하면 금방 싫다는 내색의 반응이 온다. 그런 설교는 하지 말라고 한다. 그러나 하나님의 말씀이 아닌 것을 전하면 그냥 아무런 반응이 없다. 괜찮다는 것이다. 편하게 부담감 없이 설교를 들을 수 있어서 좋단다. 자기 영혼이 죽어가는 것도 모르고 편하고 즐겁고 행복한 것만 추구한다. 그러나 하나님의 말씀에 순종하지 않고서는 진정한 행복을 맛볼 수 없다. 결혼식 주례사를 들어보면 세상사람들과 별로 차이가 없다. 더 이상 아내들에게 복종을 말하지 않는다. 현대는 그런 용어가 식상하다는 것이다. 복종을 굴종으로 보는 것이다. 이제부터 남편에게 복종하겠다고 크게 외치고 다짐해도 힘든 것인데 그런 단어조차 들어보지 않고 결혼생활에 임한다면 시작부터 잘못된 것이 아닐까? 속지 말자. 하나님의 말씀으로 되돌아 가자. 힘들고 험해도 그 길이 생명의 길이라면 누가 말려도 가야 한다. 좁은 문으로 들어가자. 세상은 넓은 문을 열어놓고 들어오라고 손짓하지만 쳐다보지도 말자.

아무리 현실에 맞지 않는다고 해도 주님께서 말씀하신 것이 진리이다. 성경으로 돌아가면 나도 살고 배우자도 살고 가족들도 살고 내 주변에 있는 모든 사람들이 생명의 냄새를 맡고 주님께로 돌아올 것이다.

'사랑의 하나님 아버지, 우리가 주님에게 속한 주님의 자녀이오니 늘 들어야 할 생명의 말씀만 듣게 하시고 그 말씀을 따라 순종하며 살게 하옵소서. 아멘!'

31. 여보, 아주 많이 사랑해요

"경우에 합당한 말은 아로새긴 은쟁반에 금사과니라"(잠 25:11).

부부가 살면서 제일 많이 해야 할 말이 "여보, 아주 많이 사랑해요"이다. 평생 사랑한다고 말하지 않은 부부들도 많다. 특이 나이 드신 어른들은 어색하고 쑥스러워서 못하겠다고 한다. 눈으로 말하면 되지 꼭 말로 해야 되냐고 반문한다. 그러나 부부라면 하기 싫어도 꼭 해야 할 말이다. 어떤 남편은 남자가 체신머리 없게 어떻게 그런 말을 하냐고 한다. 남자는 입이 무거워야한다고 한다. 그러나 우리 하나님은 입이 무겁지 않아서도 아니고 체신머리가 없어서도 아니다. 하나님이 우리를 사랑한다고 눈으로 하지 않으셨다. 성경을 통해서 얼마나 많이 사랑한다고 말씀하셨는가? 피투성이인 죄인이요 예쁜 곳이라고는 하나도 없는 우리들을 늘 사랑한다고 하신다. 하나님의 자녀라면 사랑한다고 말로서 고백하는 법을 배워야 한다. 사랑한다고 말하고 몸으로 실천해야 한다. 아무리 많이 해도 괜찮고 멋진 말이다.

한번은 어느 권사님 댁에 심방을 갔다. 그분은 여지껏 한 번도 남편에게 사랑한다는 말을 들어 본적이 없다고 하셨다. 남편의 병수발을 하면서 힘든 시간들을 보내시고 계셨다. 목사님께서 남편에게 아내를 사랑한다고 말해보라고 하셨다. 병든 남편이 힘겹게 아내를 사랑한다고 말하자 권사님은 하염없이 눈물을 흘리셨다. 평생 처음 들어보는 말이란다. 이 좋고 멋진 말을 왜 사용하지 않고 있는가? 모든 서러움과 고달픔을 잊게 해주는 말이 아닌가? 부부라면 서로가 제일 많이 해야 하는 말을 제일 적게 하는 미련한 자가 되지 말자. 듣기에 은혜가 되고 말하기가 행복한 선하고 아름다운 말들을 자주 사용하자.

'사랑의 하나님 아버지, 젊어서 취한 아내를 즐거워하라고 하셨으니 사랑하고 즐거워하는 마음과 표현을 잃지 않게 하소서. 말과 행실과 믿음과 사랑과 정절에 있어서 믿는 자의 본이 되게 하시고 우리 자녀들도 부모의 뒤를 이어 행복한 가정을 이루게 하옵소서. 아멘!'

32. 어느 노 부부의 성의 있는 친절

"유덕한(친절한) 여자는 존영을 얻고 근면한 남자는 재물을 얻느니라"(잠 11:16).

사랑하는 두 딸들과 귀여운 손주 빌리와 함께 하와이 해변가에서 즐겁게 놀다가 집에 돌아가기 위해서 차 있는 곳으로 걸어가고 있었다. 갑자기 막내딸 주은이가 자동차 열쇠를 잃어버렸다고 당황해 하면서 오던 길을 되돌아가면서 찾기 시작하는 것이었다. 우리 모두는 순간 아찔했다. 열쇠가 없으면 집에 갈 수가 없지 않은가! 무엇보다도 6개월 된 손주가 걱정되었다. 한 시간 정도 서로가 아기를 보면서 열심히 열쇠를 찾아보았지만 그 어디에도 없었다.

전화를 해서 친구에게 도움을 청하려고 하는 순간 나이 드신 한 부부가 우리가 있는 곳으로 걸어오는 것이었다. 본인들이 해변가 가는 길에 열쇠를 주워 소리나는 버튼을 눌러보아 운전석 옆에 붙여놓았다고 하였다. 얼마나 감사하고 감격했겠는지 상상을 해보시라! 열쇠를 비닐봉투에 넣어서 메모와 함께 길 안쪽 운전석 옆에 붙여놓은 것을 우리가 미처 못 보았던 것이다.

노 부부의 성의 있는 친절함에 우리 모두 하나님께 감사하며 안도의 한숨을 내쉬었다. 계속 열쇠를 찾게 해달라고 기도하면서 찾았는데 이렇게 다른 사람이 주워서 가장 안전한 곳에 넣어두시게 하신 주님께 감사하였다. 부부가 한평생 살면서 얼마나 많은 사람들에게 친절함을 베풀면서 지낼 수 있을까? 다른 사람들을 생각한다는 것은 성숙하지 않으면 안 되는 행동이다. 노부부는 아무런 관계도 없는 다른 사람들에게 친절함을 베풀면서 얼마나 마음이 흐뭇하셨을까?

주님은 우리에게 이런 친절함을 베풀도록 많은 기회를 주셨을 것이다. 늘 나보다 다른 사람들을 생각하는 마음이 우리에게 얼마나 있는지 점검해보자.

'사랑의 하나님 아버지, 주님의 인자하심이 영원하신 것과 같이 우리의 사랑과 친절도 한결같게 하시고 심지어 원수까지도 사랑할 수 있게 하옵소서. 아멘!'

CHAPTER_ 02

죄와 용서

1. 용서한다는 것은 잊어버리는 것이다

"너희가 사람의 과실을 용서하면 너희 천부께서도 너희 과실을 용서하시려니와 너희가 사람의 과실을 용서하지 아니하면 너희 아버지께서도 너희 과실을 용서하지 아니하시리라"(마 6:14-15).

성경에 일흔 번씩 일곱 번이라도 용서하라고 했는데 우리는 살면서 누구에게 그렇게 많이 용서하면서 살 수 있을까? 이웃이나 친구에게는 가끔 용서가 필요할 것이다. 때로는 관계회복을 위해서 용서하고 살 시내사고 손을 내밀 때가 있다. 그러나 그렇게 자주 일어나는 사건은 아닐 것이다. 무엇보다도 우리들의 삶 속에서 용서를 많이 해야 하는 곳이 있다면 가정일 것이다. 수시로 넘어지고 실패하고 낙심되고 절망될 때 따뜻한 용서의 한마디는 새로운 힘이 솟아나게 만들 것이다. 가정에서 서로가 용서하지 못하고 산다면 지옥이 따로 없을 것이다. 아내와 남편이 서로의 잘못을 지적하며 용서하지 않는 삶은 결코 옳은 일은 아니다. 오랜 세월을 용서하지 못하고 있다면 마음과 육신이 병들어 가고 있다는 것이다.

좋은 것만 기억해도 힘든데 서로에게 잘못한 것만 기억한다면 부부가 정상적인 생활을 할 수 있을까? 아마도 없을 것이다. 해변가 모래 위에서 글을 쓰고 발자국을 내고 모래성을 만드는 놀이를 하다가도 파도가 한 번 몰아치면 깨끗하게 지워지는 것을 볼 수 있다. 용서는 상대방의 잘못을 용서했으면 잊어버려야 되는 것이 아닐까? 그러나 쉬운 일은 아니다. 배우자의 잘못으로 상처가 깊어졌다면 더 이상 내 힘으로 할 수 없을 것이다. 주님께서 나를 용서하셔서 하나님의 자녀로 삼아 주신 은혜를 늘 기억하고 있지 않으면 불가능한 일이다. 용서하는 능력도 주께 있으니 힘을 주시리라 믿어야 한다. 부부간의 계속적인 용서의 삶이야말로 하나되는 훈련의 지름길일 것이다. 용서하지 못해서 멀고 먼 당신이 되는 불행한 삶을 자초하지 말자.

'사랑의 하나님 아버지, 우리의 죄악대로 처치하지 않으시고 사유해 주시는 주님처럼 우리도 우리에게 죄 지은 자들을 사랑으로 용납하고 용서하며 하나되게 하옵소서. 아멘!'

2. 용서하는 자는 하나님의 자녀이다

"누가 뉘게 혐의가 있거든 서로 용납하여 피차 용서하되 주께서 너희를 용서하신 것과 같이 너희도 그리하여 이 모든 것 위에 사랑을 더하라 이는 온전하게 매는 띠니라"(골 3:13-14).

주님께서 우리를 용서하신 것같이 우리도 다른 사람들을 그렇게 용서하라고 하셨다. 우리가 용서할 수 없는 자는 이 세상에 아무도 없다. 주님이 우리를 용서하신 것처럼 한다면 말이다. 죄가 없으신 예수님을 수많은 사람들이 정죄하고 헐뜯고 누명을 씌우고 침을 뱉고 때리고 그것도 모자라서 추악한 죄인들만 사형시키는 십자가의 죽음을 당하게 했다. 그래도 그들을 용서하시고 십자가의 죽음으로 많은 죄인들을 살리시는 일을 감당하셨다. 용서하는 것은 상대방을 살리는 것이고 용서하지 못하는 것은 상대방을 죽이는 것이다.

우리는 허물이 많고 음란하고 더럽고 냄새나는 죄인이다. 어느 누구를 정죄하고 용서할 수 없단 말인가? 그러나 내 눈에 들보를 보기보다는 남의 눈에 티를 보는 무례함이 얼마나 많은가? 오히려 내 허물이 잘 보이는 데도 남을 미워하고 시기하고 질투하는 습성을 버리지 않으면 하나님의 자녀라고 말할 수 없을 것이다. 죽음이 갈라 놓을 때까지 함께 살아야 하는 부부야 말로 용서하면서 살아야 할 것이다. 작은 것에서부터 큰 잘못에 이르기까지 용서하는 마음으로 배우자를 대한다면 하나님의 사랑과 은혜가 가정 안에서 꽃을 피울 것이다. 그 가정 안에서 부모들이 용서하는 삶을 통해 우리의 자녀들은 용서가 무엇인지를 배울 것이다. 이 배움은 어디에서도 가르쳐주지 않는 고귀한 것이다. 비싼 수업료로 배울 수 있는 것도 아니다. 용서하는 사람들은 하나님을 알아가고 배워가며 믿음의 길을 갈 수 있을 것이다. 하나님이 용서할 줄 아는 자를 나의 자녀라고 자랑하며 증언해 줄 것이다.

'사랑의 하나님 아버지, 용서받는 것을 좋아하는 것처럼 저도 저에게 죄 지은 자를 용서하는 사랑의 마음으로 충만하게 하옵소서. 아멘!'

3. 반복적인 학습을 통해서 용서를 배운다

"예수께서 가라사대 네게 이르노니 일곱 번뿐 아니라 일흔 번씩 일곱 번이라도 할지니라"(마 18:22).

이 세상을 살아가면서 배워야 할 것들이 얼마나 많은지 모른다. 유치원에서 대학교까지 다니면서 많은 지식을 배우지만 그것이 우리의 삶에 얼마나 유익이 되는지 모른다. 머리로만 알고 있지 사람들을 살리는 교육이 되고 있지 않는 것 같다. 지식인들이나 학벌이 낮은 사람들 할 것 없이 어쩌면 그렇게 용서하는 것을 못하는지 기가 막힐 노릇이다. 남의 허물을 보면 가차없이 들추어내서 나도 망하고 상대방도 망하고 모두 다 망하는 그런 미련한 길을 가는 어리석은 사람이 되어서는 안 된다.

결혼을 했다는 것은 용서를 수도 없이 해야 한다는 것을 의미하기도 한다. 왜냐하면 부부가 하나되는 것을 방해하는 것은 미움이 싹트기 때문이다. 싹은 바로 잘라 버려야 한다. 그냥 방치하면 자라서 주체하기가 어렵기 때문이다. 아마도 신혼여행 때부터 용서를 훈련하지 않으면 행복한 여행을 기대하기 힘들 것이다. 결혼과 동시에 계속적인 사단의 공격을 무슨 재주로 막을 것인가를 생각해보자.

한 번 했다고 끝나는 것이 아니다. 한 번 용서했으면 아주 잘한 것이다. 그러나 계속적으로 반복적인 용서의 마음을 키워내지 않으면 불신의 마음이 서서히 자리잡게 된다. 내 아내 내 남편을 용서하지 않으면 다른 누구도 용서하기 힘들 것이다. 용서하는 마음은 주님께서 주시기에 늘 깨어서 기도해야 한다. 지혜를 구하며 멋진 용서를 통해서 하나님이 허락하시는 생동감이 넘치는 밝은 결혼생활을 하게 될 것이다. 한 번이 어렵지 자꾸 하다 보면 결혼생활의 장애물을 쉽게 넘어갈 것이다. 이것은 반복적인 연습과 훈련이 없으면 할 수 없는 어려운 일이다.

'사랑의 하나님 아버지, 한두 번이야 가능하겠지만 일흔 번씩 일곱 번이나 용서하라는 말씀을 지키기에 너무 힘든 우리를 긍휼히 여기시고 용서하는 법을 배우게 하소서. 아멘!'

4. 용서는 마음을 비우는 것이다

"나 곧 나는 나를 위하여 네 허물을 도말하는 자니 네 죄를 기억하지 아니하리라"(사 43:25).

입으로는 용서를 한다고 했지만 마음속에서는 용서가 안 되는 경우가 많다. 상대방의 잘못이 치명적인 아픔과 고통을 준 것이었다면 더 더욱 어려울 것이다. 특히 배우자의 외도로 인해 받은 깊은 상처를 어떻게 감당할 수 있겠는가? 이는 가장 힘든 용서의 길일 것이다. 용서하지 못하면 같이 살 수 없는 것이다. 사랑하고 믿었던 배우자의 외도야말로 살이 찢기고 마음이 썩어 내려가는 아픔이다. 그러나 이겨내야 한다.

용서는 마음을 비우는 것이 되어야 한다. 자꾸만 상대방의 잘못을 되씹고 어떻게 그럴 수 있을까 생각하지 말자. 용서한다고 말했으면 좋은 생각으로 마음을 채워야 한다. 마음을 비우지 않고는 주님의 신령한 은혜가 들어가지 않는다. 배우자를 용서하고 함께 잘 살기로 결심했으면 힘을 다해서 용서하자.

주님은 우리가 죄를 고백하고 회개하면 용서하시되 기억도 안 하신다고 하셨다. 흉악하고 끔찍한 죄도 기억하지 않으시고 용서하시는 주님의 마음을 닮아가자. 그것이 우리가 사는 길이다. 용서하지 못하는 마음을 갖고 있으면 불행하다. 하나님은 몸소 실천함으로 용서를 가르쳐 주셨다. 그것이 우리 모두가 살길이 때문이다. 그러나 용서를 가장 싫어하는 사단은 늘 괴로움과 아픔의 잔재를 가지고 편히 살도록 놔두지 않는다. 생각나게 하고 원망하도록 부추기며 주님을 바라보는 시야를 가리려고 한다. 교묘한 수법을 통해서 가정의 불행을 만들어 가게 한다. 용서했으면 입으로 시인하고 사랑한다고 고백하는 습관을 길러내자. "여보 당신만을 사랑해요. 용서할게요. 주님이 주시는 신령한 것들로 마음을 채워가는 부부가 되어요."

'사랑의 하나님 아버지, 우리의 죄가 주홍 같을지라도 죄를 고백하면 양털같이 희게 해 주시는 은혜를 감사합니다. 우리의 지난 날의 모든 허물과 죄악이 하나도 기억나지 않게 하옵소서. 아멘!

5. 가시가 있기에 겸손을 배우는 것이다

"만일 한 지체가 고통을 받으면 모든 지체도 함께 고통을 받고 한 지체가 영광을 얻으면 모든 지체도 함께 즐거워하나니 너희는 그리스도의 몸이요 지체의 각 부분이라"(고전 12:26-27).

이 세상에 온전한 사람은 아무도 없다. 누구나 결점이 있고 남에게 말할 수 없는 상처들이 있다. 사도 바울도 몸에 가시를 없애 달라고 세 번씩이나 기도했다. 그러나 하나님의 음성은 '내 은혜가 네게 족하다'는 것이었다. 가시와 함께 살아 갈 때 겸손하게 될 것이다. 내가 가지고 있는 가시가 크든지 작은 것이든지 주님께서 허락하셨으면 감당해야 하는 것이 좋다. 사람의 눈에는 비록 좋지 않게 보일지라도 가시를 통해서 주님의 길을 가는 것이다.

자신의 연약함을 알 때 다른 사람들을 이해하고 사랑하지 않겠는가? 부부도 서로의 가시를 건드리지 말고 품어주어야 한다. 아플 때 같이 아파하고 슬플 때 같이 슬퍼하는 것이 부부이다. 불 구경 하듯 하는 것은 부부의 도리가 아니다. 배우자에게 가시가 있으면 함께 노력하여 이겨야 한다. 둘이 하나되는 삶이란 고통스럽고 아플 때 같이 있어 주고 위로해 주고 힘을 실어 주는 것이다. 모든 일이 잘되고 기쁠 때도 함께 나누어야 하지만 괴롭고 어려울 때 같이하는 것이 더 중요하다.

남편이 사업에 실패했을 때, 다른 사람에게 사기를 당했을 때, 재산의 손실이 커서 감당하기 힘들 때, 명예가 훼손되어 절망에 빠져 있을 때, 배우자가 치명적인 육체의 고통을 당할 때, 자녀들로 인해 부부가 상심할 때 등 이겨나가야 할 상황이 얼마나 많은가? 이 때야말로 아내로서 남편으로서 실력을 제대로 발휘할 때가 아닌가 싶다. 서로를 사랑하고 의지하는 마음으로 가시들을 제거해 주고 고쳐나가는 부부가 되자.

'사랑의 하나님 아버지, 우리의 약함을 자랑하게 하시고 겸손과 순종을 배워 주님의 고난에 동참하는 삶이 되게 하옵소서. 아멘!'

6. 죄를 품고 살 수 없다

"내가 내 마음에 죄악을 품으면 주께서 듣지 아니하시리라"(시 66:18).

다른 사람들을 도저히 용서할 수 없다는 것은 우리가 죄인이기 때문에 그렇다. "우리가 우리에게 죄 지은 자를 사하여 준 것 같이 우리의 죄를 사하여 주옵소서"를 얼마나 많이 외우면서 기도하는가? 신앙생활하면서 가장 많이 기도하는 것이 주기도문일 것이다. 그러나 막상 용서해야 할 때 용서하지 못하고 괴로워하는 일이 비일비재하다. 용서는 저절로 되는 것이 아니다. 주님의 마음을 품지 않으면 할 수 없다. 기도하지 않고는 할 수 없다. 내가 죽지 않으면 용서가 안 된다. 나는 무익한 종입니다라는 고백이 있어야 한다. 다른 사람의 죄를 용서하지 않을 때 주님께서도 내가 지은 죄를 용서하지 않으시기 때문이다.

우리의 죄는 얼마나 많은가? 주님만을 사랑한다고 하면서 세상의 모든 것을 더 사모하고 사랑하고 좋아하지 않는가? 성경 읽고 기도하는 일을 게을리 하는 것도 죄이다. 하나님 말씀에 순종하지 않고 내 마음대로 행동하는 것이 수도 없이 많을 것이다. 기도 없이 내 기분 내키는 대로 말하고 함부로 행동하는 일은 또 얼마나 많은가? 우리의 죄는 용서받기 원하면서 다른 사람들의 죄를 용서하지 않는 것은 교만이다. 용서하지 않으면 죄를 품고 사는 것이다. 마음에 죄를 품고 있으면 온유하고 평안한 마음으로 살 수 없다. 화평을 이루어 갈 수 없다. 용서는 상대방을 위해서라기 보다 나를 위해서 하는 것이다. 아직도 배우자에 대한 미움이 조금이라도 남아있는가? 이 순간에 과감히 버리자. 흔적도 남기지 말고 지워버리자. 그런 부부만이 주님이 주시는 행복을 누릴 수 있는 자격자가 될 것이다. 주님이 주신 포도밭을 허무는 여우의 활동을 방치하지 말며 서로 용납하고 사랑가운데서 하나되기를 힘써 지켜야 한다.

'사랑의 하나님 아버지, 죄악이 내 맘에 자리잡지 못하게 하옵소서. 내 안에 무슨 악이 있나 보시고 우리를 시험하사 사하시며 주님의 인자하심을 거두지 마옵소서. 아멘!'

7. 죄는 한 발자국도 허용하지 마세요

"범사에 헤아려 좋은 것을 취하고 악은 모든 모양이라도 버리라"(살전 5:21-22).

정리정돈이 잘되고 깨끗한 곳에 가면 나도 모르게 조심스럽게 행동하게 된다. 무언가를 하나 떨어뜨리면 금방 눈에 띄게 되어서 얼른 치우게 된다. 그러나 지저분한데 가면 별로 신경 쓰지 않고 마음대로 행동하게 되는 것이 사람들의 마음이다. 죄도 마찬가지이다. 죄를 짓는 곳에 가면 나도 모르게 죄를 짓게 된다. 죄를 짓는 곳에는 한 발자국도 들여 놓아서는 안 된다. 죄에서 자유로운 사람은 이 세상에 아무도 없다. 나는 괜찮을거야 라고 말하지 말자. 사단이 기회를 보며 넘어뜨리려고 불을 켜고 있음을 명심하자. 한 번 죄를 지은 사람은 갈수록 죄에 대해서 무감각하게 된다. 결국은 죄를 먹고 마시고 즐기는 데까지 가게 되는 것이다. 방심하다가는 모두가 걸려 넘어간다. 한 발자국도 허용하지 말자. 어디나 마찬가지겠지만 특히 부부 사이에 들어와서는 안 되는 놈이 사단이다. 부부 사이를 이간질시키고 가정 파탄을 몰고 오기 때문이다. 자비라는 것은 손톱만큼도 찾아 볼 수 없다. 성경에는 죄인의 길에 서지 말라고 경고했다. 서있는 것조차 허용해서는 안 된다는 것이다. 얼마나 무서운 놈이면 서지도 말라고 했겠는가? 당해낼 자가 없다는 것을 의미하기도 한다.

하나님 말씀에 위배된다고 생각되면 미련 없이 그 자리에서 도망치자. 주님께서 도와주실 것이다. 죄에서 아주 멀리 달아나자. 그것이 승리하는 길이다. 주님께서 기뻐하시는 일이다. 죄와 사망을 정복하신 주님이 계시기에 승리할 수 있다. 주님이 다 이겨놓은 싸움을 포기하지 말자. 주님 편에 서서 믿고 따를 때 승리는 우리의 것이 된다.

'사랑의 하나님 아버지, 날마다 우리에게 이김을 주심을 감사하나이다 악인의 꾀를 따르지 아니하고 죄인의 길에 서지 아니하며 오만한 자의 자리에 앉지 아니하도록 인도해 주옵소서. 아멘!'

8. 죄는 갈 때까지 갑니다

"죄의 삯은 사망이요 하나님의 은사는 그리스도 예수 우리 주 안에 있는 영생이니라"(롬 6:23).

여행을 하다 보면 길을 종종 헤맬 때가 있다. 분명히 맞게 찾아 간 것 같은데 길을 잘못 들어섰다고 생각되면 대부분의 여행객들은 되돌아서 다른 길을 찾아 나서게 된다. 잘못 왔다는 것을 아는 순간 바로 되돌아 가야 한다. 거기서 머뭇거리다가는 괜한 시간과 돈을 낭비하고 헛수고 하게 된다. 그러나 문제는 죄는 잘못이라는 것을 알아도 되돌아가기가 너무 어렵다는 것이다. 죄를 짓는 사람들이 죄인 줄 모르고 발을 내딛지는 않는다. 처음에는 호기심으로 시작했을지라도 죄의 사슬에 걸리면 헤어나올 수가 없다. 이것이 죄의 무서운 습성이다.

우리는 가끔 고집스러운 사람들을 만나게 된다. 옳고 그름을 떠나서 한 번 고집을 부리면 어느 누구도 당해 낼 자가 없음을 경험하게 된다. 말도 안 통하고 인정사정 없이 몰아 부치는 것을 보면 사람인가 싶을 때가 있다. 죄라는 놈도 갈 때까지 가는 놈이다. 내가 가고 싶지 않다고 애를 써도 한 번 죄를 짓게 되면 그물망을 빠져 나오는 것은 거의 불가능하다. 조폭의 세계가 그렇지 않은가? 한 번 들어가면 나오기가 힘든 곳이 그들의 세계이다. 죄는 더욱 더 악랄해서 그 삯은 사망이다. 죽는 데까지 끌고 가야 직성이 풀리는 놈이다. 남편은 아내가 죄의 쇠사슬에 걸리지 않도록 철저하게 보호해 주고 살펴주어야 한다. 연약한 여자들이 이 세상에서 이길 수 있는 상대가 그렇게 많지 않다는 것을 알아야 한다. 아내의 머리는 남편이다. 아내는 남편의 도움과 보호 없이는 살 수가 없다는 것을 명심하자. 남편들도 늘 그리스도를 바라보면서 도움을 구하고 힘을 길러서 죄의 사슬을 끊어내는 경건한 삶을 살아가야 한다.

'사랑의 하나님 아버지, 사망의 골짜기로 끌고 가는 죄악을 이기게 하시고 우리 안에 오직 주님의 거룩하심을 본받는 언행심사가 되게 하옵소서. 아멘!'

9. 미움을 키우지 말자

"너는 네 형제를 마음으로 미워하지 말며 이웃을 인하여 죄를 당치 않도록 그를 반드시 책선하라"(레 19:17).

주변에 좋아하는 사람보다 미운 사람들이 더 많다면 얼마나 서글픈 일인가? 주님은 네 이웃을 네 몸같이 사랑하라고 하셨다. 그러나 살다보면 얄미운 사람들이 있다. 그러나 미워하지 말고 사랑하라는 주님의 말씀에 순종해야 한다. 쉽지 않은 일이다. 내가 늘 불완전하고 흠이 많기에 모든 사람들을 사랑한다는 것은 불가능한 것이다. 내 편에서 생각하다 보면 상대방의 의지하고는 상관없이 오해하고 판단하기 쉽기 때문이다. 그리고 미운 사람들이 있다는 것은 아직도 더 많은 훈련을 통해서 다듬어 가야 한다는 주님의 경고일 것이다.

사람을 한 번 싫어하게 되면 걷 잡을 수 없이 미운 감정들이 생기게 된다. 본인에게 크게 피해를 준 일이 없는데도 그냥 무턱대고 싫어진다. 이것은 싫어하는 마음이 생길 때 얼른 싹을 잘라버려야 하는데 속으로 미운 감정들을 쌓아가고 있기 때문이다. 얼마나 어처구니 없는 일인가? 주님이 하라는 사랑은 못하고 싫어하고 미워하는 마음을 키우고 있으니 이것보다 더 불행한 일이 어디 있겠는가?

부부간에도 마찬가지이다. 배우자가 미운 짓을 했다고 싫어하는 것은 죄이다. 내 마음에 밉다는 생각이 들 때 가능한 빨리 지워야 한다. 그렇지 않으면 계속적으로 싫어하는 마음이 쌓여가게 된다. 배우자에 관해서 말을 할 때마다 불평이 나오게 된다. 한평생 살아온 배우자에 대해서 얼마나 할 말이 많겠는가? 좋고 선하고 은혜롭고 덕스러운 말들을 많이 해서 듣는 사람들에게 은혜를 끼쳐야 한다. 반대로 서운하고 미운 감정을 가지고 불평만 늘어 놓는다면 주님께서 슬퍼하실 것이다.

'사랑의 하나님 아버지, 미움보다는 사랑을, 증오보다는 용서를 배우게 하옵소서. 주께서 지으신 것을 사랑하며 기뻐하게 하옵소서. 아멘!'

10. 교만은 망하는 길이다

"사람의 마음의 교만은 멸망의 선봉이요 겸손은 존귀의 앞잡이니라"(잠 18:12).

누구나 겸손한 자를 좋아한다. 교만한 자를 좋아하는 사람은 이 세상에 아무도 없다. 하나님께서도 교만한 자를 물리치신다고 하셨다. 결코 하나님이 편을 들어 줄 수 없다는 것이다. 그러나 교만을 가장 좋아하는 자가 있으니 그 자가 바로 사단이다. 사단은 우리를 망하게 하고, 혼란에 빠뜨리는 존재다. 과연 우리는 누구 편에 서겠는가? 살 길은 하나님 편에 서는 것이다. 부부 사이에도 교만이 틈을 타도록 내버려 두지 말아야 한다. 남을 나보다 낫게 여기는 마음이 있어야 한다. 배우자는 늘 나보다 낫다는 마음으로 대해야 한다. 왜냐하면 내 몸의 일부분이기 때문이다. 내 몸에 필요 없는 부분이 있는가? 내 몸에 모든 부분은 전부 필요해서 주신 하나님의 선물이다. 특히 한평생 같이 살라고 주신 배우자야말로 너무도 귀하고 소중한 존재가 아니겠는가?

배우자를 무시하는 언어와 행동은 삼가야 한다. 상대방의 마음을 상하게 하고 아프게 하는 처사는 옳은 일이 아님을 명심해야 한다. 아무리 서운한 것이 많아도 배우자에게 무례하게 행동하는 것은 죄이다. 하나님께서 용납하지 않으신다. 문제는 늘 내 편에 있음을 아는 겸손한 자세가 필요하다. 이러한 마음의 자세를 갖도록 노력해야 한다. 참고 인내해야 한다. 한 몸 이루어서 살아야 할 부부가 서로를 이해하지 못한다면 누가 이해하겠는가? 부부는 달라야 한다. 배우자의 허물을 가장 많이 알고 있는 부부일지라도 서로를 나보다 낫게 여기는 겸손한 마음이야말로 예수님의 마음을 닮아가는 것이다.

'사랑의 하나님 아버지, 남을 나보다 낫게 여기는 겸손한 마음을 가지게 하시고 혹 자랑하고 싶은 마음이 있을 때 그것이 다 주님께로부터 받은 것임을 기억하게 하소서. 아멘!'

11. 무관심은 미워하는 것이다

"자녀들아 우리가 말과 혀로만 사랑하지 말고 오직 행함과 진실함으로 하자"(요일 3:18).

내 의지하고는 상관없이 많은 사람들을 만나고 얼굴을 보면서 지내야 한다. 좋아하는 사람들만 보면 얼마나 행복할까? 그러나 싫어하는 사람들도 더불어 함께 살아야 하는데 쉽지가 않다. 원수까지도 사랑하라고 주님은 말씀하셨다. 원수는 아닌데 보기 싫고 만나기도 싫고 사랑하기는 더욱 더 싫은 것은 자기의 유익만 생각하기 때문이다. 그러나 언제까지 좋아하는 사람들과만 지낼 수 있는 것이 아니다. 그래서 우리들이 하는 짓이 바로 무관심이다. 남이야 어떻게 되든 말든 상관하지 않는다. 내게 말을 시키지 않는 한 거들떠 보지도 않는다. 싫어하는 사람을 보면 오히려 피한다. 이 얼마나 불행한 삶인가? 성숙하지 못한 사람들인 것이다.

하나님은 네 이웃을 네 몸같이 사랑하라고 하셨다. 그러나 하기 싫다고 한다. 무슨 복을 기대하겠는가? 주께서 복을 주시려고 오히려 싫은 사람들을 많이 주신 것이다. 나의 모난 점을 깎아 내고 다듬으시려고 마련해 놓은 귀한 선물이다. 도리어 그분들에게 감사해야 하지 않겠는가? 사랑은 행동으로 보여 주는 것이다. 다가가서 친절하게 먼저 인사하자. 환한 미소로 대하자. 커피라도 한 잔 사주자. 도움이 필요하면 도와주겠다고 말하자. 항상 먼저 말을 걸어보자. 이것이 작은 친절이요, 사랑을 실천하는 모습이다. 그렇게 돈이 많이 들어가는 일이 아니다. 마음 씀씀이가 필요한 것이다. 바로 관심을 보여 주는 것이다. 무관심은 사람을 실망시키고 삶의 회의를 느끼게 하는 악한 것이다. 사랑하는 부부 사이는 최대한의 관심과 사랑을 보여 주는 것이다. 아낌없이 주어야 한다. 내 몸이 부서지는 한이 있더라도 힘을 다해서 사랑을 보여 주자. 그럴 때 주님의 사랑을 조금은 알 수 있지 않을까?

'사랑의 하나님 아버지, 죄의 종 노릇하는 우리들에게 다가오셔서 먼저 사랑의 마음을 쏟아주심을 감사하나이다. 우리도 오직 행함과 진실함으로 서로 사랑하여 주님의 뜻을 행하게 하옵소서. 아멘!'

12. 불평은 불행의 시작이다

"누추함과 어리석은 말이나 희롱의 말이 마땅치 아니하니 돌이켜 감사하는 말을 하라"(엡 5:4).

입만 열면 불평을 늘어놓는 사람들을 많이 볼 수 있다. 감사하는 말은 모르는 사람처럼 행동한다. 무슨 일을 해도 감사하기보다 불평하는 말을 먼저 한다. 마음속에 불평이 늘 가득하다. 어쩌면 저런 불평들이 나올 수 있을까 참 신기하기도 하다. 보는 시각이 다른 것 같다. 같은 사물을 보아도 마찬가지이다. 좋은 점을 생각하기 보다는 안 좋은 점을 먼저 생각한다. 대단한 통찰력과 관찰력의 소유자다. 이런 사람은 본인도 모르게 불평을 마음속에 심어 놓은 것이다. 계속해서 더 많은 불평들이 쏟아져 나오는 것을 보면 혀를 내두를 수밖에 없다. 마음의 더러운 것들을 치우지 않고서는 행복한 길을 걸어갈 수가 없다.

불평은 불행의 시작이다. 첫 단추를 잘 끼워야 끝까지 아름다운 모습을 유지할 수 있다. 불평이 보이면 과감히 치워 버리자. 아주 멀리 갖다 버리자. 보이지 않게 던져 버리자. 감사할 것으로 채우는 습관을 길러보자. 좋은 것으로 하나씩 채우다 보면 마음속에 있는 불평이 사라질 것이다. 보는 시각이 달라질 것이다. 예전의 내 모습이 아니고 더 멋진 성숙의 옷을 입은 모습일 것이다. 배우자에 대한 불평도 한 번 하게 되면 끝도 한도 없이 나온다. 나도 모르게 거침없이 나오게 된다. 예전에 알지 못했던 과거에 대한 불평까지 늘어놓는다. 불평과 함께 살아가면 행복은 자꾸 멀리 달아난다. 나중에는 행복이 찾아올 수 없게 만든다. 이 순간부터 시작해 보자. 불평하는 말과 행동을 아주 멀리 태평양에 던져버리자. 힘을 다해서 치워버리자. 부부가 힘을 합해서 치워버리면 아마도 우리 집 근처에는 얼씬도 못할 것이다. 이것이야말로 아주 멋지고 깨끗한 청소가 아니겠는가?

'사랑의 하나님 아버지, 원망과 불평하는 말을 버리게 하시고 범사에 감사하며 덕을 세우는데 소용되는 말을 잘 하는 자가 되게 하소서. 아멘!'

13. 악을 보고 계신다

"여호와여 주께서 나를 감찰하시고 아셨나이다"(시 139:1).

무슨 일을 할 때 누가 보고 있으면 약간의 불편함이 있다. 자유로움이 사라지고 긴장을 하게 된다. 잘하려고 애쓰기까지 한다. 좋은 모습만 보이려고 신경을 많이 쓰게 된다. 직장에서도 사장님이 보고 계시면 직원들이 열심히 일하는 척 한다. 교회에서도 목사님이 지나가면 하던 말도 안하고 갑자기 조용해진다. 특히 평상시에 존경하는 사람이 보고 있으면 더욱더 잘 보이려고 할 것이다. 그러나 나쁜 짓은 아무도 없을 때 한다. 누군가 보고 있다면 할 수 없다. 도둑질이나 강도짓도 아무도 없는 틈을 타서 한다. 사람들이 보고 있는데 나쁜 짓을 하는 사람은 없다. 아무리 양심이 없는 사람들도 몰래 숨어서 나쁜 짓을 하지 사람들이 보는 앞에서 하는 사람들은 없다.

배우자가 보고 있다면 외도를 할 수 없다. 미친 사람이 아니고서는 바람을 피울 수 없다. 배우자가 두 눈 똑바로 뜨고 보고 있는데 외도를 한다는 것은 있을 수 없는 일 일 것이다. 배우자가 역겨워하고 싫어하는 짓을 보고 있는데 그 앞에서 어떻게 하겠는가? 하물며 만 왕의 왕이시고 만물의 주가 되시는 하나님이 우리를 보고 계신다. 어디를 가나 못 보시는 장소가 없다. 착한 일을 할 때도 나쁜 짓을 할 때도 보고 계신다.

늘 하나님 앞에서 살지 않으면 죄는 우리와 친구가 된다. 하나님과 친한 것이 아니라 죄와 함께 다니고 즐기는 죄인의 추한 모습으로 살아가게 된다. 그러므로 긴장을 늦추지 말고 늘 깨어있어야 한다. 쉬지 말고 기도하라고 하신 이유가 무엇일까? 주님이 우리들의 일에 간섭 하시기를 원하고 있으므로 조심하라는 뜻일 것이다. 여호와 보시기에 악을 행하는 자가 되지 말자.

'나의 행위를 익히 아시는 사랑의 하나님 아버지, 하나님 보시기에 정직하고 칭찬 들을 만한 삶을 살게 하시며 항상 다윗의 길로 행하는 부부가 되게 하옵소서. 아멘!'

14. 악한 일에 협력하지 말자

"악을 도모하는 자는 그릇 가는 것이 아니냐 선을 도모하는 자에게는 인자와 진리가 있으리라"(잠 14:22).

이 세상에서는 혼자 살아갈 수 없다. 모든 사람들이 더불어 함께 살아야 한다. 하나님께서도 사람들과 더불어 함께 살라고 우리를 지으셨다. 그래서 남편을 도우라고 아내를 돕는 배필로 만드셨다. 아내의 도움이 가장 많이 필요한 사람이 남편이다. 서로 돕고 협력하여 주님의 뜻을 이루어야 한다. 그러나 도와주지 말아야 할 일이 있다. 악한 짓이다. 남편이 도둑질을 하자고 할 때 단호하게 거절해야 한다. 사기치자고 할 때 정신차리라고 해야 한다. 악한 짓을 하자고 할 때는 절대 복종해서는 안 된다. 배우자가 분별력을 잃고 악한 짓을 꾸밀 때 잘라버려야 한다. 지혜를 구하며 위기탈출을 해야 한다. 이것이 서로가 사는 길이고 가정이 악한 것으로부터 보호를 받을 수 있다. 양심에 가책을 받는 일은 절대로 허용해서는 안 된다. 엄청난 파도가 밀려오고 있음을 직감해야 한다. 곧 쓰나미가 몰려와서 가정의 모든 식구들이 몰살을 당할 위기에 처해질 것이다. 악한 일로부터 도망가야 한다. 아주 멀리 달아나야 한다. 혼자만 가지 말고 가정의 모든 식구들을 데리고 함께 가야 한다. 당장 손해를 보는 것 같아도 괜찮다. 나쁜 짓을 하면 손해보다 더 크게 망하는 일이 기다리고 있기 때문이다.

위기는 방심하면 수시로 찾아온다. 시도 때도 없이 기회만 엿보고 있다. 헛점을 이용해서 잔인하게 달려든다. 힘이 엄청나게 세서 혼자서는 당할 도리가 없다. 서로가 힘을 모으지 않으면 곧 넘어진다. 악한 자는 아주 머리도 좋다. 우리의 필요를 채워준다는 이유를 댄다. 교묘하게 수단과 방법을 가리지 않는다. 그러나 악한 것은 그 모양이라도 버려야 한다.

'사랑의 하나님 아버지, 하나님의 선하시고 기뻐하시고 온전케 하시는 뜻이 무엇인지 분별하여 행하게 하시고 예수 그리스도로 옷 입고 정욕을 위하여 육신의 일을 꾀하는 자가 되지 않게 하소서. 아멘!'

15. 우리를 대신하여 싸우신다

"저와 함께하는 자는 육신의 팔이요 우리와 함께하는 자는 우리의 하나님 여호와시라 반드시 우리를 도우시고 우리를 대신하여 싸우시리라"(대하 32:8).

다른 사람보다 권력이 있고 힘이 센 사람 옆에는 늘 사람들이 모여든다. 본인들이 어려움을 당할 때 요긴한 사람이기 때문이다. 위기에 처해 있을 때 나 대신 싸워주어야 할 상대가 필요하다. 어린아이들도 옆에 부모가 있으면 다른 아이들과 싸울 때 두려워하지 않고 큰 소리를 친다. 부모님이 자기를 도와주고 대신 싸워줄 것이라고 믿기 때문이다. 결국은 애들 싸움이 어른 싸움으로 번지는 경우를 볼 수 있다. 우리가 살면서 지치고 쓰러질 때 대신 싸우시는 하나님이 계신다. 때로는 낙담하고 절망에 빠져 있을 때도 우리 손을 잡아 주신다.

친구들은 나를 버리고 떠날지라도 끝까지 지키시고 보호해 주신다. 때로는 배우자가 나를 힘들게 하고 고통을 주어도 말씀으로 위로해 주시고 힘을 주신다. 자녀들 때문에 마음이 아프고 속상해도 주님은 내 곁을 떠나지 않으신다. 부모님들 때문에 괴롭고 어려움을 당할지라도 내게 새 힘을 주시며 위로해 주신다. 때로는 육신의 질병 때문에 절망스럽고 소망이 없는 것처럼 보일지라도 언제나 한결 같은 사랑으로 함께해 주신다. 모든 사람들이 나를 버려도 내가 간절히 주님을 찾으면 언제든지 만나주시고 함께 해주신다. 내가 도움이 간절히 필요할 때 외면하지 않으시고 도와주신다. 힘이 없어서 지쳐 쓰러질 때도 주님만 의지하면 나를 대신하여 싸우신다. 우리들의 싸움을 다 싸우시고 승리를 가져다 주신 분이다. 이런 분을 내 옆에 두지 않고 사는 자는 얼마나 미련한가? 세상방백들을 의지하지 말고 주님만 의지하는 삶이 되자. 부부가 힘들고 어려움을 당할 때도 의지할 분은 주님 한 분이시다. 그러므로 굳게 붙들어야 한다. 늘 주님 편에 서야 한다. 내 대신 싸우시는 만 왕의 왕이신 주님이 계시기에 힘을 내자.

'사랑의 하나님 아버지, 우리를 버리시거나 떠나지 아니하시고 도우시며 우리를 대신하여 싸워 주시니 감사합니다. 주님만 굳게 신뢰하고 앙망하게 하소서. 아멘!'

16. 시야를 넓게 보자

"하나님이 자기를 사랑하는 자를 위하여 예비하신 모든 것은 눈으로 보지 못하고 귀로도 듣지 못하고 사람의 마음으로도 생각지 못하였다 함과 같으니라"(고전 2:9).

고난과 어려운 시련이 닥치면 마음이 답답하고 머리가 아파온다. 삶의 의욕이 안 생기고 눈물과 한숨이 절로 난다. 괜히 억울하고 서글프다. 지난날의 모든 일들이 후회스럽고 원망스럽다. 특히 배우자로 인해서 어려움이생겼다면 배우자가 보기도 싫고 가까이 하기도 싫어진다. 결혼을 잘못했다고 후회하며 한탄한다. 그러나 이제와서 그런들 무슨 소용이 있겠는가?

현재의 고난은 장차 올 영광과 족히 비교할 수 없다고 성경에서 말씀하셨다. 멀리 볼 수 있어야 한다. 눈앞에 펼쳐진 것이 내 인생의 전부가 아니다. 하나의 과정을 밟고 있는 것이다. 얼른 떨치고 발을 힘있게 내디뎌야 한다. 머뭇거리고 있으면 더 나은 삶을 살아가기가 어렵다. 뒤로 물러서지 말자. 소망을 가지고 좋은 일들이 펼쳐질 것을 내다보자. 주님이 살아 계시기에 도움을 구하며 씩씩하게 앞으로 나아가자. 함께하는 배우자가 있으니 얼마나 감사한 일인가? 비록 배우자 때문에 고통과 아픔이 왔을지라도 같이 견디어 내자. 함께하는 길만이 살 길이다. 싫다고 떨어져 나가면 안 된다. 어디를 가든지 무엇을 하든지 늘 함께해야 할 부부이다. 어느 누가 방해해도 두 손을 굳게 잡고 버텨내야 한다. 이것이 주께서 원하시는 방법이다. 시련과 고통을 견디어 내는 훈련을 통과하자. 인생은 좋은 일들만 생기는 것이 아니다. 그러기에 시련이 닥칠 때마다 철저하게 하나되는 훈련을 잘 감당해야 한다. 당신 일은 당신이 해결하고 나는 상관하지 않겠다고 하면 안 된다. 이기적인 마음을 버려야 한다. 어떤 고통속에 처하더라도 실력 발휘를 제대로 하는 멋진 부부가 되자. 주님께서 기뻐하시고 길을 열어 주실 것이다.

'사랑의 하나님 아버지, 우리의 구하는 것과 바라는 것 이상으로 응답하시는 주님이심을 믿습니다. 보지 못한 것 보게 하시고 듣지 못한 것을 수 있는 귀와 마음을 허락하옵소서. 아멘!'

17. 나쁜 점만 말하는 자를 가까이 하지 말자

"무엇보다도 열심으로 서로 사랑할지니 사랑은 허다한 죄를 덮느니라"(벧전 4:8).

모든 사람에게는 허물과 단점과 나쁜 점들이 있다. 이것이 없으면 사람이 아닐 것이다. 의인은 없나니 하나도 없다고 성경은 말한다. 죄인이기에 냄새 나고 역겨운 부분이 많다는 것이다. 그러나 예수님을 믿는 자에게는 더러운 모든 죄를 깨끗하게 해 주셨다. 그러므로 다시는 시궁창에 들어가는 죄를 범해서는 안 될 것이다. 그러나 이 땅에 사는 한 완전한 성화가 없기에 허물은 늘 있기 마련이다. 허물이 많은 사람 자체를 보는 것보다 그 속에서 역사하시는 주님을 보는 안목이 필요하다. 긍휼히 여기는 마음이야말로 인생을 살아가는 데 꼭 필요한 덕목이다. 하지만 많은 사람들이 나쁜 점만 보고 말한다. 그런 사람들을 가까이 하지 말자. 그들과 함께 있다 보면 나도 모르게 그런 사람들이 되고 만다. 같이 말하고 행동할 때 닮아가게 된다. 습관이 되면 고치기가 힘들다.

특히 배우자의 허물을 말하는 자를 조심하자. 나도 모르게 같이 허물을 들추어내는 일에 휩쓸리게 되는 경우가 많다. 가장 아끼고 보호해 주어야 할 상대가 배우자이다. 함부로 입을 벌려서 허물을 들추어 내는 실수를 범하지 말자. 상대방의 말이 맞아도 허물을 들추어 내는 것이라면 듣지 말자. 내가 말하지 않았더라도 듣고 있으면 똑같은 사람이 되는 것이다. 하지 말라고 말해야 한다. 아니면 가까이 할 이유가 없다. 죄는 틈을 타서 들어오기 때문에 작은 허물이라도 말하지 말자. 묵묵히 기도하는 일이 더 중요하다. 어느 누구의 허물도 들추어 내는 일은 삼가야 한다. 내 자신도 말할 수 없이 허물이 많기 때문이다. 주님은 사랑하라고 했다. 허물을 말하는 것은 사랑하는 행위가 아니라 상대방을 죽이는 못된 행위이다. 특히 배우자의 허물은 사랑으로 덮어주자.

'사랑의 하나님 아버지, 주님의 심장으로 배우자를 사랑하게 하시고 허물보다는 좋은 점들을 보는 눈과 말할 수 있는 능력을 더하여 주옵소서. 아멘!'

18. 마음을 강하게 하고 담대히 하라

"너희 모든 성도들아 여호와를 사랑하라 성실한 자를 보호하시고 교만히 행하는 자에게 엄중히 갚으시느니라 강하고 담대하라 여호와를 바라는 너희들아"(시 31:23-24).

살면서 느끼는 것은 전혀 예상하지 않았던 문제들이 수시로 일어난다는 것이다. 국가는 국가대로 시련이 많다. 우리나라는 전쟁의 위험이 많은 나라이다. 그러나 전쟁을 의식하고 사는 국민들이 얼마나 되는가? 국민들이 힘을 모으지 않으면 언제 전쟁이 일어날지 아무도 모른다. 우리 아들은 직업군인이기 때문에 늘 전쟁을 의식하고 하루도 긴장을 늦출 수가 없다고 한다.

직장에서도 일을 하게 되면 생각지도 않은 어려움들이 닥친다. 잘 다니던 사람들이 어느 날 직장에서 쫓겨나는 신세로 전락하는 경우도 종종 본다. 기업에 총수들이 하루 아침에 감옥에 가는 경우도 있다. 가정에서도 전혀 예상치 않은 일들이 수시로 벌어진다. 정말로 문제의 홍수 속에서 사는 느낌이 들 정도이다. 이렇게 호시탐탐 노리는 사단의 계략을 무슨 수로 막을 것인가? 사단은 힘과 지혜를 발휘하지 않으면 이길 수 없는 상대이다. 아무런 대책 없이 있다가는 전멸당한다. 언제 어느 때 누구를 통해서 화살이 날아올지 모른다. 늘 깨어 있지 않으면 넘어지게 된다. 그러나 문제 앞에서 강하고 담대해야 한다. 그렇지 않으면 패배자의 모습이 된다. 호랑이에게 물려가도 정신만 차리면 된다는데 전쟁에 능하신 주님께서 힘을 주신다고 했으니 어찌 의지하지 않을 수 있으랴! 어떠한 시련도 극복할 수 있는 힘이 주께로부터 오기 때문이다. 세상사람들은 넘어질지라도 성도들은 주님만 바라보는 믿음을 가지고 승리해야 한다. 우리는 뒤로 물러가 침륜에 빠질 자가 아닌 힘을 내서 이기며 나가야 하는 용사들인 것이다.

'사랑의 하나님 아버지, 우리의 힘이 되신 주님을 사랑합니다. 사랑의 줄로 매어 주셔서 어떠한 경우에도 강하고 담대하게 하옵소서. 아멘!'

19. 가증한 것을 다 버리자

"망령되고 헛된 말을 버리라 저희는 경건치 아니함에 점점 나아가나니"(딤후 2:16).

내 주위를 살펴보면 필요하지 않은 물건들이 참으로 많다. 버리고 싶은데 버리기가 쉽지 않다. 하나씩 모아둔 것이 산더미같이 쌓인다. 특이 이사할 때 보면 집 안에 있는 물건들로 주체할 수 없을 정도다. 그렇다고 다 필요한 것들도 아니다. 오히려 없애도 될 물건들이 수두룩하다. 과감하게 버려야 한다. 짐을 정리하는 순서를 보면 꼭 필요한 물건만 챙겨두고 나머지는 몽땅 버리라고 한다. 그것이 깨끗하게 치우는 방법이다.

영적인 것도 마찬가지일 것이다. 지저분하고 더러운 것을 아끼는 사람은 없다. 나의 경건의 생활을 방해하는 것들은 과감하게 버리자. 집 안에 물건들을 다시 살펴보고 쓸데없는 물건들을 치워 버리자. 가족들이 TV 보는데 시간을 너무 많이 빼앗기면 치우자. 경건의 시간들을 소홀히 하게 하는 물건들은 없애는 것이 현명하다. 컴퓨터를 꼭 필요한 데 사용하지 않고 게임이나 오락을 즐겨한다면 치워버리는 것이 낫다. 요즈음은 스마트 폰이나 아이폰도 많은 사람들에게 없어서는 안 될 물건이 되었다. 전철을 타고 가다 보면 거의 다 핸드폰을 들려다보고 있다. 사람이 기계를 사용하는 것이 아니라 기계가 사람들을 작동하는 것처럼 보인다. 기계는 기계에 불과한 것이다. 너무 편리한 것만 좋아한다면 사고하는 능력은 퇴화될 것이다. 하나님의 말씀을 주야로 묵상하라고 했다. 핸드폰을 주야로 들여다 보지말자. 꼭 필요할 때만 사용하자. 하나님께 가까이 가지 못하도록 하는 물건들은 쓰레기통에 던져 버리자. 말씀을 묵상하고 기도하는 경건의 시간들은 우리의 영혼을 살찌게 한다. 귀중하고 소중한 것들은 취하고 영혼을 죽이는 것은 과감하게 버리자.

'사랑의 하나님 아버지, 하나님을 사랑하는 일에 방해가 되고 하나님과 교제의 기쁨을 누리는 일에 장애물이 되는 것들이 무엇이든지 다 버리게 하시고 경건에 이르는 연습에 충실한 자가 되게 하소서. 아멘!'

20. 부부싸움은 폭격당하는 것이다

"다툼을 멀리하는 것이 사람에게 영광이거늘 미련한 자마다 다툼을 일으키느니라"(잠 20:3).

전쟁터를 생각할 때 가장 먼저 떠오르는 것은 폭격당한 처참한 모습일 것이다. 평온한 장소에 폭탄이 떨어지면 그 곳에 있는 사람들이 전부 다치거나 죽는다. 전쟁의 피해는 우리의 상상을 초월할 것이다. 누구 하나도 정상적으로 생활할 수 없다. 그 피해는 많은 시간과 세월이 흘러도 계속 남아 있다. 부부싸움을 전쟁에 비유하고 싶다. 싸움 후에는 늘 피해가 따르는데 문제는 치유가 빨리 되지 않는다는 것이다. 아픈 상처를 싸매어 주는 전문적인 병원이 없다. 의사가 치료해 줄 수 있는 것이 아니다. 약을 처방 받을 수 없다. 가장 좋은 방법은 부부싸움을 안 하는 것이다. 싸움을 걸어 올 때 피하는 것이 상책이다. 모든 싸움은 이기는 자가 있으면 패배자가 있기 마련이다. 그러나 부부싸움은 승자가 없다는 것이다. 둘 다 지는 싸움이다. 손해만 있을 뿐이다.

서로가 상처만 주게 된다. 더 나아가서 주변의 모든 사람들에게 피해를 준다. 특히 자녀들에게는 치명타를 가하는 것이다. 씻을 수 없는 오점을 남기게 된다. 부모님이 싸움을 하게 되면 자녀들이 가장 불행하다. 부모님이 사이 좋게 지내는 모습을 보여 주어도 나쁜 것을 보고 배울 수 있는 곳이 주변에 너무나 많다. 그런데 집에서도 가장 흉측한 것들을 보고 자란다면 어떻게 되겠는가? 가정은 싸우는 장소가 아니다. 상처받고 아픈 곳을 싸매어 주는 사랑이 넘치는 곳이어야 한다. 노력하지 않으면 가정을 아름다운 장소로 만드는 것은 불가능하다. 행여나 식구들이 밖에서 싸우고 왔다 할지라도 집이란 치료해 주는 곳이 되어야 한다. 집에서 싸우면 치료해 주는 곳이 아무 데도 없다는 것을 알아야 한다.

'사랑의 하나님 아버지, 궁궐에 살면서 다투는 것보다 초막에 살면서 화목하게 지내는 것이 나음을 한시도 잊지 않게 하시고 화평을 심어 의의 열매를 거두게 하소서. 아멘!'

21. 부부싸움은 중독이다

"화평케 하는 자는 복이 있나니 저희가 하나님의 아들이라 일컬음을 받으리라"(마 5:9).

무슨 죄를 짓든지 한 번이 어렵지 자꾸 하다 보면 습관이 되어서 나중에는 저절로 아무 감각 없이 죄를 짓는 경우가 대부분이다. 전과자들도 처음 죄를 지을 때는 두려워서 벌벌 떨지만 갈수록 대범해진다. 그래서 전과 1범, 2범, 심지어 10범이 나오는 것이 아닐까? 마치 누가 더 많이 죄를 지었는지 내기하는 것 같다. 왜 이리 죄에 무뎌지는가? 죄인이기 때문이요 죄 가운데 살기 때문이다. 죄를 자꾸 허용하다 보면 나중에는 절제가 되지 않는다. 자신도 모르게 자연스럽게 죄를 짓게 된다. 우리나라 속담에 "바늘 도둑이 소도둑 된다"는 말이 있다. 처음에는 아주 작게 시작했지만 나중에는 큰 잘못을 저지르게 되는 것이다. 그러나 크든 작든 잘못한 것은 다 죄이다. 아주 작은 것이라고 해서 무시하고 허용해서는 안 된다.

부부싸움도 마찬가지이다. 대수롭지 않게 생각하거나 허용하는 것을 금해야 한다. 부부는 서로가 환경과 문화가 다른 가정에서 자랐기 때문에 싸울 일이 얼마나 많이 발생하는지 모른다. 그러나 다르다고 싸우는 것이 당연한 것은 아니다. 습관적으로 화가 나면 소리지르는 사람들이 있다. 그러나 화가 났다고 다 소리 지르면 이 세상은 온통 시끄러워서 살 수 없을 것이다. 소리지르는 것, 욕하는 것, 싸우는 것 그 모두가 다 습관이다. 좋은 습관은 노력과 수고가 반드시 필요하다. 그런데 나쁜 습관은 아무런 수고를 하지 않아도 저절로 나온다. 배울 필요가 없이 악에 익숙한 자들이기 때문이다. 절제 없이 감정을 그대로 표출하는 것은 성숙한 사람들의 자세가 아니다. 부부는 싸움을 참아 내야 한다. 감정을 삭히고 이성을 찾아야 한다. 한 번이 어렵다. 그러나 계속 하다 보면 참을 수 있다. 부부싸움은 중독이다. 그러나 나쁜 습관을 버릴 때 좋은 것들이 우리의 삶을 풍요롭게 할 것이다. 다툼이 없는 가정에 하늘의 복이 넘칠 것이다.

'사랑의 하나님 아버지, 마음에 선을 쌓아두는 일이 많아서 항상 선에 속하게 하시고 화평케 하는 직책을 잘 사용할 수 있게 하옵소서. 아멘!'

22. 있는 모습 그대로를 즐기자

"네 샘으로 복되게 하라 네가 젊어서 취한 아내를 즐거워하라 그는 사랑스러운 암사슴 같고 아름다운 암 노루 같으니 너는 그 품을 항상 족하게 여기며 그 사랑을 항상 연모하라"(잠 5:18-19).

결혼과 동시에 달라지는 것은 아무것도 없다. 어제의 내 모습과 지금의 내 모습에는 별로 차이가 없다. 그래서 기대치를 낮추어야 즐겁게 살 수 있다. 기대치가 너무 높으면 실망이 커서 행복하지가 않다. 가장 중요한 것은 배우자를 있는 그대로를 받아들여야 한다. 그렇지 않으면 평생 고생한다. 바뀌지 않는 것이 사람이다. 많은 시련과 연단을 통과하지 않는 한 성숙한 모습으로 바뀌는 것을 기대할 수 없다. 결혼 초라면 더욱더 있는 그대로를 즐기는 연습이 필요하다. 아무리 잔소리를 퍼부어도 바뀌지 않는다. 배우자를 바뀌게 하는 것보다 내가 바뀌는 편이 더 현명한 선택이다. 그리고 성숙한 사람이 먼저 양보하고 이해하는 것이다. 둘이 똑같으면 매일 싸우고 감정만 상한다. 함께 있는 것조차도 불편할 것이다.

남편이 게으르다면 아내가 부지런하면 된다. 남편이 그 모습을 보고 깨달으면 좋겠지만 못 깨달아도 함께 변함없이 살아야 한다. 아내가 너무 사치스럽다고 생각되면 남편이 검소하게 살면 된다. 남편의 검소한 생활을 보면서 느끼는 것이 있을 것이다. 부부는 서로 맞추어서 부족함을 채워주는 존재가 되어야 한다. 갓난아기가 태어났을 때 부모들은 있는 그대로를 받아들이고 즐거워한다. 온갖 모습이 다 귀엽고 사랑스럽다. 사랑하는 마음으로 하나씩 가르쳐 주면서 키워간다. 부부도 이렇게 사는 것이다. 못마땅한 것이 보이고 마음에 들지 않는 곳이 너무 많을지라도 만족하면서 살아야 한다. 그래도 내 아내요 남편이기에 있는 그대로를 즐기면서 누리지 않으면 행복은 우리 곁을 떠날 것이다.

'사랑의 하나님 아버지, 하나님이 내게 짝 지워준 배필을 항상 사랑하고 항상 즐거워하는 자가 되게 하옵소서. 아멘!'

23. 서로 다른 것을 인정해 주는 것이다

"우리가 유대인이나 헬라인이나 종이나 자유자나 다 한 성령으로 세례를 받아 한 몸이 되었고 또 다 한 성령을 마시게 하셨느니라"(고전 12:13).

누군가 나를 인정해 주고 칭찬해 주면 살맛이 난다. 그것도 배우자가 나를 알아주고 힘을 실어주면 더욱더 신이 날 것이다. 남자와 여자는 다르다. 남편과 아내의 생각이 엄청 차이가 난다. 모든 사람들의 생김새가 다 다르듯이 성격도 다르다. 우리는 지금 개성이 강한 시대에 살고 있다. 다른 것을 받아 들이지 않으면 내가 불편하고 힘이 든다. 우리 나라는 단일 민족이었다. 그래서 다른 것을 보면 즉각 반응을 보인다. 조금만 특이하면 이상하다고 떠들어 댄다. 그러나 미국은 여러 민족들이 모여서 만들어진 나라이다. 그래서 아무런 반응 없이 모든 것을 쉽게 받아들인다. 다른 사람들을 존중하고 사생활에 끼어들거나 다르다고 해서 배척하지 않는다. 다르다고 싫어하거나 비난하지 않는다.

부부 사이에서도 서로 다른 점을 이해하고 존중할 필요가 있다. 진리의 말씀과 어긋나지 않는 한 서로 용납하고 인정해 주자. 마음을 넓게 가져야 한다. 가정에서 서로를 용서하고 용납하는 것을 배우지 않으면 사회에 적응하기 어렵다. 독불 장군을 좋아하는 사람은 그 누구도 없다. 서로가 마음을 같이하며 다른 사람들을 인정해 주자. 특히 부부들은 더욱 더 세워주고 칭찬해 주고 다른 점을 인정하자. 나처럼 행동하지 않는다고 비난의 화살을 거침없이 쏟아 붓는 어리석은 사람이 되지 말자. 배우자를 존중하는 마음은 아주 귀한 것이다. 주님께서 칭찬해 주실 것이다. 그러다 보면 더 나은 모습들이 보여질 것이다. 샘 솟듯이 신기하고 놀라운 일들을 경험해 보시기 바란다. 주 안에서 아름답고 귀한 것들을 많이 발견할 것이다.

'사랑의 하나님 아버지, 나의 부족함을 아시고 돕는 배필을 허락하신 주님 감사합니다. 서로를 존중하고 귀히 여겨 우리를 향하신 하나님의 뜻을 준행케 하소서. 아멘!'

24. 악한 것으로 덧입지 말자

"밤이 깊고 낮이 가까웠으니 그러므로 우리가 어두움의 일을 벗고 빛의 갑옷을 입자, 오직 주 예수 그리스도로 옷 입고 정욕을 위하여 육신의 일을 도모하지 말라"(롬 13:12,14).

한 번 거짓말을 하게 되면 계속적인 거짓말을 낳게 된다. 본인이 생각지도 않았던 거짓말들이 쏟아져 나온다. 이것이 죄의 습성이다. 못되고 더럽고 추악한 것들이다. 눈으로 이렇게 더러운 것들이 보이면 누가 죄를 짓겠는가? 그러나 죄로 인해서 철저히 가려진다. 죄를 걷어 내지 않으면 자꾸만 덧입게 된다. 나중에는 하도 많이 입어서 벗을 수가 없게 된다. 죄의 무거움이다. 얼마나 무거운지 혼자의 힘으로 벗을 수 있는 것이 아니다. 한 번 거짓말을 했으면 즉각적인 반응을 보이자. 하나님께 회개하고 잘못한 사람에게 용서를 구하자. 이것이 최선의 방법이다. 한 번 거짓말 한 것을 용서하지 않는 사람은 거의 없을 것이다. 수도 없이 배우자에게 거짓말하지 말자. 평생 한이 되어서 고통스러운 삶을 살게 한다.

특히 배우자의 외도는 절망스럽고 죽고 싶은 마음일 것이다. 첫 발을 내디뎠을 때 즉각 용서를 구하자. 계속적으로 속이면 정상적인 부부생활을 할 수 없게 된다. 죄가 이런 것을 놀리는 것이다. 정상적인 것을 아주 싫어하는 것이 죄의 습성이다. 수단과 방법을 가리지 않고 뒤죽박죽 만드는데 선수이다. 어느 누가 따라갈 수 없다. 창피스럽고 부끄럽다고 죄가 주는 것을 덥석 받아 먹지 말자. 너도 죽고 나도 죽는 길이다. 가정 파괴를 가져오는 흉측한 괴물이다. 괴물과 함께 있으면 언젠가는 잡혀 먹힐 것이 분명하다. 기회를 엿보는 무지막지한 자이다. 내 주변에 악한 것이 있는지 잘 살펴보자. 배우자의 주변도 신경 쓰면서 악한 것으로 덧입지 않게 도와주자.

'사랑의 하나님 아버지, 썩어 없어질 것을 구하지 아니하고 영생할 양식을 위하여 수고의 땀을 아끼지 않으며 땅의 것으로 덧입지 않고 하늘의 것으로 덧입는 삶을 살게 하소서. 아멘!'

25. 사랑의 무기를 사용하자

"너는 나를 인(印)같이 마음에 품고 도장같이 팔에 두라 사랑은 죽음같이 강하고 투기는 음부같이 잔혹하며 불같이 일어나니 그 기세가 여호와의 불과 같으니라"(아 8:6).

배우자가 용서가 안 될 때 어떻게 할까? 그럴 때 주님이 주신 가장 아름다운 무기가 있는데 그것은 사랑이다. 결혼생활에 없어서는 안 될 무기는 사랑이다. 수시로 꺼내서 사용해야 한다. 늘 갈고 닦아내야 한다. 이쩌다 한 번 사용하면 실력발휘를 할 수 없다. 하루에도 몇 번씩 사용해야 하는 무기이다. 그런데 이것은 참으로 아름답고 예쁜 무기이다. 누구에게나 사용해도 좋은 결과가 나타나는 것이다. 사람을 죽이는 무기가 아니라 살리는 고귀한 무기이다. 배우자가 거짓말을 했을 때, 고통을 안겨다 주는 행동을 했을 때, 외도를 했을 때 등 언제나 사용해야 한다. 사용하지 않고 있다가는 녹이 슬어서 사용할 수 없게 된다. 이 무기는 주님이 늘 사용하라고 주신 것이다. 주님께서 주셨기에 너무나 소중하고 귀한 무기이다.

이 사랑의 무기를 발휘할 기회는 언제든지 찾아 온다. 기회가 올 때마다 무시하지 말고 외면하지 말고 기꺼이 흔쾌히 즐거운 마음으로 마음껏 휘두르자. 힘이 나서 주님을 찬양하면 행복해질 것이다. 자주 사용하면 몸에 익숙해져서 힘들이지 않고 적절하게 사용할 수 있는 달인이 된다. 사랑의 달인이 된다고 생각하면 즐겁지 않은가? 우리가 못해서 속상한 것이지 잘 사용하면 많은 사람들을 생명의 길로 인도할 수 있다. 가정에 속해 있는 모든 식구들을 비롯해서 주변의 사람들까지 아주 좋은 영향력을 미칠 수 있는 소중하고 귀한 사랑의 무기를 사용하자. 주님은 이 무기로 세상을 사랑하시고 자기 백성들을 구원하지 않으셨는가? 하나님의 자녀들이여! 오늘도 힘을 다해서 사랑의 무기를 사용해서 주님이 기뻐하시는 길을 걸어갑시다.

'사랑의 하나님 아버지, 세상을 이기는 것은 무력에 있지 아니하고 사랑에 있음을 친히 보여 주셨으니 우리도 그 사랑으로 서로를 사랑하여 선한 영향력을 발휘하며 살게 하소서. 아멘!'

26. 사람은 미움의 대상이 아니다

"긍휼히 여기는 자는 복이 있나니 저희가 긍휼히 여김을 받을 것이요"(마 5:7).

사랑하는 남편이 교회에 나오셔서 얼마나 행복하냐고 어느 권사님 댁에 심방 갔다가 말씀을 드렸다. 권사님은 펄쩍 뛰면서 남편을 사랑하지 않는다고 하셨다. 너무나 미워서 못 살겠다고 하면서 목사님께서 전도하라고 해서 할 수 없이 교회를 가자고 한 것이라고 하셨다. 남편이 하는 짓마다 미워서 안 살고 싶다는 말까지 덧붙였다. 참으로 기가 막힐 노릇 아닌가? 남편이 얼마나 많이 잘못 했으면 저럴까? 하는 안타까운 마음이었다. 그래도 미워하지 말아야 한다. 내 남편이요 내 아내이니까 사랑하지 못하는 죄를 회개해야 한다. 죄를 미워해야지 사람은 미워해서는 안 된다. 사람을 미워하면 우리는 또 다른 죄를 범하는 것이다. 죄라는 놈은 우리가 미워해도 되고 싫어해도 되고 죽여도 된다. 또 그렇게 해야 한다. 그러나 사람을 미워하면 더 이상 편하게 발 뻗고 살 수 없게 된다. 주님께서 사랑의 방법을 우리에게 가르쳐 주시지 않으셨는가?

예수님은 죄의 사슬에 묶여 있는 인생들을 용서하시고 구원해 주셨다. 하는 짓마다 죄를 짓는 인생들을 대신해서 십자가의 형틀을 마다하지 않으시고 죄의 대가를 치르셨다. 이 얼마나 놀라운 사랑인가? 우리가 이러한 사랑을 받았기에 모든 사람들을 용서해야 한다. 참 사랑만이 마음의 벽을 허물며 하나 되게 한다. 배우자가 지은 죄를 위해서 십자가의 죽으심으로 사랑을 나타내셨는데 우리가 사랑해야 마땅하지 않겠는가? 미워하는 것은 죄이다. 사람을 미워하지 말고 긍휼히 여기는 마음으로 대해야 한다. 긍휼과 사랑은 배우자에게 나타내어야 하는 아름다운 마음이다. 이것이 없이는 행복한 가정생활을 할 수 없다.

'사랑의 하나님 아버지, 죄와 허물로 죽은 자요 원수였던 우리를 사랑하사 독생자를 십자가에 못 박혀 죽게 하신 그 사랑을 감사합니다. 주님의 인자와 긍휼히 여기심이 영원한 것 같이 우리도 사랑만 하며 살게 하옵소서. 아멘!'

27. 죄는 반복 학습이 필요 없다

"그러므로 회개하라 그리하지 아니하면 내게 네게 속히 임하여 내 입의 검으로 그들과 싸우리라"(계 2:16).

죄를 짓지 않고 살 수 있는 사람은 아무도 없다. 죄로부터 벗어날 수 있는 안전지대는 없다. 이 땅에 살고 있는 이상 죄하고 싸워서 이기는 수밖에 없다. 싸움을 하려면 상대방의 정체에 대해서 잘 알아야 한다. 약점이 무엇인지를 잘 살피고 기회를 노려야 한다. 상대방을 알고 나를 알면 백전백승이다. 이런 싸움을 싸우신 분이 예수 그리스도이시다. 그래서 죄를 지으면 주님께로 가는 것이다. 그것이 곧 회개이다. 망설이지 말고 즉각 가야 한다. 죄가 가장 무서워하는 분이 예수 그리스도이시다. 그 분은 죄의 정체를 너무나 잘 아시는 분이시다. 왜냐하면 죄가 없으신 분이시기 때문이다. 한 번도 죄를 지은 적이 없으신 분이시기에 죄를 능히 이기신다. 그러나 우리는 죄인이기에 혼자의 힘으로 이길 수 없다. 반드시 주님의 도움이 있어야만 이길 수 있다. 그 도움은 기도를 통해서 이루어진다. 회개의 기도가 있어야 한다. 문제는 죄를 짓는 것보다 회개를 하지 않는다는 것이다. 회개 했으면 죄를 반복해서 지으면 안 된다. 반복 학습이 필요 없다. 이 세상에서 가장 빨리 해야 할 일이 있다. 그것이 무엇인가? 죄를 지었으면 즉시 회개하는 일을 해야 하는 일이다. 콧물과 눈물을 흘리면서 통회하고 자복하는 것이 우리들의 살 길이다. 머뭇거리지 말자. 머물러 있으면 흙탕물을 비롯해서 똥물까지 뒤집어 쓰게 된다. 회개하지 않고 오래 머물러 있으면 망하는 길을 가는 것이다. 배우자가 죄를 지었으면 같이 회개하고 용서를 구하자. 힘을 합해서 죄의 길에서 벗어나자. 둘이 한 몸 이루어 살라고 하셨으니 모든 일을 같이해야 하지 않겠는가? 상대방의 죄를 묵인하지 말자. 알아서 하게 내버려 두지 말자. 도울 수 있는 방법은 함께 힘을 합해서 주님 앞에 겸손히 엎드리는 것이다.

'사랑의 하나님 아버지, 회개의 영을 주사 여호와께로 돌이키게 하시고 옷을 찢지 말고 마음을 찢어 새롭게 하옵소서. 정한 마음을 창조하시고 정직한 영을 새롭게 하시는 은혜를 맛보게 하소서..아멘!'

28. 주변에 간교한 자를 조심하라

"저런 사람들은 거짓 사도요 궤휼의 역군이니 자기를 그리스도의 사도로 가장하는 자들이니라… 저희의 결국은 그 행위대로 되리라"(고후 11:13-15).

우리 주변에는 시한 폭탄들이 너무 많다. 언제 터질지 모른다. 방심하면 코가 깨지고 다리가 부러지는 일들이 발생한다. 사단은 곳곳에 우리도 모르게 아주 많이 심어 놓는다. 눈에 보이면 좋은데 보이지 않는다. 사단의 정체는 눈에 보이지 않는다는 것이다. 무슨 수로 당해 낼 것인가? 늘 조심하는 수밖에 없다. 바로 간교한 자들을 조심하라는 것이다. 사람들 사이에서 이간질하는 자들이다. 본인이 지혜자라고 교만함을 부린다. 무슨 힘이 있는 것처럼 보이려고 애쓴다. 말이 많은 것이 특색이다. 누가 잘되는 꼴을 못 본다. 할 수만 있으면 다 자기 편으로 만든다. 말을 옮기는 데 선수이다. 그런데 문제는 정확하게 옮기는 것이 아니라 자기의 말을 붙여서 옮기는 못된 습성이 있다.

사람 앞에서는 칭찬을 하지만 뒤로 돌아서서는 허물만 말한다. 사람들의 약점을 덮어주지 못하고 크게 확대해서 말한다. 이런 자들이 내 주변에 있다. 나를 무너뜨리고 거룩한 삶을 살지 못하도록 막고 있는 장애물이다. 치워버려야 내가 살 수 있다. 그들을 떠나서 내가 살 수 없다면 뛰어넘을 수 있는 힘을 길러내야 한다. 방법을 찾지 못하면 속수무책으로 당하게 된다. 영적인 생활을 할 수 없다. 주님께로 가는 길을 막는 자들이다. 이런 자들과 함께하면 평생 고생문이 훤하다. 사리판단을 정확하게 할 수 있도록 내버려 두지 않는다. 모든 일을 곡해해서 생각하게 만드는 선수이다. 선수들을 당할 자는 없다. 그러니 간교한 자들을 피해가는 것이 상책이다. 주님께 도움을 구하며 늘 하나님의 시각으로 사물과 사람들을 바라보아야 한다. 상황이나 현상 혹은 사람들이 기준이 아니라 진리가 판단의 잣대여야 분별력이 옳게 나타난다.

'사랑의 하나님 아버지, 분별의 영을 주시어 참과 거짓, 불의와 의를 잘 분별케 하시고 악인의 꾀에 넘어가지 않는 진리의 사람들이 되게 하소서. 아멘!'

29. 약점을 평생 우려 먹지 말자

"여호와여 주께서 죄악을 감찰하실진대 주여 누가 서리이까 그러나 사유하심이 주께 있음은 주를 경외케 하심이니이다"(시 130:3-4).

약점은 누구에게나 있다. 배우자가 실수하고 잘못한 것을 잊지 못하고 평생 말하는 사람들이 있다. 죽을 때까지 잊지 못한다고 마음속 깊은 곳에 간직하는 어리석은 사람들이 있다. 기회만 있으면 끄집어낸다. 상대방을 제압하려고 한다. 나한테 이러한 잘못을 했으니 함부로 대하지 말라고 경고한다. 배우자가 바람을 피웠거나 사업에 실패해서 재산을 다 날렸다거나 하면 소망이 없다고 협박을 한다. 사랑하는 부부가 아니라 원수가 되어서 한평생 불행하게 산다. 부부는 '평생 원수'라는 말도 세상에서는 거침없이 사용하는 언어이다. 그러나 아니다. 원수가 아닌 사랑하는 사이로 평생 살아야 한다. 그러기 위해서는 약점을 말해서는 안 된다. 자꾸 되새김질을 하면 잊어버릴 수가 없다. 나쁜 기억들은 잊어버리는 것이 건강에도 좋다. 나쁜 추억들을 기억해서 유익한 것은 아무것도 없다. 그러나 사단은 계속 말하라고 속삭인다. 잊을 수 없는 일이라고 자꾸 생각나게 만든다. 결국은 불행의 씨앗이 되어서 행복한 삶을 살지 못하도록 만든다. 무기력하게 한다. 우울증에 걸리게 만든다. 삶의 회의를 느끼게 한다. 그러나 속지 말자. 이러한 삶은 결코 주님께서 허락하신 것이 아니다. 반대로 서로 돕고 이해하고 사랑하고 살라고 행복을 약속해 주신 것이 결혼생활이다. 배우자의 약점을 꺼내어 불행의 길을 걸어가든지 용서하고 잊어버리고 새 소망의 삶을 유지하든지 선택은 우리들의 것이다. 현명한 선택을 하기 바란다. 수고하고 노력하는 자만이 누릴 수 있는 행복한 결혼생활이 되어야 한다. 아무런 노력도 수고도 하지 않고 행복해질 수 없다는 것을 알아야 한다.

'사랑의 하나님 아버지, 배우자의 허물과 약점을 파고드는 미련한 자가 되지 않게 하시고 부족함을 보충하며 함께 세움을 입는 일에 좋은 협력자로 살게 하옵소서. 아멘.'

30. 악을 선으로 갚자

"아무에게도 악으로 악을 갚지 말고 모든 사람 앞에서 선한 일을 도모하라 할 수 있거든 너희로서는 모든 사람으로 더불어 평화하라"(롬 12:17-18).

세상 사람들이 할 수 없는 일이 있다. 악을 선으로 갚는 일이다. 자기한테 조금만 불이익이 주어지면 화를 내고 손해 배상을 요구한다. 세상 법을 들먹이면서 상대방이 악하게 하면 법대로 하자고 소리친다. 손해 보는 일을 하면 미련하다고 한다. 똑똑하지 못하다고 야단법석을 떤다. 교회 안에서도 문제가 생기면 하나님의 말씀이 우선이 아니다. 세상 법정에 서서 판가름하자고 소란을 피운다. 그러나 주님께서는 악을 선으로 갚으라고 명령하셨다. 주님의 사랑이 없으면 할 수 없는 신기하고 놀라운 일이다. 주님의 은혜가 없으면 죽었다가 깨어나도 할 수 없는 기이한 일이다. 그러나 우리 성도들은 해야 한다. 내가 하는 것이 아니라 그리스도께서 내 안에 계시기에 할 수 있다. 그러나 아무나 할 수 있는 것도 아니다. 철저하게 자기 자신을 죽이지 않으면 할 수 없다. 내가 죽고 그리스도가 내 안에 살 때 가능한 일이다.

우리 나라 속담에도 "미운 사람에게 떡 하나 더 주라"는 말이 있다. 미워하지 말고 더 사랑하라는 것이다. 미운 사람에게 떡이 하나 더 필요하듯이 사랑을 더 많이 주어야 한다는 것이다. 미움을 받는 자체가 불쌍한 것이다. 그러므로 악을 행하는 자가 더 불쌍하지 않겠는가? 손해를 본 사람보다 손해를 끼친 자가 더 불행한 자이다. 성경에는 오른 뺨을 때리면 왼 쪽 뺨도 내밀라고 한다. 오 리를 가자고 하면 십 리를 동행하라고 한다. 겉옷을 달라고 하면 속옷까지 주라고 하신다. 이러한 사랑을 과연 누가 할 수 있겠는가?

그리스도의 사랑에 늘 감격하며 은혜에 감사할 줄 아는 자가 하지 않겠는가? 겸손한 자에게 은혜를 베푸시는 주님의 사랑하심이 악을 선으로 갚게 하실 것이다.

'사랑의 하나님 아버지, 우리가 악한 일을 당했을 때 악으로 갚으려고 하지 아니하고 도리어 선을 행함으로 하나님의 사랑이 어떠한지 나타내며 모든 사람으로 더불어 화평을 이루며 살게 하옵소서. 아멘!'

CHAPTER_ 03

아내의 순종

1. 결혼은 재수생이 없어야 한다

"이러한즉 이제 둘이 아니요 한 몸이니 그러므로 하나님이 짝 지워준 것을 사람이 나누지 못할지니라"(마 19:6).

결혼을 위해서 얼마나 많이 준비하고 공부했는가? 죽을 때까지 배우자와 함께 살아야 할 결혼생활을 위해서 몇 년이나 준비하였는가? 서점에 나온 몇 권의 책을 읽은 것이 전부라면 다시 한번 깊이 반성해 보아야 한다. 교회에서 결혼교육 과정을 밟았더라도 그것으로 만족해서도 안 된다.

우리는 대학을 들어가기 위해서 초등학교 때부터 시작해서 고등학교까지 12년 동안 공부한다. 실력을 쌓아서 일류대학에 들어가려고 애쓴다. 그러나 다 들어가는 것도 아니고 재수생들도 많다. 대학에 입학하기 위해서 12년 동안 공부하며 준비하는 것이다. 이것도 대충해서 갈 수 있는 것도 아니다. 많은 물질을 투자해서 좋은 학원에 가서 공부하는 수고도 해야 한다.

일등을 하려고 잠도 포기하고 공부하는 학생들이 얼마나 많은지 모른다. 공부하는 것을 도와주기 위해서 부모들은 온갖 정성과 수고를 아끼지 않는다. 오죽하면 고3병이 생겨났을까? 집 안에 고3이 있으면 온 식구들이 긴장하며 숨을 죽인다. 교회에서도 고3반이 없어지고 있는 실정이다. 그런데 죽을 때까지 평생 살아야 할 결혼생활을 위해서는 몇 년을 투자하면서 공부했나? 100세의 시대가 열렸으니 30살에 결혼해도 70년은 살아야 한다. 4년을 위해서 12년을 준비했으면 70년을 위해서는 몇 년을 공부해야 할까?

결혼은 재수생을 만들어 내서는 안 된다. 한 번 하면 죽을 때까지 남편과 아내가 함께 살아야 한다. 이것이 하나님께서 원하시는 결혼이다.

'사랑의 하나님 아버지, 결혼을 앞둔 젊은이들이 평생 같이할 배우자를 맞이하기 위하여 잘 준비하되 하나님이 짝 지어준 자와 가정을 이루도록 도와 주소서. 아멘!'

2. 기초적인 언어부터 배워야 한다

"그리스도께서 너희를 사랑하신 것 같이 너희도 사랑가운데서 행하라 그는 우리를 위하여 향기로운 제물과 생축으로 하나님께 드리셨느니라"(엡 5:2).

군대에 입대하면 제일 먼저 바뀌는 것이 말이다. 상관에게 철저하게 복종하는 자세를 배운다. 이유가 없다. 피곤하고 힘들어도 상관이 명령을 내리면 즉각적인 복종만 있을 뿐이다. 시간이 가면 점점 몸에 익숙해지게 된다. 말에 절도가 있고 힘이 들어가야 한다. 행동도 바뀐다. 나태한 행동을 할 수 없다. 위급한 상황이 언제 닥칠 지 알 수 없기에 늘 긴장을 늦추지 못한다. 결혼도 비슷하다. 결혼을 했으면 언어도 달라져야 한다. 결혼 전에 사용했던 오빠, 아무개 씨, 선생님 등 호칭이 바뀌어야 한다. 존칭어를 사용해서 나이와 상관없이 예의를 갖추어야 한다. 어색하다고 그냥 놔두면 나중에는 더 고치기가 힘들다. 여보, 당신이라는 호칭을 써야 한다.

상대방이 나를 어떻게 부르는가에 따라 행동을 하게 된다. 사장님이라고 부르면 사장님같이 행동할 것이고, 교수님이라고 부르면 교수같이 행동하려고 애를 쓸 것이다. 여보, 당신은 부부만 사용하는 특별한 언어이다. 배우자가 아닌 사람에게 여보라고 부르지 않는다. 부부만이 사용할 수 있는 언어를 바르게 사용하는 것이 작은 노력일 것이다. 자녀들 이름을 앞에 놓고 누구 엄마, 누구 아빠 라고 부르는 것은 옳지 않다. 그것은 다른 사람이 부를 때 사용하는 언어이다. 배우자를 다른 사람이 부르는 것 같이 하면 듣는 사람들이 오해하기 쉽다. 자주 사용해서 어색하지 않게 사용해야 한다. 또한 어떻게 말의 표현을 하는지에 따라 삶의 질이 달라진다. 고상한 말, 예의 바른 말을 평상시에도 잘 사용해야 한다. 잘 다듬어진 말을 통해서 부부가 더 존귀한 삶을 살아 갈 것이다.

'사랑의 하나님 아버지, 아내와 남편이 서로 존중하며 사랑하며 함께하는 복으로 충만하게 하소서. 아멘!'

3. 심부름부터 잘하자

"너희가 짐을 서로 지라 그리하여 그리스도의 법을 성취하라"(갈 6:2).

신입사원은 시키는 것을 잘 해야 한다. 주로 잔 심부름부터 시작해서 자질구레한 모든 일들을 불평 없이 해야 한다. 커피 타는 것, 은행 가는 것, 책상 정리하는 것 등 아주 많다. 그렇게 해서 하나씩 하나씩 일의 업무를 배워가기 시작한다. 처음부터 잘 하는 사람은 없다. 여러 번의 실수를 통해서 배우고 익히는 것이다. 심부름을 통해서 사람들과의 관계를 잘 맺어야 한다. 동료들과의 관계를 통해서 희비애락이 엇갈리기 때문이다. 회사에 다니는 한 함께해야 할 사람들이다. 내가 싫다고 해도 선택의 여지가 없다. 그러므로 서로 돕고 협력해서 좋은 관계를 유지해야 한다.

결혼 초년생도 신입사원으로 생각해 보자. 신혼 여행을 다녀온 후부터 가정의 자질구레한 일은 거의 다 아내 몫이다. 남편이 함께 도와주면 좋겠지만 기대는 안 하는 것이 좋다. 왜냐하면 남편들은 구조상 정리 정돈이 안 되기 때문이다. 한 가지 일이 끝나야 다음 일을 시작하기 때문이다. 한꺼번에 여러 가지 일을 하지 않는다. 살면서 느끼는 것은 아내의 도움 없이는 정상적인 생활이 쉽지가 않다. 주님이 아내를 돕는 배필로 만들어 주셨기에 참으로 감사하고 고마운 일이 아닌가? 아내가 할 일은 집 안을 청소하는 것부터 시작해서 빨래하는 것, 밥하는 것, 정리하는 것 등 말로 표현할 수 없을 정도로 수없이 많다. 평생해야 할 일인데 즐기면서 해야 되지 않을까? 불평한다고 내 대신 해줄 사람은 아무도 없기 때문이다. 이런 훈련을 통해서 섬기는 것이 몸에 배어야 한다. 이와 같이 다른 사람들도 유익하게 해주는 착한 아내가 되자.

'사랑의 하나님 아버지, 사랑의 마음으로 잘 섬기는 자가 되게 하시고 항상 남의 유익을 먼저 구하는 자가 되게 하소서. 아멘!'

4. 도와주어야 할 일을 말해 주자

"여호와 하나님이 가라사대 사람의 독처하는 것이 좋지 못하니 내가 그를 위하여 돕는 배필을 지으리라 하시니라"(창 2:18).

누군가의 도움이 필요할 때 알아서 해 주기를 바라는 것보다 미리 말해주는 것이 현명하다. 처음 하는 일은 더 더욱 친절하고 상세하게 알려줄 때 도움을 잘 받을 수 있다. 아내는 남편의 돕는 배필로 지음을 받았다. 다른 사람보다 사랑하는 내 남편을 잘 도울 수 있어야 한다. 회사에서는 일을 잘 하는데 집에서는 엉망이라고 하면 아내로서 충실한 모습이 아님을 알아야 한다.

아내가 남편의 일을 잘 도울 수 있도록 말해 주어야 한다. 늘 고마운 마음을 가지고 친절을 다해서 해야 한다. 실수하고 잘못을 해도 격려해 주고 위로해 주어야 한다. 처음부터 아내 노릇을 잘 하는 사람은 그리 많지 않다. 열심히 하려고 애쓰는 모습이 귀한 것이다. 잘하는 것은 시간이 필요하다. 처음부터 많은 것을 기대하지 말자. 하나씩 배워가면서 하는 모습이 더 사랑스럽고 귀엽다. 내 사람으로 만들어가는 것은 많은 노력과 수고가 있어야 한다. 한 몸이 되었으니 함께하는 것이 익숙하도록 만들어야 하지 않겠는가? 혼자서 살다가 함께 모든 일을 같이하는 것은 여간 불편한 것이 아님을 알아야 한다. 사랑하고 존경하는 남편이기에 불편을 감수하고 잘 하려고 애쓰는 것이다.

늘 결과를 보고 평가하지 말자. 과정이 있어야 아름다운 결과가 나타나는 것이다. 아내가 아름다운 모습으로 살기를 원한다면 사랑을 끝없이 공급해 주어야 한다. 관심과 사랑의 공급이 없으면 억지로 하게 된다. 불평을 하면서 하는 것은 행복한 결혼생활이 아니다.

'사랑의 하나님 아버지, 돕는 배필로 주셨으니 주님께서 주신 지혜와 능력으로 사랑하는 이를 잘 도와 주님의 뜻을 이루게 하옵소서. 아멘!'

5. 남편의 요리사가 되어야 한다

"주께서 내 원수의 목전에서 내게 상을 베푸시고 기름으로 내 머리에 바르셨으니 내 잔이 넘치나이다"(시 23:5).

처음부터 요리를 잘하는 사람은 없다. 시행착오를 거쳐 수십 번의 반복학습을 통해서 요리도 배우는 것이다. 결혼 전에는 수 십 년의 노하우를 가지고 있는 요리사인 어머니의 입 맛에 길들여진 남편들이다. 본인들은 제대로 요리도 못하면서 맛을 알아내는 것은 선수이다. 그런 남편들이 전혀 요리라고는 해본 적이 없는 아내들의 솜씨를 어떻게 견뎌낼 수 있을까? 남편을 사랑하는 마음으로 정성을 다하면 맛이 없어도 잘 견딜 수 있다. 그렇게 하다 보면 솜씨도 좋아지고 입 맛에 맞는 음식들이 나올 것이다.

문제는 집에서 먹는 것보다 밖에서 먹는 시간들이 더 많다는 것이다. 하루에 한 번도 집에서 식사를 안 하는 가정들이 많다. 다시 한번 생각해 보아야 한다. 하루에 세끼는 못 먹어도 한 끼 이상은 먹어야 되지 않겠는가? 아내가 아침밥을 안 해 주는 것이 당연한 것이 되었다. 그것은 아니다. 아침에 일찍 일어나서 정성스럽게 식사 준비를 해야 한다. 결혼했으면 특별한 일이 없는 한, 꼭 아침을 챙겨주자. 이것이 아내의 할 일이다. 남편의 건강이 곧 내 건강이다. 아프고 병들면 아내만 고생한다. 할 수만 있으면 점심 도시락도 챙겨주면 더 좋을 것이다. 이것이 남편들이 누릴 수 있는 행복이다. 남편들에게 부담감을 안겨주지 말고 편하게 집에서 식사를 하도록 해야 한다. 남편들도 아내가 즐겁게 밥하는 것을 도와주어야 한다. 맛없다고 불평하지 말고 더 잘 할 수 있다고 격려해 주라. 그러면 남편은 평생 전속 요리사와 함께 살아가는 즐거움을 누릴 것이다.

'사랑의 하나님 아버지, 가족들을 위해서 즐거운 마음으로 음식을 장만하게 하시고 온 식구들이 건강하여 주의 일을 잘 감당하는 일꾼들이 되게 하소서. 아멘!'

6. 집안 일에는 박사가 되어야 한다

"누가 현숙한 여인을 찾아 얻겠느냐 그 값은 진주보다 더하니라, 집안 일을 보살피고 게을리 얻은 양식을 먹지 아니하나니"(잠 31:10, 27).

돈으로 사람을 구해서 하는 일은 누구나 할 수 있다. 요즈음같이 편리한 시대는 돈만 있으면 안 되는 일이 없다. 집안일을 비롯해서 아기를 키우는 일까지 사람을 구해서 하는 실정이다. 성경에도 아내는 집안일을 잘해야 한다고 했다. 집안일은 아내가 하는 것이다. 그러려면 아내가 집에 있어야 하지 않겠는가? 많은 아내들이 직업을 가지고 있으니 쉬운 일이 아니다. 하루 종일 일하고 피곤한 몸으로 집에 오면 아무것도 하기 싫다. 집안일을 잘 하는 것을 기대하기 힘들 것이다. 그러나 누군가는 해야 한다. 그래서 돈을 들여서 사람을 구해 집안일을 하게 한다. 사람을 사는 것은 비용이 많이 들어간다.

아내들이 있어야 할 곳은 집이다. 물질적인 것 때문에 많은 아내들이 밖에서 생활하고 있다. 집에 있는 것보다 밖에 있는 시간들이 더 많다. 가정에서의 삶이 생동감 있고 활기가 넘치려면 사람이 늘 집에 있어야 한다. 텅 빈 집에 들어가는 것을 좋아하는 사람은 없다. 아이들이 어렸을 때 가끔 심방 때문에 집을 비운 적이 많이 있었다. 아이들은 엄마가 집에 없으면 싫어 한다. 나는 집에 있을 때 주로 틀어놓았다. 아이들이 집에서 음악 소리가 들리면 엄마가 있구나 하고 기분이 좋았다고 한다. 그런데 음악 소리가 안 들리면 엄마가 없구나 울적해지고 속상했다고 한다. 모든 식구들도 마찬가지일 것이다. 자녀들에게는 엄마가 남편들에게는 아내가 집에 있는 자가 복된 자일 것이다. 집안일도 자꾸 해야 노하우가 생겨서 잘 할 수 있게 된다. 살림 잘 하는 것은 노력 없이 저절로 되는 것이 아니기 때문이다.

'사랑의 하나님 아버지, 현숙한 아내가 되어 집안일을 부지런히 잘 감당하게 하시고 경건한 가정을 만들어 자식들이 감사하고 남편이 칭찬하는 아내가 되게 하옵소서. 아멘!'

7. 아기를 낳을 준비를 늘 해야 한다

"자식은 여호와의 주신 기업이요 태의 열매는 그의 상급이로다"(시 127:3).

결혼을 했으면 아기를 낳는 것은 당연지사이다. 생명을 만드시고 주관하시는 분은 하나님이시다. 하나님은 결혼을 통해서 인류가 번성하기를 계획하셨다. "생육하고 번성하라, 땅을 정복하고 다스리라." 이는 주님의 명령이다. 결혼하지 않으면 아기를 낳을 수 없다. 결혼도 안 했는데 아기를 낳는 것은 비 성경적이다. 결코 주님이 기뻐하시는 일이 아니다. 세상은 성경적인 것을 부인하고 거부한다. 우리가 세상을 따라 해서는 안 된다. 경건하고 거룩한 가정을 만들어 가야 한다.

얼마 전에 아들 부부와 딸 부부가 각자 손주를 안겨 주었다. 이삭이와 빌리가 이 땅에 태어난 것이다. 며느리가 임신했다는 소식을 듣고 남편은 눈물을 글썽이면서 좋아했던 모습이 너무나 생생하다. 내가 임신했을 때도 이렇게 감격하셨나? 아마도 눈물은 보여 주지 않았던 것 같다. 손주들의 탄생이 우리에게는 말로 표현할 수 없을 정도로 큰 기쁨이 되고 있다. 볼수록 사랑스럽고 귀엽고 신기하고 놀랍다. 내 자식보다 손주가 더 사랑스럽고 예쁜 것을 감출 수가 없다. 사람의 완벽한 모습을 갖춘 아주 작은 아기가 태어난 것이 너무 감격스럽다. 주님의 위대하심을 찬양한다.

이 엄청난 복을 거부하는 자는 미련한 자일 것이다. 결혼했으면 늘 기도하면서 기다려야 한다. 언제 주실 지 알 수 없기에 항상 몸가짐을 잘 해야 한다. 주님이 주실 때 최상의 모습으로 받아야 되지 않겠는가? 먹는 것을 비롯해서 생각하는 것, 행동하는 것 모두가 아기에게 영향을 미치기 때문이다. 엄마가 건강해야 아기도 건강할 것이다. 몸도 마음도 건강해야 하며 영적으로 늘 깨어있어야 할 것이다.

'사랑의 하나님 아버지, 생육하고 번성하게 하시고 경건한 자손을 얻게 하시며 주의 나라를 흥왕케 하는 가정이 되게 하옵소서. 아멘!'

8. 아들 키우듯이 남편을 돌보는 것이다

"네 집 내실에 있는 네 아내는 결실한 포도나무 같으며 네 상에 둘린 자식은 어린 감람나무 같으리로다"(시 128:3).

사람들이 자녀가 몇이냐고 물어 볼 때 아들이 두 명 있는 가정이 아들이 셋이다고 대답한다. 진짜 아들은 두 명이지만 남편도 아들같이 돌봄이 필요하다는 차원에서 하는 말 일 것이다. 남편을 섬기는 것이 손이 많이 가기 때문이다. 보통 신경을 쓰지 않으면 안 되는 부분이 남편을 도와주는 일이다. 아기들은 귀엽고 사랑스럽다. 짜증을 내고 울어도 엄마는 얼마든지 참아내며 돌봐주는 일을 기꺼이 감당한다. 그러나 남편은 그렇지가 않다. 한 번만 싫은 소리를 해도 도와주고 싶은 마음이 없어진다. 어떤 때는 내가 왜 결혼을 해서 이 고생을 하고 있는가 후회할 때도 있다. 그러나 아무리 후회해도 소용이 없다. 한 명의 자녀를 더 키우듯이 정성과 사랑의 보살핌이 너무 많이 필요한 남편이다. 오죽하면 아내를 돕는 배필로 정해 주셨을까?

남편을 돕는 일이 아주 많다는 것이다. 평생 죽을 때까지 가장 가까이에서 남편의 조력자가 되어야 한다. 어느 누구에게 그 자리를 양보해서는 안 된다. 밖에서는 남편을 도와줄 사람이 있겠지만 집 안에서는 아니다. 아내만이 할 수 있는 일이 있다. 아주 특별하고 소중한 자리이다. 어느 누구에게도 양보해서는 안 된다. 아내의 자리를 업신여기면 사단이 즉각 틈을 타서 가정 파괴로 이어지기 쉽다. 내 남편은 내가 도와주어야 한다. 그것이 주님이 원하시는 방법이다. 가정의 질서를 잘 세워가야 한다. 세상은 우리 가정을 소중하게 지켜주지 않는다. 할 수만 있으면 가정해체를 원하고 있다. 절대로 세상이 흘러가는 대로 좇아가면 안 된다. 우리는 성경으로 돌아가야 한다. 아무리 시대가 바뀌어도 주님의 말씀은 변함이 없음을 우리 가정들이 보여 주어야 한다.

'사랑의 하나님 아버지, 주님께서 주시는 지혜와 사랑으로 남편을 잘 섬기며 도우며 형통한 가정생활을 꾸려가게 하옵소서. 아멘!'

9. 권위에 복종하는 것이다

"남자가 여자에게서 난 것이 아니요 여자가 남자에게서 났으며, 이러므로 여자는 천사들을 인하여 권세 아래있는 표를 그 머리 위에 둘지니라"(고전 11:8,10).

남편들이 세상에 나가서 대접받는 시대가 더 이상 아니다. 대통령일지라도 정치를 잘못한다고 국민들에게 원성을 듣는다. 모든 사람들이 부러워하는 재벌총수들도 회사 돈을 횡령했다고 감옥에 가는 것을 자주 본다. 인정받으며 잘 다니던 회사에서 잘리는 일도 있다. 하루 아침에 백수가 되어서 가족들에게 실망을 안겨주는 일은 비일비재하다. 오히려 아내들이 더 인정받고 잘 나가는 경우가 있다. 세상의 변화가 여자들을 점점 사회로 부르고 있다. 아내들도 가정보다 사회에서 인정해 주는 것을 더 좋아한다. 아내들의 지위가 점점 높아지고 있다. 여성이 대통령이 되었으니 더 이상 올라 갈 자리가 없다. 여자들을 조금만 건드려도 성 추행범으로 몰고 가는 법이 있고 어린아이들도 귀엽다고 함부로 만지지 못한다.

그러나 성경은 남편들에게 권위를 부여해 주셨다. 어느 누구도 변개할 수 없는 제사장의 역할을 남편들에게 주셨다. 남편은 아내의 머리로서 가정을 잘 돌보아야 한다. 아내들은 잠잠히 남편의 뜻에 순종해야 한다. 교회가 그리스도에게 복종하듯이 아내들도 남편에게 복종하라고 하셨다. 복종은 굴종이 아니다. 하나님이 아내들에게 주신 선물이다.

아내의 복종 없이는 하나님이 남편에게 부여해 주신 권위를 세울 수 없다. 세상은 더 이상 남편들의 권위를 인정하지 않는다. 오히려 여성들에게 더 많은 권위를 부여하려고 애를 쓰고 있다. 그러나 가정에서는 남편의 권위를 인정해 주고 세워주는 역할을 아내들이 해야 한다. 권위자가 없으면 가정이 어디로 가겠는가? 이끌어 주는 자가 있을 때 온전한 가정을 세울 수가 있다.

'사랑의 하나님 아버지, 아내의 머리로 주신 남편의 권위를 인정하고 순종하는 아내가 되게 하시며 범사에 주께 하듯 섬기는 자가 되게 하옵소서. 아멘!'

10. 음란의 마귀가 틈타지 못하도록 해야 한다

"네 손에 죄악이 있거든 멀리 버리라 불의로 네 장막에 거하지 못하게 하라"(욥 11:14).

수많은 영상매체를 통해서 들어오는 경건치 못한 것들을 단호히 거절하자. 대문을 활짝 열어 놓고 들어오도록 허용해서는 안 된다. 사람은 눈으로 보고 귀로 듣는 것으로 인해서 죄를 짓는다. 영화나 드라마도 도가 지나칠 정도로 타락의 길을 가고 있다. 아무런 대책 없이 보고 있다가는 나도 모르게 음란의 마귀가 들어오게 되는 것을 무시할 수 없다.

예전에 부끄럽게 생각했던 것들이 지금은 아무 죄의식 없이 받아들이는 모습을 볼 수 있다. 아내와 남편이 두 눈 멀쩡하게 살아 있는데도 애인을 따로 둔다. 미친 세상이다. 부부만이 할 수 있는 성생활을 다른 사람들과 즐긴다. 그리고 당연하게 생각하는 세상이 되고 말았다. 무엇이 옳은 것인지 분별하는 것이 쉽지 않다. 정신 차리지 않으면 우리 가정도 쉽게 무너질 수 있다.

성경에서 말하는 사랑은 희생이다. 자기 자신이 죽지 않으면 할 수 없는 고귀한 사랑이다. 이런 사랑을 왜 남편들에게 요구하셨겠는가? 이 사랑은 세상 사람들은 감당할 수 없다. 이런 사랑이 없으면 가정이 보호 받을 수 있는 길이 없기 때문이다. 남편들의 사랑이 아내들을 세상에서 보호해 줄 수 있다. 아내들의 사랑이 남편들을 살릴 수 있는 것이다. 이것이야말로 자녀들이 올바르게 하나님을 알아 갈 수 있는 길이기 때문이다. 세상이 말하는 사랑은 사랑이 아니다. 요즈음같이 사랑을 많이 말하는 시대는 없었다. 그런데 세상은 온통 뒤죽박죽이고 질서가 없다. 자신의 쾌락과 향락을 즐기는 것은 사랑이 아니라 욕심이다. 자신만을 아는 것은 주변의 사람들을 죽이는 행위이다.

'사랑의 하나님 아버지, 그리스도께서 교회를 사랑하사 자기 몸을 주신 것처럼 아내를 그렇게 사랑하게 하시며 마귀로 틈을 타게 하는 어떤 죄악도 버리게 하시고 사랑하며 승리하는 가정이 되게 하소서. 아멘!'

11. 절대 분방하지 말라.

"서로 분방하지 말라 다만 기도할 틈을 얻기 위하여 합의상 얼마 동안은 하되 다시 합하라 이는 너희의 절제 못함을 인하여 사단으로 너희를 시험하지 못하게 하려 함이라"(고전 7:5).

우리나라같이 모텔이 많은 나라가 있을까? 음산한 골목길을 비롯해서 경치가 멋있고 아름다운 곳까지 모텔이 없는 곳이 없을 정도이다. 도대체 모텔이 그렇게 많이 필요한 이유가 무엇일까? 잠을 집에서 안자고 나와서 자는 이유가 무엇일까? 나그네나 여행객을 위해서는 꼭 필요하겠지만 이렇게 많아야 할 이유가 없는 것 같다. 마음만 먹으면 쉽게 죄를 지을 수 있는 환경에서 우리는 살고 있다. 가격도 저렴하다고 하니 기가 막힐 노릇이다.

성경에는 기도할 때 외에는 절대로 분방하지 말라고 했다. 부부는 떨어져 있으면 죄의 유혹이 많다. 정상적인 부부생활을 해도 죄를 짓는다. 하물며 부부가 떨어져 살면 사단에게 자리를 내어 주는 것이다. 그래서 가능한 주말 부부의 삶은 피하는 것이 좋다. 어쩔 수 없는 상황이라고 핑계를 대지 말자. 죄는 기회만 엿보는 무서운 놈이다. 기러기 아빠는 더욱더 안 된다. 자녀교육 때문이라고 말하지 말자. 그것은 욕심이다. 부모와 함께 사는 것이 자녀에게는 좋은 교육이다. 아무리 환경이 좋은 선진국이라도 그곳에 부모가 없다면 자녀가 타락하기 아주 적절한 곳이 된다. 훌륭한 사람 되라고 비싼 학비를 지불하고 가르쳤는데 헛수고가 될 수 있다. 진정 필요한 자녀교육을 위한 것이라면 식구가 다 같이 가야 하는 것이 맞다. 남편에게는 아내가 반드시 옆에 있어야 한다. 아내들도 남편의 보호 없이는 위험한 일이 생기게 된다. 식구들이 하나로 뭉쳐서 살아도 사단의 유혹을 물리치기가 어려운 세상에 살고 있음을 직감해야 한다. 정신 차리자. 한 침대에서 한 이불 덮고 자는 것이 부부의 특권이다. 절대로 분방하지 말라.

'사랑의 하나님 아버지, 부부가 늘 함께할 수 있는 여건을 허락하시고 욕망에 지배되지 않고 오직 말씀에 순종하는 부부가 되게 하소서. 아멘!'

12. 남편을 위해서 늘 기도해야 한다

"나는 너희를 위하여 기도하기를 쉬는 죄를 여호와 앞에 결단코 범치 아니하고 선하고 의로운 도로 너희를 가르칠 것인즉"(삼상 12:23).

성경은 쉬지 말고 기도할 것을 말씀하셨다. 아내는 남편을 위해서 제일 많은 시간을 할애해서 기도해야 한다. 그 이유는 남편의 머리는 그리스도이시기 때문이다. 남편 마음대로 살다가는 가족 모두가 엉뚱한 방향으로 나갈 수밖에 없다. 멸망의 길로 갈 수 있다는 것이다. 사단이 광명한 천사로 가장하면서 다가오는데 어느 누가 알아 볼 수 있겠는가? 그리스도에게 바짝 붙어 있지 않는 한 당할 도리가 없다. 남편은 날마다 아내와 자녀들을 그리스도께로 인도할 책임이 있다. 이 책임을 소홀히 하다가는 가족 모두가 몰살을 당할지 모른다. 늘 깨어 있어야 한다. 적군이 예고 없이 나타나서 죽이기 때문이다. 사단도 예상하지 않고 있을 때 우리 가족을 넘어뜨린다. 잠시 한 눈을 팔다가는 큰 코 다친다. 늘 깨어서 남편을 위해서 기도하는 일을 잊어서는 안 된다.

아내들이 자녀들을 위해서는 참 헌신적이다. 많은 물질과 시간을 아까워하지 않고 보살피고 돌보는 일을 한다. 몸을 사리지 않고 힘을 다해서 자녀들을 양육하는 모습을 볼 수 있다. 그러나 남편들에게는 얼마나 헌신적인가? 감정이 상하고 기분이 나쁘다고 거들떠보지도 않고 있지는 않은가? 그러면 절대로 안 된다. 좋을 때나 기분이 상할 때나 남편을 위한 헌신적인 돌봄에는 변함이 없어야 한다. 자녀들보다 더 많이 신경 쓰고 도와주어야 한다. 아내의 헌신적인 돌봄이 있어야 자녀들에게도 좋은 영향을 미치는 것이다. 그리스도를 머리로 생각하면서 살아가는 남편의 삶은 분명 가족들에게 본이 될 것이다. 더 나아가서 수많은 사람들을 그리스도께 인도하는 멋진 하나님의 자녀로서 빛을 하게 될 것이다.

'사랑의 하나님 아버지, 기도로 남편과 아내를 돕고 은혜의 보좌 앞으로 날마다 나아가는 우리 가정이 되게 하옵소서. 아멘!'

13. 복종은 반복 학습이 되어야 한다

"아내들이여 자기 남편에게 복종하기를 주께 하듯 하라 이는 남편이 아내의 머리 됨이 그리스도께서 교회의 머리 됨과 같음이니 그가 친히 몸의 구주시니라"(엡 5:22-23).

모든 것을 배우기 위해서는 반복적인 학습이 없이는 불가능하다. 또한 노력과 수고를 하지 않고서 얻어지는 것은 아무것도 없다. 하나님은 사랑하는 아내들을 향하여 남편들에게 복종하라고 하셨다. 그 이유는 무엇일까? 아내는 복종을 통해서 자기 자신을 훈련시키는 것이다. 거룩하고 성숙한 길을 가기 위해서는 남편에게 복종하는 것을 피해 갈 수 없다. 허물이 많고 부족한 것이 많은 남편들이다. 완벽한 남편을 주신 것이 아니다. 그리고 완벽한 남편은 이 세상에 없다. 아내들도 허물투성이고 실수가 많은 사람들이 아닌가? 나에게 너무나 꼭 맞는 남편을 수많은 사람들 가운데서 허락하신 것이다. 남편들이 하는 일에 사사건건 시비를 거는 아내라면 아내의 자리를 포기한 것이다. 시비를 걸고 불평을 하는 자리는 아내의 자리가 아니다. 의견을 말하고 생각을 말할 수는 있지만 모든 결정권을 남편에게 부여하셨기 때문이다. 속상해도 할 수 없고 억울하다고 생각해도 할 수 없다. 가정의 질서를 세우신 분이 그렇게 하기를 원하셨으니 순종해야 한다. 그것이 아내들이 살 길이다. 결혼 초부터 복종하는 것을 배워야 한다. 어렵고 힘든 것이다. 쉬운 것이면 하나님께서 하라고 하지 않으셨을 것이다. 어렵고 고통이 따르기에 주님을 의지하면서 배워가야 한다.

선택의 여지가 없다. 결혼을 했으면 이 복종의 길이 최선의 길이라는 것을 깨달아야 한다. 열심히 주님의 말씀에 순종하며 따르다 보면 몸에 익숙해질 것이다. 남편에게 복종하지 않으면 가정의 질서를 세워갈 수 없음을 알아야 한다. 이 시대에 남편에게 복종하며 사는 사람이 있겠는가?라고 반문하겠지만 하나님의 딸들은 할 수 있다. 왜냐하면 복종은 영적인 것이기 때문이다.

'사랑의 하나님 아버지, 십자가에서 죽기까지 순종하신 그리스도처럼 남편에게 순종하는 아내가 되게 하시고 주님의 법을 성취하는 가정되게 하소서. 아멘!'

14. 복종은 자기 자신을 죽이는 것이다

"여자는 일절 순종함으로 종용히 배우라"(딤전 2:11).

부모님 말씀 잘 들으면 자다가도 떡이 생긴다라는 속담이 있다. 아마도 부모 말씀에 순종하면 먹을 것을 비롯해서 좋은 일들이 많이 생긴다는 뜻일 것이다. 학생이 선생님 말씀 잘 들으면 공부를 잘 할 수 있다. 교회에서도 목사님 말씀에 순종하면 신앙생활을 즐겁게 할 수 있다. 아내들도 남편에게 순종하면 아름다운 아내의 모습을 갖출 수 있다. 그러나 이 순종은 나를 드러내면 할 수가 없다. 결혼 전의 모습과 결혼 후에 모습은 달라진 것이 아무것도 없다. 그러나 행동의 변화가 생기게 되는 것이다. 결혼 전에는 내 마음대로 하고 싶은 대로 했지만 결혼 후에는 다르다는 것이다. 내 마음대로 할 수 있는 일이 많지 않다는 것이다. 결혼 전에 생각하고 계획했던 것들이 남편의 허락 없이는 할 수 없기 때문이다.

남편과 함께 살아가는 법을 배워가는 것이 결혼생활이다. 하나씩 맞추어 가는 삶을 살아야 한다. 내 고집을 내세우면 부부싸움이 되어서 일이 엉망이 된다. 하나 되는 것을 훈련하지 못하면 결국은 싸움이 되어 서로가 상처를 입게 된다. 일이 생길 때마다 싸우고 야단 법석을 부리면 결국 행복은 멀리 달아나게 된다. 결혼 전에 꿈꾸고 계획했던 많은 생각들을 내려놓아야 한다. 자기 자신을 죽이지 않으면 남편에게 복종할 수 없다. 아내가 되는 것은 고귀한 것이다. 주님께서 위치를 확고하게 세워 주셨다. 이탈하게 되면 불행하게 된다. 자기 자신을 내려놓고 남편에게 순종하면서 아내의 위치를 바르게 세워가야 한다. 이 자리를 이탈하여 불행한 가정이 얼마나 많은지 모른다. 제 자리로 돌아가는 훈련을 잘 해야 한다. 행복은 거기에서부터 시작되는 것이다.

'사랑의 하나님 아버지, 날마다 제 생각과 욕심을 죽이게 하시고 오직 주님의 말씀에 복종하며 남편에게도 일절 복종하는 법을 잘 배워 질서와 평화가 넘치는 가정을 세우게 하옵소서. 아멘!'

15. 지혜를 늘 구해야 한다

"너희 중에 누구든지 지혜가 부족하거든 모든 사람에게 후히 주시고 꾸짖지 아니하시는 하나님께 구하라 그리하면 주시리라"(약 1:5).

상대방에게 도움을 주려면 무슨 도움이 필요한지 잘 알아야 도울 수 있다. 내 마음 내키는 대로 하다가는 도리어 해를 끼칠 수가 있기 때문이다. 상대방을 잘 살펴서 최대한의 지혜를 발휘해서 도와주어야 한다. 그것이 제대로 된 도움일 것이다. 평생 남편을 도우면서 살아가야 하는 아내들에게는 무엇보다 지혜가 필요하다. 먼저 남편에 대해서 잘 알아야 한다. 존경하는 마음이 없으면 기쁘게 도와줄 수가 없다. 업신여기는 마음으로 하는 일은 억지로 하는 일이다. 결코 주님께서 원하시는 방법이 아니다.

남편이 도움이 필요하다고 말할 때 즉각적인 도움을 주어야 한다. 꾸물대거나 늑장을 부리지 말고 할 수만 있으면 최선을 다해서 도와야 한다. 아내가 돕는 것이 남편에게는 편하다는 느낌이 들어야 한다. 그래야지 다른 곳을 찾는 수고로움을 덜 수 있을 것이다. 짜증을 내고 불평을 하면서 돕게 되면 남편은 다른 사람에게 도움을 청할 것이다. 자연적으로 남편과 함께하는 시간들을 빼앗기게 된다. 남편이 무슨 생각을 하고 있는지 알 수가 없다. 그러므로 기회가 오면 즐거운 마음으로 해야 한다. 남편을 알아가는 좋은 기회가 될 것이다. 잘 도와줄 때 가정은 더 화목하게 될 것이 분명하다. 아내의 도움은 선한 것이 되어야 한다. 감사함으로 솔선수범하는 도움이야말로 일의 능률을 배나 올리게 된다. 아내를 생각하면 언제든지 편하게 도움을 요구할 수 있어서 행복하다는 마음이 들어야 하지 않겠는가?

사랑하는 아내들이여! 내 남편의 모든 일들 속에 함께하면서 지혜를 발휘하여 멋지게 도와주자. 지혜가 부족하거든 지혜의 주님께 구하자. 아내들에게 필요한 모든 지혜를 아낌없이 주실 것이다.

'사랑의 하나님 아버지, 지혜로운 아내가 되어 남편이 필요로 하는 도움을 적절하게 줄 수 있는 자가 되게 하소서, 서로 돕고 사랑하며 사는 복된 가정이 되게 하소서. 아멘!'

16. 멋스러운 남편을 만들어 가자

"이와 같이 여자들도 아담한 옷을 입으며 염치와 정절로 자기를 단장하고…오직 선행으로 하기를 원하라 이것이 하나님을 공경한다는 자들에게 마땅한 것이니라"(딤전 2:9-10).

    대부분의 임산부들은 아기가 태어나기도 전에 필요한 모든 물품을 부지런히 준비한다. 조금만 자라면 인형인지 사람인지 구분이 안 될 정도로 예쁜 옷들을 입힌다. 아기에게 필요한 것이라면 물불을 가리지 않고 구입한다. 시간만 있으면 인터넷 쇼핑을 하는 엄마들도 있다. 첫아이 때는 이런 모습이 더 심하다. 아기에 대한 관심과 사랑이 있기에 모든 것을 주어도 아깝지 않은 것이다.
    결혼과 동시에 남자는 남편으로 태어난 것이다. 필요한 것이 얼마나 많은지 모른다. 도와줄 것이 하도 많아서 정신이 없을 정도이다. 아침에 출근하는 남편을 위해서 아내들은 얼마나 바쁜가? 결혼 전에는 내 몸 하나만 돌보면 된다. 결혼과 동시에 두 사람의 몫을 해야 하는 번거로움이 힘들어 짜증이 날 때도 있다. 집안 일도 아내는 익숙하지 않다. 아마도 한 번도 해보지 않은 아내들도 있을 것이다. 그런데 갑자기 일도 많아지고 생각할 것도 많아서 적응하는 것이 쉽지 않다. 남자들의 물품도 새롭다. 내 것이 아닌 남편의 물건과 함께 살아야 한다. 이제부터 시작이다. 남편을 깔끔하게 멋스럽게 만들어 가야 한다. 관심과 사랑을 보이면서 천천히 적응하도록 도와주어야 한다. 속마음은 하루 아침에 바꿀 수 없다. 그러나 외모는 아내의 사랑을 통해서 멋스럽게 가꾸어 나가야 한다. 사시사철 뚜렷한 날씨 때문에 늘 옷에 신경을 쓰면서 건강을 위해서도 최대한 관심을 보여야 한다.
    남편이 단정하고 깨끗하고 멋스러우면 대부분 아내들이 칭찬을 받는다. 남편이 알아서 하면 다행이다. 그러나 대부분의 남편은 아내의 손을 거쳐가야 제대로 된 멋을 풍길 수 있을 것이다. 아내의 손길은 음식 맛에만 나타나는 것이 아니다.

    '사랑의 하나님 아버지, 경건의 모양만이 아니라 경건의 능력이 있는 아내가 되게 하시고 선행으로 단장하여 칭찬 듣는 가정을 세워가게 하옵소서. 아멘!'

17. 돕는 배필이다

"나를 능하게 하신 그리스도 예수 우리 주께 내가 감사함은 나를 충성되이 여겨 내게 직분을 맡기심이니"(딤전 1:12).

하나님께서 여자를 지으실 때 남편을 잘 도울 수 있도록 만드셨다. 대다수 남자들은 한 번에 여러 가지 일을 못 한다. 한가지 일에만 집중하다 보면 다른 것들을 신경 쓸 만한 여유가 없다. 그리고 다른 일은 눈에 들어오지도 않고 하고 싶어지지도 않는다. 아예 관심도 없다. 반면에 여자들은 한 번에 많은 일들을 할 수 있는 능력이 있다. 밥을 하면서도 계속 자녀들에게 관심을 보이며 잔소리를 한다. TV를 보면서 바느질도 하고 여러 가지 일에 참견한다. 전화를 하면서도 얼마든지 다른 일을 할 수 있다. 남자와 여자는 다른 점이 너무나 많다. 이 다른 점의 하모니를 잘 이루면서 살아야 행복한 가정이 되는 것이다. 현명하고 지혜롭지 못하면 남을 도울 수가 없다. 물론 시키는 일은 할 수 있다. 그러나 돕는 일은 아무나 하는 것이 아니다. 그런 면에서 아내가 남편보다 더 지혜롭고 똑똑한 점이 많다. 돕는 배필로서 아내의 눈과 손과 발을 하나님께서 그렇게 만드신 것이다. 손으로 한 번에 여러 가지 음식을 만들고 눈으로 보면서 도울 일을 생각한다. 그리고 발로 부지런함을 발휘해서 도와주는 것이다. 그러나 여기서 중요한 것은 잘난 척을 하지 말아야 하는 것이다. 이 모든 섬김을 통해서 겸손을 배우고 다른 사람에게 유익을 주는 것이다. 내가 하는 모든 수고가 주님이 힘과 능력을 주셨기에 감당하는 것이다. 건강하지 못하면 아무리 돕고 싶어도 할 수 없고 건강하지만 지혜가 없으면 도울 수가 없다. 도와주는 자는 자기를 자랑하지 않는다. 섬김은 상대방을 유익하게 하는 당연한 것이기 때문이다. 겸손한 마음으로 잘 섬기고 도와주자. 사람들에게 대가를 바라는 섬기는 올바른 태도가 아니다. 상은 주님이 주시는 것이다. 주님께서 주시는 상은 기대해도 되고 모든 것이 흡족할 만큼 엄청나게 좋은 것이다. 하늘에서 받을 상을 많게 하라.

'사랑의 하나님 아버지, 남편을 잘 돕는 능력을 더하시어 원망과 불평이 없는 가정을 세우게 하시고 하늘에서 받을 상이 많은 종들이 되게 하옵서서. 아멘!'

18. 잘할 수 있도록 칭찬해 주자

"모든 일을 원망과 시비가 없이 하라"(빌 2:14).

사람들 중에는 상대방의 장점보다 단점만 말하는 사람들이 있다. 그들의 말이 틀린 것은 아니지만 듣고 있으면 유쾌하지는 않다. 같은 사람을 가지고 보는 사람마다 다르게 평가하는 경우도 있다. 모두가 자기 주관적으로 보고 판단하기 때문인 것 같다. 우리는 내 눈에 들보는 안 보고 남에 눈에 있는 티를 보는 못 된 습관들이 있다. 부부들도 보면 배우자에 대해서 좋은 점을 말하기 보다는 서운하고 섭섭한 말들만 하는 경우도 많다. 잘못한 것만 보이고 잘한 것은 보이지 않는다. 무엇이 잘못인가? 내 눈과 마음에 문제가 생긴 것이다. 내 마음이 병들었거나 눈병이 난 것이다. 하루 빨리 고치지 않으면 치명적인 손상을 입을 수가 있다. 죽을 때까지 계속 그런 눈과 마음으로 살아가기 때문이다.

치료방법은 무엇일까? 잘할 수 있도록 칭찬을 아끼지 않는 것이다. 단점보다 장점을 보는 것이다. 우리는 살면서 잘하는 것보다 잘못하고 실수하는 일이 더 많다. 그래서 잘할 때 칭찬을 쏟아 부어 주는 것이다. 기회를 놓치지 말고 좋은 말을 아낌없이 해야 한다. 그래야 그 말을 들을 때 신바람이 나서 더 잘할 수 있기 때문이다. 예를 들어서 한 번도 설거지를 해준 적이 없는 남편이 모처럼 아내를 도와준다고 설거지를 해줄 때 아내들의 반응은 어떤가? "뭐 잘못 먹었나, 내일은 해가 서쪽에서 뜨겠네, 웬 일로 생전 안 하던 짓을 하고 난리야" 와 같은 말을 했다면 회개하자. 절대로 해서는 안 될 말이다. "너무 고마워요, 당신이 너무 멋있어요, 당신 덕분에 편해서 행복하네요, 당신 없이는 못 살아요, 많이 사랑해요" 등 할 수 있는 칭찬을 마음껏 퍼부어야 한다. 그러면 더 많은 도움을 받을 수 있을 것이다. 아니 매일 설거지를 해 준다고 하지 않을까?

'사랑의 하나님 아버지, 매사에 원망과 시비가 없게 하시고 서로 장점들을 보며 칭찬하고 세워주는 가정이 되게 하소서. 아멘!'

19. 내가 가지고 있는 좋은 것을 다 주는 것이다

"예수는 우리의 범죄함을 위하여 내어줌이 되고 또한 우리를 의롭다 하심을 위하여 살아나셨느니라"(롬 4:25).

요즘 세상은 서로가 피해를 주거나 받거나 하지 않으려고 한다. 나 외에는 관심을 가지고 싶어하지 않는다. 직장에서도 본인이 할 일만 하면 된다. 다른 사람들이야 어떻게 되든 말든 내 할 일이 아니라고 한다. 갈수록 이기주의가 팽배해지고 있다. 옆에서 난리가 나도 나한테 피해가 없으면 상관하지 않는다. 내 것을 내어 준다는 것은 생각할 수도 없다. 특히 내가 가지고 있는 재능이나 소질은 아무에게도 주지 않으려고 한다. 어떻게 해서 이룬 것인데 줄 수 없다며 오로지 돈을 모으는 목적에만 사용하는 일이 얼마나 많은가? 그러나 이것은 성도의 삶의 태도는 아니다.

더구나 부부는 아내나 남편이 가지고 있는 귀한 재능이나 좋은 것들을 아낌없이 나누어야 한다. 주는 자가 복이 있다 하였으니 배우자에게 필요하다면 기쁨으로 사용해야 할 것이다. 다른 사람들에게도 주는 일을 해야 하는 것이 그리스도인들이 해야 할 일이다. 하물며 배우자에게는 필요하다면 기꺼이 주어야 하지 않겠는가? 너는 너고 나는 나다 라는 말은 부부 사이에 있어서는 안 될 말이다. 각자가 하는 일을 존중해 주는 것은 필요하다. 그러나 함께해야 하는 일이 더 많기에 좋은 것들을 나누어야 한다. 그래야만 아름다운 하모니를 이루어 가면서 행복하게 살 수 있다. 남편과 아내가 무슨 생각을 하며 무슨 일을 계획하고 있는지 꼭 알아야 한다. 아내의 재능이 필요한 것이라면 서슴지 말고 사용하도록 해야 한다. 부부는 한 몸이기에 서로의 귀하고 좋은 것들을 함께 누리며 살아가야 한다. 이렇게 함께하는 수고를 감당하지 않으면 하나되는 길은 멀고 먼 길이 될 것이다. 가장 가까이에서 좋은 것들을 함께 누리는 즐겁고 행복한 삶을 살아가자.

'사랑의 하나님 아버지, 받는 것보다 주는 것이 복이 있음을 믿습니다. 내게 주신 모든 것을 함께 나누므로 더욱 풍성한 삶을 살아가는 법을 성취하게 하옵소서. 아멘!'

20. 남편에게 아내의 모습이 있어야 한다

"마음을 같이하여 같은 사랑을 가지고 뜻을 합하며 한마음을 품어 아무 일에든지 다툼이나 허영으로 하지 말고 오직 겸손한 마음으로 각각 자기보다 남을 낫게 여기고"(빌 2:2-3).

우리 아들을 보면 걷는 모습부터 시작해서 말하고 있는 폼까지 아빠를 너무나 많이 닮았다. 또한 두 명의 딸들을 보아도 하는 행동과 말투가 엄마를 많이 닮았다고 한다. 심지어 목소리까지 닮아서 딸들이 전화를 받으면 성도들이 착각하는 경우가 종종 있었다. 자녀가 부모를 닮은 것은 정상일 것이다. 그런데 전혀 다른 배경과 환경에서 자란 부부가 닮은 모습들을 보면 신기할 때가 많다. 말하는 것이나 행동하는 것이나 모든 면에서 닮은 모습들이 많다. 부모도 다르고 닮은꼴이라고는 찾아 볼 수 없는 사람들이 부부가 된 것이다. 그런데 이상하게 살다 보면 모습까지 비슷하게 닮아가는 것을 알 수 있다. 같은 말을 하고 같은 생각을 갖고 있다. 눈만 쳐다보아도 무엇을 원하는지 금방 알 수 있다.

그러나 무엇보다도 서로의 좋은 모습들이 배우자를 통해서 보여져야 한다는 것이다. 남편은 좋은데 아내가 괴팍한 경우가 있다. 아내는 순박하고 착한데 남편은 고집불통이고 악질인 경우가 있다. 서로의 좋은 모습들을 심지 못한 것이다. 오랫동안 같이 살았는데도 자기 모습만 키워간 것이다. 서로의 좋은 모습들을 보고 배워야 하는데 노력하지 않은 것이다. 그래서 오래 살수록 아내와 남편의 좋은 점이 서로에게서 보이지 않는다. 달라도 저렇게 다를 수 있을까 하는 생각이 들게 만든다. 부부는 서로의 좋은 모습을 보여 주어야 한다. 그래서 우리 부부를 통해서 사람들이 그리스도를 볼 수 있어야 한다. 이러한 영적인 수고가 없으면 향기 나는 부부가 될 수 없다.

'사랑의 하나님 아버지, 같은 말을 하고 같은 마음과 같은 뜻으로 온전히 합해지는 부부가 되게 하소서. 그리스도 안에서 각자에게 주신 선하고 아름다운 재질들을 본받고 주의 영광을 위해 사는 부부 되게 하옵소서. 아멘!'

21. 가족들의 건강을 잘 관리해야 한다

"밤이 새기 전에 일어나서 그 집 사람에게 식물을 나눠주며 여종에게 일을 정하여 맡기며"(잠 31:15).

사람이 무엇을 먹고 사느냐에 따라 건강이 좌우된다. 아무리 건강한 체질이라도 나쁜 음식을 계속 먹으면 건강을 유지할 수 없다. 그러나 약한 체질이라도 먹는 것만 잘 조절하면 건강하게 살 수 있다. 가족들의 먹거리를 준비하는 것은 아내의 몫이다. 자녀들을 건강하게 키우고 싶지 않은 부모가 어디 있겠는가? 요즈음 같이 인스턴트 식품이 동네마다 없는 데가 없다. 배가 고프거나 바쁠 때 가장 빨리 저렴한 가격으로 먹을 수 있기 때문이다. 인스턴트 음식에 익숙해지면 다른 것은 싫다고 한다. 위험천만한 일이다. 음식이라는 것은 정성과 수고를 통해서 만들어지는 것이다. 그래서 손맛을 느끼는 것이고 정성을 먹는 것이다. 그러나 요즈음은 주로 만들어진 음식을 사먹는다. 엄마의 손맛과 아내의 정성이 담긴 음식을 먹기가 쉽지 않다.

아내는 식구들의 건강을 지켜주는 음식에 신경을 써야 한다. 직장 다니는 주부들이 많기 때문에 집에서 요리를 해 먹을 때가 많지 않은 것이 현실이다. 기회만 있으면 외식하고 편리하게 먹을 수 있는 인스턴트 음식을 선호한다. 그러나 건강한 몸은 저절로 만들어지지 않는다. 좋은 생활습관을 길러야 한다. 담배와 술은 금해야 하고 몸을 해롭게 하는 음식은 삼가야 한다. 좋은 음식만 먹으면 건강해진다고 장담할 수 없다. 그런데 몸에 해로운 것을 먹는다면 질병이 찾아오게 된다. 지금은 예전보다 살기가 좋아졌는데도 질병은 더 많아지고 있다. 내 몸은 주님이 주신 몸이기에 잘 관리해야 한다. 함부로 몸을 상하게 하는 일은 없어야 한다. 가족들의 건강을 위해서 수고를 아끼지 말아야 한다. 남편과 자녀가 건강하게 생활하는 것이 곧 아내들의 행복이고 기쁨이다.

'사랑의 하나님 아버지, 내 마음이 항상 주님께서 주신 식구들에게서 떠나지 않게 하시고 사랑하며 섬겨 건강한 가정으로 사회적 책임과 의무를 다하는 식구들이 되게 하소서. 아멘!'

22. 남편 주변의 사람들에게도 관심을 가지자

"선한 일을 행하고 선한 사업에 부하고 나눠주기를 좋아하며 동정하는 자가 되게 하라"(딤전 6:18).

내 가정의 행복과 안위만 생각하는 것은 하나님이 기뻐하지 않으신다. 결혼과 동시에 주변 사람들이 많아진다. 내가 알고 있는 사람들을 비롯해서 남편이 알고 지내는 사람까지 포함하면 두 배가 되는 것이다. 그들 모두에게 관심과 사랑을 가지고 대해야 한다. 특히 남편의 가족들과는 잘 지내는 법을 터득해야 한다. 한가족이 되었으니 사랑과 헌신을 보여 주어야 한다. 시간과 물질을 사용해서 정성껏 다가가야 한다. 아무런 노력도 하지 않으면 사이 좋게 지낼 수가 없다.

시부모님들을 존경하는 마음으로 대해야 한다. 친부모가 아니기에 시행착오가 많이 생긴다. 늘 사랑으로 허물을 덮어주고 감싸주어야 한다. 남편의 부모님들이기에 그들의 허물은 내가 감당해야 할 부분이다. 그것이 부부 사이를 더 견고하게 만들어가기 때문이다. 자기 부모에게 무조건 잘해주는 아내가 있는 것이 남편에게는 큰 즐거움일 것이다. 아내도 남편이 처가식구들에게 늘 사랑하면서 잘 해주는 것이 행복하지 않겠는가? 그러므로 인내하며 겸손함으로 주변사람들과 관계를 잘 맺어가야 한다. 이것이 남편을 돕는 방법 중의 하나이다. 아내로 인해서 부모님과 형제들과 친지들이 화목하다면 무엇을 더 바라겠는가? 남편이 잘할 수 있도록 도와주어야 한다. 아내 혼자 힘으로는 어렵기 때문이다. 부부가 같은 마음과 생각을 가지고 있어야 한다. 우리 가정 때문에 주변 사람들이 행복해야 한다. 결혼의 참된 의미는 부부가 하나님의 말씀에 순종하여 많은 사람들에게 행복을 선사하는 것이다. 그래서 건강하고 행복한 가정이 많아야 교회도 부흥되고 나라도 안정될 것이다.

'사랑의 하나님 아버지, 우리로 인하여 주변의 모든 사람들이 행복하게 하소서, 그들을 더 잘 섬기는 부부가 되게 하시어 세상에서 소금이 되라는 말씀을 성취하게 하소서. 아멘!'

23. 남편이 하는 일에 관심을 가지자

"육신을 좇는 자는 육신의 일을, 영을 좇는 자는 영의 일을 생각하나니 육신의 생각은 사망이요 영의 생각은 생명과 평안이니라"(롬 8:5-6).

이 세상에 바쁘지 않는 사람들은 아무도 없다. 어린아이들을 비롯해서 학생들, 직장인들, 노인들에 이르기까지 다 바쁘다고 한다. 어린아이들은 학교만 다니는 것이 아니라 학원에도 가야 한다. 학생들도 실력을 향상시켜야 하고 일류대학에 들어가기 위해서 과외로 공부하는 것이 많다. 직장인들도 업무가 많아서 늦게 퇴근한다. 노인들도 노인대학이나 일터로 나가는 경우가 대부분이다. 한가하게 있는 사람들이 이상할 정도이다. 세상이 사람들을 갈수록 더 바쁘게 이끌어간다.

그러나 사랑하는 아내들이여! 너무 바쁘게 살아가지 말자. 세상이 아무리 아내들을 밖으로 오라고 손짓을 해도 거절하자. 남편 한 사람으로 바쁜 것에 만족하자. 자녀들까지 많은 시간들을 밖에서 보내도록 허락하지 말자. 세상은 더 이상 안전지대가 아니기 때문이다. 바쁘고 힘든 남편을 돕는 일은 아내의 몫이다. 아내도 바쁘게 살다가는 남편을 제대로 도울 수가 없다. 아내들은 집안 일과 자녀를 돌보는 일만 해도 너무나 바쁘고 힘들다. 정신을 똑바로 차려야 한다. 경건의 시간을 가져야 한다. 성경을 읽고 기도하는 시간이 있어야 한다. 주야로 하나님의 말씀을 묵상하지 않으면 죄가 우리 안방까지 침투해 들어오는데 무슨 수로 막아낼 것인가? 심령이 안정된 아내만이 남편을 제대로 도울 수 있을 것이다. 남편이 세상을 사랑하지 않도록 해야 한다. 세상이 주는 수많은 혜택을 누리려고 애쓰지 말자. 늘 영적인 것에 생각을 고정시켜야 한다. 남편에게 영적인 힘을 실어줄 수 있는 지혜로운 아내가 되자.

'사랑의 하나님 아버지, 잠시 있다가 사라지고 말 육신적인 일들로 인하여 영원한 신령한 복을 잃는 어리석은 자가 되지 않게 하시고 생명과 평안이 넘치는 가정이 되게 하옵소서. 아멘!'

24. 시련이 닥칠 때 제대로 실력발휘하자

"강하고 담대하라 여호와를 바라는 너희들아"(시 31:24).

사랑하는 사람과 행복하게 살려고 결혼했지만 갈수록 행복은 멀리 달아나는 것 같다. 어떤 사람들은 불행하기 위해서 결혼한 사람같이 허구한 날 싸우고 야단법석을 떤다. 하루도 가정이 평온할 날이 없다. 괴롭고 눈물 많은 인생이기에 성경에도 인생은 수고와 슬픔뿐이라고 말씀했다. 기쁘고 즐거운 일이 그렇게 많지 않다는 것이다. 이 슬픔과 고통과 아픔이 많은 인생살이를 어떻게 살아내며 이겨내야 할 것인가? 이것이 결혼의 과제이다. 그래서 가정의 질서를 세워주시고 아내와 남편에게 각자의 위치를 만들어 주신 것이다. 말씀에 순종하면 행복을 주시지만 말씀에 순종하지 않고서는 진정한 행복을 누릴 수가 없다.

인생은 반드시 어려움과 시련이 닥치게 된다. 그럴 때마다 이겨낼 수 있는 힘이 없으면 쓰러지고 만다. 맥없이 폭삭 망하는 것이다. 가정에 시련이 닥쳐왔을 때 어떻게 할 것인가? 올 것이 왔구나 하며 기다렸다는 듯이 이때가 바로 내 실력을 발휘할 때이다 라고 하면서 싸워 이겨야 한다. 그런데 힘은 갑자기 생기는 것이 아니다. 많은 훈련과 연단을 통해서 길러지는 것이다. 늘 남편을 위해서 기도한 아내, 수시로 도움이 필요할 때 아낌없이 자신의 모든 지혜를 동원해서 최선을 다 했던 아내, 항상 슬픔과 기쁨을 같이하면서 위로하고 칭찬했던 아내, 어떠한 일에도 남편을 존경하는 마음으로 대했던 아내, 무엇보다 남편에게 적극적인 순종을 보여 주었던 아내였다면 아무리 어렵고 고통스럽고 힘든 위기의 상황에서도 남편을 도우며 가정을 행복하게 지켜 나갈 것이다. 이러한 실력을 발휘해서 하나님께 칭찬받고 남편에게 인정받는 귀한 아내가 되자.

'사랑의 하나님 아버지, 우리의 힘이신 주님께서 날마다 필요한 지혜와 능력을 공급하시어 우리에게 다가오는 모든 슬픔과 고통을 이기게 하시고 날마다 이김을 주시는 주님께 감사하며 기쁨이 넘치는 우리 가정이 되게 하소서. 아멘!'

25. 잔소리는 도움이 되지 않는다

"너희도 성령 안에서 하나님의 거하실 처소가 되기 위하여 예수 안에서 함께 지어져 가느니라"(엡 2:22).

하나님이 귀하게 쓰시는 분의 하는 일을 도와준다고 열심히 했는데 전혀 도움이 안 되었다고 하면 얼마나 속상하겠는가? 그것을 우리는 헛수고 했다고 한다. 부부생활에서도 마찬가지이다. 헛수고 하는 일이 있는데 그것이 바로 남편에게 잔소리하는 것이다. 부부가 함께 살면서 보고 느끼는 것이 얼마나 많겠는가? 좋은 것만 보이는 것이 아니다. 보기 싫은 것들이 수시로 눈에 보인다. 어느 누가 입다물고 잠잠히 있기만 하겠는가? 그래서 보일 때마다 잔소리를 늘어 놓게 된다. 그러나 그것은 도움이 전혀 되지 않는다는 것이다. 잔소리를 통해서 남편이 좋은 쪽으로 바뀌어 가면 얼마나 좋겠는가? 그렇게 허구한 날 말하는 데도 바뀌지 않는다는 것이다. 오히려 귀찮게 생각하고 부부 사이만 껄끄럽게 만들게 된다.

듣기 싫은 소리를 자꾸 하다 보면 내 입도 피곤하다. 짜증이 나고 만사가 귀찮아 지기까지 한다. 하물며 싫은 소리를 듣는 남편의 마음은 오직 하겠는가? 잔소리는 부부관계에 아무런 유익이 되지 못한다. 남편의 있는 모습 그대로 받아들이는 것이 오히려 유익하다. 예를 들어서 입었던 옷을 아무 대나 벗어놓는 것, 치약을 아무렇게나 짜서 쓰는 것, 화장실을 너무나 지저분하게 쓰는 것, 밥을 먹을 때 시끄럽게 소리 내서 먹는 것 등 한두 가지가 아닐 것이다. 생활습관은 하루 아침에 고쳐지지 않는다. 30년 넘게 살면서 몸에 익숙해진 것이기 때문이다. 이런 거 고치게 하려고 결혼한 것이 아니다. 엉뚱한 거 때문에 시간 낭비하지 말자. 결혼 전에 익숙해진 좋지 않은 습관들을 고치는 것이 중요한 것이 아니다. 결혼해서 둘이 함께 좋은 것들을 세워가는 것이 더 중요하기 때문이다. 함께 예배하고 기도하고 찬양하면서 영적인 멋진 습관들을 만들어 가자.

'사랑의 하나님 아버지, 시비될 만한 일들은 제거되게 하시고 주님께서 우리 집에 거하시기 기뻐하시는 집을 함께 세워가는 일들만 넘치게 하소서. 아멘!'

26. 존중하고 경외하는 마음이 필요하다

"전에 하나님께 소망을 두었던 거룩한 부녀들도 이와 같이 자기 남편에게 순복함으로 자기를 단장하였나니 사라가 아브라함을 주라 칭하여 복종한 것같이"(벧전 3:5-6).

누구나 어렸을 때 위인전을 읽으면서 나도 저렇게 훌륭한 사람이 되어야겠다는 다짐을 해본 경험이 있을 것이다. 인격적으로 본이 되거나 훌륭한 사람들을 존경하는 것은 어렵지 않을 것이다. 이런 일은 누구나 할 수 있는 일이다. 그러나 결혼해서 남편을 존경하고 존중하는 것은 누구나 할 수 있는 일이 아니다. 더 더욱 결혼 초부터 경외심을 갖고 대하지 않았다면 불가능할 것이다. 성경은 남편에게 복종만 요구한 것이 아니라 경외하는 마음도 요구하셨다. 남편이 이루어 놓은 업적이 훌륭해서가 아닐 것이다. 인격적으로 본이 되어서도 아닐 것이다. 내 남편이기에 존경하는 마음을 키워가야 한다. 죽을 때까지 함께 살면서 얼마나 허물이 많이 보이겠는가? 그럴 때마다 무시하고 허물을 들추어 내면 무슨 유익이 있겠는가? 불을 보듯이 뻔하지 않겠는가? 행복한 결혼생활은 저절로 이루어지는 것이 아니다. 하나님 말씀에 순종할 때만이 가질 수 있는 특권이다. 겸손한 마음이 없으면 이 특권은 누릴 수가 없다. 주님은 약속을 어기신 적이 한 번도 없으신 분이시다. 지금은 당장 자존심이 상하는 것 같고 힘들겠지만 하나님이 하라 하신 일은 예외 없이 순종해야 하지 않겠는가? 아버지를 경외하는 어머니의 모습을 보고 자녀들은 어떠한 혜택을 누리며 살겠는가? 자기 아버지를 존경하고 경외하는 자녀가 잘못 되는 경우는 없을 것이다. 시부모님들도 자기 아들의 부족함과 허물을 누구보다도 잘 알고 있다. 그런데 며느리가 자기 아들을 존경하는 마음으로 대하는 것을 본다면 어찌 며느리가 사랑스럽지 않겠는가? 사랑받는 아내, 며느리, 어머니는 그 마음에 늘 경외심이 있는 자이다.

'사랑의 하나님 아버지, 남편에게 순복하는 것만이 아니라 경외하게 하셔서 하나님께 영광을 돌리는 삶이 되게 하옵소서. 아멘!'

27. 남편에 대해서 함부로 말하지 말자

"망령되고 헛된 말을 버리라 저희는 경건치 아니함에 점점 나아가나니"(딤전 2:16).

우리는 살면서 내 이야기보다 남의 이야기를 많이 하는 편이다. 특히 좋지 않는 소문들은 순식간에 퍼지는 것을 알 수 있다. 서로가 내기라도 하듯이 정신 없이 퍼뜨린다. 무슨 유익이 있는지 무슨 손해가 있는지 생각할 겨를도 없이 소문의 꼬리를 물고 퍼져 나간다. "발 없는 말이 천리 길을 간다" 는 속담이 있다. 입만 열면 남의 말을 하는 사람들이 있기 때문이다. 남의 허물을 들추어 내서 말한들 본인들에게 무슨 유익이 있겠는가? 남편에 대해서 늘 섭섭한 말을 비롯해서 창피한 줄도 모르고 허물을 말하는 아내들이 있다. 빵점짜리 아내들이다. 아무리 밥도 해주고 빨래도 해주고 집안의 대소사를 잘하는 아내들이라고 해도 좋은 점수를 줄 수 없다. 사단이 좋아하고 춤추는 것도 모르고 있는가? 남편에게는 모든 사람들이 다 아는 단점이 있다. 또한 희비애락을 느끼면서 함께한 아내만이 아는 허물도 있다. 이 두 가지는 다 입밖에 내야 할 필요가 없다. 아내의 할 일은 덮어주고 감싸주고 사랑하는 것이다. 남편에 관해서 함부로 말하라고 허락하신 적이 없으신 하나님이시다. 남편에 대해서 경외심을 가지고 복종하라는 말씀을 아내에게 주신 것을 잊어버리지 말자. 내 남편을 내가 존경하고 사랑하지 않으면 다른 사람들도 존경하지 않는다는 것을 알아야 한다. 집 안이 평안해야 바깥 일도 힘있게 잘 감당하는 것이다. 사단에게 속지 말자. 다시는 남편의 흉 허물을 말하는 실수를 범하지 말자. 기도하라고 나에게만 보여 주신 허물은 나를 훈련시키는 훌륭한 도구이다. 그 도구를 가지고 나의 모난 점을 깎아내는 것이다. 남편으로 인해 성숙한 그리스도인의 모습을 키워가는 것이다. 완벽한 남편이 아닌 것에 감사하자. 허물이 있어서 내가 도울 수 있다는 것에 감사하자. 그것으로 인해서 하나님께 겸손히 무릎 꿇고 기도하게 하시니 얼마나 감사한가?

'사랑의 하나님 아버지, 험담하는 일, 비방하고 깎아내리는 못된 말들은 입 밖에도 내지 않게 하시고 항상 덕을 세우는데 소용되는 은혜로운 말만 하는 가장이 되게 하소서. 아멘!'

28. 아내의 복종은 아름다운 것이다

"존귀에 처하나 깨닫지 못하는 사람은 멸망하는 짐승 같도다"(시 49:20).

하나님은 왜 가정의 질서를 세우시는데 아내에게 복종을 요구하셨을까? 지금 세대에 적합하지 않는 말인데 말이야 라고 반문할 지 모르겠다. 요즈음 남편에게 복종하면서 살아가는 아내가 몇이나 될까? 그러나 무엇보다도 아내들을 사랑하시고 가정의 행복을 원하시는 분이 하나님이 아니시겠는가? 우주 만물을 지으시고 사람을 만드신 분이시다. 남자와 여자를 지으시고 한 몸 되어 살라고 하셨다. 가정의 질서를 세우지 않고서는 안 되기에 아내의 위치를 복종의 자리로 세우신 것이다. 이 자리를 이탈해서는 안 된다. 하나님이 정하신 고귀한 자리이기 때문이다. 지금은 그런 고리타분한 시대가 아니라고 외쳐대도 헛수고이다. 여성의 위치가 아무리 높아지고 대통령이 되어도 하나님이 정하신 것은 변개할 수가 없다.

세상은 형편에 따라 수시로 바뀔 수 있다. 환경에 따라 변할 수도 있다. 그러나 어제나 오늘이나 영원토록 변함이 없는 하나님의 말씀이시다. 바꿀 수 없는 것이라면 두 손 두 발 다 들고 하나님이 세우신 자리에 있어야 하지 않겠는가? 그 방법이 내가 살 길이고 내 가정이 평안한 길이다. 세상사람들은 할 수도 없는 아름답고 고귀한 직책이다. 이 직책을 포기하고 싶은가? 하나님께서 원하시지도 않는 길을 우리가 가면 어떻게 되는지 모르는 사람은 없을 것이다. 결혼은 주님과 동행할 때 행복을 추구할 수 있는 것이다. 내가 하고 싶은 대로 하다가는 아무런 유익이 없다. 하고 싶지 않지만 주님의 말씀에 순종해야 한다. 그럴 때 주님이 원하시는 아름다운 아내의 모습이 내 속에서 자라고 있는 것을 발견할 수 있을 것이다.

'사랑의 하나님 아버지, 하나님의 형상을 따라 지음 받고 그 하나님의 말씀하심을 좇아 살아가려고 하는 우리에게 비천한 삶에서 벗어나 깨어 의를 행하는 사람이 되게 하소서. 아멘!'

29. 깔끔하고 예쁘게 단장하여라

"사람은 외모를 보거니와 나 여호와는 중심을 보느니라"(삼상 15: 7).

요즘 시대처럼 외모를 가꾸려고 혈안이 된 적이 있었는가? 남자 여자 할 것 없이 예뻐지기 위해서라면 시간과 물질을 아까워하지 않는다. TV나 영화에서 볼 수 있었던 예쁜 연예인들을 밖에서도 얼마든지 볼 수 있다. 누가 연예인인지 알 수가 없을 정도로 일반인들도 외모를 가꾸기 위해서 애를 쓴다. 남편들의 회사에서도 예쁜 사람들은 얼마든지 있다. 남자들은 보는 것으로 죄를 짓는다. 예쁘고 아름다운 여자를 싫어하는 사람들이 어디 있겠는가?

아내들도 결혼 전에는 남편에게 예쁘게 보이려고 나름대로 신경을 썼을 것이다. 그러나 지금의 모습은 어떤가? 미장원에 머리 하러 간 지가 언제인지 알 수 없을 정도이다. 지금 입은 옷은 언제 산 것인지 기억에도 없다. 내 몸을 치장하는 것보다 삶에 지쳐서 정신 없이 하루가 가는 것 같다. 남편이 밖에서 예쁘고 아름다운 여자들을 보다가 집에서 아내들의 모습을 보고 무엇을 생각하겠는가? 늘 집에만 있다고 아무렇게나 하고 지내지 말자. 일주일 내내 집에만 있다고 옷에 신경도 쓰지 않고 아무렇게나 입지 말자. 여자이기를 포기하지 말자. 비싼 옷은 입지 못해도 저렴한 옷을 매일같이 갈아입자. 우리가 여행을 가려면 여자들은 옷을 많이 준비한다. 매일같이 갈아 입으면서 기분도 내고 예쁘게 사진을 찍기 위해서다.

사랑하는 내 남편을 위해서 작은 성의를 보이자. 깔끔하고 깨끗하고 예쁜 모습을 하기 위해서 노력하자. 건강에도 좋고 본인이 느끼기에도 삶의 질이 한결 나아지는 것을 알 수 있을 것이다. 여자이기를 포기하지 말고 단정하고 깔끔한 예쁜 모습을 남편에게 보여 주자. 외모를 잘 가꾸는 것은 상대방에 대한 예의이다. 그러나 금과 은으로 단장하지 말고 거룩과 화평으로 단장하자.

'사랑의 하나님 아버지, 중심을 보시며 사람의 신앙적 행위를 달아보시는 주님 앞에 부족한 것이 없는 부부가 되게 하옵소서. 아멘!'

30. 칭찬의 비타민을 많이 주자

"너희 말을 항상 은혜 가운데서 소금으로 고루게 함같이 하라 그리하면 각 사람에게 마땅히 대답할 것을 알리라"(골 4:6).

건강하게 살기 위해서 없어서는 안 될 영양소가 비타민일 것이다. 모든 사람들이 음식에 들어있는 비타민에 만족하지 않는다. 비타민 영양제를 따로 구입해서 먹는다. 매일같이 한 알 이상씩 꼭 챙겨서 먹는다. 특히 여행갈 때 꼭 챙기는 것이 비타민이다. 피곤하고 아프면 즐거운 여행이 될 수 없기 때문이다. 그만큼 비타민이 건강에 좋다는 것이다. 몸에 좋다는 것을 거절하는 사람들은 아무도 없을 것이다. 마찬가지로 가정 생활에 없어서는 안 될 영양분이 있다면 그것은 서로가 칭찬을 해주는 것이다. 이것이 없이는 사랑과 행복이 깃든 가정을 만들어 갈 수 없다. 자녀들에게도 꼭 필요한 것이 칭찬의 비타민 영양소이다. 남편도 마찬가지이다. 남편을 칭찬해 주는 것이다. 이것이 없이는 부부가 건강하게 살 수 없다. 요즈음같이 칭찬에 인색한 삶을 살다 보면 지치기 마련이다. 하루에 한 번이라도 칭찬을 들으면서 사는 사람들이 얼마나 될까? 본인에게는 늘 후한 점수를 주지만 남에게는 얼마나 인색한가? 칭찬의 비타민을 꼭 챙겨서 남편에게 먹여야 한다. 사회에서는 상대방을 밟고 일어서기 위해서 몸부림을 친다. 경쟁 시대에 살고 있다. 칭찬해 주지 않는다. 오히려 허물을 들추어 내서 깎아내리려고 한다.

가정에서만이라도 칭찬을 아끼지 말자. 기회가 되면 놓치지 말고 칭찬의 비타민을 주자. 돈으로 살 수 있는 것이 아니다. 가정에서 만들어 내지 않으면 어디에서 먹을 수 있는 것이 아니다. 우리 집은 칭찬의 비타민이 많아서 다른 가정에도 나누어 주는 부자가 되자. 그러나 칭찬은 아무나 하는 것이 아니다. 남을 나보다 낮게 여기는 마음이 없이는 할 수 없는 말이다. 남편을 늘 존경하고 사랑하는 마음이 있어야 할 수 있는 것이다.

'사랑의 하나님 아버지, 은혜의 말씀들을 골고루 나눠 줄 수 있는 덕행 있는 가정이 되게 하옵소서. 아멘!'

CHAPTER_ 04

남편의 사랑

1. 조건 없는 사랑이다

"남편들아 아내 사랑하기를 그리스도께서 교회를 사랑하시고 위하여 자신을 주심같이 하라"(엡 5:25).

우리나라 사람들이 많이 하는 말 중에 하나가 밥 한번 같이 먹자라는 말이다. 조금만 안면이 있으면 "우리 한번 같이 밥 먹어요" 라는 말을 많이 한다. 또 누구에게 부탁할 일이 있을 때 꼭 밥을 사 준다 특히 나에게 잘해 주는 사람이 있으면 언젠가는 밥을 사주며 고마움을 표시한다. 사랑하는 남편과 함께 목회할 때 가장 많이 한 것이 성도들과 함께 밥을 먹은 일 같다. 그래서 목회를 '먹회'라고도 한다는 우스운 말까지 생길 정도이다.

부탁하고 싶은 일이 있을 때라든지 아쉬운 소리를 해야 할 때 대부분 성의를 표시하면서 말을 꺼낸다. 모든 일에 공짜는 없다는 것이다. 그러나 부부 사이는 조건이 없는 사랑을 주어야 한다. 아내가 순종하면 남편이 사랑하겠다는 식의 태도는 안 된다. 반대로 남편이 아내를 사랑하면 순종하겠다는 것도 마찬가지다. 하나님께서 우리들에게 무조건적인 사랑을 부어주셨다. 피투성이고 연약하고 죄인이었고 원수였을 때 한없는 사랑으로 돌보아 주셨다. 아무도 거들떠보지 않은 처참한 모습이었지만 우리를 씻겨주시고 긍휼히 여겨주셨다. 주님의 십자가의 죽으심으로 우리의 죄가 용서받았다. 주님의 사랑을 입은 우리들이 서로 사랑하며 살아야 한다. 특히 남편들에게 주님의 사랑을 요구하셨다. 그러므로 아내들에게 조건 없는 사랑을 부어주어야 한다. 주님이 교회를 사랑하듯이 남편들에게도 아내들을 이같이 사랑하라고 하셨다. 결혼을 통해서 남편들은 주님의 사랑을 아내들에게 보여 주어야 한다. 아낌없는 사랑을 주어야 한다. 아내의 행동에 따라서 남편의 사랑이 변질되어서는 안 된다. 하나님이 허락하신 아내만을 죽도록 사랑하는 헌신이 있어야 한다.

'사랑의 하나님 아버지, 주께서 우리를 크신 은혜로 택하시고 사랑해 주셨음을 인해 감사합니다. 우리 부부도 주님을 본받아 서로 사랑하고 베풀며 살게 하옵소서. 아멘!'

2. 변함없는 사랑이다

"내가 무궁한 사랑으로 너를 사랑하는 고로 인자함으로 너를 인도하였다 하였노라"(렘 31:3).

결혼식 때 기쁠 때나 슬플 때나 괴로울 때나 아플 때나 변함없이 사랑한다는 서약을 한다. 신랑 신부가 성경 위에다 손을 얹고 변함없는 사랑을 약속한다. 이것은 사람 앞에서 하는 것이 아니라 하나님 앞에서 하는 언약인 것이다. 죽을 때까지 파기할 수 없는 엄숙한 선언이다. 내 임의로 함부로 바꿀 수 없는 하나님과의 언약인 것이다. 그런데 현실은 어떤가? 이혼하는 가정이 점점 늘어가고 있는 시대에 살고 있다. 변함이 없는 사랑을 하겠다고 수많은 증인들 앞에서 하나님과 약속한 부부들이다. 그 약속을 무시하고 이혼하는 가정들이 늘고 있는 것이 현실이다.

사랑스러울 때 사랑하는 것은 어렵지 않다. 그러나 밉고 싫고 배신당했다고 생각했을 때 사랑하는 것은 어려운 것이다. 그러나 남편들은 이 어려운 사랑을 실천해야 할 사람들이다. 아내들이 항상 사랑스럽지는 않을 것이다. 말도 많고 요구사항도 많고 이해할 수 없는 상황들은 얼마든지 많다. 그럴 때마다 변함없는 사랑을 주어야 한다. 사랑은 허다한 허물을 덮어주는 강력한 힘이 있기 때문이다. 늘 주님께 기도해야 한다. 주님의 사랑이 남편에게 없으면 할 수 없기 때문이다. 나 같은 죄인을 살리시고 구원해주시고 자녀삼아 주심을 늘 감격하는 믿음이 있어야 한다. 사랑하는 마음은 주님께로부터 오는 것이다. 하나님은 사랑이시다. 이 사랑이 남편에게 있어야 한다. 아내들을 지극 정성으로 돌보며 사랑하는 것은 남편들의 의무이다. 다른 사람들에게 떠맡길 수 없는 사랑이다. 남편의 사랑을 제대로 받지 못하는 아내들은 쉽게 죄의 유혹에 빠질 수밖에 없다.

결혼 전처럼 아름답고 예쁜 아내들을 원한다면 변함없는 남편의 사랑이 없이는 안된다. 아내를 아름답게 만드는 것은 남편들의 사랑이다.

'오 사랑의 하나님, 우리 사이에 금이 가거나 깨어짐이 없이 서로 아끼고 존중하며 변함없이 사랑하는 자 되게 하옵소서. 아멘!'

3. 하나님이 주신 설명서를 잘 읽어야 한다

"내가 너희에게 명하는 말을 너희는 가감하지 말고 내가 너희에게 명하는 너희 하나님 여호와의 명령을 지키라"(신 4:2).

　전자제품이나 아이들의 장난감을 살 때 보면 항상 설명서가 들어 있다. 설명서를 잘 읽어보고 사용하는 법을 터득해야 한다. 마음대로 하다가는 고장이 날 수밖에 없다. 또한 비싸고 고급스러운 제품들은 전문가가 설명해 주어야 알 수 있다. 그만큼 예민하고 어려운 부분이 많다는 것이다. 설명서가 없는 물건들은 누구나 사용할 수 있는 쉬운 것들일 것이다. 특히 자동차와 같은 전문지식이 있어야 하는 분야는 조금만 이상이 있어도 카 센터의 도움을 받게 된다. 모르는 만큼 비용을 들일 수 밖에 없다. 작은 것도 몰라서 비용을 들여서 사용한다. 자가용이 있지만 차에 대해서 별로 관심을 기울이지 않는다. 미리 방지했으면 고장 나지 않았을 텐데 잘 몰라서 막대한 비용을 들여서 수리하는 경우가 종종 있다.

　하나의 물건들을 다루는 것도 설명서를 읽고 사용하는 법을 배워야 하는 수고가 있어야 한다. 하물며 사랑하는 아내들은 어떤가? 아내들에 대해서 공부하고 연구하고 잘 알아야 한다. 내 방법과 내 방식대로 사랑하다가는 실수 연발을 하게 된다. 사랑한다고 했는데 반응이 별로 없다는 것은 아내가 원하는 방식이 아니라는 것이다.

　성경에는 아내를 그릇에 비유했다. 연약하다는 것이다. 깨지기 쉽다는 것은 늘 조심해야 된다는 경고일 것이다. 남편들이 무심코 던진 말에도 쉽게 상처를 받는다. 하루에도 수십 번씩 마음의 변화가 심하다. 남성들보다 여성들은 모든 면에서 민감하고 예민한 부분들이 많다. 특히 자기 아내만이 가지고 있는 독특한 성품을 모르면 늘 시행착오가 생기게 된다. 부부싸움의 원인이 될 수 있다. 아내에 대한 관심과 사랑하는 마음으로 늘 살펴주어야 하고 돌보는 일을 잘 감당해야 한다.

　'사랑의 하나님 아버지, 가정생활의 규범이요 세상살이의 유일한 법도인 주의 말씀을 늘 읽고 묵상하며 그 가르침대로 행하게 하옵소서. 아멘!

4. 헌신적인 사랑이다

"그가 너로 인하여 기쁨을 이기지 못하여 하시며 너를 잠잠히 사랑하시며 너로 인하여 즐거이 부르며 기뻐하시리라 하리라"(습 3:17).

본래 사랑은 아내들이 남편들보다 더 잘한다. 아내가 남편들을 사랑하는 모습을 보노라면 입이 다물어지지 않을 정도이다. 지극 정성은 어느 누구도 따라갈 수 없다. 남편들의 건강에 관한 정보 입수도 얼마나 빠른지 모른다. 몸에 좋다는 음식은 다해 주는 편이다. 남편이 잘 되는 길이라면 자기 몸 아끼지 않는 헌신을 보여준다. 자녀들에 대한 헌신적인 사랑도 두말하면 잔소리이다. 그러나 하나님은 아내가 아니라 남편에게 사랑의 헌신을 요구하셨다. 왜냐하면 남편들이 원래 사랑을 잘 못하기 때문이다. 늘 받기만 하고 자라온 사람들이다. 얼마나 이기적인가? 본인의 출세를 위해서는 가족들도 돌아보지 않는다. 그것이 가족을 위하는 길이라며 스스로 위안을 삼는다.

남편이 아무리 높은 지위에서 세도를 부릴지라도 아내가 행복하지 않다면 정상적인 가정이라고 볼 수 없다. 아내의 행복은 큰 것에서부터 오는 것이 아니기 때문이다. 남편의 작은 관심과 성의 있는 태도에서도 감동을 받는다. 아내가 아플 때 따뜻한 말 한마디에 눈물을 흘리기도 한다. 아내의 수고를 늘 인정해 주고 칭찬해 줄 때 삶의 기쁨을 누리기도 한다. 아내에게만 자녀양육을 맡기지 말고 남편들도 함께 해야 한다. 자녀들이 클수록 엄마에게 함부로 하지 못하도록 보호해 주어야 한다. 남편들의 헌신은 가정의 행복으로 이어지는 지름길이다. 아내가 행복하고 즐거우면 그 가정은 늘 웃음꽃이 활짝 필 것이다. 꽃을 피우려면 물을 주고 사랑을 심어야 한다. 그렇지 않으면 금방 시들어진다.

남편들의 지극 정성이 담긴 사랑의 헌신이 아내들을 웃게 만들고 자녀들에게 안정된 심령으로 살게 해주며 가정의 평안이 넘치게 될 것이다.

'사랑의 하나님 아버지, 아내를 향한 사랑의 마음과 행동이 지극히 위로가 되고 새 힘을 주는 활력소가 되게 하옵소서. 아멘!'

5. 인내가 필요하다

"사랑은 오래 참고 사랑은 온유하며 투기하는 자가 되지 아니하며…"(고전 13:4).

모든 일을 하는데 인내와 끈기가 있어야 한다. 그렇지 않으면 불을 보듯이 뻔한 결과가 나타나게 된다. 인내는 쓰고 열매는 달다라는 말이 있다. 쓰라리고 아픈 인내의 경험이 없으면 결과는 좋지 않게 나올 것이다. 아내를 사랑하는데 인내 없이는 불가능하다. 여자의 마음은 갈대와 같다는 표현이 있다. 수시로 변하는 아내의 마음을 무슨 재주로 만족하게 할 수 있을까?

훈련의 과정이 없이는 안 될 것이다. 늘 아내의 마음을 살피지 않으면 못할 것이다. 요즈음 남편들의 생활이 얼마나 바쁜가? 잠을 제대로 잘 시간이 없을 정도로 바쁘게 살아간다. 그러나 어쩔 수 없는 상황이라고 변명하지 말자. 바쁜 것을 지혜롭게 잘 조절하여서 최대한 아내와 함께하는 시간들을 가져야 한다. 이것은 저절로 되어지지 않을 것이다. 많은 것을 포기하지 않으면 시간의 여유를 누릴 수가 없을 것이다.

자녀들에게도 아버지와 함께하는 시간들을 만들어 주어야 한다. 얼굴과 얼굴을 보면서 가르치는 것이 제대로 된 교육이다. 인터넷 때문에 얼마나 좋은 것들을 놓치면서 사는지 모른다. 부부가 멀리 떨어져서 지내면서도 당연하게 생각한다. 화상채팅을 하면 된다는 것이다. 비록 만질 수는 없어도 얼굴을 직접 볼 수 있다는 것이다. 세상의 흐름과 변화에는 그렇게 민감하면서 하나님의 말씀에는 별로 관심도 없다. 세상이 주는 혜택은 마음껏 누리려고 애쓴다. 그러나 하나님이 주시는 영적인 혜택은 얼마나 누리면서 사는지 반성해 보자. 인내 없이는 하나님의 사랑을 줄 수도 없고 할 수도 없다. 참고 인내하면서 사랑하는 아내에게 주님의 사랑을 보여 주자.

'사랑의 하나님 아버지, 쉽게 분노하고 쉽게 짜증내는 자리에서 벗어나 오래 참고 온유하여서 상대방을 즐겁고 평안케 하는 자가 되게 하소서. 아멘!'

6. 아내를 잘 알아야 한다

"이는 내 뼈 중의 뼈요 살 중의 살이라 이것을 남자에게서 취하였은즉 여자라 칭하리라 하니라"(창 2:23).

결혼 전에는 나와 전혀 상관없이 살아온 아내이다. 생활 습관이나 가정 배경이 나하고는 너무나도 다른 것이다. 사랑해서 결혼했지만 아내에 대해서 아는 것이 별로 없다. 결혼 전에는 좋은 것만 보였다. 그러나 결혼 후에는 허물들이 수두룩 하다. 어쩔 것인가? 이제부터 시작이다. 허물이 없는 사람은 없기 때문이다. 제 정신이 돌아온 것이다. 이제부터 제대로 알아가도록 노력을 기울여야 한다. 때로는 아내의 친구들을 초대해서 학창시절과 지나온 시간들의 추억들을 알아내는 것도 중요하다. 처가 댁 부모님을 통해서 아내에 대한 이야기를 듣는 것도 중요하다. 그러나 중요한 것은 허물을 들추려고 애쓰지 말아야 한다는 것이다. 아내의 허물이 보일 때 감사하자. 허물이 보인다는 것은 남편의 사랑의 묘약이 필요하다는 것이다. 그 사랑을 먹이면서 거룩한 부부의 삶을 살아가야 한다. 불평을 하게 되면 아내를 제대로 알 수가 없다. 남편에게 허물을 보여 주고 살아가는 것은 정상적인 아내의 모습이다. 하나씩 대처해 가는 능력을 발휘해야 한다.

아내가 도움이 필요할 때 남편에게 달려오도록 만들어야 한다. 숨기기 시작하면 나중에는 걷잡을 수 없게 된다. 세상은 아내들을 가만히 내버려 두지 않는다. 주변에는 아내를 유혹하는 것들이 많이 있다. 유혹에 그냥 노출되다가는 가정파탄으로 이어 질 수 있기 때문이다. 아내가 하고 싶은 일이 무엇인지, 지금 많이 생각하는 것이 무엇인지, 무슨 고민이 있는지, 어떤 아픔들이 마음 속 깊이 박혀 있는지 등을 파악하여 남편이 줄 수 있는 도움을 아낌없이 주어야 한다.

'사랑의 하나님 아버지, 주께서 짝 지워 주신 아내를 잘 알아갈 수 있는 지혜와 은혜를 부어주옵소서. 지식과 지혜의 은사로 서로 잘 이해하며 사랑하게 하옵소서. 아멘!'

7. 예수님이 교회를 사랑하듯이 사랑하는 것이다

"하나님이 세상을 이처럼 사랑하사 독생자를 주셨으니 이는 저를 믿는 자마다 멸망치 않고 영생을 얻게 하려 하심이라"(요 3:16).

교회의 머리는 예수님이시다. 교회는 늘 말씀을 공급받아야 살 수 있다. 하나님은 선지자들을 보내셔서 말씀의 공급을 중단하지 않으신다. 교회의 모난 점을 깎으시며 예수님을 닮아가기를 바라신다. 긍휼함과 자비히 심을 날마다 베풀어 주신다. 넓은 사랑의 마음을 가지시고 품어 주시고 안아주신다. 어미가 새끼를 품듯이 교회를 품어주시고 키워주신다. 잘못 했다고 즉각적으로 버리지 않으신다. 인내로서 바른 길 가도록 이끌어 주신다. 교회가 날마다 순결하고 거룩한 생활을 할 수 있도록 자신을 기꺼이 내어 주신다. 세상이 감당할 수 없는 고귀한 사랑인 십자가의 사랑을 쏟아 부어 주셨다.

남편에게 아내들을 이렇게 사랑하라고 하셨다. 하나님이 하셨기에 남편들에게 이러한 사랑을 요구하실 수 있는 하나님이시다. 결혼을 통해서 더욱더 거룩한 삶을 살아가야 할 것이다. 아내를 사랑하지 않고는 남편이 거룩한 생활을 할 수 없다. 아내를 안아주고 감싸주는 돌봄과 사랑이 없다면 남편의 의무를 다하지 못하는 것이다. 늘 넓은 마음을 가지고 아내를 이해해야 한다. 아내가 잘못 했다고 소리를 지르고 화를 내는 것은 못된 짓이다. 아내가 실수를 해도 긍휼한 마음을 가지고 따뜻하게 다가가야 한다. 집안일 때문에 힘들고 지칠 때는 서슴없이 도와주어야 한다. 아내가 도움을 요청했을 때 망설이지 말고 기쁘게 자원하는 마음으로 도와주어야 한다. 아내가 거룩한 삶을 살 수 있도록 남편이 힘이 되어 주어야 한다. 이러한 사랑을 받고 사는 아내는 얼마나 행복하겠는가? 담대하게 아내가 하나님께 나아가도록 길을 열어 주는 지혜로운 남편이 되자.

'사랑의 하나님 아버지, 죄와 허물로 죽은 우리를 사랑하여 살려주신 것과 같은 주님의 사랑으로 서로 사랑하게 하옵소서. 그 사랑에 감동되어 사는 자가 되게 하소서. 아멘!'

8. 필요를 채워주어야 한다

"너희 천부께서 이 모든 것이 너희에게 있어야 할 줄을 아시느니라"(마 6:32).

가끔 아내들도 정장을 입고 외출할 때가 있다. 그런데 외출을 하려고 하면 옷장에 제대로 된 옷이 없다는 것이다. 물론 없는 살림이기에 절약하기 위해서 본인들의 필요를 채우지 않았을 것이다. 남편은 멋스럽게 입고 다니면서 아내에게는 제대로 된 외출복이 없다는 것은 잘못된 것이다. 아내에게 멋있는 옷이 있는지 없는지 조차 모르는 남편들이 아주 많다. 그리고 하는 말이 아내에게 월급을 다 준다는 것이다. 그러니 사 입든지 말든지 아내가 알아서 하는 것이지 신경 쓰고 싶지 않다는 것이다. 아내에게 월급봉투를 몽땅 주는 것은 당연한 일이다. 이 일로 생색내거나 할 일을 다 했다고 말하지 말자. 돈이 적든 많든 중요한 것은 아내의 필요를 채워주어야 한다.

가끔 백화점에 가서 제대로 된 예쁜 옷을 사주자. 관심과 사랑을 보여 주는 것이다. 비싼 옷이 아니라도 괜찮다. 깔끔하고 예쁜 옷을 마다하는 아내는 이 세상에 아무도 없다. 아내들은 돈이 아까워서 못사는 것이다. 이럴 때 남편의 사랑의 실천이 필요하지 않겠는가? 명품가방과 옷은 필요 없다. 외출할 때 망설이지 않고 입을 수 있는 옷이라면 만족할 것이다.

아내의 아름다움은 남편에게도 기쁨을 줄 것이다. 자기 아내가 멋있고 예쁘다는 소리를 다른 사람들에게 듣는 즐거움을 누려 보았는가? 아주 괜찮은 기분을 느낄 것이고 어깨가 으쓱해질 것이다. 아내에게 필요한 것은 얼마든지 있다. 무엇이 필요한지 잘 살펴야 한다. 무엇보다도 영적인 필요를 채워주는 남편이라면 더 무엇을 바랄 것인가? 늘 아내를 위해서 기도해 주는 남편이야말로 하나님께서 가장 기뻐하실 것이다.

'사랑의 하나님 아버지, 우리에게 있어야 할 것을 다 아시고 채워주시는 주님, 아내의 필요도 잘 알아 넉넉하게 안겨줄 수 있는 남편이 되고 남편의 맘을 잘 헤아려주는 아내가 되게 하소서. 아멘!'

9. 악에 물들지 않도록 보호해 주어야 한다

"그런즉 누구든지 세상과 벗이 되고자 하는 자는 스스로 하나님과 원수되게 하는 것이니라"(약 4:4).

세상은 끊임없이 아내들을 유혹하고 있다. 가정에만 있지 말고 밖으로 나오라고 손짓을 한다. 대학교까지 나와서 집안일만 하는 것은 무능한 아내라고 속삭인다. 돈이 있어야 사람 구실도 할 수 있다고 한다. 교회를 다녀도 돈이 있어야 대우를 받는다고 속사인다. 자녀교육도 돈이 있어야 제대로 할 수 있는 것이라고 부추긴다. 남편 혼자 벌어서는 살 수 없다고 한다. 그리고 남편들에게 손 벌이지 말고 내가 벌어서 쓰는 시대가 되었다고 말한다. 재능을 썩이지 말고 과감하게 나와서 사용하라고 한다. 똑똑한 아내가 되어서 재산을 늘려야 한다고 투기를 권장한다.

사랑하는 남편들이여? 아내가 악에 물들어 사는 것을 원하지는 않을 것이다. 어떻게 해야 하는가? 아내가 알아서 하도록 내버려 두어서는 안 된다. 죄를 짓도록 부추겨서는 더욱더 안 될 것이다. 세상이 원하는 대로 가게 해서는 안 된다. 아내의 머리는 남편이라고 하셨다. 아내의 하는 모든 일들을 남편이 다스리고 주관해야 한다. 구속하라는 것이 아니라 하나님을 멀리 떠나서 살 수 없다는 것을 가르쳐 주어야 한다.

세상에는 보기에 좋은 것들이 널려 있다. 그러나 세상 것들을 누리는 것을 당연히 생각해서는 안 된다. 신령한 것을 위해서는 세상의 것을 포기하는 법을 배워야 한다. 우리 가정의 주인은 예수님이시다 라는 것을 깊이 인식하도록 가르쳐야 한다. 남편이 아내를 사랑하고 지켜주지 않으면 아무도 우리 사랑하는 아내를 지켜주지 않는다는 것을 알아야 한다. 악에 한 번 발을 담그면 다시는 돌아올 수 없게 될 수도 있다.

'사랑의 하나님 아버지, 세상의 유혹을 물리칠 수 있는 담력과 악에서 떠나 선을 행할 수 있는 능력을 주옵소서. 아멘!'

10. 늘 함께 있어야 한다

"내 손이 저와 함께하여 견고히 하고 내 팔이 그를 힘이 있게 하리로다"(시 89:21).

아내와 남편은 한 몸이기에 떨어져 사는 것을 주님은 허락하지 않으셨다. 단지 기도할 때만 분방하라고 하셨다. 그러므로 부부가 떨어져 있을 때는 늘 깨어서 기도해야 한다. 사단이 틈을 타게 될 때는 기도하지 않고 있을 때이다. 부부가 행복하게 사는 것을 사단은 가만히 지켜만 보고 있지 않는다. 세상의 모든 것을 다 사용해서라도 갈라서게 하는 것이 사단의 전략이다.

부부가 함께 있어도 죄를 짓게 된다. 틈만 있으면 부부 사이를 정신 없이 밀고 들어온다. 정신을 차리지 못하게 만든다. 그러니 혼자 있을 때는 더 많은 죄의 유혹이 있을 것이 분명하다는 것을 알아야 한다. 어디를 가나 늘 아내와 함께 동행하는 습관을 가지자. 처음부터 떨어져 다니게 되면 나중에는 어색해서 같이 다니지 않게 된다. 초대를 받아도 아내가 갈 수 있는 곳이라면 함께 가는 것이 좋다.

혼자 있는 것이 익숙하다 보면 나중에는 아내가 옆에 있는 것이 불편하게 여겨진다. 이것은 많이 잘못된 것이다. 아내가 옆에 있어야 편하고 행복하다고 느껴야 한다. 이것이 정상적인 부부이다. 세상은 더 이상 정상적인 것을 선호하지 않는다. 주말 부부를 부추기고 그렇게 사는 것도 괜찮다고 한다. 기러기 아빠들이나 기러기 엄마들이 많아지고 있다. 절대로 성도들은 이런 유혹에 넘어가서는 안 된다. 사단을 우리 안방에서 살게 만드는 짓이다. 주님과 함께 살아야 한다. 아내와 남편이 늘 한 이불 속에서 지내야 한다. 어떤 방해꾼도 부부 사이에 절대로 허용해서는 안 된다. 자녀들도 부부 사이에 방해꾼이 될 수 있다. 모든 일에 덕을 세워가야 할 것이다.

'사랑의 하나님 아버지, 모든 좋은 것들을 함께 나누며 함께 세우며 함께 누리는 부부가 되게 하소서. 아멘!'

11. 하루에 세 번 이상 사랑해 라는 말을 하자

"무릇 더러운 말은 너희 입 밖에도 내지 말고 오직 덕을 세우는데 소용되는 대로 선한 말을 하여 듣는 자들에게 은혜를 끼치게 하라"(엡 4:29).

서양에서는 결혼 전에 이혼 서류를 준비한다고 한다. 이처럼 결혼의 영속성을 받아들이지 않는 시대에 살고 있다. 언제든지 이혼을 할 수 있다는 전제로 결혼을 하는 것이다. 그래서 미리 변호사를 통해서 서로가 약속을 어기면 이혼할 것이라고 서류를 작성해 놓는다. 어처구니 없는 일이다. 사람이 살아있을 때 즉 정신이 온전할 때 유산상속을 작성하고 변호사가 간직하고 있는 것과 같은 것이다. 이혼 사유 중에 여러 가지가 있겠지만 하루에 세 번 이상 사랑한다고 말하지 않은 것도 포함된다고 한다.

배우자들끼리 가장 많이 해야 할 말이 "여보 사랑해요" 이다. 젊은 부부들 중에는 배우자에게 "여보 사랑해요" 라고 말하는 사람들이 많이 있다. 그러나 중년 부부 들은 그렇게 많이 사용하는 말이 아닐 것이다. 더 나아가서 노년층에서는 한 번도 아내나 남편에게 "여보 진심으로 사랑해요" 라고 말하지 않은 부부들도 많은 것으로 알고 있다. 그러나 부부는 평생 좋든 싫든 함께 살아야 한다. 좋을 때만 사랑하면서 사는 것이 아니다. 배우자가 실수를 하고 사고를 쳐서 얄밉고 보기 싫을 때도 있다. 그러나 싫다고 이혼할 수 없다. 싫으면 더 이상 살 필요가 없다고 이혼을 부추기는 시대에 살고 있지만 성도들은 어떠한 일이 있어도 갈라설 수 없는 자들이다. 하나님이 정해 주신 부부이기 때문이다. 이렇게 죽을 때까지 함께 살아야 하는 부부이기에 행복을 만들어 가야 한다. 배우자에게 들려주어야 할 말중에 하나가 "여보 사랑해요!" "당신만을 영원토록 사랑해요!" "당신 없이는 살 수가 없어요!"이다. 이런 말을 하루에 한 번 이상이라도 배우자에게 말해 보라. 남편에게 당신만을 사랑해요 라는 말을 듣고 사는 아내는 얼마나 행복하겠는가?

'사랑의 하나님 아버지, 말에 덕이 있고 은혜가 있으며 더욱 사랑하게 하는 힘이 있게 하옵소서. 주님의 사랑의 음성과 부부간의 애정어린 말을 늘 들으며 살게 하옵소서. 아멘!'

12. 친절하게 대해야 한다

"생명을 사랑하고 좋은 날 보기를 원하는 자는 혀를 금하여 악한 말을 그치며 그 입술로 궤휼을 말하지 말고 악에서 떠나 선을 행하고 화평을 구하여 이를 좇으라"(벧전 3:10-11).

누구에게나 깍듯이 정중하게 인사하고 친절하게 대해주는 사람들을 주변에서 많이 볼 수 있다. 친절하게 대해주는 사람들을 싫어하는 사람은 아무도 없을 것이다. 그런데 그런 사람들이 자기 가족들에게도 친절하게 대해주고 있는지 생각해 보자. 다른 사람들에게는 친절을 베풀려고 애를 쓰는 모습이 보이지만 가족들에게는 불친절하게 하는 사람들이 있다. 이것은 아주 많이 잘못된 것이다.

가족이 아닌 다른 사람들은 어쩌다가 가끔 만나는 사람들이기에 친절하게 대하는 것이 그리 어렵지 않을 것이다. 기분 나쁜 일이 있어도 조금만 신경 쓰고 대하면 무례함을 보이지 않고 대할 수 있다. 좋은 관계를 계속 유지하려면 자기 자신을 낮추고 친절하게 대해 주어야 할 것이다. 특히 나에게 도움이 되고 유익한 사람이라면 더 신경 쓰면서 친절을 베풀 것이다. 그러나 어느 누구보다도 친절하게 대해 줄 상대는 아내이다. 아내가 잘할 때만이 아니라 실수하고 잘못을 했을 때도 다그치지 말고 친절을 베풀도록 노력해야 한다. 사랑하는 아내는 하나님의 딸들이다. 하나님께서 남편에게 주신 최고의 아내인 것이다. 장인과 장모님이 자기 딸에게 함부로 대하는 사위를 좋아하겠는가? 부족한 점이 많아도 내 딸을 아끼고 사랑하는 사위에게 얼마나 고마워하겠는가? 본인들이 가지고 있는 좋은 것들을 아까워하지 않고 주려고 하지 않겠는가? 하나님께서 독생자 예수 그리스도를 십자가에 죽게 하심으로 그 피 값으로 값 주고 산 귀한 하나님의 나라를 유업 받을 자인 아내를 함부로 대하지 말자. 온갖 정성과 사랑으로 대해야 한다. 아내에 대한 친절히 몸에 배이기 위해서는 많은 훈련의 과정이 필요할 것이다.

'사랑의 하나님 아버지, 우리 가정에 생명의 은혜가 넘치고 좋은 날들이 펼쳐지기를 소원하는 만큼 선을 행하고 화평을 구하는 친절한 사람이 되게 하소서. 아멘!'

13. 아내가 하는 모든 일에 관심을 갖자

"남편된 자들이 이와 같이 지식을 따라 너희 아내와 동거하고 저는 더 연약한 그릇이요 또 생명의 유업으로 함께 받을 자로 알아 귀히 여기라 이는 너희 기도가 막히지 아니하게 하려 함이라"(벧전 3:7).

성경에 보면 여자들을 천대하고 무시하는 시대가 있었다. 숫자에서도 어린아이나 여자들은 제외되었다. 우리나라도 예외는 아닌 것 같다. 여자들을 박대하고 귀하게 여기지 않고 함부로 대하는 시대가 대부분을 차지하고 있다. 그런데 예수님이 이 땅에 오셔서 여자들에게도 변함없는 사랑을 보여 주셨다. 생명의 은혜를 유업으로 함께 받을 자로 세워주신 것이다. 이 얼마나 놀라운 은혜인가? 여자들을 세상 사람들이 이해할 수도 없는 귀한 자리로 이끌어 주신 것이다. 우리나라도 기독교가 들어옴으로 해서 여성들은 많은 삶의 변화가 있게 되었다. 남자들과 똑같이 교육을 받을 수 있게 되었고 사회 진출도 가능하게 되었다. 능력위주의 사회로 변하면서 여권신장도 많이 향상되고 있는 현실이다. 아들 위주의 가정이 딸들도 선호하는 모습으로 바뀌어 가고 있다. 오히려 딸들을 더 원하는 가정들이 많아지고 있는 실정이다.

사회에서는 인정받고 칭찬을 들으며 일하는 여성들이 늘어가고 있다. 자기의 재능을 마음껏 발휘하며 능력을 인정받는다. 갈수록 여성들의 위치가 높아지고 있다. 그런데 가정에서 만큼은 여성의 위치가 바뀐 것이 없는 것 같다. 집안일은 해도 해도 끝이 없다. 하루 종일 일한 것 같은데 별로 눈에 띄게 좋아진 것은 없어 보인다. 어느 누구 하나 집안일 잘한다고 칭찬해 주는 법이 없다. 그러니 별 의욕이 생기지 않는다. 여성들은 집에만 있는 것이 짜증스럽기까지 하다.

아내들이 하는 집안일은 아주 귀하고 소중한 일이다. 모든 좋은 것들이 집 안에서부터 흘러나오는 것이다. 아내 없이는 보물들이 집 안에서 나올 수 없다. 남편들은 아내들이 하는 모든 집안일에 칭찬을 아끼지 말아야 한다. 귀하고 소중한 아내의 일을 인정해 주어야 할 것이다.

'사랑의 하나님, 아버지 아내를 귀히 여기고 존중히 여기며 살게 하옵소서. 아멘!'

14. 기념일을 잘 챙겨주어야 한다

"고운 것도 거짓되고 아름다운 것도 헛되나 오직 여호와를 경외하는 여자는 칭찬을 받을 것이요"(잠 31:30).

노후를 위해서 많은 부부들이 보험을 든다. 늙어서 돈 걱정 없이 물질에 구애 받지 않고 편안한 삶을 살기 위해서 일것이다. 늙으면 무엇보다도 돈이 있어야 한다고 한다. 자식들도 재산이 있는 부모에게는 관심을 가지고 잘해 주려고 노력을 기울인다. 부모가 돌아가시면 그 재산이 자녀들에게 돌아온다는 것을 너무나 잘 알고 있기 때문이다. 그러나 돈이 많다고, 물질을 쓸 수 있다고 부부가 행복한 것은 아닐 것이다. 돈이 많은 것이 없는 것보다 낫겠지만 돈이 전부는 아니다. 부자들은 다 행복해야 하는데 그것이 아니다라는 것을 누구나 알고 있을 것이다.

부부가 들어야 할 보험은 사랑이 담긴 추억의 통장이다. 힘들고 괴로울 때마다 하나씩 꺼내서 사용해야 할 멋진 추억들이다. 부부가 여행을 함께했다든지 서로를 행복하게 해주는 일들이 많았던 좋은 추억들을 많이 쌓아가야 한다. 남편들은 특히 아내의 생일과 결혼기념일을 잊어 버리지 말아야 한다. 일 년에 한 번씩 돌아오는 기념일들을 잘 챙겨주어야 한다. 고작 일 년에 두 번 신경 쓰는 일이다. 아내가 좋아하는 선물도 준비하고 할 수만 있으면 이벤트도 하면 좋을 것이다. 아마도 일년 내내 아내의 태도가 달라질 것이다. 그런데 이러한 사랑의 실천은 아무나 하는 것이 아니다. 좋은 것이기에 방해꾼이 많다는 것을 알아야 한다. 하나님이 나에게 주신 귀한 아내를 잘 대접해 주면 하늘의 상이 클 것이다. 사랑의 추억들을 많이 만들어서 힘들 때마다 하나씩 꺼내서 살다 보면 노후 대책은 저절로 되는 것이 아니겠는가?

'사랑의 하나님 아버지, 아내에 대한 배려와 친절한 사랑이 몸에 배이게 하시고 귀한 복을 받는 부부가 되게 하소서. 아멘'

15. 아내에게 대한 기대치를 낮추어라

"덕행 있는 여자가 많으나 그대는 여러 여자보다 뛰어난다 하느니라"(잠 31:29).

나에게는 너무나 사랑스러운 두 명의 손주가 있다. 이삭이와 빌리이다. 이삭이는 친손주이고 빌리는 외손주이다. 이들만 생각하면 가슴이 뭉클하고 행복하다. 글을 쓸 때마다 컴퓨터 배경 화면에 떠있는 모습을 늘 보노라면 흐뭇하기 그지없다. 어느 한 구석 예쁘고 사랑스럽지 않은 곳이 없다. 정말 신기하고 놀라울 정도이다. 손주를 사랑하는 마음이 이렇게 클 줄은 상상도 못해 본 일이다. 손주들이 하는 짓마다 모든 것이 새롭고 귀여워서 하루라도 안 보면 눈에서 아른거린다.

남편들이 사랑하는 아내들을 볼 때 이러한 마음가짐으로 본다면 더 이상 무엇을 바라겠는가? 아내의 모습이 늘 신기하고 예쁘다고 생각하면 얼마나 좋을까? 총각 때는 늘 나 혼자였는데 지금 내 옆에서 자고 있는 아내가 사랑스럽지 않은가?

내가 지금 손주들에게 바라는 것이 무엇이겠는가? 잘 먹고 건강하게 자라 늘 우리 곁에 있어 주는 것 외에 바랄 것이 없다. 한 가지씩 배워서 뒤집고 기고 서고 걷고 뛰는 것을 볼 때마다 말로 표현할 수 없는 기쁨이 되고 있는 것이다. 내 아내가 되어서 한 가지씩 배워서 하는 것마다 사랑스럽고 귀엽다고 느껴보았는가? 한꺼번에 너무나 많은 것을 기대하지 말자. 태어나서 처음으로 부모 곁을 떠나 남편에게 온 아내이다. 부모들은 딸들이 집을 떠날 때 얼마나 마음 졸이고 아파하고 그리워하는지 아는가? 아버지들도 시집 간 딸방에 가서 펑펑 소리 내어 울면서 그리워한다. 내 사위가 나보다 더 내 딸에게 잘해 주기를 바라면서 말이다. 내 아내가 되어 주어서 밥도 해주고 빨래도 해주고 집 안 청소도 해주고 얼마나 고마운가? 나하고 똑같이 닮은 자식들을 낳아서 길러주니 이것이 웬 복인가? 아내에게 너무나 많은 것을 요구하지 말자. 내 곁에 있어주니 너무나 고맙고 즐겁다고 해야 하지 않겠는가?

'사랑의 하나님 아버지, 부부가 서로서로 세상에서 가장 아름다운 여인이요 가장 훌륭한 남편으로 생각하고 살게 하옵소서. 아멘!'

16. 예쁘게 가꾸어 주어야 한다

"또 이와 같이 여자들도 아담한 옷을 입으며 염치와 정절로 자기를 단장하고…오직 선행으로 하기를 원하라…"(딤전 2:9-10).

가끔 남편이 하루 종일 집에 있을 때가 있다. 평상시 전혀 관심이 없다가도 집에만 있으면 늘 베란다에 가서 화분들을 바라본다. 꽃들이 예쁘게 피어있는 것을 보고 어린아이같이 신기해 하고 좋아하는 모습을 본다. 겨울에 꽃이라도 피면 화분을 거실에 들여놓는 수고를 아끼지 않는다. 일 년에 한 번도 화분에 물을 주어 본 적이 없으면서도 예쁘게 피어나는 것은 얼마나 좋아하는지 놀라울 뿐이다. 가꾸지 않으면 예쁜 꽃이 저절로 피는 것이 아니다. 화분마다 물을 주는 양도 주기도 다르다. 어떤 것은 일주일에 두 번 이상은 주어야 하는 수고가 있어야 한다. 화분마다 적당히 물도 주어야 하고 때마다 흙도 갈아 주어야 한다. 이런 번거로움과 수고가 없이는 베란다에 있는 화분이 예쁘게 피어날 수 없다. 여자와 꽃은 가꾸어야 예쁘다는 말이 있다. 아내들을 예쁘게 가꾸어 주는 남편이 되자. 결혼 전에 예쁘지 않은 신부가 어디 있겠는가? 나한테 시집와서 시집살이를 비롯해서 집 안의 대소사를 신경 쓰다 보면 예쁜 아내의 모습은 찾아 볼 수가 없을 것이다. 모든 여자들이 가장 좋아하는 말은 예쁘다는 말이다. 할머니들도 예쁘다는 말을 좋아한다. 예쁘게 가꾸고 싶지 않은 여자들은 아무도 없다. 집안일에 너무 바쁘다 보니 제대로 가꿀 여유가 없는 것이다. 물론 시간도 없고 돈도 없고 환경적으로 허락하지 않는 경우가 대부분일 것이다. 그러나 사랑하는 남편들이여! 예쁜 아내를 원하시는가? 시간도 만들어 주고 돈도 주어서 자신만의 아름다움을 가꿀 수 있도록 도와주자. 구질구질한 자신의 모습을 좋아하는 아내는 아무도 없을 것이다. 자신이 예쁘다고 느낄 때 모든 일에 자신감을 가지고 활기차게 가정을 이끌어 갈 것이다.

'사랑의 하나님 아버지, 경건의 모양만이 아니라 경건의 능력도 있게 하시고 염치와 정절로서 잘 단장하는 아내, 단정하고 참소하지 않으면 모든 일에 충성된 자가 되게 하소서. 아멘!'

17. 말과 행동의 일치를 보여 주자

"하나님은 인생이 아니시니 식언치 않으시고 인자가 아니시니 후회가 없으시도다 어찌 그 말씀하신 바를 행치 않으시며 하신 말씀을 실행치 않으시랴"(민 23:19).

가끔 신문 지상에 올라온 기사들을 통해서 국민들의 존경을 한 몸에 받고 훌륭하게 정치하는 사람들의 가정을 엿볼 기회가 있다. 정치하는 아버지가 자녀들과의 약속 때문에 나랏일을 연기하거나 포기하는 것을 볼 수 있다. 자녀들과 약속한 것이기에 다른 어떤 것보다 중요하다고 한다. 나라의 일은 내가 하지 않아도 다른 사람들이 대신해 줄 수 있지만 자녀들과의 약속은 반드시 아버지만이 할 수 있다는 것이다. 이러한 일들이 한국에서는 이해가 안 되겠지만 선진국에서는 흔히 있는 상황이다. 그리고 자녀들과의 약속을 지키므로 국민들에게 더 큰 교훈을 주는 것을 본다. 이러한 일들을 통해서 그들은 가정생활의 모범적인 한 단면을 보여 준다.

가장 약속을 잘 지키시는 분은 하나님이시다. 어제나 오늘이나 영원토록 한결같이 변함이 없으신 하나님이시다. 한 번 약속하신 것을 변개한 적이 없으신 분이시다. 우리가 하나님의 자녀라면 이 점을 반드시 본 받아야 할 것이다. 가정에서 지내다 보면 수시로 아내와 자녀들에게 약속을 하게 된다. 아버지와 함께 놀고 싶은 아이들에게 주말에는 놀러 간다고 약속한다. 그러나 회사가 바쁘다고 아니면 피곤하다고 아니면 다른 약속이 생겼다고 약속을 지키지 못할 때가 수없이 많을 것이다. 회개하자. 약속을 지킬 수 없으면 약속을 하지 말아야 한다. 지키지 못할 것을 위기 모면으로 말을 꺼내어 가족들을 실망시키는 어리석은 남편이 되지 말자. 아버지가 약속을 지키지 않으면 자녀들은 더 이상 아버지를 신뢰하지 않게 된다. 아내들도 남편을 신뢰하지 못하고 무시한다. 말과 행동의 일치를 보여 주지 못하면 자녀교육은 빵점이다. 가장 기본적인 교육이 약속을 잘 지키는 것이다.

'사랑의 하나님 아버지, 말과 혀로만이 아니라 행함과 진실함으로 사랑하며 말과 행실과 사랑과 믿음과 정절에 있어서 본이 되는 부부가 되게 하옵소서. 아멘!'

18. 아내의 거룩한 삶을 위해서 최선을 다하자.

"하나님이 우리를 부르심은 부정케 하심이 아니요 거룩케 하심이니"(살전 4:7).

정상적인 부부라면 결혼 후에 일 년 정도 지나야 아기가 태어나게 된다. 하나님이 늦게 주시면 더 늦을 수는 있다. 그러나 결혼 후 10개월도 안 되었는데 아기가 태어났다면 속도위반이다. 주님께 철저하게 회개하자. 세상에서는 결혼 전에 임신했으면 혼수감을 준비했다고 오히려 좋아한다. 신랑이 나이가 많으면 신부의 임신소식을 시댁에서는 더 좋아한다고 하니 세상이 어떻게 흘러가는지 한심스럽다. 결혼 전에 아내의 순결을 지켜주지 않는 남편이라면 더 이상 무엇을 바라겠는가? 결혼 후에는 수도 없이 아내를 지켜주고 보호해 주어야 할 남편이다.

세상은 더 이상 정상적인 것을 권장하지 않는다. 정상 궤도를 벗어나도 한참 벗어났다. 오히려 정상적인 것을 비웃는다. 고리타분하다고 한다. 그렇게 해서는 세상에서 살 수 없다고 한다. 그러나 믿지 말자. 하나님의 말씀이 우선이다. 말씀으로 되돌아가야 한다. 세상이 무슨 말을 하든 중요하지 않다. 하나님의 말씀이 우리의 생명을 살려주는 것이다.

경건한 가정은 저절로 되어지지 않는다. 은혜의 수단을 잘 활용해서 악한 것에 물들지 않도록 노력해야 한다. 주님의 은혜가 없으면 불가능한 것이다. 아기가 태어나기 전에 일 년이라는 기간은 아주 중요한 시기이다. 둘이 한 몸이 되어 거룩을 향해서 부지런히 달려가야 한다. 아기가 태어나면 정신이 없다. 몇 배나 바쁘고 힘들기 때문이다. 가정예배를 드리자. 성경을 읽고 늘 기도하는 습관을 길러야 한다. 인생은 전쟁터이다. 사단과 싸워서 이기지 못하면 지옥이다. 불행한 삶이 기다리고 있다면 어느 누가 결혼하겠는가? 아내의 거룩한 삶은 가정에 화목과 평안을 안겨 줄 것이다.

'사랑의 하나님 아버지, 우리를 불러 거룩한 자녀로 삼아주심을 감사드립니다. 날마다 하나님의 임재하심이 떠나지 아니하는 경건한 가정이 되게 하소서. 아멘!'

19. 선한 일에 앞장서자

"선한 일을 행하고 선한 사업에 부하고 나눠 주기를 좋아하며 동정하는 자가 되게 하라"(딤전 6:18).

마음에 쌓은 것이 선한 것이면 선이 나올 것이고 악한 것이 쌓이면 악이 나올 것이다. 선을 베푸는 것은 주님이 기뻐하시는 것이다. 혼자 살다가 결혼하여서 둘이 같이 산다는 것은 더 많은 일을 할 수 있다는 것이다. 혼자서는 할 수 없었는데 아내와 남편이 힘을 모아서 더 선한 일을 도모해야 한다. 이 세상은 더불어 함께 살아가야 한다. 무엇보다도 성도들은 예수님의 사랑을 늘 보여 주어야 한다. 자녀가 못 되게 굴면 사람들은 대부분 부모가 어떻게 교육시켰기에 저 모양이냐고 도리어 부모를 책망한다.

그리스도인들이 착하게 살지 못하고 악한 일을 한다면 결국은 하나님을 욕되게 하는 것이다. 가정에서부터 늘 선한 일을 하도록 교육이 되어야 한다. 세상은 상대방을 눌러야 더 높은 자리에 올라갈 수 있다고 생각한다. 기회만 있으면 물고 늘어지는 행동을 거침없이 한다. 특히 경쟁 사회에서는 말할 것도 없다. 얼마나 살벌한지 모른다. 너는 죽고 나는 살아야 한다는 논리가 적용된다. 남이 잘되는 것을 보면 배가 아파서 잠이 안 온다. 약한 자는 더 악해지고 강한 자는 더 살기가 등등해서 강하게 되는 것이 세상이다. 그러나 성도들은 늘 선한 일에 힘써야 한다. 약한 자를 도와주고 도움이 필요한 자에게 언제든지 도움의 손길을 내밀어야 한다. 나그네를 대접해야 한다. 불쌍한 사람들을 보면 도와주어야 한다. 병든 자를 찾아가서 위로를 해 주어야 한다. 무엇보다도 예수님을 증거하는 삶이야말로 최고의 선을 베푸는 것이다. 창피하다고 입 다물고 살지 말고 기회가 있을 때마다 예수님에 대해서 증거하는 삶을 살아야 한다. 많은 사람들 앞에서 주님을 자랑하면 주님도 우리들을 자랑스럽게 여기실 것이다.

'사랑의 하나님 아버지, 의와 경건과 믿음과 사랑과 인내와 온유를 좇으며 믿음의 선한 싸움을 싸우며 선한 일에 열심하는 하나님의 친 백성으로 살게 하옵소서. 아멘!'

20. 자녀들이 아내에게 함부로 대하지 못하도록 하자

"자녀들아 모든 일에 부모에게 순종하라 이는 주 안에서 기쁘게 하는 것이니라"(골 3:20).

우리 주변에는 말 안 듣기 위해서 태어난 것처럼 행동하는 아이들을 너무 많이 볼 수 있다. 나이가 먹을수록 말 안 듣는 정도가 심해진다. 순종이라고는 찾아 볼 수 없을 지경이다. 자녀들이 부모에게나 선생님들에게 공손하게 순종하는 모습은 더 이상 기대하기 힘들다. 도리어 얌전하고 순종 잘 하는 아이들을 바보 취급한다. 이런 아이는 학교에서는 왕따 당하기 쉽다. 얼마 전에는 미국에서 자녀가 부모에게 소송을 건 사건이 있었다. 부모에게 손해배상을 청구한 것이다. 자기를 잘 돌보지 않았고 용돈도 넉넉하게 주지 않았고 학비도 주지 않았다는 명목이었다. 배상금을 얼마나 받았는지는 몰라도 세상이 부모에게 소송을 하는 시대가 왔다고 생각하니 기가 막힐 노릇이다. 부모와 자식관계에서도 이해 타산을 할 정도라면 더 이상 무엇을 기대하겠는가?

성경은 자녀들에게 부모에게 순종하라고 가르친다. 그러나 더 이상 순종하지 않는다. 대들지 않으면 고마울 따름이다. 부모에게 소리지르고 함부로 대하는 모습이 이상하게 보이지도 않는 시대이다. 자녀가 어릴 때는 힘으로라도 제압이 가능했다. 그러나 몸이 부모보다 두 배 이상 큰 자녀들을 어떻게 할 것인가? 지금은 남편들이 나서야 할 때이다. 주의 교양과 훈계로 철저하게 가르쳐야 한다. 주님의 사랑으로 기도하면서 앉혀 놓고 가르쳐야 한다. 이것이 아내들을 살리는 것이다. 너무 힘들어서 자녀교육을 포기하는 어머니들도 많이 있다. 그러나 절대로 자녀들을 포기해서는 안 된다. 어머니에게 함부로 하는 자녀에게 하나님은 복을 주시지 않으신다. 부모에게 순종하는 자녀가 하나님께 순종할 수 있는 것이다. 이러한 영적인 복을 우리 자녀가 누릴 수 있도록 힘을 다해서 가르치자.

'사랑의 하나님 아버지, 자녀들을 주의 교양과 훈계로 양육하되 모든 일에 순종하는 자들이 되게 하소서. 아멘!'

21. 아내는 언제나 특별한 존재이다

"만군의 여호와가 이르노라 내가 나의 정한 날에 그들로 나의 특별한 소유를 삼을 것이요 또 사람이 자기를 섬기는 아들을 아낌같이 내가 그들을 아끼리니"(말 3:17).

귀하고 소중한 물건들을 함부로 다루는 사람은 아무도 없다. 귀한 보물이 집에 있다면 가장 안전하고 좋은 곳에 둘 것이다. 안전 장치를 해서 어느 누구도 손을 못되게 잘 보관해 둘 것이다. 그리고 보물이 잘 있는지 날마다 확인하고 또 확인할 것이다. 생각하면 할수록 집에 보물이 있다는 것에 기분이 좋을 것이다. 기회만 되면 사람들에게 자랑하고 싶을 것이다. 나에게 이렇게 특별한 것이 있다니 얼마나 행복한가? 생각할 것이다. 바로 여러분의 아내가 여러분의 보물이다. 세상에서 하나밖에 없는 놀랍고 신비스러운 보물이다. 하나님이 여러분에게 주신 아주 특별한 선물이다. 함부로 취급하다가는 혼 쭐이 날 것이다. 주님의 것이기에 귀하고 소중하게 특별하게 대해야 한다. 잘 다루어야 한다. 함부로 다루어서는 깨지기 쉽기 때문이다. 깨져서 산산 조각이 나면 다시 원상복구가 힘들기 때문이다. 어느 누구도 여러분의 아내에게 함부로 하는 것을 허락해서는 안 된다. 나쁜 사람들로부터 안전 장치를 잘해서 보호해 주어야 한다.

다른 사람들보다 못하게 대한다든지 아니면 똑같이 대해서는 안 된다. 아주 특별하게 대해 주어야 한다. 자신을 희생해서라도 행복하게 해 주어야 한다. 마음 아프게 하고 고통을 주는 일을 해서는 안 된다. 늘 다칠까봐 염려하며 돌보는 일을 서슴없이 감당해야 한다. 나는 남편에게 너무나 많은 사랑을 받고 살고 있구나 라고 생각할 정도로 해야 한다. 그 남편의 사랑이 아내로 하여금 성숙하게 만들어 가고 있음을 알아야 한다. 하나님께로 가까이 가게 할 것이다. 또한 지혜로운 아내가 되어서 남편의 최고의 조력자가 되고 협력자가 되기를 갈망하지 않겠는가? 특별한 것은 아무나 가질 수가 없다.

'사랑의 하나님 아버지, 뼈 중의 뼈요 살 중의 살인 아내를 특별히 아끼고 존중하는 남편이 되게 하옵소서. 아멘!'

22. 남편의 외도는 아내를 죽이는 행위이다

"오직 말과 행실과 사랑과 믿음과 정절에 대하여 믿는 자에게 본이 되라"(딤전 4:12).

아내에게 청천 벼락과 같은 일은 믿고 살아온 남편의 외도일 것이다. 다른 일은 참고 견디고 인내하면서 살아갈 수 있다. 사업의 실패는 다시 일어설 수 있는 기회를 바라보면 된다. 물질의 고통과 아픔은 시간이 흐르면 이겨낼 수 있을 것이다. 가끔 질병의 고통이 찾아 온다. 그러나 병을 이기려고 노력하면서 치료를 받으며 소망을 품을 수 있을 것이다. 그러나 남편의 외도는 아내의 마음이 산산조각이 나게 하는 심한 아픔과 고통을 안겨 준다. 평생 한이 되어서 뼈 속 깊은 배신감과 쓰라린 상처로 남게 되는 무서운 질병이다. 세월이 흐른다고 치료될 수도 없는 처절하고도 심한 괴로움이다. 남편이 아무리 잘못 했다고 용서를 빌어도 용서할 수 없다. 남편 앞에서는 용서한다고 말하지만 아내의 심한 고통은 씻겨 지지 않는다. 남편이 하는 모든 것에 의심을 품게 만든다. 이제부터는 당신만을 사랑한다는 고백을 들어도 효과가 없다. 남편을 더 이상 신뢰할 수 없는 자리에 이르게 하는 것이 외도이다.

사랑하는 남편들이여! 외도를 안 했다면 너무나 잘한 것이다. 앞으로도 이러한 무서운 질병을 아내에게 안겨주는 못된 남편이 되지 않기를 바란다. 그러나 혹시 지금 그런 무서운 질병에 걸려 있다면 멈추시기 바란다. 뒤도 돌아보지 말고 멈추어 아내에게 가서 용서를 구하라. 그것이 가정의 살 길이다. 부부가 하나 되는 것이다. 아무런 변명이 필요 없다. 아내가 살아있는 한 다른 여자는 쳐다 보지도 말아야 한다. 사단은 우는 사자와 같이 여러분을 삼키고 있는 것이다. 정신을 바짝 차리고 사자 굴에서 나와야 한다. 주님께 도움을 구하라. 회개하고 돌아올 때 살 수 있다. 아내를 죽음으로 몰고 가는 외도는 꿈에서라도 생각하지 말아야 한다.

'사랑의 하나님 아버지, 끝까지 변치 않는 사랑으로 사랑하게 하시고 허탄한 것을 바라보지 않고 아내에게 거짓을 행치 않게 하옵소서. 아멘!'

23. 아내를 귀하게 여겨야 한다

"네 샘으로 복되게 하라 네가 젊어서 취한 아내를 즐거워하라..그 품을 항상 족하게 여기며 그 사랑을 항상 연모하라"(잠 5:18-19).

아내를 귀하게 여겨야 할 이유는 많다. 내 아내이기 전에 하나님의 귀하고 소중한 딸이기 때문이다. 또한 가정에서는 둘도 없는 사랑 받는 딸로서 살아 온 아내이다. 나에게도 두 명의 딸이 있다. 내 딸을 귀하게 소중하게 여기는 사위라면 무엇을 주어도 아깝지 않을 것이다. 그리고 그 아내의 몸에서 내 아이가 태어나게 되는 엄청난 사건이 벌어질 것이다.

아기를 주신 분은 하나님이시다. 그러나 잘 받아야 할 사람들은 아내와 남편이다. 아무런 준비도 없이 받다가는 아이가 잘못될 수도 있기 때문이다. 결혼한 이후에는 아내들도 심경의 변화가 수시로 온다. 몸의 변화도 알게 모르게 오기 때문에 주의해야 한다. 그리고 언제 임신이 될지는 아무도 모른다. 아내가 가장 괴롭고 힘들 때 임신하게 되면 아이에게 좋은 영향이 갈 수 없다. 아내의 몸과 마음이 가장 행복하고 건강할 때 임신이 되면 얼마나 좋겠는가? 그러려면 아내를 사랑하고 귀하게 여기는 마음이 생활 습관에서 나와야 한다. 이것은 하루 아침에 되는 쉬운 일이 아니기 때문이다. 자식을 낳는 소중하고 귀한 몸이기에 절대로 함부로 대해서는 안 된다. 아내에게 상처 주는 말이 무엇인지는 알아야 하지 않겠는가? 신체 부위에 약점을 말하지 말아야 한다. 처가 댁의 허물을 들추어 내는 무식함을 보이지 말자. 음식이 맛 없다고 불평하지 말자. 불평하면 더 음식 솜씨가 늘지 않는다. 칭찬해 주면 더 잘할 것이다. 여러분의 어머니들도 처음부터 음식을 잘 만들지 않았을 것이 분명하기 때문이다. 다른 사람하고 비교하지 말자. 아내의 마음을 잘 살펴주어서 외롭지 않도록 사랑해야 한다.

'사랑의 하나님 아버지, 하나님 나라를 유업으로 함께 받을 귀한 그릇으로 여기며 그 품을 족하게 여기며 언제나 사랑하고 아끼는 남편이 되게 하옵소서. 아멘!'

24. 아내의 건강에 신경을 쓰자

"남편들아 아내 사랑하기를 그리스도께서 교회를 사랑하시고 위하여 자신을 주심같이 하라"(엡 5:25).

연애할 때는 조금만 아프다고 해도 약을 사다 주고 병원에 가야 된다고 야단 법석을 떨던 남편이었다. 걷다가 발이라도 헛디디면 수선스럽게 굴면서 괜찮겠냐고 업어 준다고 하는 남편이었다. 왜 그리 관심이 많은지 작은 일에도 관심과 사랑으로 대해 주었던 남편이었다. 그러나 결혼 후에도 연애할 때처럼 변함없는 관심을 보이면서 염려해 주는 남편들이 얼마나 되는가? 아마도 그렇게 많지 않을 것이다. 이것은 아주 잘못된 것이다. 결혼한 지금이 더 많은 관심과 사랑을 보여 주어야 할 때이기 때문이다.

결혼 전에는 아내들이 늘 부모님의 보살핌을 받으면서 살아왔다. 결혼과 함께 부모 곁을 떠나 왔으니 누가 책임을 져야 하겠는가? 당연히 남편이 아내의 몸을 책임져 주고 건강을 살펴 주어야 한다. 사위를 믿고 딸을 준 장인 장모를 생각해서라고 지극 정성으로 돌보아야 한다. 성경에는 자기 아내 사랑하기를 제 몸같이 하라고 하셨다(엡 5:28). 아내는 더 이상 아내의 몸이 아니다. 남편에게 속한 자이다. 즉 남편과 한 몸이라는 것이다. 자기 몸을 돌보지 않는 사람은 아무도 없을 것이다. 아내가 아프면 당연히 남편도 같은 아픔을 느껴야 한다. 연애할 때보다 더 강력한 사랑의 힘을 발휘해야 한다. 아내가 아프다고 하면 당장 약국으로 달려가서 약을 사다 주는 정성이 있어야 한다. 시간이 없고 바쁘다고 핑계하지 말자. 나중에 더 심하게 아프면 남편도 제대로 밖에서 일을 할 수 없게 되기 때문이다. 우리 아내는 매일같이 아프다고 한다고 불평하지 말라. 아프니깐 아프다고 하는 것이다. 아프지도 않은 아프다고 하는 것은 남편의 관심과 사랑이 필요하다는 사인이다. 그것도 아픈 것이다. 마음이 아프면 몸도 아프게 되어 있기 때문이다. 아내의 건강은 곧 남편의 건강이요 가정의 건강이다.

'사랑의 하나님 아버지, 내 몸과 같이 아내를 사랑하는 것이 곧 자기를 사랑하는 것임을 알고 열심을 다해 사랑하며 한마음으로 주님 잘 섬기는 가정되게 하옵소서. 아멘!'

25. 가끔 외식이 필요하다

"성도들의 쓸 것을 공급하며 손 대접하기를 힘쓰라"(롬 12:13).

아내들이 해야 할 일들이 많이 있지만 그 중에서도 평생 해야 할 일이 음식을 만드는 일이다. 아주 중요하고 귀한 일이다. 가족들의 건강이 아내의 손에 달려 있음을 알아야 한다. 아내가 음식을 장만할 때 기쁘고 즐거운 마음으로 준비한다면 맛은 한층 더 있을 것이다. 그러나 속상해서 마음이 아플 때 하면 음식 맛이 제대로 날 리가 없다. 남편이 대신 음식을 해 주는 것도 한두 번이지 계속 할 수는 없다. 평생 해야 할 일이라면 잘 감당하도록 옆에서 도와주는 것이 현명할 것이다.

우리가 평상시 먹는 음식은 대부분 평범한 것이다. 누구나 쉽게 할 수 있는 것들이다. 똑같은 음식들을 반복해서 먹는 것이다. 아주 특별한 음식은 별로 없다. 특별한 음식은 비용도 많이 들어가고 쉽게 할 수도 없는 것들이다. 음식 솜씨가 좋은 사람들이 아닌 이상 거의 먹는 음식들이 비슷한 것들이다. 그래서 아내들에게는 특별한 기회가 주어져야 한다. 가끔 좋은 식당에 가서 식구들과 함께 외식을 하는 것이다. 비용이 들어가겠지만 그 만큼의 투자는 괜찮다. 아내들과 가족들을 위해서라면 아까워하지 말고 과감하게 쓰는 것도 멋진 남편의 모습을 보여 주는 것이다.

될 수 있으면 아내가 좋아하고 먹고 싶어 했던 음식을 시켜주는 것이 좋을 것이다. 아내들도 기회를 놓치지 말고 먹고 싶었던 것을 먹어 보는 시간을 가져 보자. 그리고 집에 가서 한 번 실습을 해 보는 것도 괜찮을 것이다. 다음에는 집에서도 먹을 수 있는 음식으로 전환시키는 지혜를 발휘해 보자. 남편들과 식구들이 아주 좋아할 것이다. 손님을 접대할 일이 있으면 실력발휘를 할 수 있는 좋은 기회로 삼는 것이다.

'사랑의 하나님 아버지, 남들에게도 지극한 정성으로 대접하려고 하는데 아내를 대접하고 식구들을 접대하는 일도 기쁨으로 감당케 하옵소서. 아멘!'

26. 하나님의 말씀을 증거하는 남편이 되자

"만일 누가 말하려면 하나님의 말씀을 하는 것 같이 하고"(벧전 4:11).

문제 없이 사는 사람들은 아무도 없을 것이다. 인생의 삶 자체가 문제투성이다. 하루라도 아무 일 없이 지낸다는 것이 쉽지 않다. 부부 사이에도 늘 한결같지는 않다. 좋을 때가 있고 싫을 때가 있다. 속상할 때가 있고 미움이 가득할 때가 있다. 때로는 결혼생활에 회의가 느껴지는 안타까운 현실들이 닥친다. 후회를 해 보지만 이것은 아무런 도움이 되지 않는 생각이다.

세상에서는 문제가 생기면 법으로 호소한다. 법대로 하면 된다고 한다. 판사가 판결을 내리는 것에 따라 움직이면 되는 것이다. 벌금을 내든지 손해배상을 청구하든지 법이 하라는 대로 하면 된다. 그러나 성도들은 문제가 생기면 하나님의 말씀으로 돌아가야 한다. 한참 먼 길로 왔을지라도 성경이 무엇이라고 말씀하셨는지 생각해야 한다. 그래서 믿음으로 말하고 행동해야 한다. 아무리 내가 손해를 많이 보는 일이라도 말씀에 의지하여 처신을 해야 한다.

이 일을 누가 해야 할 것인가? 아내의 머리이신 남편이 해야 한다. 남편에게 이 일을 하도록 권위를 주신 것을 잊어서는 안 된다. 가정의 제사장의 역할은 아내가 아니다. 주님이 남편에게 주셨다. 아내를 돌보고 악에 물들지 않도록 수시로 말씀을 먹여 주어야 한다. 세상이 뭐라고 한들 중요하지 않다. 어차피 세상은 멸망하게 된다. 우리가 멸망의 길로 갈 이유가 없다. 남편들은 하나님에 대해서 부지런히 배워야 하고 알아야 한다. 하나님에 대해서 알지 못하면 가족들을 바른 길로 인도할 수 없다. 소경이 어떻게 바른 길로 인도할 수 있겠는가? 가정의 문제가 생기면 즉각적으로 하나님의 말씀을 적용하는 놀라운 영적인 힘이 있어야 한다. 가정도 살고 나도 살아야 하기 때문이다.

'사랑의 하나님 아버지, 덕스럽고 은혜를 끼치는 말을 잘 하게 하옵시며 늘 하나님의 말씀을 말하는 것처럼 살게 하옵소서. 아멘!'

27. 결혼 전과 똑같이 행동하면 안 된다

"이러므로 사람이 그 부모를 떠나서 그 둘이 한 몸이 될지니라 이러한즉 이제 둘이 아니요 한 몸이니"(막 10:8-9).

성도들은 세상 사람들과는 가치관과 행동 양식이 달라야 한다. 그들과 똑같이 말하고 행동해서는 안 된다. 성경이 무엇이라고 했는지가 우선이 되어야 한다. 그렇지 않으면 세상 사람들과 별로 다르지 않는 삶이 되기 때문이다. 그리스도인이 되기 전과 예수님 믿고 그리스도인이 되었다면 삶의 변화가 반드시 있어야 한다. 하루 아침에 변하는 것은 아니지만 행동의 지침서가 성경이지 이전의 방식이 아니다. 엄청난 주변 정리가 필요할 것이다.

남편들도 결혼 전과 결혼 후의 삶이 변해야 한다. 총각 때처럼 마음대로 했다가는 가정이 제대로 세워지지 않는다. 모래 위에 집을 세우는 어리석은 자가 되어서는 안 된다. 비바람이 몰아치면 금방 무너지게 된다. 결혼생활에서는 비바람도 치고 태풍도 오기 때문이다. 반석 위에 집을 지어서 든든하게 세워가야 한다. 어떠한 어려움과 고통이 있어도 흔들리고 요동하지 않게 세워가야 한다.

시간만 있으면 친구들과 만나고 먹고 놀고 하는 것도 정리가 되어야 한다. 자기 개발을 위해서 아낌없이 돈을 투자했다면 그것도 어느 정도 정리가 필요할 것이다. 이제는 혼자가 아니라는 것을 늘 염두에 두어야 한다. 하고 싶은 대로 하는 시대는 지나간 것이다. 늘 내 옆에는 아내가 분신처럼 함께해야 한다는 것을 생각해야 한다. 아내가 없는 사람처럼 행동하는 것은 죄를 짓는 것이다. 결혼 반지는 반드시 끼고 다녀야 하는 것을 잊지 말자. 어느 누가 봐도 결혼한 사람이라는 것을 알도록 행동해야 한다. 그렇지 않으면 죄가 틈을 타게 기회를 주는 것이다. 내가 하는 모든 일에 아내를 빼놓고 생각하거나 행동해서는 절대로 안 된다. 명심하고 또 명심하자.

'사랑의 하나님 아버지, 둘이 아니요 한 몸이니 같은 마음, 같은 생각, 같은 뜻을 품고 살아가는 일심동체가 되게 하옵소서. 아멘!'

28. 헛되이 시간 낭비하지 말자

"세월을 아끼라 때가 악하니라"(엡 5:16).

우리의 생사화복을 주장하시는 분은 하나님이시다. 마음대로 생명을 연장시킬 수 있는 사람은 아무도 없다. 누구나 하나님이 허락하신 시간들을 사용하는 것이다. 어떤 사람들은 짧은 인생을 사는 사람들도 있다. 태어나기도 전에 생을 마감하는 아이들도 얼마나 많은지 모른다. 질병으로 고통 받으며 인생을 마감하는 사람들도 부지기수이다. 어느 누가 장수의 복을 원하지 않겠는가? 그러나 내 인생의 종착역은 하나님만이 아신다. 우리에게 가르쳐 주시지 않았다.

결혼할 때 검은 머리 파뿌리 될 때까지 오랫동안 잘 살라고 복을 빌어 준다. 백년해로 하라고 한다. 그렇게 살고 싶지 않는 사람이 어디 있겠는가? 그런데 문제는 아무도 언제 배우자가 죽을지 모른다는 것이다. 가끔 신문에 보면 신혼여행을 갔다가 불의의 사고를 당하는 기사도 종종 본다. 착하게 살았던 남편과 아내가 교통사고로 생을 끝내기도 한다.

지금 우리에게 주신 시간은 우리들의 것이 아니다. 하나님이 우리들에게 주신 귀하고 소중한 시간들이다. 함부로 할 수 없는 시간들이다. 이 시간들을 사랑하는 아내와 함께 값지게 사용해야 한다. 싸우고 다투라고 준 시간들이 아니다. 서로 소중하고 귀하게 여기면서 세상의 빛과 소금의 역할을 하라고 주신 것이다. 어찌 내 맘대로 허송세월할 수 있겠는가? 반드시 주님은 주님이 주신 시간들을 어떻게 보냈는지 물으실 것이다. 세월을 아끼는 자가 되어야 한다. 아내와 언제까지 살 수 있을지 아무도 아는 자가 없다. 지금 주어진 시간들을 서로가 아끼면서 사랑하면서 주님께 영광 돌리는 삶을 살아야 한다.

'사랑의 하나님 아버지, 하나님이 주신 귀한 시간들 하나님이 영광을 받으시는 일에 복되게 쓰임을 받도록 잘 선용하는 지혜와 능력을 주옵소서. 아멘!'

29. 처가 댁 식구들에게 최선을 다하자

"그리스도께서 너희를 사랑하신 것 같이 너희도 사랑 가운데서 행하라…"(엡 5:2).

예쁘고 귀한 딸들을 시집 보내 놓고 하루도 마음 편하게 잘 수 있는 부모는 그리 많지 않을 것이다. 한 번도 집안일이라고는 해 보지도 않은 딸이라면 더욱더 걱정이 많을 것이다. 그 동안 공부하고 직장 다니는 것 외에는 별로 할 줄도 모르는데 염려하며 안타깝게 생각하는 부모들이다. 음식은 제대로 잘 해 먹고 사는지 궁금한 것이 한두 가지가 아닐 것이다. 여러분의 아내가 되기까지는 이런 정성과 사랑의 돌봄이 없다면 지금의 아내는 없었을 것이다. 장인과 장모님의 헌신적인 사랑의 보살핌이 없다면 지금의 아내는 있을 수가 없다는 것이다. 너무나 고맙고 소중한 분들이다.

가족들이 더 많이 생긴 것에 대해서 하나님께 감사하자. 그들을 아끼고 사랑을 베풀고 최선을 다해서 섬겨야 한다. 하나님께서는 부모를 잘 공경하라고 하셨다. 내가 하는 모든 일이 잘 되고 장수하는 복을 주신다고 하셨다. 이런 복을 어디에서 누리겠는가? 부모님이 안 계시면 하고 싶어도 할 수 없는 일이다. 처제나 처남이 있다면 더 감사하자. 그 동안 아무 수고도 안 했는데 귀한 동생들이 생긴 것이다. 이 또한 복이 아니겠는가? 가끔 용돈도 두둑이 주는 자상함을 보여 주자. 맛있는 밥도 사 주면서 힘을 실어 주자.

한가족이라는 생각을 하도록 도와 주어야 한다. 어려울 때 함께 도와 주어야 한다. 기쁨도 같이 해야 하는 식구들이다. 저절로 한가족이 될 수는 없다. 노력하고 수고하고 인내하고 끝까지 아낌없는 사랑을 베풀어야 한다. 그들이 내 자녀들의 외할머니 외할아버지 이모 삼촌이 되어야 할 소중한 사람들인 것이다. 내가 그들에게 아낌없이 사랑을 부어줄 때 내 자녀들은 그들에게 더 많은 귀한 것들을 얻을 수 있을 것이다. 처가 댁에 잘해드리면 아내는 시댁에 잘하는 것은 기본일 것이다.

'사랑의 하나님 아버지, 모든 겸손과 온유로 오래 참고 사랑가운데서 서로 용납하며 친절하며 돌보며 베푸는 삶이 되게 하옵소서. 아멘!'

30. 말씀 묵상을 같이 하자

"복 있는 자는 악인의 꾀를 따르지 아니하며 죄인의 길에 서지 않고 오만한 자의 자리에 앉지도 아니하며 오직 여호와의 율법을 즐거워하며 그 율법을 주야로 묵상하는 자로다(시 1:1-2).

부부가 되었으면 서로가 모난 점을 깎아내면서 거룩한 삶을 살아가도록 노력을 해야 한다. 불완전한 사람들이 만났기에 서로를 위해서 기도해 주는 경건의 시간들을 가져야 한다. 그렇지 않으면 서로의 허물 때문에 시끄럽고 복잡한 일들이 실타래 얽히듯 망가지게 된다. 나중에는 감당하기 어려운 지경에 이를 수도 있다. 하나씩 경건의 시간들을 통해서 조절해 가는 능력을 키워야 한다. 바로 말씀으로 돌아가는 것이다. 날마다 말씀묵상을 통해서 아내와 남편이 점검을 받아야 한다. 시간이 없다는 것은 핑계이다. 이보다 더 소중하고 귀한 일들은 없기 때문이다. 모든 좋은 것들이 가정에서 흘러나오게 만들어야 한다. 자녀가 생기면 부부가 만들어 가는 경건의 분위기에서 자라는 복을 누릴 것이다. 심령이 안정된 아이로 잘 자라게 될 것이다.

경건의 훈련은 영적인 싸움이다. 이 싸움에서 이기지 않으면 하나님과 상관없는 삶을 살게 될 것이다. 하나님이 간섭하지 않는 부부들은 행복하게 살 수 없다는 것을 알아야 한다. 매사에 기도하고 사단이 부부 사이를 갈라놓지 못하도록 막아야 한다. 그것이 날마다 부부가 함께하는 말씀묵상의 시간일 것이다. 밥을 먹지 않는 한이 있더라도 하나님의 말씀을 먹지 못하는 날은 없어야 한다. 세상은 우리가 생각하는 만큼 만만하지가 않기 때문이다. 남편은 아내를 악한 것에 유혹되지 않도록 보호를 해 주어야 할 책임이 있다. 하와가 유혹을 받았을 때 아담은 옆에 없었던 것 같다. 아내가 모든 일을 마음대로 혼자 결정하지 않게 도와 주어야 한다. 문제가 있으면 다른 사람을 찾아서 헤매게 만들지 말자. 늘 사랑해 주고 아껴주는 남편의 품으로 오도록 만들어야 한다.

'사랑의 하나님 아버지, 주야로 주님의 말씀을 묵상하며 그 말씀이 우리의 길을 비추는 등이요 우리 발의 빛이 되게 하옵소서. 아멘!'

31. 깨달을 때가 하나님이 주신 기회이다

"보라 지금은 은혜 받을 만한 때요 보라 지금은 구원의 날이로다"(고후 6:2).

 남편들에게 주신 말씀들을 보면서 나는 가능성이 없다고 자책하는 분들이 계실 것이다. 이렇게 살아오지도 않았고 살 수도 없을 것 같다고 생각하지는 않을지 모르겠다. 그러나 기회는 온 것이다. 깨달을 때가 하나님이 주신 절호의 찬스인 것이다. 과거에 매어서 아무것도 안 하는 사람들이 미련한 것이다. 잘못을 회개하고 주님께 오면 되는 것이다. 지금부터 시작해도 늦지 않다. 평생 깨닫지 못하고 사는 사람들도 많기 때문이다. 단 하루를 살아도 주님의 말씀에 순종하는 자가 복된 자일 것이다.
 성도에게는 포기라는 단어를 허락하지 않으셨다. 주님이 포기하지 않으면 되는 것이다. 주 안에서 일어서기를 바란다. 담대하게 주님 앞으로 나아가기를 바란다. 힘을 내서 가기만 하면 되는 것이다. 주님께서는 간절히 부르짖는 자들을 만나 주신다고 약속하셨다. 우리에게 간절함이 없는 것이 문제이다. 깨달았으면 지체하지 말자. 아내와 자녀가 내 손에 달려 있다는 절박감을 내려놓아서는 안 된다. 사모하는 마음으로 주님을 바라보자. 모든 신령한 것은 주님에게서 오는 것이다.
 아내가 도와주지 않는다고 불평하지 말자. 나 혼자서 하는 것이 아니다. 주님이 곁에 서서 도와 주실 것이다. 손을 잡아주시고 힘을 공급해 주실 것이다. 주님이 주시는 힘이 있으면 세상을 이길 수 있기 때문이다. 세상을 이기신 주님이시다. 다 이겨놓은 싸움을 누리면서 살아가기를 바란다. 절대로 포기하지 말자. 주님만 의지하는 남편들이 되시기를 바란다. 아무런 도움이 되지 않는 세상의 방백들을 의지하지 말자. 우리의 모든 것을 주관하시고 인도하시는 주님만이 나의 보배요 생명이다. 이 생명 다하는 날까지 주님만을 위해서 살아가는 훌륭한 남편들이 되시기를 바란다.

 '사랑의 하나님 아버지, 하나님께서 주신 은혜를 헛되이 받지 않게 하시고 선에 속하여 주의 뜻대로 살아가는 부부가 되게 하옵소서. 아멘!'

부부가 함께하는
경건한 생활

CHAPTER_ 05

부부 싸움

1. 무서운 질병이다

"너희는 저희로 이 일을 기억하게 하여 말다툼을 하지 말라고 하나님 앞에서 엄히 명하라 이는 유익이 하나도 없고 도리어 듣는 자들을 망하게 함이니라"(딤후 2:14).

모든 사람들의 간절한 소망이 있다면 건강하게 살고 싶은 것이다. 한평생 살면서 아프지 않고 산다면 그것보다 더 좋은 것은 없을 것이다. 동네마다 병원들이 수도 없이 많다. 조금만 몸에 이상이 있으면 곧바로 병원으로 가는 것이 습관이 되었다. 머리가 아프거나 배가 아프거나 등등 몸이 아프면 약을 구해서 먹는다. 종합병원들의 시설은 과학의 첨단을 걷고 있다. 사람의 몸 안을 들여다보는 장비를 비롯해서 우리가 알지 못하는 수많은 기계들이 있다. 사람들이 건강하게 살도록 치료해 주는 수준은 갈수록 높아지고 있다. 모두가 아프지 않고 건강하게 살고 싶어하는 열망 때문일 것이다.

많은 부부들이 결혼생활도 건강하게 하고 싶어할 것이다. 그러나 부부가 서로 다투면 마음과 몸이 아프게 된다. 이것은 약이 있어서 먹고 낫는 병이 아니다. 서로의 상처는 쉽게 아물어지지 않는다. 겉으로 드러나는 아픔보다 마음속의 아픔이기 때문이다. 어떠한 일이 있어도 다투는 일은 삼가해야 한다. 배우자에게 치명타가 될 수 있기 때문이다. 우리 주변에는 고통스러운 일들이 많이 일어난다. 서로가 감싸주고 위로해 주고 힘을 실어 주어도 견디기 힘든 아픔들이 많다. 다른 사람들 때문에 받는 상처가 참으로 많다. 그렇기 때문에 부부는 서로가 힘을 모아야 한다. 부부는 서로가 상처를 주어서는 안 된다. 다투는 일은 경계해야 한다. 특별히 우리 부부 사이에 죄가 들어오도록 방심해서는 안 된다.

다툼을 통해서 한 번 상처를 입게 되면 갈수록 더 심한 다툼으로 변해가기 때문이다. 고칠 수 없는 고질병이 되기 전에 중단해야 한다. 어떠한 일이 있어도 다투어서는 안 된다.

'사랑의 하나님 아버지, 다툼을 멀리하는 것이 사람에게 영광이 되오니 사랑으로 모든 허물을 덮으며 화평케 하옵소서. 아멘!'

2. 다시는 주워 담을 수 없다

"내 사랑하는 형제들아 너희가 알거니와 사람마다 듣기는 속히 하고 말하기를 더디 하며 성내기도 더디 하라"(약 1:19).

가끔 이를 닦을 때 치약을 칫솔에다 많이 짜게 될 때가 있다. 그래서 다시 치약 튜브에다 집어 넣으려고 한다. 그런데 집어 넣을 수가 없다. 한 번 짜게 되면 다시는 집어 넣을 수가 없다. 입구가 너무 좁아서 치약을 다시 집어 넣을 수가 없는 것이다. 우리가 하는 말도 마찬가지이다. 한 번 입에서 나온 말은 다시 집어 넣을 수가 없다. 좋은 말들은 아무리 많이 해도 괜찮다. 그러나 나쁜 말들은 주워 담을 수가 없기 때문에 조심해서 말해야 한다. 한 번 뱉은 말은 다시 주워 담을 수 없기 때문에 늘 신중해야 하는 것이다. 주로 화가 나 있을 때 함부로 말하게 된다. 생각 없이 하는 말이 배우자에게 큰 상처로 남을 수 있다. 아무리 미안하다고 용서를 구해도 소용 없다. 한 번 마음에 박히면 쉽게 뽑아 낼 수 없기 때문이다. 특히 아내들은 남편의 말에 아주 예민하다. 화가 나서 한 말들이 나중에는 수습이 잘 안 된다.

부부가 다투게 되면 말 때문에 서로에게 마음의 아픔이 크다. "말 한마디로 천냥 빚을 갚는다"고 하는 옛 말이 있다. 말만 잘해도 그 동안에 빚진 것을 다 탕감해 줄 수 있다는 것이다. 그만큼 말이 중요하다는 것을 의미한다. 그런데 한 마디 실수로 인해서 그 동안 쌓아놓았던 좋은 것들이 와르르 무너지는 수가 있다. 인간은 죄인이기 때문에 언제 우리의 악한 것들이 나올 지 모른다. 늘 성령충만 하지 않으면 죄는 쉽게 우리 곁에 다가오게 된다. 부부싸움은 사단에게 자리를 넓게 펴 주는 것이다. 말과 행동을 통제할 수 없게 된다. 전에는 알 수 없었던 배우자의 험악한 것들이 적나라 하게 드러난다. 무엇보다도 말이 쉴새 없이 악한 것들로 가득 차게 만든다. 사단에게 기회를 주지 말자.

'사랑의 하나님 아버지, 노하기를 더디 하는 자가 용사보다 낫고 자기의 마음을 다스리는 자가 성을 빼앗는 자보다 나으니 그 같은 삶을 살게 하옵소서. 아멘!'

3. 건강을 해롭게 하는 것이다

"무릇 지킬 만한 것보다 더욱 네 마음을 지키라 생명의 근원이 이에서 남이니라"(잠 4:23).

부부가 한 몸이 되어 살아가는 것이 결혼이다. 혼자서 건강을 살피는 것도 쉽지 않은 일이다. 그런데 둘이 한 몸이 되었으니 두 배로 신경을 쓰면서 몸을 지켜주어야 한다. 우리 몸은 더 이상 우리의 것이 아니다. 내 마음대로 할 수 없는 몸이 되었기 때문이다. 결혼과 동시에 배우자에게 속해 있는 몸이 된 것이다. 그러므로 함부로 다루어서는 안 된다. 귀하신 몸이 된 것이다. 남편은 죽을 때까지 일해서 가족들의 모든 생계를 책임져야 한다. 혹시 아프거나 다치게 되면 가정의 경제가 기울어진다. 남편은 평생 아내와 자녀들을 악에서 보호해 주어야 한다. 세상에는 여자들이 감당하기 힘든 것들이 많이 있다. 그래서 남편들이 든든하게 버팀목이 되어 주어야 한다.

아내들도 하나님이 허락하신 자녀들을 낳아야 하는 책임들을 감당해야 한다. 건강하지 못하면 임신이 어려울 수 있다. 그리고 자녀들을 양육하는 것은 많은 에너지가 소비되는 일이다. 집안 일도 아프면 감당하기 힘들다. 그러므로 서로가 건강을 지켜주며 아껴주어야 한다. 하지만 부부간의 다툼은 서로의 건강을 해롭게 하는 일이다. 다툼 후에는 음식을 제대로 먹을 수 없다. 만사가 귀찮아진다. 삶의 의욕도 사라진다. 배우자에 대한 실망으로 뼈 속 깊이 아픔이 시작된다. 자기 자신을 돌아볼 수도 없다. 배우자에 대한 어떠한 배려와 관심도 갖기가 싫어진다. 무엇보다도 자신에게 실망감을 갖게 된다. 마음이 편해야 건강도 잘 유지되는 것이다. 마음이 늘 불안하면 건강하게 살 수가 없기 때문이다. 이러한 악한 것들이 들어오기 전에 서로가 사랑하며 아껴주는 마음을 잘 키워가야 한다.

'사랑의 하나님 아버지, 입으로 만이 아니라 온 마음으로 주의 법을 지키고 결혼의 서약을 주의 법 안에서 내 눈동자처럼 잘 지키게 하옵소서. 아멘!'

4. 자녀들에게 독이 된다

"말과 행실과 사랑과 믿음과 정절에 있어서 믿는 자의 본이 되라"(딤전 4:12).

자식들에 대한 우리나라 어머니의 사랑은 세계 어디에서도 찾아 볼 수 없을 정도로 크다. 학교마다 어머니회가 있다. 어머니들의 교육적인 관심은 도가 지나치다. 치맛바람이 보통이 아니다. 내 자식을 위해서라면 물불을 가리지 않는다. 자식이 고3수험생이 되면 어머니들도 같이 수험생의 마음으로 생활한다. 아버지들도 마찬가지일 것이다. 아내와 자식들을 멀리 보내 놓고 혼자서 독수공방을 한다. 기러기 아빠가 되는 것을 기꺼이 수락한다. 오직 자녀들의 뒷바라지를 감당하기 위해서다.

그러나 정말로 자식들을 위한 좋은 교육은 부모가 사이 좋게 지내는 것이다. 학교 교육이 아무리 훌륭해도 고상한 인격의 가르침은 가정에서 시작되는 것이다. 아무리 똑똑하고 많은 사람들이 부러워하는 우등생이라고 해도 가정교육이 잘못되면 소용이 없는 것이다. 부모가 허구한 날 싸우고 있다면 자녀교육을 포기한 것과 같다. 가끔 다투는 것조차도 자녀들에게는 치명적인 상처를 주는 것이다. 일단 부모의 싸우는 모습을 보여 주어서는 안 된다. 아무런 도움과 유익이 되지 않는다. 자녀가 어릴수록 마음의 상처가 더 심각하다. 그렇다고 자녀가 컸다고 괜찮다는 말은 절대로 아니다. 결혼한 자녀들도 나이 드신 부모님이 서로 사이좋게 살아가는 모습을 보면 큰 힘을 얻게 되기 때문이다.

많은 물질을 투자하는 교육은 온 힘을 기울여서 하려고 한다. 그러나 자녀에게 독이 되고 있는 부부싸움을 너무 쉽게 생각하는 경향이 있다. 좋은 환경에서 남부럽지 않은 교육보다 더 중요한 것은 가정의 화목함이다. 이것은 늘 영적으로 깨어있지 못하면 지켜낼 수가 없다. 독을 먹이는 부모가 아니라 고상한 인격을 심어주는 부모가 되자.

'사랑의 하나님 아버지, 우리가 모든 믿는 자의 본이 되되 특히 자녀들에게 좋은 유산을 물려줄 수 있는 부부가 되게 하옵소서. 아멘!'

5. 정상적인 삶을 살 수 없다

"온 율법은 네 이웃 사랑하기를 네 몸같이 하라 하신 한 말씀에 이루었나니 만일 서로 물고 먹으면 피차 멸망할까 조심하라"(갈 5:14-15).

가끔 부부들이 싸우는 것을 목격한다. 길을 가다가도 볼 수 있는 장면이다. 사이좋게 손잡고 걸어가야 할 부부인데 떨어져서 걷고 있다. 특히 여행 중인 부부를 보면 성숙한 부부인지 아닌지를 알 수 있는 기회이다. 가장 아름다운 추억들을 만들어 가는 여행이다. 그러나 서로가 익숙하지 않는 여행이어서 그런지 사소한 것들을 가지고 대립한다. 참지 못하고 화를 낸다. 즐거운 여행이 더 이상 즐겁지 않다. 돈을 많이 들여서 온 여행이지만 마음의 상처만 안고 돌아가는 부부들도 많다.

집에서 싸울 때는 어떤가? 주변에 물건들이 남아나지 않는 경우도 있다. 눈에 보이는 것은 던져야 직성이 풀린다고 하니 이 어찌 정상적이라 할 수 있겠는가? 부부싸움은 더 이상 정상적인 삶을 살아가는 것을 방해한다. 아주 나쁜 방해꾼이다. 부부가 가는 곳마다 따라가서 훼방을 논다. 좋은 사이를 갈라놓는 이간질 자이다. 수시로 기회를 엿본다. 금슬이 좋은 꼴을 못 본다. 틈만 있으면 싸움을 하게 만든다. 아주 악질이다. 어느 누구도 당해 낼 수 없는 무법천지를 만든다.

좋은 생각보다 늘 서운하고 섭섭한 생각이 나게 한다. 싸움의 원인을 아주 타당하게 만든다. 머리도 좋다. 기억력도 뛰어나서 배우자를 공격하게 만든다. 약점을 노리고 상대방을 무릎 꿇게 만든다. 부부가 정신 차려야 한다. 어떠한 상황이라도 타당한 부부싸움은 없다. 특히 집 안에 들여놓아서는 안 된다. 자녀들이 부모가 싸우는 것을 본 적이 없게 만들어야 한다. 정상적인 것을 싫어하는 세상이다. 그러나 하나님의 자녀는 지극히 정상적인 삶을 살아야 한다.

'사랑의 하나님 아버지, 과거의 좋지 않은 기억들은 다 잊게 하시고 서로 사랑하며 이루어야 할 새 일들을 넉넉하고 풍성하게 이루어가는 화평한 부부가 되게 하옵소서. 아멘!'

6. 심령이 상하는 것이다

"너희는 내게 배우고 받고 듣고 본 바를 행하라 그리하면 평강의 하나님이 너희와 함께 계시리라"(빌 4:9).

결혼생활을 통해서 우리가 해야 할 일은 더욱더 상대방의 마음을 살피며 지켜가는 것이다. 서로의 부족함을 채워주면서 한 걸음씩 주님께로 나아가야 한다. 앞으로 우리 앞에 다가올 많은 시련들과 고통을 이겨낼 수 있는 힘을 길러내야 한다. 서로가 말씀으로 다듬어 가야 한다. 기도하는 것을 중단하거나 게을리 해서는 안 된다. 남편이 연약해질 때 아내가 돕는 배필로서 최선을 다해서 도와야 한다. 아내가 지치고 쓰러질 때 남편들은 힘을 다해서 일으켜 세워 주어야 한다. 사단은 우는 사자와 같이 우리 부부들을 삼키려고 기회를 엿보는 무시무시한 자이기 때문이다. 가정의 화목을 구경만 하고 있는 자가 아니다. 사단은 가정파괴를 일삼는 존재이다. 남편과 아내는 이러한 괴물로부터 서로를 지켜 주어야 한다.

그러기 위해서는 심령을 상하게 하는 일은 하지 말아야 한다. 부부의 다툼은 심령을 상하게 하고 하나님을 바라볼 수 없게 만드는 적이기 때문이다. 다툼은 심령의 눈이 어두워지게 만든다. 하나님의 인자하심을 느끼지 못하게 만든다. 그러나 부부는 주님의 놀라운 사랑을 입어서 한 몸이 된 사람들이다. 주님의 은혜가 없이는 행복한 부부생활은 어렵다는 것을 알아야 한다. 하나님의 은혜를 사모하는 믿음의 사람들은 결코 다툼을 허용해서는 안 된다.

상대방이 시비를 걸어와도 끝까지 참아내야 한다. 참는 자에게 복이 있다고 하셨다. 하나님의 말씀의 무기를 적절하게 사용하는 부부가 되어야 하지 않겠는가? 우리의 싸움은 혈과 육의 싸움이 아닌 것이다. 부부 싸움은 결코 하나님이 기뻐하지 않으신다는 것을 명심하고 또 명심해야 한다. 서로의 심령을 살펴주고 하나님을 바라보는 믿음의 부부들이 되시기를 바란다.

'사랑의 하나님 아버지, 우리 부부 사이에 어떤 다툼이나 시비가 일어나지 않게 하시며 하나님의 평강을 유지하는 가정이 되게 하옵소서. 아멘!'

7. 배우자가 미워지는 첫 걸음이다

"화평케 하는 자는 복이 있나니 저희가 하나님의 아들이라 일컬음을 받을 것임이요"(마 5:9).

결혼 전에는 좋은 모습들만 보여 주려고 애를 쓴다. 그래서 좋은 모습들만 좋아하게 된다. 서로가 나쁜 모습은 애써 감추려고 한다. 굳이 나쁜 점을 보고 싶지도 않을 것이다. 사랑하기 때문에 모든 것이 괜찮아 보인다. 그러나 결혼 후에는 어떤가? 결혼 전에 알지 못했던 부분들이 하나씩 베일이 벗겨지듯이 벗겨짐을 알 수 있다. 서로가 사랑했지만 다 알지 못한 것이 너무나 많다는 것을 뒤늦게 알게 된다. 이제부터는 더 정신 바짝 차려야 할 때이다. 사랑해서 결혼했지만 결혼생활은 그것이 전부가 아니다. 부부가 하나 되는 일은 그리 쉬운 일이 아니기 때문이다. 한 사람의 나쁜 점도 감당하기 힘들다. 그러나 두 사람의 나쁜 점들이 하모니를 이루어야 한다. 부부가 의견이 다르다고 서로의 주장을 내세우다가는 하모니는커녕 시끄러운 잡소리가 집안을 떠나지 않게 된다.

가정의 질서는 이제부터 시작인 것이다. 아내의 머리는 남편이요 남편의 머리는 그리스도시라는 이 말씀을 따라서 질서를 세워가야 한다. 다툼이 일어날 수 있다. 처음으로 겪는 일들에 대해서 당황하고 어찌할 바를 몰라서 실수를 연발한다. 그러나 중요한 것은 사건이 생길 때마다 다툼으로 해결해서는 절대로 안 된다는 것이다. 어떻게 지혜롭게 대처해야 하는지를 배우는 기회로 삼아야 한다. 부부가 서로 다투게 되면 미워하는 마음도 생기게 된다. 점점 갈수록 더 심하게 미워질 수 있는 상황도 일어난다. 평생 배우자를 미워하면서 살아가는 부부들도 있다. 미움이 자리잡지 않도록 애를 써야 한다. 서로가 긍휼히 여기는 마음을 가져야 한다. 서로의 모난 점은 결혼생활을 통해서 잘 깎아낼 수 있게 기도하며 사랑하는 마음을 키워가야 한다.

'사랑의 하나님 아버지, 하나가 된 부부로서 화평케 하는 복과 온유함과 겸손함의 유익을 만끽하는 가정이 되게 하옵소서. 아멘!'

8. 기도가 막힌다

"남편된 자들아 이와 같이 지식을 따라 너희 아내와 동거하고 저는 더 연약한 그릇이요 또 생명의 은혜를 유업으로 함께 받을 자로 알아 귀히 여기라 이는 너희 기도가 막히지 아니하게 하려 함이라"(벧전 3:7).

이 세상에서 어느 누구의 도움도 없이 독불장군으로 살아 갈 수 있는 사람은 아무도 없다. 서로 상부상조하면서 살아가는 것이다. 이기주의가 극심한 지금의 시대는 서로의 마음을 황폐케 하는 일들만 늘어간다. 갈수록 자기 만을 위한 삶이 되어 간다. 그래서 결혼하는 것도 선호하지 않는다. 결혼이 선택사항이지 필수사항이 아닌 지 오래 되었다. 혼자서 사는 아파트가 유행이다. 음식도 같이 먹지 않고 혼밥(혼자서 밥 먹는 것)이 유행이다. 다른 사람에게 신경 쓰는 것이 귀찮다는 것이다. 혼자서 생활하기도 벅찬데 결혼까지 한다는 것은 이해타산이 맞지 않다고 한다.

그러나 주님이 원하시는 삶은 서로가 도우면서 살아가는 것이다. 정겹고 따뜻하게 마음을 나누면서 사는 것이다. 무엇보다도 주님이 우리의 삶을 주관하시고 간섭하셔야 한다. 이 땅에 살면서 주님의 도움이 없이는 한순간도 살 수 없기 때문이다. 자신의 연약함을 늘 인식하면서 살아야 한다. 쉬지 말고 기도하라고 하셨다. 그 이유는 기도해야지 살 수 있기 때문이다. 시한폭탄이 언제 떨어질지 모른다. 주님의 도움이 절실하게 필요할 때이다. 그러나 부부가 다투고 있으면 주님께서 우리를 어떻게 도와주시겠는가? 기도가 막히게 되는 것이다. 기도의 통로가 막히면 손해는 엄청나게 많을 것이다. 우리의 도움이 천지를 지으신 여호와에게서 온다. 그러나 부부싸움은 사단이 우리를 주관하게 만드는 것이다. 절대로 이러한 일은 있어서는 안 될 것이다. 한 발자국도 들어오지 못하도록 부부가 힘을 합해 막아내야 한다. 주님의 도움은 말씀에 순종하며 살 때 이루어지는 것이다.

'사랑의 하나님 아버지, 기도로 이기적인 욕구를 죽이며 말씀에 순종하는 삶이 되게 하시고 기도가 막히는 일은 결코 일어나지 않는 은혜를 부어 주소서. 아멘'

9. 관계 회복이 힘들다

"모든 겸손과 온유로 하고 오래 참음으로 사랑가운데서 서로 용납하고 평안의 매는 줄로 성령의 하나되게 하신 것을 힘써 지키라"(엡 4:2-3).

더불어서 함께 살아가는 사회에서 가장 중요한 것이 사람들과의 관계를 잘 맺어가는 것이다. 그런데 저절로 관계가 좋아지지 않는다. 시간과 물질을 투자해서 서로의 마음을 읽고 알아가는 과정이 필요하다. 관계가 좋아지다가도 한 번 다투고 나면 원상복귀가 쉽지 않다. 공든 탑이 무너지는 경우를 종종 볼 수 있다. 어제의 친구가 오늘의 원수가 되기도 한다. 시간이 흐를수록 더 좋아지는 관계도 있다. 서로가 배려하고 이해하고 사랑하면 성숙한 관계로 발돋움할 수 있다. 그러나 이해 타산을 따지고 서로를 신뢰하지 못할 때는 갈수록 관계는 악화되기 쉽다.

부부 사이는 서로의 신뢰를 바탕으로 이루어진다. 서로가 믿어주고 배려해 주고 이해해 주며 사랑해 줄 때 더욱더 깊은 관계가 되어진다. 주님은 부부가 한 몸이 되게 하셨다. 한 몸을 이루어 사는 것은 관계가 소원해져서는 안 되는 것이다. 부부가 한 번 다투고 나면 일주일이나 심지어 한 달 동안 말 한 마디 안하고 사는 부부들도 있다. 전쟁이 따로 없다. 적군도 아닌데 부부가 다투었다고 쳐다보지도 않는다. 이러면 안 되는 것이다. 배우자가 싸움을 걸 때 백기를 드는 것이 훨씬 지혜롭게 이기는 것이다. 지는 자가 이기는 자이기 때문이다. 무엇 때문에 배우자를 이기려고 하는가? 백해 무익한 것이다.

우리가 싸워야 할 상대는 화목을 깨뜨리는 사단이기 때문이다. 우리들의 이기심을 발동시켜서 앞에 아무것도 보이지 않게 만든다. 내 속에 악한 것들을 이용하여 가정을 허무는데 선수이다. 배우자와의 관계 회복을 결코 원하지 않는다. 결국은 부부가 갈라서게 만드는 아주 악질이기 때문에 매사에 깨어 있어야 한다.

'사랑의 하나님 아버지, 우리를 하나되게 하심을 감사드립니다. 이를 깨는 어떤 행위나 말도 용납하지 않게 하시며 하나되게 하심을 힘써 지키게 하옵소서. 아멘!'

10. 하나님과 멀어지는 것이다

"하나님을 가까이 하라 그리하면 너희를 가까이 하시리라 죄인들아 손을 깨끗이 하라 두 마음을 품은 자들아 마음을 성결케 하라"(약 4:8).

지나온 날들을 돌이켜 보면 차라리 만나지 않았으면 좋았겠다는 사람들이 있다. 그들은 우리를 해롭게 한 자들이다. 간이라도 빼줄 만큼 잘해 주는 척하다가 결국은 배신하고 해롭게 했던 못된 자들이 있다. 생각만 해도 속에서 열불이 나서 일이 제대로 손에 잡히지 않는다. 이런 못된 자들은 아주 멀리 하면 멀리 할수록 좋은 것이다. 아무 유익함도 주지 못하는 사람들이다. 마치 사람들을 망하게 하려고 태어난 사람처럼 행동하는 참으로 어리석은 사람들이다. 예수님을 믿는다고 하지만 그 속에 예수님의 마음은 하나도 찾아 볼 수 없는 사람들이다. 하나님의 심판을 더 이상 두려워하지도 않는 자들이다. 그러나 어찌 좋은 사람들만 만날 수 있으랴! 악한 자들도 긍휼히 여기며 악을 선으로 갚을 수 있어야 한다. 그러한 자들은 피할 수만 있다면 피하는 것이 좋다. 그러나 우리가 일생 동안 멀리 하거나 피하지 않아야 할 분이 계시는데 바로 하나님이시다. 어디를 가든지 무엇을 하든지 늘 하나님과 함께해야 한다. 하나님과 멀어지면 우리의 삶은 지옥이다. 평안을 누릴 수가 없게 된다. 세상 근심 때문에 하루라도 행복하게 살 수 없다. 부부싸움은 그 행복을 달아나게 하는 짓이다. 하나님을 우리 가정에 들어오는 것을 허락할 수 없다는 것을 의미하기도 한다. 결코 이런 일이 있어서는 안 되는 것이다. 어떠한 일이 있어도 늘 하나님을 우리 가정에 모시고 살아야 한다. 우리 앞에 늘 하나님이 계시니 다툼의 세계에서 빨리 탈출해야 한다. 부부가 다투는 사이에 하나님과는 멀어지기 때문이다. 하나님의 다스림을 포기하는 어리석은 사람들이 되어서는 안 된다. 남편이 출장 때문에 잠시 가정을 비워도 늘 하나님이 우리 가정에 계시기 때문에 안심하는 복된 가정이 되시기를 바란다.

'사랑의 하나님 아버지, 날마다 주님과 동행하게 하시고 주님의 이끄심에 항상 순복하는 가정이 되게 하옵소서. 아멘!'

11. 구제불능이다

"그러나 너희 마음 속에 독한 시기와 다툼이 있으면 자랑하지 말라 진리를 거스려 거짓하지 말라"(약 3:14).

한 번 죄의 늪에 빠지게 되면 헤어 나오기가 힘들다. 혼자서의 힘으로는 도저히 나올 수가 없게 된다. 머리로는 죄를 짓지 말자고 생각을 하지만 몸과 마음이 저절로 죄를 짓는 곳에 이르게 된다. 이것이 바로 구제 불능이다. 구해 줄 수가 없다는 것이다. 내 자신을 다스릴 수 있는 능력이 상실되었기 때문이다. 죄라는 것은 사람의 온 몸을 서서히 마비시킨다. 분별력도 없어진다. 어느 누구의 조언도 귀담아듣지 않게 된다. 더 깊이 죄의 늪에 빠지게 한다. 자신도 모르게 정상적인 삶에서 이탈해 나간다. 아무리 발버둥을 쳐도 바깥으로 나갈 수가 없게 된다.

우리는 아무 생각 없이 한 번의 부부싸움을 허용한다. 남들이 다 하는 건데 나라고 별 수 있나 라고 하면서 대수롭지 않게 생각한다. 이 세상에 부부싸움을 안 하는 사람이 어디 있느냐고 반문한다. 부부가 다투지 않는 것이 비 정상이라고 말하는 사람들도 있다. 부부가 싸우는 것이 정상인데 이왕이면 잘 싸워야 한다고 부추길 때도 있다. 그러나 싸움을 하나님은 허락하지 않으셨다. 부부가 한 몸인데 다투게 되면 둘 다 피해가 크기 때문이다. 승자가 없는 싸움이다. 자신의 몸을 해롭게 하는 자가 어디 있겠는가? 정신이 온전하지 못한 자가 아닌 이상 자신을 비참하게 만드는 사람은 없을 것이다. 부부의 다툼을 절대로 허용하지 말자. 아무 생각 없이 함부로 말하지 말자. 아내와 남편은 소중하고 귀한 하나님의 자녀들이다. 상처를 주고 아픔을 주는 일은 절대로 삼가해야 한다. 다툼이 없이 함께 살아가는 것이 하나님이 원하시는 삶이다. 죄의 길에 서면 되는 것이다. 죄의 길은 주님이 함께하지 않으신다. 의의 길로 나아가는 부부가 되기를 바란다.

'사랑의 하나님 아버지, 다툼의 죄에서 벗어나서 사랑가운데 서로 용납하고 화평케 하는 부부가 되게 하옵소서. 아멘!'

12. 냄새가 역겨운 것이다

"우리는 구원 얻는 자들에게나 망하는 자들에게나 하나님 앞에서 그리스도의 향기니 이 사람에게는 사망으로 좇아 사망에 이르는 냄새요 저 사람에게는 생명으로 좇아 생명에 이르는 냄새라 누가 이것을 감당하리요"(고후 2:15).

하와이에 있는 호놀룰루 해변가에 가면 수많은 신혼 부부들을 볼 수 있다. 그들 중 한국 사람들도 많다. 예쁘고 사랑스러운 부부들의 모습을 보며 일평생 다툼이 없이 행복하게 잘 살기를 염원한다. 신혼 부부 대부분이 똑같은 셔츠를 입고 마음껏 사랑의 냄새를 풍기는 것을 볼 수 있다. 아름다운 추억들을 사진에 담기 위해서 멋진 포즈를 취하면서 행복한 웃음들을 짓는다. 그런데 그 해변가 다른 한 쪽에서는 집도 없이 떠돌아 다니는 사람들을 흔하게 볼 수 있다. 노숙자들이다. 밤이 되면 멋진 해변가의 벤치는 그들의 숙소로 변한다. 그들은 씻지를 않아서 몸에서는 역겨운 냄새들이 진동한다. 살짝 스쳐도 소스라치게 놀라 코를 감싼다. 참으로 대조적인 풍경이 아닐 수 없다. 신혼 부부들처럼 아름답고 예쁜 부부들의 모습을 영원히 잘 간직하기를 누구나 소망한다. 신혼부부들의 해맑은 웃음은 계속적인 결혼생활에서도 나타나야 할 것이다. 어느 누가 보아도 사랑스럽고 귀여운 그들의 향기는 영원토록 변함이 없어야 한다. 그런데 살다 보면 희망사항으로 전락되고 만다. 서로에게 상처를 주는 싸움터로 나가게 되는 경우가 많다. 갈수록 태산이라는 말이 있듯이 부부가 살면서 느끼는 것은 많은 다툼의 문제들이 기다리고 있다는 것이다. 그럴 때마다 서로가 깨끗이 씻겨주는 역할을 해야 한다. 더러운 것을 몸에다 묻히지 말아야 한다. 가정이라는 깨끗한 장소에서 서로가 아픔을 달래 주고 상처를 씻겨주는 일들을 감당해야 한다. 그러한 과정이 없으면 부부가 역겨운 냄새를 풍기게 될 것이다. 문제가 있을 때 가정에서 해결하고 아껴주고 상처를 치료해 주는 부부의 삶이야말로 향기로운 냄새를 풍기게 될 것이다.

'사랑의 하나님 아버지, 생명의 주님을 모시고 사는 부부이오니 생명에 이르는 향기만 풍기게 하옵소서. 아멘!'

13. 배설물을 밟는 것이다

"음행과 온갖 더러운 것과 탐욕은 너희 중에서 그 이름이라도 부르지 말라 이는 성도의 마땅한 바니라"(엡 5:3).

어느 날 차를 타기 위해서 길을 가다가 우연히 애완동물의 배설물을 밟은 적이 있었다. 너무 당황했고 주위에 있는 돌 위에다 문지르고 닦으려고 애썼지만 잘 떨어지지 않았다. 할 수 없이 차를 타고 집에 가서 깨끗이 닦기로 마음 먹었다. 그러나 차 안에서는 역겨운 냄새가 났고 기분도 좋지 않았다. 집에 와서 신발을 닦아냈지만 계속 기분이 상쾌하지 않았다. 배설물이라는 것이 얼마나 더럽고 기분 나쁜 것인지는 모르는 사람들이 없을 것이다. 더러운 것은 버려야 할 장소에 버려져야 한다. 사람들이 보는데 두어서는 안 되는 것이다.

부부의 다툼을 통해서 얼마나 더러운 것들이 나올까? 배우자에게 소리를 지르는 일은 보통일 것이다. 분별력을 잃어 버리게 된다. 함부로 말하고 심하면 욕도 퍼붓는 일이 생기기도 한다. 깨끗한 것이라고는 나올 수 없는 것이다. 다툼의 시간이 오래되면 서로의 상처는 씻겨지지 않을 정도로 깊어진다. 험악한 분위기 속에서 마음의 아픔은 말로 다 표현할 수 없을 것이다. 이렇게 악취가 나고 상대방에게 피해를 주는 것이 부부싸움이다. 어떠한 일이 있어도 우리 속에서 더러운 것이 나오는 것을 막아야 한다. 배설물은 입으로 나오는 것이 아니다. 우리의 입은 사람을 살리는 일들을 해야 한다. 부부라면 말할 것도 없을 것이다. 다툼의 요소가 생길 때 먼저 기도하며 지혜를 구해야 한다. 좋은 것들을 먼저 생각해 내야 한다. 힘들고 어려운 일이겠지만 성도들은 모든 것을 주님의 영광을 위해서 해야 한다. 다툼은 주님의 영광을 가리는 것이고 주님의 이름을 훼손시키는 죄이기 때문이다. 문제가 생길 때 더러운 것을 내뱉는 습관을 버리자. 더러운 것들이 쌓이게 되면 씻기는 일이 어려워지기 때문이다.

'사랑의 하나님 아버지, 하나님 나라를 유업으로 받을 수 없는 더러운 것들은 다 버리게 하옵시고 감사와 칭찬하는 말만 하게 하옵소서. 아멘!'

14. 험악한 말들의 창고이다

"누추함과 어리석은 말이나 희롱의 말이 마땅치 아니하니 돌이켜 감사하는 말을 하라"(엡 5:4).

평상시 얌전하고 고상한 사람들도 한 번 화가 나면 전혀 다른사람으로 변하는 것을 볼 수 있다. 화라는 것은 사람들을 악하게 만든다. 화를 내게 되면 자신을 조절할 수 없게 된다. 화가 난 사람의 입에서 나오는 말은 상상을 초월한다. 어떻게 사람의 입에서 저런 심한 말들이 쏟아져 나오는지 신기하고 놀라울 뿐이다. 한 번 뱉은 말은 주워 담을 수도 없는데 생각 없이 하는 말들이 얼마나 무서운 것인지 알아야 한다. 사람을 죽이기도 하고 살리기도 하는 것이 우리 입에서 나오는 말이다. 인간에게 말을 주신 것은 하나님의 귀한 선물이다. 특히 부부 사이라면 말을 통해서 서로가 성숙한 사람들이 되어 가야 한다. 차마 글로서도 표현할 수 없는 심하고 흉측하고 더러운 말들은 하지 말아야 한다. 어떠한 일이 있어도 상대방에게 아픔과 고통을 주는 말들은 삼가해야 한다.

결혼 전에는 부모에게 한 번도 들어보지 못한 말들을 결혼 후에 배우자에게 듣게 되는 경우가 많다. 그 중에서도 가장 심하고 악한 말들은 부부생활에 치명적인 타격을 준다. 귀하게 키워서 사위에게 딸을 맡겼으니 잘 보살펴 주어야 한다. 한 번도 부모 입에서 심한 욕을 들어 보지도 못한 아내가 남편에게 거친 말을 들으면 어떻게 살겠는가? 남편도 마찬가지일 것이다. 시부모님의 귀한 아들이다. 귀한 아들을 며느리가 잘 대해 주기를 누구보다도 바라지 않겠는가? 부모님들과 함께 살았던 시절에는 부부싸움을 마음대로 하지 못했다. 참고 견디고 인내하는 것을 배우면서 지냈을 것이다. 지금 같이 살고 있지는 않지만 부모들에게는 너무나 소중하고 귀한 자녀들이다. 그러나 이제 한 몸 되었으니 살갑게 대해주고 아껴주고 좋은 말, 선한 말들을 많이 하는 부부가 되어야 하지 않겠는가?

'사랑의 하나님 아버지, 사람의 성내는 것이 하나님의 의를 이루지 못하오니 부드럽고 온화하고 감사하며 사랑의 말로 충만한 삶을 살게 하옵소서. 아멘!'

15. 악한 영향을 준다

"우리는 그의 만드신 바라 그리스도 예수 안에서 선한 일을 위하여 지으심을 받은 자니 이 일은 하나님이 전에 예비하사 우리로 그 가운데서 행하게 하려 하심이니라"(엡 2:10).

결혼을 했다는 것은 주변에 가족들과 친지들이 많이 생겼다는 것을 의미하기도 한다. 부모들도 두 분씩이나 되고 형제들도 많아지는 변화가 있다. 나 혼자의 삶과 내 가족만의 삶 가운데서 탈출해야 한다. 즉 이기적인 마음에서 벗어나야 한다는 것이다. 결혼함은 서로에게 좋은 영향을 끼쳐야 하는 자리에 있게 되었다는 것이다. 더 많은 사람들을 섬기면서 살아가야 한다. 우리를 보는 눈들이 더 많아졌다는 것을 말해 주는 것이다. 우리의 말과 행동으로 보여지는 삶이 주변 사람들에게 영향을 끼친다는 것을 알아야 한다.

부부 문제는 당사자들만의 문제가 아닌 것이다. 문제를 통해서 우리가 어떻게 살아가야 하는지를 보여 주어야 한다. 가정의 평화를 깨뜨리는 것은 어떠한 것도 용납해서는 안 된다. 부부가 행복하게 살면 자녀들은 안정되고 즐거운 가정의 혜택을 마음껏 누리며 살아갈 것이다. 부모님들은 늘 자식들 염려하는 마음에 애를 태우시는 분들이다. 부부가 잘 살면 그들에게는 큰 효도를 하는 것이다. 아마도 부모들을 건강하게 사시게 하는 비결이 될 수도 있을 것이다. 다른 주변 사람들은 어떻겠는가? 다투지 않고 평화롭게 사는 가정을 통해서 힘을 얻을 수 있을 것이다. 내 가정에서 흘러나오는 좋은 것들이 다른 사람들에게 유익을 줄 수 있는 것이다. 그러나 다툼과 분열은 서로가 죽고 깨지고 다치는 무서운 것이다. 더럽고 냄새 나고 흉측한 것들을 보여 주는 가정이 되어서는 안 될 것이다. 부부가 주변 모든 사람들에게 좋은 영향력을 마음껏 발휘해야 한다. 그래서 멋진 가정으로 만들어 가야 한다. 그 가정만 바라봐도 웃음과 즐거움이 샘솟는다면 이 보다 더 사랑스럽고 행복한 가정이 어디 있겠는가?

'사랑의 하나님 아버지, 지극히 선하신 하나님의 뜻을 준행하여 선한 영향력을 미치는 가정생활이 되게 하옵소서. 아멘!'

16. 이웃들에게도 피해를 준다

"사랑은 이웃에게 악을 행치 아니하나니 그러므로 사랑은 율법의 완성이니라"(롬 13:10).

어느 날 하와이에서 휴가를 보내고 있었다. 일년 내내 따뜻한 여름 날씨이기 때문에 늘 밝은 환하고 밝은 정경이었다. 집집마다 야자수 나무가 있고 멋스러운 평화로운 분위기가 맘에 드는 곳이었다. 오전에는 주로 글을 쓰고 있었는데 갑자기 맞은 편 집에서 큰 소리가 나는 것이다. 아이들의 우는 소리와 함께 고요하고 적막한 분위기가 삽시간에 두려움과 공포의 분위기가 되었다. 집기를 던지는 소리와 함께 아내의 고함 소리가 온 동네를 불안하게 만들고 있었다. 동네 주민들이 삼삼 오오 모여들기 시작했다. 경찰에 신고를 해야 한다고 술렁이고 있었다. 한참 동안 싸움은 계속 진행되고 있었다.

이렇게 부부 싸움은 이웃들에게도 피해를 주게 된다. 소리가 나기 때문에 공포감과 불안감을 조성한다. 나도 한동안 글을 쓰지 못하고 마음이 안정되지 못했다. 그 집을 지나칠 때마다 부부가 잘 지내고 있는지 궁금했다. 꼭 그렇게 싸워야만 하는지 그러면 밖에는 들리지 않게 싸우면 안 되는지 자신들 앞에서 엄마 아빠가 소리를 지르며 싸우는 모습을 보는 아이들의 마음은 어떤지 생각해 보았는가?

싸우기 전에 조금만 더 생각하고 행동해야 한다. 적어도 남에게 피해 주는 일은 하지 말아야 할 것이다. 우리의 싸움이 담장을 넘어간다면 이 얼마나 큰 수치인가? 부부가 서로 힘을 합해서 해결하지 못하는 문제는 없을 것이다. 문제 앞에 인간의 본성을 드러내어서 무분별한 행동을 보여 주어서는 안 된다. 힘들고 어려울 때 서로가 짐을 나눠지고 해결점을 향해서 달려가야 한다. 참고 견디는 것이야말로 부부 사이에서 최고의 미덕이 아니겠는가?

'사랑의 하나님 아버지, 우리의 이웃을 우리 몸처럼 사랑하는 삶이 되게 하옵시고 자녀들에게 사랑하며 사는 것이 무엇인지를 잘 가르치는 부부가 되게 하소서. 아멘!'

17. 부모님들에게 큰 상처를 주는 것이다

"너는 급거히 나가서 다투지 말라 마침내 네가 이웃에게 욕을 보게 될 때에 네가 어찌할 줄을 알지 못할까 두려우니라"(잠 25:8).

　요즈음은 자녀들을 많이 낳는 시대가 아닌 것 같다. 대부분 한 자녀 아니면 두 자녀가 대부분이다. 그래서 금이야 옥이야 온갖 정성을 다해서 자녀들을 키운다. 교육수준은 갈수록 높아지고 있다. 영어조기교육 때문에 해외 언어 연수는 기본이다. 유학도 기회만 있으면 간다. 결혼 연령도 늦어지고 있다. 30대가 되어 결혼을 생각하는 젊은이들이 늘어나고 있다. 늦은 나이에 얻은 자식을 위해 많은 물질과 시간을 투자하면서 자녀들을 양육하는 시대가 되어 버렸다. 부모와 30년 넘게 살면서 그들의 보살핌과 사랑을 받으면서 자라게 된다. 자녀에 대한 애뜻한 지극 정성은 세계 어느 나라의 부모가 따라올 수 없을 정도이다. 자식이 원하는 것이면 다 해주는 부모들이다. 그러한 자녀들에게 거는 기대가 얼마나 크겠는가? 그러니 결혼해서는 다투지 말고 행복하게 잘 살아야 하는 것이 부모들의 기대에 어긋나지 않는 것이다. 부모 공경은 바라지도 않는다고 한다. 둘이 싸우지 않고 행복하게 살아주는 것이 부모들의 은혜에 보답하는 것이다. 어떠한 일이 있어도 이혼이라는 단어는 입 밖에도 내지 말아야 한다. 하나님이 짝지어 주신 배우자와 함께 살아가는 법을 터득해야 한다. 사람은 누구나 허물이 있다. 결혼을 통해서 허물을 감싸주고 덮어주고 세워주어야 한다. 부부는 서로의 부족함을 깨닫고 겸손하게 하나님께로 나아가는 법을 배워야 한다. 그렇지 않으면 사단의 밥이 되어서 세상 사람들과 똑같은 삶의 방향으로 흘러가게 되는 것이다. 부모에게 깊은 상처를 안겨주는 이혼은 생각하지 말자. 때로는 함께 살아가는 것이 이혼하는 것보다 훨씬 어려울 수 있다. 그러나 주님을 의지하자. 배우자의 문제점은 곧 나의 문제점이라는 의식이 있어야 한다. 서로의 탓으로 돌리지 말고 하나님께 키의 방향을 돌리자.
　'사랑의 하나님 아버지, 우리들로 인하여 하나님이 이방인들 가운데서 모독 당함도, 부모가 욕을 먹음도 없는 복된 삶을 살아가게 하옵소서. 아멘!'

18. 평안이 없다

"시기와 다툼이 있는 곳에는 요란과 모든 악한 일이 있음이니라…화평케 하는 자들은 화평으로 심어 의의 열매를 거두느니라"(약 3:16~18).

온 식구들이 식탁 위에 둘러 앉아서 맛있게 저녁 식사를 하는 풍경은 언제 보아도 정겹다. 아이들의 웃음소리와 아내의 수다스러운 모습도 가정에서만 볼 수 있는 아름답고 흐뭇한 모습이다. 남편이 하루 종일 밖에서 일하다가 피곤한 몸으로 집에 들어 온다. 사랑스러운 아내와 귀여운 아이들이 기다리고 있는 집이 있다는 것이 얼마나 행복한가? 가정은 행복과 안식이 깃든 공동체이다. 몸과 마음을 편히 쉴 수 있는 곳이다. 내일을 위해서 재충전을 할 수 있는 곳이다. 사랑이 많으신 하나님께서 부부들에게 주신 특별한 선물이다. 그러나 이 가정에 평안이 없다면 어떻게 되겠는가?

부부싸움은 이 평안을 깨는 것이다. 다투고 나서 금방 아무일 없었던 것 같이 지내기가 어렵다. 시간이 지나면 저절로 괜찮아지겠지 아니면 하루만 지나면 괜찮겠지 가 아니다. 단 하루도 이 평안을 소홀히 해서는 안 된다. 내가 지키지 않으면 어느 누구도 우리 가정의 평안을 지켜주지 않는다. 한 번 깨지기 시작하면 원 상태로 복귀하는 것이 쉽지가 않기 때문이다. 감정 조절을 잘 해야 한다. 섣불리 판단해서 좋지 않은 감정으로 말하는 것을 삼가해야 한다. 늘 배우자에 입장에서 한 번 더 생각하고 기도하고 말하는 습관을 길러야 한다.

부부는 힘을 모아서 가정의 평안을 잘 지켜내야 한다. 자녀들이 믿음 안에서 자라고 있다는 것을 잊지 말아야 한다. 부모가 하는 대로 따라서 하는 자녀들을 생각한다면 함부로 말하지 않을 것이다. 여러 가지 상황에서 부모가 처신하는 것을 보며 배우며 자라는 아이들이 있기에 늘 조심해야 한다. 말로 가르치는 것보다 더 중요한 행동으로 보여주는 것이야말로 산 교육이 아니겠는가?

'사랑의 하나님 아버지, 화평을 심어 의의 열매를 많이 거두게 하시고 화평함과 거룩함을 좇아 사는 가정이 되게 하옵소서. 아멘!'

19. 심한 스트레스를 주는 것이다

"무엇보다도 열심으로 서로 사랑할지니 사랑은 허다한 죄를 덮느니라"(벧전 4:8).

모든 병의 원인이 스트레스에서 온다고 한다. 수많은 아내들이 우울증에 시달리고 있다. 마음이 불안하고 기분이 울적하고 머리가 아프다. 이러한 증상이 오면 무슨 일을 하든지 능률이 오르지 않을 것이다. 만사가 귀찮고 사람들 만나는 것도 두려울 때가 있다. 삶의 의욕이 점점 시들어지고 기도하는 것도 힘들다. 영적인 침체에 빠져 들어가게 되면 신앙의 회복이 더디게 된다. 주변의 사람들에게는 항상 부정적이다. 나 자신의 골방에서 나오지 못하고 늘 외톨이가 된 것 같다. 사람들과의 교제가 어려워 진다. 식욕도 없어서 건강에도 해로운 영향을 미치게 된다.

부부가 살면서 가장 심하게 스트레스 받을 때가 언제일까? 아마도 부부 싸움이 아닐까 생각한다. 서로가 잘 살아 보겠다고 다짐을 하지만 생각보다 쉽지가 않다는 것을 느낀다. 주변에 항상 방해꾼이 있기 때문이다. 둘이 하나되는 것을 질투라도 하는 것 같다. 부부 싸움의 소재는 무궁무진하다. 사소한 것에서부터 시작해서 큰 일들까지 부부가 하는 삶의 모든 영역에서 찾아진다. 그로 인한 다툼은 깊은 상처를 남긴다.

배우자가 하는 일이 마음에 들지 않으면 하나씩 덮어 가는 것을 배워야 한다. 덮지 않으면 늘 불안한 마음의 연속이다. 배우자를 바꿀 수가 없기에 내 마음을 다스리는 것이 훨씬 유익한 것이다. 마음의 평안이 있을 때 스트레스가 사라지는 것이다. 서로의 취약점을 긁어 부스럼 내는 어리석은 부부가 아니라 그것을 감싸고 덮어주고 도와주는 현명한 부부가 되어야 하지 않겠는가? 그래서 갈수록 단점은 가려지고 장점은 더 잘살려 주어서 주님이 기뻐하는 부부가 되어야 한다.

'사랑의 하나님 아버지, 우리가 열심을 다해 서로 사랑하게 하옵시고 허물은 덮고 사랑으로 진리를 말하는 부부가 되게 하옵소서. 아멘!'

20. 시끄럽고 복잡하다

"사랑은 오래 참고 사랑은 온유하며 투기하는 자가 되지 아니하며 사랑은 자랑하지 아니하며 교만하지 아니하며"(고전 13:4).

조용히 싸우는 사람은 아무도 없을 것이다. 싸움이 있는 곳에는 늘 시끄럽고 정신이 없다. 부부의 다툼도 마찬가지일 것이다. 소리를 지르게 되고 화가 치밀면 참기 힘들 정도로 폭발한다. 폭탄이 터지면 나 혼자 죽는 것이 아니라 주변의 모든 사람들에게도 엄청난 피해를 주게 된다. 그 깊은 상처로 인해서 갈수록 부부 사이에 금이 가게 된다. 말로 다할 수 없는 마음의 아픔을 속시원하게 하소연 할 데도 없다.

부모에게는 걱정과 염려가 되기에 말도 못하고 속앓이를 한다. 자녀들에게도 말하면 덕스럽지 못하기에 참고 삭인다. 다른 사람들에게도 창피해서 말도 못한다. 시간이 갈수록 마음이 더 복잡해지는 것 같다. 생각의 꼬리를 물고 부정적인 마음이 싹이 트기 시작한다. 배우자가 변명을 해도 들어 주지 않는다. 한 번 틀어진 마음을 가다듬기가 여간 힘든 것이 아니다. 애초에 시작하지 않아야 할 다툼이 얼마나 많은지 모른다. 부부가 싸워야 할 이유가 아무것도 없다는 것은 싸움을 통해서 얻어지는 유익이 없기 때문이다. 부부에게 해가 되는 것은 어떠한 것도 허용해서는 안 된다. 싸움은 서로가 똑같이 성숙하지 못해서 일어나는 현상이다. 누구라도 더 성숙한 모습이 있다면 다툼은 일어나지 않는다. 미련한 다툼은 문제만 일으키게 된다. 부부의 다툼은 아주 미련한 짓이다. 악으로 가는 지름길이다. 진흙탕 속으로 들어가는 것이다. 온갖 더러운 것을 묻히고 잘 씻겨지지 않는 싸움이다. 좋은 결과를 만들어 낼 수 없는 다툼이다. 시끄럽고 복잡하고 어려운 이 다툼을 무슨 재주로 막을 것인가? 기회가 오면 피해가는 것이다. 부지런히 도망가야 한다. 서로가 참고 인내하는 조용한 내면의 힘을 길러내야 한다.

'사랑의 하나님 아버지, 마음의 눈을 어둡게 하는 다툼을 멀리하고 오래 참으며 사랑하며 열심히 살아가는 부부가 되게 하옵소서. 아멘!'

21. 실타래같이 얽히게 된다.

"악을 버리고 선을 행하며 화평을 찾아 따를지어다"(시 34:14).

사람의 마음은 참으로 간사하다. 어제 분명히 용서한다고 했는데 또 생각하면 속이 상하다. 마음의 정리가 쉽게 되지 않는다. 머리로는 용서가 됐는데 마음으로는 용서가 안 되는 것이다. 특히 아내들은 한 번 마음에 담아 둔 것은 쉽게 떨쳐 버리기가 어렵다. 생각의 꼬리를 계속 물어대는 장치가 들어 있는 것 같다. 그래서 다툼의 반복이 있으면 마음은 더 얽히게 된다. 결국은 마음의 번민이 되어서 일이 손에 잡히지 않게 된다. 어디에서부터 마음을 추스러야 하는지 알 수가 없다. 부정적인 생각이 마음을 지배하게 되면 걷잡을 수 없이 복잡해진다. 과거에 좋지 않았던 기억들이 더 생생하게 떠오른다. 좋았던 추억들도 더 이상 좋은 것으로만 생각되지 않는다.

심령이 평안해야 모든 일에 자신감을 가질 수 있다. 고민과 아픔이 마음 한 구석에 자리잡고 있으면 의욕도 떨어진다. 부부는 서로가 고민의 대상이 아니라 알찬 사랑의 대상이라는 것을 명심해야 한다. 아무런 노력 없이 살아서는 안 된다. 문제점을 잘 해결해 나가야 한다. 하나하나씩 풀어서 마음을 정리 정돈하는 알찬 부부가 되어야 한다. 그 일을 위해 하나님께 지혜를 구해야 한다. 나의 반쪽을 위해서 날마다 기도하는 것을 결코 잊어서는 안 된다. 좋지 않은 기억들은 하나씩 지워가야 한다.

서운하고 섭섭한 생각들을 과감히 버리자. 부부는 한 몸이다. 늘 좋은 생각들을 하고 지내야 한다. 지금의 아픔이 더 이상 부부를 힘들게 해서는 안 된다. 서로의 짐을 나누어 지는 부부가 되어야 한다. 힘들고 어려울 때마다 서로를 위해서 기도하면서 마음을 잘 정돈하는 예쁜 부부들이 되어야 한다.

'사랑의 하나님 아버지, 예전의 악한 것들은 다 잊게 하시고 주께서 하실 새로운 일을 소망하며 화평을 찾아 따라가는 자가 되게 하옵소서. 아멘!'

22. 감정 조절이 불가능하다

"분을 그치고 노를 버리라 불평하여 말라 행악에 치우칠 뿐이라"(시 37:8).

사람은 감정과 이성 사이에서 늘 갈등하며 지내는 것 같다. 특히 부부간의 다툼이 있을 때는 감정 조절이 안 되는 경우가 대부분이다. 눈에 보이는 현실이 너무 크게 느껴지기 때문이다. 멀리 앞을 내다볼 수 있는 시야가 가리워진다. 당장 무엇을 기대하는 것이 어려워진다는 사실에 마음이 어둡다.

감정에 따라 움직이는 것은 성도가 되기를 포기하는 것과 같다. 절대로 감정에 따라 행동해서는 안 된다. 사단은 우리의 형편과 처지를 이해하지 않는다. 부부싸움을 통해서 얼마나 잔인하고 표독스럽고 악랄하게 다가오는지 모른다. 사람의 감정을 건드려서 이성의 판단을 아주 흐리게 만드는데 선수이다. 한 번 걸려 들면 헤어나오기가 쉽지 않다. 정신을 바짝 차려야 한다. 판단이 흐려지면 통제되지 못한 못된 감정들이 폭포수 쏟아지듯 터져 나오기 때문이다. 어느 누구도 감당하지 못한다.

배우자가 감정을 건드리면 '나는 죽었습니다' 라고 반응하지 않는 이상 다툼은 멈추지 않을 것이다. 한 사람이 먼저 백기를 드는 것이 무엇보다 중요하다. 서로가 이기겠다고 싸우다 보면 몸과 마음이 망가지게 된다. 왜냐하면 나와 또 다른 내가 싸우는 건데 유익한 것이 무엇이며 누가 좋아하겠는가? 부부가 하나되는 훈련을 부지런히 하지 않으면 결국은 몸이 분리될 수밖에 없는 것이다. 부자연스러운 부부생활은 건강한 삶을 유지할 수 없다. 어느 누가 보아도 아름답지 못한 생활을 하고 있는 것이다. 지는 것이 이기는 것이다라는 마음으로 살지 않으면 다툼은 평생 간다. 나쁜 것은 애초에 잘라내야 한다. '다툼아 멀리 아주 멀리 우리 곁에서 떠나가라'고 선언해야 한다.

'사랑의 하나님 아버지, 주님이 우리 가정의 주재자이시오니 주의 말씀의 법을 따라 살게 하시고 행악에 치우치게 하는 모든 분노를 버리며 온유한 자가 되게 하소서. 아멘!'

23. 하나님의 의를 이루지 못한다

"분을 쉽게 내는 자는 다툼을 일으켜도 노하기를 더디 하는 자는 시비를 그치게 하느니라"(잠 15:18).

성도는 언제나 예수님의 향기를 드러내는 삶이어야 한다. 가정에서만이 아니라 직장에서나 어디서든지 하나님의 자녀로서의 삶을 살아가야 한다. 무엇보다도 말씀에 의지하여 자신을 돌아보아야 한다. 내 생각과 의지를 먼저 나타내는 것이 아니다. 늘 주님의 말씀에 복종하는 것이 몸에 배어나야 한다.

가정생활이 단란하고 행복하면 사회에서도 당당하고 힘차게 일할 것이다. 그러나 가정생활이 원만하지 못하면 늘 불안한 심정이 떠나지 않을 것이다. 일의 능률도 오르지 않을 것이다. 국가적으로 보아도 큰 손실이 되는 것이다. 이렇게 한 가정의 삶이 얼마나 엄청난 영향력을 미치는지 알아야 한다. 절대로 하찮게 여겨서는 안 된다. 부부의 삶이 얼마나 큰 영향력을 행사하는지 신중하게 생각해야 한다.

부부가 서로 헐뜯고 다투는 것은 하나님의 의를 이루지 못하는 일이다. 결코 성도는 어떠한 일이 있어도 주님을 욕되게 하는 짓은 하지 말아야 한다. 아무리 내가 하는 일이 옳다고 생각되어도 싸우는 일은 아주 잘못된 것이다. 싸우는 것도 습관이 되어서 도저히 고치기 힘들 수도 있다는 사실을 알아야 한다. 절대로 부부 사이에는 더럽고 추악한 다툼의 시간들을 허용하지 말자. 주님이 주신 귀한 시간들을 소중하게 여겨야 한다. 하나님의 영광을 위해서 사용해야 한다. 다툴 시간이 없다. 서로가 사랑만 해도 그렇게 긴 시간들이 아니다. 언제 어떻게 될지는 아무도 모른다. 우리에게 주어진 소중한 시간들을 서로 사랑만 하면서 지내기도 아까운 시간이다. 배우자가 언젠가는 세상을 떠나게 될 것이다. 그 때 후회하지 말자.

'사랑의 하나님 아버지, 십자가의 피로 하나되게 하신 것을 무너뜨리는 죄에서 우리를 보호하시고 하나님의 의를 거두는 수확만 넘치게 하옵소서. 아멘!'

24. 가정이 파괴된다

"우리를 위하여 여우 곧 포도원을 허는 작은 여우를 잡으라 우리의 포도원에 꽃이 피었음이니라"
(아 2:15).

결혼은 하나님이 제정하셨다. 남자와 여자를 만나게 해 주시고 한 몸 되어 살라고 허락하신 것이다. 이 세상에서 가장 편안하고 행복하고 즐거움이 샘솟는 곳이 가정이다. 자녀를 낳아서 생육하고 번성하는 복을 누리는 곳도 가정에서 이루어지는 것이다. 어머니와 아버지가 계신 곳이 마음의 고향이다. 어디를 가든지 부모님을 생각하면 눈시울이 뜨거워지는 것은 무엇 때문일까? 그곳에서 부모님의 한없는 사랑을 받으며 성장했기 때문이다. 그렇다. 사랑이 넘치고 위로가 있고 마음의 평안이 있는 곳이 곧 가정이다.

부부 싸움은 이 아름다운 가정을 파괴하는 것이다. 사람들을 피폐하게 만들어 간다. 가정을 혼란스럽게 하고 사회를 불안정하게 만드는 원인도 된다. 국가적으로도 행복한 가정이 많아야 나라도 부강하게 되지 않겠는가? 교회도 마찬가지일 것이다. 가정이 평안해야 교회도 건강하고 믿음생활도 잘할 수 있을 것이다. 아내와 남편이 이 소중하고 귀한 가정을 잘 만들어 가야 한다. 하나님의 말씀으로 벽돌을 하나하나씩 쌓아 올려야 한다. 아주 튼튼하게 잘 지어가야 한다. 힘들고 어려운 일이 생겨도 요동하지 않는 가정으로 세워가야 한다. 다툼은 이 모든 것을 허물어뜨리게 만든다.

가정의 불행의 원인은 부부의 다툼이다. 서로를 믿지 못하고 의심하고 정죄하고 함부로 대하는 것을 미연에 잘 방지해야 한다. 이러한 마음이 들 때 십자가를 바라보자. 예수님의 사랑을 생각하자. 하나님의 사랑이 얼마나 큰지를 묵상해 보자. 우리 가정을 허무는 여우들을 내쫓아야 한다. 배우자에 대한 섭섭한 마음을 지워버리자. 섭섭한 마음은 사단이 점점 다가오는 통로임을 깨달아야 한다. 서로가 사랑하고 믿어주고 신뢰해야 한다.

'사랑의 하나님 아버지, 극상품 포도 열매를 맺는 가정이 되어 하나님과 사람의 심령을 기쁘게 하는 가정이 되게 하옵소서. 아멘!'

25. 사단에게 기회를 주는 것이다

"사람이 불을 품고야 어찌 그 옷이 타지 아니하겠으며 사람이 숯불을 밟고야 어찌 그 발이 데지 아니하겠느냐(잠 6:27-28).

부부 사이가 견고하게 세움을 받으려면 방해꾼을 두어서는 안 된다. 서로를 이간질하고 서먹서먹하게 만드는 것을 용납해서는 안 된다. 어떠한 일이 있어도 사단에게 틈을 주어서는 안 된다. 늘 우리 옆에서 기회를 엿보고 있기 때문이다. 긴장을 늦추어서는 안 될 것이다. 우리 가정을 망하게 하려고 달려드는 자를 우리가 무슨 수로 막아낼 수 있단 말인가? 틈을 주거나 기회를 주어서는 안 된다는 것이다. 어떻게 해야 할 것인가?

부부가 오해하는 일들을 만들지 말아야 한다. 서로가 허심탄회하게 대화하는 것이 무엇보다 안전망을 설치하는 일이다. 말하지 않고 있다가 나중에 큰 화를 입을 경우가 있다. 혼자서 잘 해결하려고 애쓰다가 결국은 들통이 나서 돌이킬 수 없는 상황을 만들 수가 있기 때문이다. 부부는 감추는 일이 있어서는 안되기 때문이다. 배우자가 하는 일들은 알 권리가 있고 알아야 할 이유가 있다. 한 몸이기 때문이다. 서로가 알아서 도울 것은 돕고 함께 나누어야 할 것은 나누어야 한다. 둘이 힘을 모으면 얼마든지 사단을 물리칠 수 있을 것이다. 늘 주님의 우심을 구하고 배우자와 함께 힘을 모으면 부부 사이는 어떠한 어려움도 헤쳐나갈 수 있다.

문제가 발생하면 숨기지 말고 사랑의 대화를 통해서 해결하는 지혜를 배워야 한다. 이 세상에 믿을 사람이 그렇게 우리 주변에 많지가 않다. 서로가 이해 타산을 따지기 때문에 본인에게 해롭게 되면 가차없이 등을 돌리는 경우가 많다. 그래도 부부는 믿고 의지할 수 있는 상대이기 때문에 늘 스스럼 없이 다가와야 한다. 문제들을 의논하고 서로의 지혜를 발휘해서 어려운 상황들을 잘 풀어가야 한다.

'사랑의 하나님 아버지, 하나님의 교제를 단절시키고 부부 사이를 허무는 사단이 틈타지 못하게 하옵시며 죄의 유혹에 빠지지 않고 더 사랑하는 부부가 되게 하옵소서. 아멘!'

26. 인격적으로 성숙하지 못한 행동이다

"믿음과 착한 양심을 가지라 어떤 이들은 이 양심을 버렸고 그 믿음에 관하여는 파선하였느니라"(딤전 1:19).

배우자가 아무리 싸움을 걸어와도 상대를 해 주지 않으면 싸움이 일어나지 않는다. 무시하라는 것이 아니다. 인격을 존중하라는 것이다. 무엇 때문에 화가 났는지 잘 살피는 여유를 가지라는 말이다. 무턱대고 아무런 이유 없이 싸우려고 덤벼드는 사람은 없다. 사소한 것이라도 속상한 일이 있기 때문에 다툼이 벌어지는 것이다. 한 사람이 말하면 들어주라. 소리를 지르고 화를 내면서 달려 들어도 한 쪽이라도 들어주면 되는 것이다. 물론 감정 조절이 되지 않아서 어렵다. 그러나 누구 한 쪽은 참아 내야 한다. 남편이 안 되면 아내가 하면 될 것이고 아내가 안 되면 남편이 하면 된다. 둘이 똑같이 싸우자고 달려들면 서로가 망하는 것이다.

요즈음은 안전 불감증보다 안전 무지증이 더 위험하다고 한다. 부부가 다투는 것도 흔히 있는 일이라고 보면 안 된다는 것이다. 다투지 않고 서로 이해하고 사랑하면서 사는 것이 정상이다. 마땅히 성도라면 그렇게 해야 한다. 아주 사소한 것이라도 부부의 다툼을 쉽게 생각하지 말자. 서로에게 상처를 주는 말은 입 밖에도 내지 말아야 하는 것이 당연하다. 아무 생각 없이 내뱉는 말이 얼마나 많은 아픔을 주는지 알아야 한다.

못된 습관들은 버려야 한다. 함부로 배우자에게 말하는 것도 삼가야 한다. 서로를 소중하게 귀하게 여겨야 하는 상대이다. 가끔 다혈질의 남편들이나 아내들을 보면 아주 불안하다. 그러나 서로가 인내하고 참는 훈련이 있어야 한다. 싸움의 대상은 배우자가 아니다. 부부 사이를 엉망으로 만들려고 노리고 있는 사단이다. 한 쪽이라도 성숙한 모습을 보인다면 사단은 멀리 도망갈 것이다.

'사랑의 하나님 아버지, 그리스도 예수를 아는 지식 가운데서 자라가게 하시며 믿음의 주재자이신 주님만 바라보며 깊이 생각하며 살게 하옵소서. 아멘!'

27. 미래가 없는 사람이다

"저희가 이제는 더 나은 본향을 사모하니 곧 하늘에 있는 것이라 그러므로 하나님이 저희 하나님이라 일컬음 받으심을 부끄러워 아니하시고 저희를 위하여 한 성을 예비하셨느니라"(히 11:16).

부모들은 자녀들에게 어려서부터 꿈을 가지고 살라고 가르친다. 소망이 없는 삶은 무의미하기 때문이다. 세월이 흐를수록 더 나아지는 삶을 살아야 하는 것이 옳을 것이다. 목표를 향해서 부지런히 달려가야 한다. 성도라면 더 열심히 모든 일에 최선을 다하면서 살아야 할 것이다. 부부도 같이 사는 햇수가 오래될수록 더 성숙하고 행복한 삶을 살아야 한다. 세월이 갈수록 더 나빠지고 있다면 문제는 심각한 것이다. 나이가 들었다는 것은 그만큼의 책임이 많아진다는 것을 의미하기도 한다. 아내와 남편으로서 얼마나 책임과 의무를 다했는지 늘 점검해야 한다.

세월이 갈수록 배우자가 더 소중하고 귀하다는 것을 피부로 느끼면서 살아야 한다. 그래서 미래는 더 밝고 소망이 넘치는 삶이 되어야 한다. 그러나 부부의 다툼은 좋은 것들을 누리지 못하게 앗아가는 나쁜 짓이다. 앞으로 나아가는 삶을 가로막는 큰 장애물임을 알아야 한다. 이 장애물을 넘지 못하면 미래가 없는 삶이 되는 것이다. 조금씩 좋아지고 있어도 한 번의 다툼이 생기므로 악화되기 때문이다. 계속 제자리 걸음을 하거나 더 나빠지게 만드는 것이 부부싸움이다. 마치 미래가 없는 사람같이 행동하는 것이 되는 것이다.

미래는 주님의 손에 달려 있다. 그 미래를 준비하지 못하는 책임을 어떻게 감당하겠는가? 주님은 반드시 내가 너에게 준 배우자를 위해서 얼마나 많이 사랑했는가를 물으실 것이다. 그 때에 칭찬 듣는 부부들이 되시기를 바란다. 부끄러워서 얼굴도 들지 못하는 부부가 되어서는 안 될 것이다. 하나님이 나에게 주신 귀한 선물들을 아끼고 귀하게 여겨서 점점 더 나아지는 미래의 삶을 만들어 가자.

'사랑의 하나님 아버지, 하나님이 지으시고 경영하시는 성을 바라보며 그리스도 예수를 아는 지식 가운데서 자라가는 성숙한 부부가 되게 하옵소서. 아멘!'

28. 하나님의 은혜를 경험하지 못한다

"감사로 제사를 드리는 자가 나를 영화롭게 하나니 그 행위를 옳게 하는 자에게 내가 하나님의 구원을 보이리라"(시 50:23).

가정이 늘 웃음꽃이 피고 즐거움이 샘 솟는 장소가 되어야 한다. 그러기 위해서는 하나님의 은혜가 있어야 한다. 주님이 은혜를 부어주지 않으면 누릴 수 없는 행복이기 때문이다. 이 은혜야 말로 가정의 모든 식구들을 이 세상에서 안전하게 살도록 힘을 공급해 줄 것이다. 주님이 주시는 은혜는 돈으로 살 수 있는 것이 아니다. 착한 일을 많이 했다고 주어지는 것도 아니다. 겸손한 자들만이 누릴 수 있는 특권이다. 값없이 주시는 귀한 은혜를 누리는 자는 이 세상에서 가장 행복한 자일 것이다.

그러나 부부 싸움은 이 은혜를 받지 못하도록 만든다. 서로가 미워하고 다투고 싸우는 곳에는 결코 주님이 은혜를 부어 주실 수 없기 때문이다. 죄가 있는 곳에는 주님이 함께할 수 없기 때문이다. 배우자를 긍휼히 여기는 마음을 가져야 한다. 서로가 비난하는 행동은 결코 행복을 추구하는 부부라고 말할 수 없다. 우리는 모두 다 죄인이다. 죄의 유혹이 늘 끊임없이 찾아 온다. 부부 사이를 갈라 놓는 죄의 유혹을 과감히 물리쳐야 한다. 늘 함께 살다 보면 무엇이 감사한지도 잘 모를 때가 있다. 잘해 주는 것이 당연하다고 느낀다. 오히려 못해 주면 서운하고 섭섭하다고 야단이다. 배우자와 함께 산다는 것이 얼마나 큰 특권을 누리는 것인지 알아야 한다. 내 기대에 못 미치게 대해 주어도 건강하게 내 옆을 지켜주는 것도 고맙게 생각해야 한다. 건강하지 못하면 가정을 원만하게 잘 이끌어 가는 것이 얼마나 힘들고 어려운 일인지 모른다. 작은 것에 늘 감사하는 마음을 가져야 한다. 겸손하게 서로 섬기면서 사랑하는 것이 주님이 우리에게 은혜를 부어주실 수 있는 기회를 만드는 것이다.

'사랑의 하나님 아버지, 우리 가정에 감사의 꽃이 활짝 피게 하는 주님의 은혜가 넘치게 하옵소서. 은혜를 나누어주는 복된 가정이 되게 하옵소서. 아멘!'

29. 망가지는 모습이 된다

"고운 것도 거짓되고 아름다운 것도 헛되나 오직 여호와를 경외하는 여자는 칭찬을 받을 것이라"(잠 31:30).

결혼식 날은 신랑 신부가 최고로 아름답고 멋지게 보이는 날이다. 어느 누가 보아도 흠 잡을 데 없는 예쁜 모습들이다. 양가의 부모님과 친척들을 비롯해서 많은 하객들의 축하를 한 몸에 받으면서 행복한 출발을 하는 날이다. 서로 사랑하면서 기쁠 때나 슬플 때나 아플 때나 어려움을 당할 때나 영원토록 함께하겠다는 서약을 한다.

'이런 예쁜 모습들이 얼마 동안이나 유지될 수 있을 까? 부부가 다투지 않는다면 날이 갈수록 성숙한 아름다움과 함께 잘 유지할 수 있을 것이다. 그러나 현실은 만만치가 않다는 것을 알 수 있다. 부부의 삶 속에서 일어나는 일들은 갈수록 태산이다. 마치 문제 속에서 사는 느낌이다. 결혼식 때의 아름다움은 찾아 볼 수 없을 만큼 변해가는 것을 살수록 느낄 것이다. 아름답고 예쁜 모습들을 잘 간직하려면 서로가 수고의 땀을 흘려야 한다. 비록 나이 들어서 예전과 같은 예쁜 모습들은 아닐지라도 서로의 인생 길에서 힘들고 지칠 때 손을 잡아 주고 격려해 주는 삶이 더 아름다운 모습으로 만들어 주지 않겠는가?

부부가 서로 다투고 싸우는 모습은 서로를 더욱 망가지게 하는 것이다. 예쁘고 멋진 모습들을 하나씩 갉아 먹는 행위이다. 다시는 복원할 수 없을 정도로 심해진다면 더 이상 무엇을 바라겠는가? 아내의 예쁜 모습을 더 아름답게 만들어 주어야 할 책임이 남편에게 있음을 알아야 한다. 남편의 멋진 모습들을 잘 유지하기 위해서 아내들의 헌신과 사랑이 있어야 할 것이다. 하나님이 우리에게 만들어 주신 아름다운 부부의 모습들을 잘 간직하자. 서로가 힘을 내서 더 경건한 믿음의 부부가 되어야 한다.

'사랑의 하나님 아버지, 눈에 보이는 것을 좇아가지 아니하고 마음에 쌓은 선한 열매를 추구하여 더욱 귀하고 멋진 믿음의 가정이 되게 하옵소서. 아멘!'

30. 구타는 지울 수 없는 상처를 주는 것이다

"저의 역사로 말미암아 사랑 안에서 가장 귀히 여기며 너희끼리 화목하라"(살전 5:13).

이 세상에 부부 싸움을 안 하는 가정은 없을 것이다. 그렇다고 꼭 해야만 하는 것은 절대로 아니다. 할 수만 있으면 안 하는 것이 아주 현명하고 지혜로운 부부일 것이다. 그런데 다툼 중에도 가장 치명적인 상처가 있는데 바로 구타이다. 화가 나면 감정 조절이 안 되어서 손찌검을 하는 경우가 있기 때문이다. 어떠한 일이 있어도 배우자를 때리거나 상처를 주는 일은 절대로 하지 않아야 한다.

한 번 습관이 되면 고칠 수 없는 무서운 질병이기 때문이다. 심한 말로 상처를 주는 것도 감당하기 힘든 일이다. 그런데 구타까지 한다면 돌이킬 수 없는 아픔과 상처로 인해 부부생활에 큰 슬픔을 안겨주는 것이 된다. 요즈음은 매맞는 아내를 비롯해서 매 맞는 남편들도 늘어나고 있는 현실이다.

예수님은 우리들의 죄 때문에 십자가에 못 박히는 처절한 아픔과 고통을 참으면서 견디신 하나님의 아들이시다. 그러한 사랑을 받은 성도들이 사랑하는 배우자를 구타하므로 큰 상처를 안겨주는 것은 하나님의 마음을 슬프게 하는 것이다. 자녀들을 애지중지 길러서 행복하게 살라고 결혼을 허락해 주신 부모님들에게도 큰 아픔을 주는 행동이다. 마땅히 부모님들의 행복한 삶을 보면서 자라나야 할 자녀들에게는 씻을 수 없는 고통을 안겨주는 행동이다.

부부의 다툼과 구타하는 행동에는 타당한 이유가 없다는 것을 분명히 알아야 한다. 서로를 지켜주고 보호해 주어야 할 부부가 서로를 해치는 일은 무서운 행동이다. 이런 악한 것들이 나오지 못하도록 늘 깨어서 기도해야 한다. 주님을 의지하고 주님께 도움을 구해야 한다. 철저하게 낮아지는 겸손한 마음이 있을 때 치료될 것이다.

사랑의 하나님 아버지, 함께 주의 나라를 유업으로 받을 아내임을 알고 더욱 귀히 여기며 사랑가운데서 서로를 세워주는 부부가 되게 하옵소서. 아멘!

CHAPTER_ 06

성생활, 간음, 음란

1. 부부는 한 몸이다

"이러므로 남자가 그 부모를 떠나 그 아내와 연합하여 둘이 한 몸을 이룰지로다"(창 2:24).

결혼 전에는 늘 혼자서 모든 일을 하고 혼자서 결정하는 것을 더 편하게 느끼면서 산다. 상대방에게 구속 받지 않고 하고 싶은 일이 있으면 망설임 없이 하면서 지낸다. 싱글이 점점 많아지는 것도 누구에게도 구속 받지 않고 자유롭게 살고 싶은 마음일 것이다. 많은 식구가 함께 사는 것은 거의 불가능한 시대에 살고 있다. 핵가족이 점점 늘고 있고 싱글들을 위한 집을 비롯해서 슈퍼에서도 일인 분의 식품이 유행하고 있다.

그러나 결혼한 부부는 혼자서 하는 것에 익숙해진 습관을 과감히 버려야 한다. 왜냐하면 부부는 한 몸이기 때문이다. 모든 일을 부부가 함께 하는 것이 되어야 한다. 남편이 직장을 다니든지 사업을 하든지 남편 혼자 하는 것이 아니다. 옆에서 늘 아내가 돕고 함께하는 것임을 명심해야 한다. 남편 옆에는 늘 아내가 있고 아내 옆에도 늘 남편이 있음을 기억해야 한다. 혼자서 결정하고 혼자서만 여행가고 배우자와 함께하지 않는 것은 잘못된 것이다. 예를 들어서 결혼 전에 낚시가 너무 좋아서 시간만 있으면 낚시를 했던 사람이었다. 그러나 결혼 후에는 꼭 배우자의 허락을 받고 가야 하는 것이다. 배우자가 허락하지 않으면 하지 않는 것이 낫다. 일방적으로 통보하고 혼자서 즐기는 것은 한 몸으로서의 삶을 준비하지 못하는 자세이다.

부부가 죽을 때까지 한 몸으로 살아가는 것은 하나님의 명령이다. 둘이 하나 되는 것은 훈련을 통해서 익숙해지는 것이다. 아무런 노력도 수고도 하지 않는다면 부부는 결코 한 몸으로서의 삶을 살 수 없음을 알아야 한다. 그러나 세상은 이 진리를 받아들이지 않는다. 그러나 우리는 성경으로 돌아가야 한다.

'사랑의 하나님 아버지, 우리 둘을 하나로 만들어 주셔서 감사합니다. 서로 함께 하는 즐거움이 어떤 것인지를 알아가게 하시고 서로를 즐거워하게 하옵소서. 아멘!

2. 서로를 즐거워하는 것이다

"네 샘으로 복되게 하라 네가 젊어서 취한 아내를 즐거워하라 그는 사랑스런 암사슴 같고 아름다운 암노루 같으니 너는 그 품을 항상 족하게 여기며 그 사랑을 항상 연모하라"(잠 5:18-19).

남녀가 교제를 통해서 사랑을 하게 되고 결혼을 한다. 안 보면 보고 싶고 같이 있으면 헤어지기 싫어서 결혼을 하는 것이다. 이제는 죽음이 갈라 놓을 때까지 평생을 부부가 한 몸 이루어 사는 것이다. 남편은 아내를 즐거워하고 만족함을 배워가야 한다. 아내 또한 남편을 신뢰하면서 한평생 사는 것이다. 신혼 때는 자연스럽게 서로가 즐거워하면서 많은 사람들의 부러움을 산다.

그러나 시간이 지나면서 권태기가 올 수 있다. 서로를 즐거워하기보다 조금 떨어져 있고 싶어한다. 이러한 때 사단은 틈을 타게 된다. 아내와 남편은 늘 서로를 위해 주고 관심을 보여 주고 사랑해야 한다. 남편이 아내를 즐거워하지 않으면 결혼생활에 많은 문제점이 나타난다. 아내는 하나님께로부터 온 아름다운 선물이다. 곧 하나님의 귀한 딸이라는 것을 명심해야 한다. 아내가 재벌 집 딸이라고 한다면 남편들이 어떻게 대우하겠는가? 그 아내로 인해서 오는 물질적인 혜택을 얼마나 많이 누리겠는가?

아내는 우주를 지으시고 만물을 주관하시는 하나님의 딸이다. 더 이상 무엇을 바라겠는가? 그 아내를 평생 즐거워하라고 주셨다. 아내에게는 남편에게 줄 수 있는 즐거움이 무궁무진 하다는 것을 알고 있는가? 한 아내만을 주신 것은 남편에게 최고의 만족을 주기 위해서 그런 것이다. 그런데 아무런 노력도 하지 않고 덤덤하게 산다면 아내는 슬퍼할 것이다. 하나님도 아내를 즐거워하라고 주셨는데 남편이 아내를 향한 마음이 그렇지 않다면 하나님께서도 마음이 아프실 것이다. 아내들도 마찬가지이다. 남편은 하나님의 귀하고 소중한 아들임을 명심해야 한다. 마음껏 기뻐하고 즐거워해야 한다.

'사랑의 하나님 아버지, 아내와 남편에게 만족하게 하시고 항상 연모하며 살아가게 하옵소서. 아멘!'

3. 하나님이 허락하신 것이다

"부녀와 간음하는 자는 무지한 자라 이것을 행하는 자는 자기의 영혼을 망하게 하며 상함과 능욕을 받고 부끄러움을 씻을 수 없게 되나니"(잠 6:32-33).

우리는 지금 성적으로 문란한 시대에 살고 있다. 남녀노소 할 것 없이 성 개방 때문에 가정이 서서히 붕괴되고 있다. 청소년들이 성에 노출되고 여성들이 성적인 도구로 전락되는 안타까운 현실이다. 어린 아이들도 쉽게 음란한 사진을 비롯해서 야한 동영상을 쉽게 볼 수 있다. 이런 무방비 상태에서 건전하게 산다는 것이 얼마나 어려운지 모른다. 사단의 전략은 가정을 송두리째 삼키려는 것이다.

성생활은 하나님이 부부에게만 주신 아름다운 선물이다. 결혼하지 않은 사람은 누릴 수 없는 것이다. 그런데 현실은 그렇지가 않다. 결혼도 하기 전에 성생활을 하는 젊은이들이 얼마나 많은지 모른다. 그것은 아주 많이 잘못된 것이다. 부부만이 누릴 수 있는 성생활이 자신들이 원하기만 하면 할 수 있는 것이 되어 버렸다. 그러나 성도는 반드시 하나님의 말씀에 어긋나는 생활을 하면 안 된다. 아내와 남편만이 할 수 있는 것을 잘 지켜가야 한다. 배우자가 아닌 사람과는 절대로 몸을 섞어서는 안 된다. 어떠한 유혹이 닥쳐와도 하나님의 말씀으로 물리치고 이겨내야 한다. 세상은 더럽고 추악한 것을 아름답게 포장하는 처세술에 얼마나 능숙한지 모른다. 배우자에게 각자의 애인이 있는 그러한 시대가 되어 버렸다.

사랑하는 부부들이여! 성생활을 마음껏 즐거워하시고 배우자에게 만족하는 삶을 사시기를 바란다. 경건한 삶을 통해서 주님이 주시는 귀한 은혜를 경험하라. 하나님의 사랑 안에서 아내와 남편의 생활이 더 아름답게 펼쳐나가야 한다. 세상을 본 받지 말고 세상의 빛으로 살아가는 부부들이 되어야 한다. 우리는 하늘에 속한 시민권자들이기 때문이다.

'사랑의 하나님 아버지, 이 세상을 본받지 않고 하나님의 거룩한 백성으로 살게 하옵시고 우리 부부 사이를 깨는 어떤 유혹도 피하게 하옵소서. 아멘!'

4. 배우자가 최고이다.

"아담이 가로되 이는 내 뼈 중의 뼈요 살 중의 살이라 이것을 남자에게서 취하였은즉 여자라 칭하리라"(창 2:23).

가장 가까이에 있는 사람들에게 관심을 가지고 잘 대해 주어야 한다. 형제끼리 잘 지내야 하고 부모와 자녀간에도 원망 없이 잘 지내야 한다. 다른 사람에게는 친절을 베푸는데 가족들에게는 그렇지 않는 사람들이 많다. 그것은 아주 많이 잘 못된 것이다. 가족에게는 더 많은 사랑과 관심을 기울여야 한다. 다른 사람들에게는 작은 친절만 보여도 고마워한다. 그러나 가족들에게는 그것이 통하지 않는다. 그래서 힘들기 때문에 쉽게 포기하게 된다. 그러나 더 많이 신경을 쓰고 관심을 갖고 친절을 베풀어야 하는 곳이 가정이다.

그 가정 안에서 가장 중요한 것은 아내와 남편이다. 서로의 장점과 단점을 잘 알기 때문에 무신경하게 삶을 살기도 한다. 그러나 남편에게는 아내만큼 최고의 아내가 없음을 알아야 한다. 아내가 아무리 무식하고 아름답지도 못하고 지혜롭지도 못하다고 해서 아내를 무시해서는 안 된다. 다른 여자가 더 아름답고 착하고 지혜롭게 보여도 손끝 하나 건드리면 안 된다. 다른 여자에게는 나를 위하여 하나님이 주신 좋은 것이 없음을 알아야 한다. 오히려 망하게 하는 것은 가지고 있다. 그러나 아내에게는 하나님이 주신 좋은 것들이 아주 많이 있음을 알아야 한다. 남편을 살리는 것을 가지고 있다. 이 좋은 것들을 마음껏 누리는 지혜로운 남편이 되어야 한다.

아내들도 마찬가지이다. 내 남편이 돈을 많이 못 벌고 무능하다고 생각해도 무시해서는 안 된다. 남편에게 오는 것은 하나님이 주신 귀한 것이다. 다른 남자들은 생각하지도 말아야 한다. 남의 남편을 부러워할 필요도 없다. 내 남편, 내 아내가 최고라는 마음으로 살아야 한다.

'사랑의 하나님 아버지, 내게 주신 최고의 아내, 최고의 남편으로 인해 감사드립니다. 서로 돕는 배필로서 깨어지지 않는 사랑의 줄로 하나되게 하옵소서. 아멘!'

5. 건강을 돌아보아야 한다

"두 사람이 한 사람보다 나음은 저희가 수고함으로 좋은 상을 얻을 것임이라 혹시 저희가 넘어지면 하나가 그 동무를 붙들어 일으키려니와 홀로 있어 넘어지고 붙들어 일으킬 자가 없는 자에게는 화가 있으리라"(전 4:9-10).

백년가약을 맺고 출발하는 결혼생활이 항상 즐겁고 행복하면 얼마나 좋을까? 검은 머리 파뿌리 될 때까지 사는 인생길에 아프지 않고 부부가 건강하면 더 이상 무엇을 바라겠는가? 그런데 살다 보면 병에도 걸리고 수많은 아픔과 눈물을 견뎌내야 하는 사건들이 많이 있다. 인생살이가 순탄하지 않기 때문이다. 가정 안에서도 집에 있어야 할 아내들이 직장 생활을 하므로 순조롭지가 않다. 맞벌이를 하고 있는 부부들이 겪는 일들이다. 가족의 건강을 책임지고 집안일을 해야 할 아내들이 점점 밖으로 내 몰리고 있는 현실에 순응함이 빚어내는 일들이다. 가정에서 어머니가 정성스럽게 만들어준 음식을 먹는 것이 당연한 것이 아니겠는가? 사랑하는 남편과 자녀들이 하루 종일 무엇을 먹고 지내는지는 알아야 하지 않겠는가? 그래서 부족한 영양분을 채워주기 위해서 힘을 쓰고 식구들의 건강을 돌아보아야 하는 것이 정상일 것이다. 사랑하는 남편이 밖에서 무엇을 하고 무엇을 먹는지는 아내의 점검이 있어야 한다. 건강한 부부 생활을 위해서 꼭 필요한 일이다. 남편도 사랑하는 아내가 집에서 자녀들과 어떻게 지내는지 알아야 한다. 너무 힘들고 지쳐서 고생하고 있지는 않는지 점검해 보아야 한다. 잘 먹고 있는지도 관심을 가져야 한다. 아내와 남편이 서로의 건강을 위해서 관심을 가지고 필요한 것을 공급해 주어야 한다. 배우자가 아프면 가정이 평안하지 못하게 된다. 약을 먹고 낫는 병이라면 괜찮겠지만 심한 병을 앓게 되면 배우자에게 큰 짐을 지우게 되는 것이다. 서로의 건강을 챙겨주자. 말로서 행동으로서 따뜻하게 보살펴 주어야 한다. 이것이 부부의 건강을 지키는 것이고 가정의 평화를 잘 유지할 수 있는 길이다.

'사랑의 하나님 아버지, 나를 붙들어 일으켜 세워 줄 자가 있음을 감사하나이다. 항상 서로를 돌아보아 함께 세워가는 은혜가 충만한 가정이 되게 하옵소서. 아멘!'

6. 바쁘게 생활해서는 안 된다

"남편들아 아내를 사랑하며 괴롭게 하지 말라"(골 3:19).

하루는 아기를 키우는 젊은 어머니가 상담을 요청했다. 하루 종일 아이 키우느라 힘들고 지쳐서 밤이 되면 너무 피곤해서 견딜 수가 없다는 것이다. 그런데 남편은 밤에 들어와서 부부생활을 하자고 하니 기가 막힌다는 것이다. 하자니 몸이 너무 피곤하고 안 하자니 남편에게 도리가 아닌 것 같다는 것이다. 어떻게 했으면 좋겠느냐는 상담을 받은 적이 있다. 부부의 성생활은 힘들고 바쁘고 지쳐 있으면 할 수가 없다. 아내는 하루 종일 아이를 키우느라 정신이 없겠지만 에너지를 남편을 위해서 남겨 두어야 한다. 하나님께 지혜를 구하며 아이를 키우는 것에 너무 소진하지 말고 지혜롭게 시간 활용을 잘 해야 한다.

남편들도 직장 생활에 바쁘겠지만 아내를 위해서 시간 활용을 지혜롭게 해야 한다. 밖에서 생활하는 시간을 좀 줄여야 한다. 친구들과의 만남을 비롯해서 여러 가지 모임을 적게 갖고 집에 일찍 들어와야 한다. 자녀들을 돌보아 주고 아내의 집안 일을 도와 주어야 한다. 아내가 너무 힘들고 지치면 건강에도 해를 끼칠 수가 있음을 알아야 한다.

부부의 성생활은 정기적으로 하는 것이 중요하다. 서로에게 관심과 사랑을 보여 주면서 즐겁게 만들어 주어야 한다. 내 만족을 위해서 하는 것보다 배우자에게 만족을 주겠다는 마음으로 해야 한다. 서로의 몸을 잘 가꾸어 주고 보살펴 주는 착한 마음들이 부부에게 늘 있어야 한다. 특히 아내들에게 너그러운 마음을 보여 주고 친절하고 다정한 남편의 모습을 보여 주어야 한다. 아내의 필요를 적당히 공급해 주고 늘 남편에게 헌신하는 것을 기쁨으로 감당할 수 있도록 최선의 노력을 해야 한다. 아내들도 남편이 너무 바빠서 건강을 해치지 않도록 정성을 다해서 살펴 주어야 한다.

'사랑의 하나님 아버지, 아내를 즐거워하며 남편에게 순복하며 피차의 유익을 구하며 사는 복된 가정이 되게 하옵소서. 아멘!'

7. 악한 것은 생각도 하지 말자

"악은 모든 모양이라도 버리라"(살전 5:22). "죄의 삯은 사망이라"(롬 6:23).

성경에서는 악한 것은 모양이라도 버리라고 하였다. 음란한 영화나 비디오는 절대로 삼가해야 한다. 세상에서는 그러한 것을 즐기는 것이 당연하다고 생각한다. 그러나 성도는 분별력을 가지고 더럽고 추악한 것은 집 안에 들이지 말아야 한다. 사단이 우리들의 마음을 현혹시키고 죄를 짓게 만들기 때문이다. 죄의 유혹은 달콤한 것 같아도 끝은 아주 비참하고 참혹하다. 우리의 가정을 파멸시키기 위해서 서서히 접근해 오는 것이다. 한 발자국도 죄를 허용해서는 안 된다. 죄에는 작고 큰 것이 없다. 죄는 다 똑같은 성질을 가지고 있다. 처음에는 이런 것쯤은 아무것도 아니라고 무시할 수 있다. 그러나 한 번 발을 디디면 끝장을 보는 것이 죄의 속성이다. 아내와 남편이 서로 죄의 유혹을 받지 않도록 늘 깨어서 기도해야 한다. 혹시 죄의 문턱에 갔다 왔다고 한다면 솔직하게 고백하고 용서를 구해야 한다. 한 번 죄를 지었으면 즉각적인 회개가 있어야 한다. 배우자를 속이는 반복적인 죄는 결국 가정을 파탄을 어렵게 만드는 요인이 되기 때문이다.

부부 사이는 늘 깨끗하고 허심탄회한 대화의 물결이 흘러야 한다. 감추고 속이는 일은 사단에게 속는 것이다. 잘못한 것이 있으면 배우자에게 용서를 구하고 하나님께 회개하는 시간을 가져야 한다. 죄는 반복적인 학습을 통해서 신경을 무디게 만든다. 결국은 분별력을 상실하고 갈 때까지 가게 되는 안타까운 일이 벌어지게 된다. 아내는 늘 남편을 위해서 기도하며 죄의 유혹을 받지 않도록 세심한 마음이 필요하다. 남편도 아내에게 관심과 사랑을 통해서 세상이 주는 달콤함에 현혹되지 않도록 늘 깨어서 기도하며 보살펴 주어야 할 책임이 있다.

'사랑의 하나님 아버지, 하나님 앞에서 엄숙하게 맺은 언약을 잘 지키도록 도와주시고 악이 틈을 타서 우리 사이를 갈라 놓은 불행이 일어나지 않도록 늘 깨어있는 부부가 되게 하소서. 아멘!'

8. 다른 여자는 쳐다 보지도 말자

"내가 내 눈과 언약을 세웠나니 어찌 처녀에게 주목하랴(욥 31:1).

이 세상에서 아내만큼 편하고 사랑스러운 존재는 그 어디에도 없다. 남편을 위해서 수고의 땀을 흘리며 뒷바라지해 주는 아내가 있다는 것이 얼마나 행복한 일인가? 성경에도 아내를 얻은 자가 복이 있다고 말씀하셨다. 하나님께서 사랑스러운 아내들에게 복을 주신 것이다. 그 아내만을 바라보면서 한평생 살아야 할 남편들임을 명심해야 한다. 절대로 한 눈을 팔아서는 안 된다.

세상 밖에는 너무나 예쁘고 아름다운 여자들이 많이 있다. 외모 지상주의에 빠져서 성형 수술로 인한 미인들도 주위에 많음을 알 수 있다. 예뻐지려고 많은 물질을 들여서 수술하는 것은 더 이상 창피한 일이 아닌 세상이 되었다. 오히려 예뻐지려고 노력하지 않는 것을 이상하게 생각하는 세상이다. 남자들도 예외는 아니다. 젊은 청년들이 잘 생긴 외모를 갖추려고 애쓰는 모습은 안쓰럽기까지 하다.

남편이 성공하고 잘 나가는 것은 아내의 헌신과 섬김이 있었기에 가능한 것이다. 항상 아내를 염두에 두고 처신을 해야 한다. 주변의 다른 여자들은 쳐다 보지도 말아야 한다. 어느 정도 직장에서 인정도 받고 사회에서 존경 받는 사람들이 여자 문제로 인해 추락하는 것을 볼 수 있다. 절대로 아내 아닌 다른 여자들에게 마음과 몸을 주어서는 안 된다. 여자들이 유혹을 해도 사랑하는 아내가 옆에 있음을 명심하고 죄를 지어서는 안 된다. 또한 다른 여자들에게 남편들이 과잉 친절을 베풀어서 오해를 하는 일이 없도록 주의해야 한다. 부끄러운 것을 모르는 무서운 시대에 살고 있음을 직시해야 한다. 하나님이 아내에게 주신 복을 마음껏 누릴 줄 아는 행복한 남편들이 되자.

'사랑의 하나님 아버지, 아내와 남편 외에 다른 어떤 이성에게 주목하는 죄를 범하지 않게 하시며 서로에게 충실한 부부가 되게 하옵소서. 아멘!'

9. 외도는 배우자를 죽이는 행위이다

"간음하지 말라"(출 20:14).

부부가 서로를 사랑하면서 신뢰를 바탕으로 결혼생활을 잘 해야 한다. 한 번 신뢰가 무너지면 다시 세워가는 것이 매우 힘들다. 배우자의 외도는 이 신뢰를 무너지게 하고 고통을 주는 무서운 행위임을 명심해야 한다. 오랜 세월 배우자를 믿고 가정을 잘 이끌고 나간 부부라면 배우자의 외도를 알게 되면 죽을 것 같은 심정일 것이다. 괴로움 때문에 극단적인 선택을 하기도 한다.

세상에서는 남편의 외도를 바람 피운다라고 한다. 바람은 왔다가 지나가는 것을 의미한다. 한 번 그냥 지나치는 것이라고 가볍게 생각하는 것이다. 그러나 성도는 어떠한 일이 있어도 외도는 하지 말아야 한다. 부부 사이를 쪼개는 행위이고 가정의 붕괴를 만드는 행위임을 알아야 한다. 남편의 외도는 아내의 몸과 마음을 피폐하게 만든다. 삶의 회의를 느끼게 만들고 모든 일에 의욕을 상실한다. 정신 건강을 비롯해서 몸이 병들게 된다. 남편하고 좋았던 아름다운 추억들이 산산조각나게 만든다.

아내의 외도도 마찬가지이다. 남편의 힘을 잃어 버리게 만드는 것이다. 매사에 자신감이 없어지고 서글픔과 고통으로 인해 사회생활을 정상적으로 하기 힘들어진다. 성경에도 배우자가 간음죄를 범하면 이혼을 허락하셨다. 그만큼 배우자들의 외도로 말미암아 당해야 할 고통과 아픔은 상상을 초월하기 때문이다. 사단은 성도들의 가정을 무너뜨리고 불행하게 만드는 일을 좋아한다. 어떠한 일이 있어도 내 아내와 내 남편이 최고라는 생각으로 서로 사랑하며 신뢰를 잘 쌓아가야 한다.

'사랑의 하나님 아버지, 간음죄가 침투해 오는 일이 없게 하옵시고 내 눈을 허탄한 데서 돌이켜 주의 도로 소성케 하시며 주께서 주신 아내와 남편을 즐거워하게 하옵소서. 아멘!'

10. 더러운 것을 가까이 하지 말자

"먹든지 마시든지 무엇을 하든지 다 하나님의 영광을 위해서 하라"(고전 10:31).

부부가 함께 행복하게 살기 위해서는 서로의 몸을 깨끗하게 잘 살펴 주어야 한다. 건강상태를 비롯해서 모든 면에서 정결함을 잘 유지해야 한다. 내 몸을 더럽히게 만드는 곳에는 가지 말아야 한다. 남편들은 퇴근하면 여러 가지 이유를 대면서 동료들과 회식자리를 갖는 경우가 많다. 믿지 않는 사람들이 대부분이기 때문에 정말 조심하지 않으면 죄를 지을 확률이 많다. 먹지 말아야 할 음식을 먹어야 하고 가지 말아야 할 곳을 가는 어처구니 없는 일들이 벌어지기 때문이다.

성도들은 무엇을 하든지 하나님의 영광을 위해서 해야 한다. 하나님의 영광을 가리우는 일이면 어떠한 일이 있어도 하지 말아야 한다. 선배들이나 직장 상사가 강요를 해도 깨끗하고 정결한 일이 아니면 하지 말아야 한다. 이 세상에 어느 누구도 죄를 지으라고 강요할 사람은 없다. 부모라고 할지라도 자식에게 죄를 짓도록 강요할 수 없다. 내 몸을 더럽히는 곳이라고 판단되면 속히 빠져 나와야 한다.

내 몸은 하나님께서 주신 것이고 배우자에게 속한 몸이기 때문이다. 결혼을 했으면 내 몸을 내 마음대로 주장할 수 있는 것이 아니다. 결혼생활을 잘 하기 위해서는 서로의 몸과 마음을 잘 다스리도록 힘써야 한다. 몸과 마음이 더러워지게 되는 곳은 어디에라도 가서는 안 된다. 하나님의 자녀라는 것을 항상 잊지 말아야 한다. 경건하고 거룩한 삶은 세상이 좋다고 하는 많은 것을 포기하지 않고서는 할 수 없다. 그리스도인으로서 그리스도 안에 사는 것은 하나님의 말씀에 순종할 때만이 가능한 것이다.

'사랑의 하나님 아버지, 선한 양심을 가지고 온전한 믿음의 삶을 이어갈 지혜와 능력을 부어주시고 우리 자신을 모든 악에서 지켜 하나님이 기뻐 받으시는 거룩한 산 제물이 되게 하옵소서. 아멘!'

11. 자녀들에게 모범이 되어야 한다

"네가 또한 청년의 정욕을 피하고 주를 깨끗한 마음으로 부르는 자들과 함께 의와 믿음과 사랑과 화평을 좇으라"(딤후 2:22).

부모님들의 결혼생활은 자녀들의 청사진이 된다. 가정생활을 통해서 어머니와 아버지의 부부생활이 그들에게는 좋은 본보기가 된다. 아버지가 상습적으로 어머니를 학대하거나 구타를 하는 가정에서 자란 자녀라면 무엇을 배우게 될 것인가? 아버지를 미워하고 싫어하면서 자기도 모르게 닮아가게 될 것이다. 어머니가 아버지의 권위에 복종하지 않고 함부로 대하는 가정에서 자랐다면 불을 보듯이 뻔하지 않겠는가?

우리의 가정은 자녀들을 살리기도 하고 죽이기도 할 것이다. 부부생활은 부부만의 문제가 아니라 가정 모든 식구들의 일이기에 매사에 신중해야 한다. 더 나아가서 건강한 사회를 만들어 가는 초석이 되는 곳이기도 하다. 또한 교회의 거룩성을 회복시키는 중요한 곳이다. 부모님께서 서로가 사랑하고 존중하고 예의 바르게 처신하는 그런 가정에서 자란 자녀는 천국을 맛보게 되는 것이다. 자연스러운 사랑의 분위기가 자녀들을 살맛나게 만들지 않겠는가? 부모님들의 행동 하나 하나가 자녀들에게 얼마나 많은 영향을 미치는지 알아야 한다. 부부가 서로 사랑하면서 나누는 대화를 통해서 자녀들은 마음의 안정과 평안을 누리지 않겠는가? 자녀교육은 돈으로 하는 것이 아니다. 부모의 삶을 통해서 자녀가 바르게 성장하는 것이다. 좋은 성품과 인격은 부모로부터 흐르는 것이다.

자녀들에게 행복한 가정을 물려 주고 싶다면 악한 것에서 멀어져야 한다. 부모님들의 삶을 통해서 하나님을 알아가기도 하고 멀어지기도 할 것이다. 하나님의 자녀로 살기를 원한다면 부모가 먼저 하나님 앞에서 겸손하게 사는 모습을 자녀들에게 보여 주어야 한다. 세상을 배우게 하는 부모가 아니라 하나님의 말씀을 배워서 세상을 정복하는 자녀로 키워야 한다.

'사랑의 하나님 아버지, 우리에게 맡겨준 자녀들을 주의 교양과 훈계로 잘 양육하되 말과 행실과 믿음과 사랑과 정절에 있어서 본이 되는 부모가 되게 하옵소서. 아멘!'

12. 간음은 깊은 상처를 남게 만든다

"음행을 피하라 사람이 범하는 죄마다 몸 밖에 있거니와 음행하는 자는 자기 몸에게 죄를 범하느니라"(고전 6:18).

부부가 한평생 살면서 좋은 추억들을 많이 쌓아가야 한다. 그러나 인생은 늘 좋은 일만 있는 것이 아니다. 고통과 고난과 아픔이 늘 우리들을 기다리고 있다. 부부가 이 어려움을 잘 극복해 나가는 것이 하나 되는 길이다. 남편이 사업에 실패했을 때도 아내는 늘 곁에서 지켜 주어야 한다. 직장에서 쫓겨나는 일이 있다고 해서 인생이 끝난 것이 아니다. 다시 시작하자고 하면서 힘을 보태 주어야 한다. 병이 들었을 때도 서로 의지하면서 배우자를 잘 보살펴 주어야 한다. 이 모든 상황들은 대체적으로 잘 극복해 나가는 것을 볼 수 있다. 그러나 가장 힘든 것은 배우자가 간음을 했을 때는 말로 표현할 수 없는 고통이 수반된다. 남편의 외도는 아내에게 평생 씻을 수 없는 깊은 상처를 주는 것이다. 아내를 내 몸같이 사랑하라고 말씀하신 하나님의 명령을 어긴 죄는 무서운 범죄 행위인 것이다. 아내를 연약한 그릇이라고 성경에도 표현했듯이 아내가 감당하기 힘든 부분인 것이다. 잠을 이루지 못하는 밤을 수도 없이 보내야 하는 고통이 따른다. 또한 아내의 외도로 말미암아 남편에게도 큰 좌절감과 고통이 따르게 된다. 깊은 절망감과 실망은 살맛이 없게 만든다. 배신한 배우자를 생각할수록 고통과 좌절감은 커져가게 된다. 그 동안의 사랑과 열심을 가지고 쌓아온 가정 생활이 순식간에 무너지는 것을 느낀다.

많은 부부에게 찾아 오는 이런 위기를 잘 극복해 나가야 한다. 사단에게 틈을 주어서 가정을 파괴하는 일을 해서는 안 된다. 배우자가 아닌 이성끼리 단둘이 있는 자리를 절대적으로 피해야 한다. 일을 핑계로 단둘이 만나는 것도 위험할 수 있다. 사단은 우리보다 더 영리하고 지혜롭다는 것을 알아야 한다. 늘 깨어서 기도하자.

'사랑의 하나님 아버지, 한평생 아내만을 사랑하게 하시고 남편과 아내의 도리를 다하며 정절을 굳게 지키게 도와 주소서. 부부되게 하신 하나님께서 웃음을 감추지 못하는 가정으로 이끌 힘과 지혜를 주옵소서. 아멘!'

13. 남편의 사랑에 감사하자

"항상 기뻐하라 쉬지 말고 기도하라 범사에 감사하라 이는 그리스도 예수 안에서 너희를 향하신 하나님의 뜻이니라"(살전 5:16-18).

우리는 완전한 사람과 결혼한 것이 아니다. 허점투성이고 실수도 많고 때로는 어리석게 행동하는 사람하고 결혼을 한 것이다. 부족한 것이 참으로 많은 사람과 결혼한 것이다. 그러므로 배우자가 내 마음에 들게 행동하기를 바라지 말아야 한다. 내가 배우자의 마음에 들게 행동하는 편이 더 **빠른** 방법이다. 상대방을 변화 시키는 것보다 내가 상대방을 위해서 변하는 것이 훨씬 나을 것이다.

남편이 되었으면 아내를 사랑하는 것을 배워야 한다. 남자가 여자를 알면 얼마나 잘 알겠는가? 여자에 대해서 가르쳐 주는 학교에 다닌 것도 아니고 그렇다고 아내가 여자에 대해서 자세히 일러주지도 않았을 것이다. 그러나 다른 여자에 대해서는 알 필요가 없다. 사랑하는 내 아내만 잘 알고 즐겁게 해주고 보살펴 주면 되는 것이다. 많은 남편들이 아내를 사랑한다고 말한다. 그러나 어떻게 사랑해야 되는지 잘 모르는 경우가 많다. 자신의 방법으로 사랑하려고 애쓰는 남편에게 감사하는 마음을 가져야 한다. 마음에 들지 않지만 노력하는 모습을 보고 칭찬해 주고 격려해 주어야 한다. 그럴 때 힘을 얻어서 더 잘 하려고 노력할 것이다.

아내들은 남편의 취약점을 너무나 잘 알고 있다. 실수하고 잘못한 것이 많다는 것도 잘 알고 있다. 그런 것을 빌미로 남편을 괴롭히거나 약점을 이용해서 기를 꺾으려고 하지 말아야 한다. 남편을 믿어 주고 신뢰하고 존경하다 보면 멋진 하나님의 사람으로 변화될 것이다. 남편에게 늘 감사하고 고마워하다 보면 성숙한 남편의 모습을 볼 수 있을 것이다. 주님께서 아내의 겸손한 마음을 보시고 남편이 하는 일에 큰 복을 주실 것이다.

'사랑의 하나님 아버지, 남편과 아내로 세워주심을 진심으로 감사합니다. 감사와 기쁨과 평안과 위로와 사랑으로 충만한 부부생활이 되게 하옵소서. 아멘!'

14. 아내의 섬김에 감사하자

"누가 현숙한 여인을 찾아 얻겠느냐 그 값은 진주보다 더 하니라"(잠 31:10).

이 땅에 태어나서 결혼 전까지 늘 부모와 함께 살면서 그분들의 헌신적인 돌봄과 사랑으로 자라온 아내들이다. 너무나 소중하고 귀한 딸들이다. 그런데 결혼과 함께 사랑하는 부모 곁을 떠나서 한 남자에게 모든 것을 의탁하며 살아가는 아내들이다. 늘 얼굴을 보며 다정하게 지내온 형제 자매들을 뒤로 하고 남편에게 온 아내들이다. 때로는 직장을 포기하기도 하고 꿈도 접고 오로지 남편만을 바라보면서 살기로 결심한 아내들이 얼마나 많은지 모른다. 결혼과 함께 아기를 낳아서 키우며 사랑하는 남편의 뒷바라지를 위해 힘을 쏟아 붓는 아내들이다.

매일 아침 밥을 지어주고 퇴근하고 돌아오면 정성스럽게 저녁식사를 준비해 주는 사랑스러운 아내들이다. 더러운 옷을 빨아 주고 멋지게 와이셔츠를 다리미질 해서 준비해 놓는 부지런한 아내들이다. 해도 해도 끝이 없는 집안 일을 하면서 자녀들을 잘 키우려고 노력하는 이 세상에 하나 밖에 없는 아내들이다. 하나님께서 여러 명의 아내들을 허락하지 않으셨다. 한 명의 아내만을 허락하시고 죽을 때까지 그 아내를 즐거워하라고 하셨다.

하나님은 남편에게 허락한 아내에게 아름다움을 주시고 지혜도 주셔서 남편을 돕고 살라고 하신 것이다. 남편은 아내의 도움을 받아서 이 땅을 정복하고 다스리고 하나님의 영광을 위해서 살아가는 존재이다. 그러므로 하나님이 허락하신 하나 밖에 없는 아내에게 늘 감사하며 살아야 하지 않겠는가? 다른 여자에게는 이런 아름다움이 나올 수 없고 아내가 아닌 다른 여자를 넘보아서는 절대로 안 된다. 주님께서 허락하신 아내만을 즐거워하고 늘 감사하면서 살아야 한다.

'사랑의 하나님 아버지, 가족들을 위하여 헌신하는 아내의 수고를 인하여 진심으로 감사드립니다. 진주보다 더 귀한 아내로서 입을 열어 지혜를 베풀고 그 혀로 인애의 법을 말하게 하옵소서. 아멘!'

15. 죄는 추하고 더러운 것이다

"너희가 각각 중심으로 형제를 용서하지 아니하면 내 천부께서도 너희에게 이와 같이 하시리라"(마 18:35).

부부가 하나 되는 삶을 살기 위해서는 조금이라도 틈을 주어서는 안 된다. 그러나 세상은 하나님의 말씀과 어긋나는 길을 가도록 미혹하므로 늘 깨어서 조심해야 한다. 부부간에 사이가 벌어지면 그 틈새를 비집고 들어오는 것이 죄이다. 남편에게 실망했다고 미워하기 시작하면 죄는 파도처럼 밀려 오게 된다. 남편이 싫어지고 부부생활에도 금이 가게 된다. 결국은 수습이 어려울 정도로 감정의 변화가 뒤범벅이 되어 간다. 어떠한 일이 있어도 남편을 미워하고 싫어하는 감정을 쫓아내야 한다.

남편에게 잘못이 있는 것은ㄴ 용서의 기회를 하나님께서 주셨다는 것이다. 아내가 남편을 용서하지 않으면 누가 용서하겠는가? 죄를 지었으면 하나님께 회개하고 아내에게 용서를 구하는 남편에게는 소망이 있다. 그 남편을 품어 주고 감싸 주고 세워 주어야 할 사람은 다른 사람이 아닌 아내라는 사실을 잊지 말아야 한다. 남편의 잘못을 정죄하고 구박하면 결국은 아내도 불행하게 된다는 것을 알아야 한다.

남편들도 마찬가지이다. 아내에게 허물이 있고 잘못한 것이 많이 있어도 한 몸이기에 용서하고 사랑하면서 살아야 한다. 아내를 미워하면 죄가 더 요동을 치고 부부 사이를 갈라놓을 수 있다는 것을 알아야 한다. 죄라는 것은 아주 작은 틈에서 시작해서 결국은 파멸을 보게 하는 무서운 괴물이기 때문이다. 부부는 서로의 잘못을 용서하고 덮어 주면서 하나님의 뜻을 펼쳐 나가야 한다. 더럽고 추악한 죄와 타협하지 말자. 생각하지도 말자. 죄에 종 노릇 하는 삶은 멀리 던져 버리고 주님의 의로 부부가 하나되는 삶을 살아야 한다.

'사랑의 하나님 아버지, 죄를 멀리하게 하시되 혹 내게 잘못한 것이 있으면 용서하는 법을 잘 실천하게 하셔서 사랑 가운데 서로를 향한 믿음이 더욱 돈독하게 하옵소서. 아멘!'

16. 간음은 하나님이 역겨워하는 짓이다.

"음란하는 자나 우상숭배자나 간음하는 자나 탐색하는 자나 남색하는 자나 도적이나 탐람하는 자나 술취한 자나 후욕하는 자나 토색하는 자들은 하나님의 나라를 유업으로 받지 못하리라"(고전 6:9-10).

부부의 성생활은 하나님이 주신 귀한 선물이다. 평생 사랑하는 아내와 남편만이 즐거움과 기쁨을 누릴 수 있도록 허락하신 것이다. 성생활을 통해서 자녀 생산을 하게 하시고 그 안에서 하나님을 더욱더 신뢰하며 살아가는 것이다. 결혼을 통해서 모난 점을 깎아 좋은 점들을 더 증진시켜 나간다. 하나님 안에서의 결혼생활은 우리가 더욱더 예수님을 닮아가는 모습으로 바뀌게 한다. 서로를 기쁘게 해주고 즐거움을 선사하는 것은 하나님이 기뻐하시는 것이다.

아내와 남편에게 주신 성생활을 어느 누구도 방해해서는 안 된다. 배우자가 아닌 다른 사람과 하는 성행위는 더러운 죄악이다. 추악하고 경멸스러운 행위이다. 하나님이 아주 역겨워하시고 미워하시는 행위임을 알아야 한다. 성경에는 간음하는 여인을 돌로 쳐죽이라고 했다. 그만큼 간음은 무서운 죄악이고 하나님 앞에 심판을 면치 못하는 죄 임을 알아야 한다. 부부를 파탄에 이르게 하고 가정을 무너지게 하는 엄청난 죄라는 것이다. 배우자의 간음죄로 말미암아 정서적으로 고통을 받으면서 사는 자들이 얼마나 많은지 모른다. 용서를 한다고 해도 머리 속에서 쉽게 지워지지 않는 것이 배우자의 간음죄이다. 생각만 해도 몸서리가 처지고 분노와 아픔을 씻는 것이 쉽지 않다는 것을 알아야 한다. 어떠한 일이 있어도 배우자가 아닌 다른 사람과의 성행위는 추방되어야 한다. 특히 성도라면 하나님이 주신 배우자에게 충실해야 한다.

부부의 성생활은 하나님이 주신 특별한 기쁨이 내포되어 있음을 알아야 한다. 서로를 인격적으로 보살펴 주는 사랑의 행위는 아름다운 것이다.

'사랑의 하나님 아버지, 하나님이 우리 사이를 갈라놓는 날까지 서로에게 충실하며 사랑으로 충만한 부부 생활이 되게 하옵소서. 아멘!'

17. 마음을 잘 다스려야 한다

"노하기를 더디 하는 자는 용사보다 낫고 자기의 마음을 다스리는 자는 성을 빼앗는 자보다 나으니라"(잠 16:32).

성을 빼앗는 것보다 마음을 다스리는 것이 더 어렵다고 성경에 기록되었다. 그만큼 마음을 다스리는 것은 고된 훈련을 통해서 연단되어지는 것이다. 부부가 마음을 다스리지 못하면 성숙한 가정 생활을 기대할 수가 없다. 불완전한 사람들끼리 만나서 사는 것인데 서로가 인내하지 못하면 불이 붙어서 하루도 살 수 없게 된다. 부족한 점을 보충하면서 자기의 마음을 잘 다스리지 못하면 불행을 초래하는 결과가 나타나게 될 것이다.

그러나 머리로는 이해가 되지만 실천이 되지 않는다. 마음을 다스리지 못하니까 행동으로는 좋은 것이 나타나지 않게 된다. 왜냐하면 서로가 삶이 바쁘고 힘들고 여유가 없기 때문이다. 우리는 생각하고 기도하고 하나님의 말씀에 순종하는 훈련을 해야 한다. 아내는 늘 남편을 위해서 기도하며 모든 일을 돕고 협력해야 한다. 아내의 도움은 어느 누구도 해 줄 수 없는 소중한 것임을 알아야 한다. 아내의 헌신과 사랑 없이 성공하는 남편은 거의 없을 것이다. 사랑하고 존경하는 남편의 마음을 잘 헤아려서 무엇이 필요한지 원하는 것이 무엇인지를 잘 읽을 수 있어야 한다. 그래서 정확한 도움을 주면서 주님의 뜻을 이루어 가야 하지 않겠는가?

남편들도 아내의 마음을 잘 헤아려 주어야 한다. 피곤하고 지친 삶이지만 남편의 사랑에 힘을 얻어서 아내는 집안의 일을 기쁘게 감당할 수 있다. 죽을 때까지 집안 일을 놓을 수 없는 것이 아내들이다. 아내가 원하는 것이 무엇인지를 알아서 필요를 잘 채워 주는 성실한 남편이 되어야 한다. 부부가 서로의 마음을 알아 주고 이해하면서 성숙한 부부의 모습이 날마다 나타나야 한다.

'사랑의 하나님 아버지, 우리의 심령을 감찰하시는 주님 앞에 늘 정직하게 행하게 하시고 우리 사이에 어떤 오해나 불신이 자리잡지 않게 도와 주옵소서. 아멘!'

18. 죄를 멸시해야 한다

"그리스도 예수의 사람들은 육체와 함께 그 정과 욕심을 십자가에 못 박았느니라"(갈 5:24).

누군가 우리의 삶이 잘못되고 불행하게 되기만을 계속 노리고 있다고 생각해 보자. 얼마나 무시무시하고 괴롭겠는가? 살맛이 없어지고 절망의 늪에 빠져들게 될 것이다. 우리가 잘 되도록 도와 주어도 살기 힘든 세상인데 기회만 있으면 괴로움과 아픔을 준다면 얼마나 절망적인가?

그런데 호시탐탐 기회를 엿보며 우리가 불행해지기를 원하는 자가 있으니 바로 죄이다. 아내와 남편 사이를 갈라 놓고 부모와 자녀들을 불행하게 만들며 가정을 송두리째 삼키려고 달려들고 있기 때문이다. 늘 깨어서 기도하고 성령 충만하지 않으면 어느 누구도 예외가 없음을 명심해야 한다.

죄는 스스로를 자멸케 하고 모든 일에 자포자기 하게 만든다. 사람을 무기력하게 만들고 자괴감 속에서 헤어나오지 못하도록 사람들을 얽어 매는 짓을 한다. 무엇보다도 하나님을 바라보지 못하도록 만드는 못된 괴물이다. 이 괴물이 내 옆에 다가오는 것을 허용해서는 안 된다. 죄를 짓는 마음이 들어오면 가차없이 멸시하고 멀리 달아나야 한다. 우리는 죄인이기에 죄를 이기는 방법은 예수 그리스도의 십자가를 바라보는 것이다. 우리의 죄 때문에 예수님께서 모진 고초와 아픔과 형벌을 받으신 것을 늘 잊지 말아야 한다. 죄가 얼마나 무서운 것이냐면 성도들로 하여금 하나님과 상관 없이 살아가게 만든 다는 것이다. 하나님 없이 사는 인생은 지옥의 형벌을 받는 것이다. 천국 백성임을 잊지 말고 죄를 멸시하고 쳐다보지도 말고 하나님께 가는 삶을 살기 바란다.

'사랑의 하나님 아버지, 마음은 원이지만 육신이 약하여 하지 못하는 일들이 없도록 우리를 인도하사 마땅히 갈 길로 가게 하옵시고 죄와 원수가 되게 하시고 악은 모양이라도 버리고 오직 주님의 거룩한 형상을 더욱 닮아가게 하옵소서. 아멘!'

19. 유혹을 뿌리쳐야 한다

"시험에 들지 않게 깨어 있어 기도하라 마음은 원이로되 육신이 약하도다"(마 26:41).

사단은 광명한 천사로 변장하여서 우리 곁으로 다가 온다. 변장술에 아주 능한 자이다. 아름답고 때로는 아주 멋진 모습으로 우리에게 찾아 오기에 속지 않을 사람이 별로 없을 것이다. 부부가 사단의 유혹을 과감하게 뿌리쳐야 한다. 배우자 외에 다른 이성이 접근하는 것을 인정 사정 볼 것 없이 물리쳐야 한다. 상대가 친절을 베풀고 마음을 평안하게 해 준다고 넘어가서는 절대로 안 된다. 외모의 아름다움에 반할지라도 속에는 짐승 같은 욕망이 넘치고 있다는 것을 알아야 한다.

요즈음은 부부가 직업을 가고 있어서 배우자가 아닌 다른 이성과의 접촉이 너무나 자연스럽게 이루어지고 있다. 밖에서 식사도 같이 하는 경우도 생긴다. 때로는 일 때문에 출장을 같이 가는 경우도 종종 있다. 어떠한 상황에서도 사단은 기회를 엿보고 있을텐데 늘 조심하고 깨어서 기도해야 한다. 드라마나 영화는 배우자의 외도를 아름답게 미화시키고 있음을 본다. 사단은 영상이라는 매개체를 통해서 우리의 마음을 유혹한다. 분별력을 흐리게 만들어서 죄의 문턱에 쉽게 들어가게 만들고 있다.

죄의 문턱에 들어가게 되면 더 깊숙이 빠져들게 되어서 걷 잡을 수 없게 된다. 죄를 짓게 되면 배우자에게 많은 거짓말을 하게 된다. 죄를 짓는 일은 빛이 있는 곳에서는 하지 않는다. 죄는 밤을 기다리고 어두움을 좋아하기 때문이다. 자연히 심령 상태도 어두워지고 분별력을 잃어 버리게 된다. 배우자가 아닌 이성과의 만남을 할 때는 언제나 배우자에게 말을 해 주어야 한다. 심각한 상태에 이르기 전에 허심탄회하게 배우자에게 말 해 줌으로 해서 유혹을 물리칠 수 있게 된다. 또한 배우자를 허락하신 주님께 늘 감사하는 마음을 잊지 말아야 한다.

'사랑의 하나님 아버지, 시험에 들게 하지 마옵시고 다만 악에서 구하옵소서. 유혹의 미끼에 걸리는 일이 없게 하옵소서. 우리 부부 사이에는 항상 평화와 신뢰와 감사와 기쁨만 충만하게 하옵소서. 아멘!'

20. 가정 파괴범이다.

"그러므로 우리는 기회 있는 대로 모든 이에게 착한 일을 하되 더욱 믿음의 가정들에게 할지니라"(갈 6:10).

우리 모두는 서로의 가정이 잘 되기를 바라고 지켜 주어야 한다. 특히 성도들은 믿는 가정들에게 더욱 선을 베풀어야 한다. 남에 가정에 해를 끼치는 무례함을 범해서는 안 된다. 남의 아내나 남편을 기웃거려서는 안 된다. 내 아내나 남편보다 훌륭하고 좋아 보여도 탐을 내서는 안 된다. 너무 과잉 친절을 베풀어서 상대방에게 오해를 하게 만들지 말아야 한다. 또한 배우자가 아닌 다른 사람들과 성관계를 맺어서는 절대로 안 된다. 자기 자신을 더럽히는 일이고 가정을 파괴하는 주범이 되는 짓이다. 간음과 음란은 모두를 죽이는 행위이기 때문에 서로가 조심해서 주님의 거룩함을 드러내려고 애를 써야 한다. 어떠한 일이 있어도 다른 가정에게 피해를 주고 고통을 주는 행위는 무서운 범죄임을 알아야 한다. 다른 가정이 잘 되는 것을 보고 즐거워하는 마음을 가져야 한다.

성적으로 문란한 시대에 살고 있다. 그러므로 가정 안에서 절대로 성적인 피해를 부부나 자녀들이 입지 않도록 주의를 기울여야 한다. 아내와 남편 사이에 사단이 틈을 타서 갈라서지 못하도록 늘 예방해야 한다. 서로에게 충실하고 사랑하며 경건한 가정을 세워가는데 힘을 내야 한다. 다른 가정을 파괴하는 자는 하나님의 무서운 형벌을 면하지 못할 것이다. 왜냐하면 가정을 하나님이 세우셨기 때문이다. 경건한 가정들을 통해서 경건한 자녀들이 태어나야 한다. 세상이 살기 좋아지려면 경건한 가정들이 많아야 한다. 그들의 가정은 웃음꽃이 활짝 피어난다. 힘이 있어서 모든 일에 적극적으로 열심을 낸다. 불평하지 않고 다른 사람들에게 유익을 주려고 한다. 우리의 가정을 경건하게 만들어 가고 다른 가정들도 살리는 일을 해야 하지 않겠는가?

'사랑의 하나님 아버지, 그리스도 안에서 하나된 형제 자매들에게 선을 행하는 일에 열심있는 하나님의 친 백성이 되게 하시되 이웃의 것을 탐내는 죄에 빠지지 않게 하옵소서, 아멘!'

21. 정신 건강에 해를 끼친다

"너희 몸은 너희가 하나님께로부터…값으로 산 것이 되었으니 그런즉 너희 몸으로 하나님께 영광을 돌리라"(고전 6:19-20).

우리가 무슨 생각을 하는가에 따라 행동으로 나타나게 된다. 우리는 생각과 마음을 잘 다스려야 할 성도들이다. 생각하는 것도 주님을 기쁘시게 하는 것이라야 한다. 음란하고 음탕한 생각은 우리의 영혼을 갉아 먹는 행위이다. 마음대로 생각하고 행동하는 것은 가장 어리석은 것이다. 생각하는 것은 사유라고 하겠지만 성도라면 하나님 안에서 합당한 생각들을 해야 한다.

우리의 몸과 마음은 다 주님께 속한 것이다. 주님께서 죄인들을 구원하시기 위해서 하나님께 값을 지불하고 사신 몸이다. 십자가의 죽음이란 엄청난 대가를 치르신 것이다. 어찌 함부로 몸을 사용할 수 있겠는가? 생각도 함부로 할 수 없다는 것을 알아야 한다. 우리의 몸을 거룩한 산 제물로 날마다 드려야 한다. 제물은 흠도 없고 티도 없어야 한다. 하나님께 나아가기 위해서는 늘 정결하고 깨끗한 몸과 마음을 유지해야 한다. 하나님의 말씀과 기도외에는 우리를 깨끗하게 할 수 없을 것이다. 늘 말씀을 묵상하고 깊게 음미하면서 더러운 생각들을 버려야 한다.

부부는 하나님이 허락하신 성생활을 감사하며 서로를 잘 지켜 주어야 한다. 배우자가 아닌 다른 어떤 이성을 마음에 두어서는 절대로 안 된다. 음란하고 음탕한 생각들은 하지 말아야 한다. 음란한 생각들은 정신 건강에 아주 해롭다는 것을 알아야 한다. 세상사람들을 닮아가서는 안 된다. 세상사람들이 우리들의 경건한 생활들을 닮아가게 해야 한다. 부부의 경건한 삶은 자녀들에게도 정신 건강을 비롯해서 영적으로 큰 유익을 주게 될 것이다.

'사랑의 하나님 아버지, 항상 여호와를 깊이 생각하고 예루살렘을 마음에 두고 살아가게 하옵시며 주님의 선하신 뜻을 온전히 행하는 부부가 되게 하옵소서. 아멘!'

22. 가정이 온전하지 못하게 된다

"자기 집을 잘 다스려 자녀들로 모든 단정함으로 복종케 하는 자라야 할지며..."(딤전 3:4)

사랑이 많으신 하나님께서 이 땅에 가정이라는 울타리를 만들어 주셨다. 이 곳에서 하나님을 더 많이 알아가고 주님의 뜻을 펼치도록 계획하셨다. 어머니와 아버지가 늘 함께 사시면서 자녀들을 따뜻하게 사랑으로 키워 주시는 귀한 곳이 곧 가정이다. 주님의 거룩한 자녀들이 많이 나오도록 모든 여건과 환경을 만들어 주셨다. 이 소중하고 거룩한 가정을 파괴하는 일은 큰 범죄 행위임을 명심해야 한다.

부부가 서로 사랑하면서 죄가 틈타지 못하도록 노력해야 한다. 배우자만을 사랑하고 일편 단심 변함이 없는 사랑을 보여 주어야 한다. 그렇지 않으면 하나님이 원하시는 온전한 가정을 세워갈 수가 없다. 이혼하는 가정이 점점 늘어나고 있는 현실이다. 성적으로 타락한 모습들이 가정 안에도 깊숙이 파고 들고 있는 실정이다. 변함이 없는 부부의 모습을 참으로 찾기 어려울 정도이다. 그러나 성도는 어떠한 어려움이 있어도 참고 인내하며 정절을 지키고 하나님의 뜻을 이루어 가야 한다.

세상은 변해가고 있지만 변함이 없는 하나님의 말씀을 성도들은 굳게 붙잡아야 한다. 내 가정을 소중하게 여기면서 죄가 틈타지 않도록 지켜야 한다. 또한 다른 사람들의 가정도 방해하지 않고 잘 세워지도록 기도해야 한다. 가정이 건강해야 자녀들도 세속에 물들지 않고 말씀 안에서 잘 자랄 수 있을 것이다. 어느 누구도 남의 가정들을 훼방 놓거나 망하게 하는 자가 되어서는 안 된다. 하나님이 이 땅에 세워 주신 귀한 가정들을 부부들이 잘 만들어 가야 한다. 예수님이 주인이 되시는 믿음의 가정이야말로 천국을 맛보는 삶을 살아가게 되는 것이다.

'사랑의 하나님 아버지, 가정을 잘 다스려가는 지혜로운 부모가 되게 하시고 온전하고 사랑이 넘치는 가정을 세워가게 하옵소서. 아멘!'

23. 과거를 지워 버리자

"여호와여 주께서 죄악을 감찰하실진대 주여 누가 서리이까? 그러나 사유하심이 주께 있음은 주를 경외케 하심이니이다"(시 130:3-4).

배우자의 허물은 용서하고 잊어 버려야 살 수 있다. 과거의 잘못을 용서하지 못하고 날마다 되새기며 산다면 불행한 삶을 살 수밖에 없을 것이다. 배우자의 외도로 인해 마음 아프고 괴로울지라도 용서를 구하면 품어 주어야 한다. 앞으로 당신 만을 사랑하면서 살겠다고 고백하면 믿고 따라가야 한다. 가정을 포기할 수 없기 때문이다. 자녀들이 부모 밑에서 자라고 있으며 그들의 삶이 하나님의 은혜 안에있기 때문이다. 배우자를 용서한다는 것은 그의 잘못을 잊어 버리는 것이다. 다시는 그런 죄를 짓지 않도록 기도하는 것이 더 중요한 일이기 때문이다.

주님께서는 우리의 죄를 용서하시고 기억하지 않으신다. 왜냐하면 죄를 미워하시고 역겨워하시기 때문이다. 그러나 사단은 우리가 지은 죄를 계속 생각나게 만들고 자책하며 괴로워하기를 원한다. 배우자가 실수를 하고 잘못한 것을 계속 생각하고 마음에 두고 산다면 무슨 유익이 있겠는가? 서로의 잘못을 용서하고 기억하지 말고 멀리 바다에 던져 버려야 한다. 다시는 주워 올 생각을 하지 말아야 한다.

그 동안 서로 사랑하며 만든 좋은 추억들을 생각하며 하나님의 사랑을 배워가야 한다. 사랑은 모든 허물을 덮어 주는 것이다. 배우자를 미워하고 싫어하는 것은 큰 죄이다. 하나님 앞에서 부끄러운 일이다. 죽을 때까지 사랑하며 돌봐 주어야 한다. 어려움과 시련과 고통을 함께하는 것이 부부이다. 혼자 살겠다고 도망 가는 것은 잘 못된 것이다. 사랑은 인내하며 참아내며 헌신하는 것이다. 이러한 사랑을 가장 가까이에서 같이 살고 있는 배우자에게 실천해야 한다.

'사랑의 하나님 아버지, 우리의 모든 죄를 도말하여 주시고 하나도 기억하지 않으시는 은혜를 진심으로 감사합니다. 우리가 사함을 받은 것 같이 서로의 허물을 덮어주며 용서함이 넘치게 하소서. 아멘!'

24. 부부의 스킨십은 좋은 것이다

"나의 사랑하는 자야 너는 어여쁘고 화창하다 우리의 침상은 푸르고 우리 집은 백향목 들보, 잣나무 석가래로구나"(아 1:16-17).

부부가 한 몸이 되는 것은 하나님께서 주신 특별하고도 귀한 선물이다. 배우자가 아닌 다른 사람과의 성관계를 허락하지 않으신 하나님이시다. 가정을 건강하게 세워 가시고자 하는 주님의 특별한 섭리가 있음을 알아야 한다. 성도들의 가정은 세상과 구별된다. 세상의 풍습과 관습을 따라가는 것이 아니다. 하나님의 진리의 말씀 가운데서 굳게 세워져야 하는 것이다.

죽음이 갈라 놓을 때까지 싫든 좋든 영원토록 함께해야 하는 것이 부부이다. 하나님과의 언약이고 변개할 수 없는 것이다. 사랑하지 않기 때문에 헤어져야 하는 논리는 세상적인 것이다. 성격이 맞지 않는다고 못살겠다고 하는 것도 잘못된 것이다. 이 세상에 성격이 잘 맞아서 사는 부부가 얼마나 있겠는가? 서로가 맞추어서 하모니를 이루면서 살려고 노력하는 지혜로운 부부가 되어야 한다. 부부이기에 어떠한 상황이라도 함께해야 한다는 마음을 가져야 한다.

그래서 평소에 아내와 남편의 스킨십은 부부를 더 가까이 하게 하는 좋은 방법 중에 하나이다. 일주일에 한 번쯤은 다정하게 손을 잡고 산책을 하는 것도 필요하다. 남편의 출근시간에 가벼운 포옹과 입맞춤도 적절한 스킨십이다. 퇴근하고 집에 들어올 때도 부드러운 말투로 '수고했어요' 라는 말과 함께 안아 주는 것도 너무 좋은 것이다. 하루의 피곤이 아내의 따뜻한 격려의 말로 인해서 사라지지 않겠는가? 이런 노력은 부부라면 반드시 해야 한다. 우리는 멋쩍어서 할 수 없다고 말하지 말자. 아무런 노력도 하지 않고 밋밋하게 사는 것을 하나님은 기뻐하지 않으신다. 작은 노력을 통해서 더 큰 기쁨을 누릴 수 있다는 진리를 깨달으면서 살아야 하지 않겠는가?

'사랑의 하나님 아버지, 우리 부부가 서로를 사랑하고 즐거워하는 법을 잘 배우며 실천하며 사는 부부가 되게 하옵소서. 아멘!'

25. 자녀들이 보는 앞에서도 자연스럽게 표현하자

"네 집 내실에 있는 네 아내는 결실한 포도나무 같으며 네 상에 둘린 자식은 어린 감람나무 같으리로다"(시 128:3).

어머니와 아버지가 사이좋게 지내는 모습만 보여 주어도 자녀들에게는 정서적으로 큰 안정을 주게 된다. 사랑이 넘치는 가정 안에서 자녀들의 인격은 고상하게 만들어지게 될 것이다. 세상에서 줄 수 없는 아름다운 사랑의 힘이 가정에서부터 흘러오는 것이기 때문이다. 세상은 자녀들에게 지식은 가르쳐 주지만 인격을 고상하게 만들지는 못한다. 이 힘든 작업은 가정에서만 이루어지는 것이다. 부모에게 막중한 책임이 따르는 것이다.

자녀들 앞에서는 절대로 소리를 지르거나 화를 내거나 윽박지르는 행위는 삼가 해야 한다. 공포의 분위기는 마음의 깊은 아픔과 상처가 되기 때문이다. 부모들의 문제가 무엇인지 가정의 문제가 무엇인지 자녀들은 잘 모른다. 거의 관심도 없다고 보면 된다. 자녀들이 부모들을 이해하지 못하기 때문에 늘 조심해서 행동해야 한다. 부모의 삶은 자녀들의 거울이기 때문이다.

아버지는 어머니에게 늘 친절하고 자상하게 대해 주어야 한다. 어머니는 아버지의 보호를 받아야 하고 자녀들에게도 보호를 받아야 하기 때문이다. 여자는 쉽게 상처를 받고 슬퍼하기 때문이다. 아버지가 어머니에게 사랑한다는 말을 하는 것을 한 번도 들어보지 못한 자녀들이 의외로 많은 것이 현실이다. 어머니도 마찬가지이다. 남편에게 사랑한다는 말을 자녀들 앞에서 자연스럽게 해야 한다. 어색하기도 하고 부끄럽기도 하겠지만 자녀들 앞에서 과감한 사랑의 행동을 보여 주어야 한다. 부모가 다정하게 사랑한다는 말을 하므로 자녀들에게도 좋은 본보기가 될 것이다. 그들도 우리와 같이 행복하게 살라고 가르칠 수 있는 제일 좋은 교육 현장이기 때문이다.

'사랑의 하나님 아버지, 우리 부부의 애정 표현이 자녀들에게 깊은 안정과 즐거움을 선사하는 것이 되게 하시며 웃음이 넘치는 가정이 되게 하옵소서. 아멘!'

26. 아내를 더 아름답게 해주는 것이다

"나의 누이 나의 신부야 네 사랑이 어찌 그리 아름다운지 네 사랑은 포도주에 지나고 네 기름의 향기는 각양 향품보다 승하구나"(아 4:10).

여자는 나이가 어릴 때나 많을 때나 늘 예뻐지고 싶은 마음에는 변함이 없다. 가장 듣기 좋은 말이 "요즈음 많이 예뻐지셨어요" 이다. 항상 들어도 질리지 않고 신나고 유쾌하게 만드는 말이다. 하루는 70살이 훨씬 넘은 할머니가 눈가 밑에 주름 제거 수술을 하고 싶은데 어떻게 생각하냐고 의견을 물어 왔다. 무엇을 말하는가? 할머니도 여자이기에 예뻐지고 싶은 마음이 있는 것이다. 그래서 성형 수술이 유행처럼 번져가는 것이다. 여자들은 가장 아름답고 예쁠 때 대부분 결혼을 하게 된다. 그래서 신부를 생각할 때는 아름답고 예쁜 것을 연상하게 만든다. 일생에 가장 눈부시게 아름다운 날이 웨딩드레스 입는 결혼식이다. 최고로 아름답고 예쁠 때 아내를 맞이한 남편들이여 행복하지 않았는가?

가슴이 두근거리고 설레는 마음으로 신부를 맞이하고 죽을 때까지 변치 않고 당신만 사랑하겠다고 다짐하지 않았는가? 성경 위에 손을 얹고 하나님께 맹세하지 않았는가? 그러나 지금의 아내의 모습을 한번 보라. 어떻게 변해갔는지 알 수 있을 것이다. 세월이 흘러서 예쁜 모습은 변했을지라도 내면에서 흘러나오는 아름다움이 있지 않는가! 이것은 남편의 사랑이 만들어 가는 것이다. 얼마만큼 남편의 돌봄과 친절한 배려와 사랑을 받았는지 아내를 보면 당신의 진정한 모습을 알 수 있다. 남편의 헌신적인 사랑이 없으면 결코 아내에게 아름다움의 모습을 찾을 수가 없다. 아내를 내 몸같이 사랑하라는 하나님의 말씀에 순종하지 않는 한, 아내는 여성으로서의 아름다움을 유지하기 어렵다. 부부생활을 잘하고 아내만을 사랑하는 멋진 남편이 되기를 바란다. 그러면 나이가 들어도 평생 예쁘고 아름다운 아내의 모습을 보는 즐거움이 있을 것이다.

'사랑의 하나님 아버지, 아내를 사랑하고 남편을 존경하는 애정의 표현들이 날로 더해가게 하시고 속 사람이 더욱 강건해지게 하옵소서. 아멘!'

27. 남편이 더 멋있어 보이는 것이다

"남편은 그 아내에 대한 의무를 다하고 아내도 그 남편에게 그렇게 할지니라"(고전 7:3).

사랑하는 부모 곁을 떠나서 남편과 함께 평생 살아야 하는 것은 쉬운 일이 아니다. 많은 것을 포기하고 자신을 죽이면서 따라가야 할 일이 너무 많기 때문이다. 사랑하는 남편을 도와야 하는데 어떻게 하는 것이 잘 돕는 것인지 모를 때가 많다. 그러나 살면서 도울 일은 무궁 무진하다는 것을 알 수 있다. 의식주의 모든 생활은 아내의 손길 없이는 이루어질 수 없다. 자녀를 낳아서 아름다운 가정을 이루는 것도 아내의 몫이 더 크다.

세상의 유혹의 손길이 사방팔방 뻗치지 않은 데가 없는 시대에 살고 있다. 남편으로 하여금 죄와 가까이 하지 않도록 늘 기도하면서 도와 주어야 한다. 부부의 아름다운 성생활을 통해서 정욕에 물들지 않도록 신경을 써야 한다. 정기적으로 성적인 만족을 채워주는 것도 아내의 몫이다. 아내의 몸은 아내의 것만이 아니라 남편의 것이기도 하다. 남편도 남편의 몸이 아내의 것임을 명심해야 한다. 더러운 정욕에 이끌리어 죄를 짓는 일이 절대로 없어야 한다. 밖에 있는 시간이 많은 남편일수록 아내와의 대화를 통해서 아내가 내조를 잘할 수 있도록 격려를 아끼지 말아야 한다.

남편이 세상의 빛이 되도록 가정 안에서 날마다 충전이 되어야 한다. 아내의 복종과 섬김은 남편으로 하여금 주님의 일에 더 전진하도록 이끌어 주는 것이 될 것이다. 나이가 들수록 더 성숙하고 멋진 모습으로 변해 갈 것이다. 아내의 도움 없이는 남편들은 멋있는 사람이 되지 않는다. 남편은 아내의 내조를 통해서 힘을 얻어 모든 일에 자신감을 가지고 살아가는 존재이다. 하나님께 늘 감사하며 믿음의 길을 나아가게 될 것이다. 남편의 사랑은 늘 주님께로부터 오는 것이라야 한다. 그 사랑을 힘 입어서 가정의 제사장의 역할을 잘 감당하자.

'사랑의 하나님 아버지, 아내와 남편으로서 각자 마땅히 할 의무들을 행하되 사랑으로 충만하게 하소서. 서로 돕되 그리스도 예수 안에서 성숙한 사람으로 만들어가는 일에 일조하는 부부되게 하소서. 아멘!'

28. 실수를 통해서 배우자를 알아 가는 것이다

"모든 겸손과 온유로 하고 오래 참음으로 사랑 가운데서 서로 용납하고"(엡 4:2).

결혼 생활을 완벽하게 잘 하면서 사는 사람은 이 세상에 아무도 없다. 서로의 부족한 점을 용납하면서 하나되는 모습으로 살아가는 것이다. 세월이 지날수록 장점보다 단점이 더 크게 보이는 이유는 무엇일까? 단점을 덮어주기 보다 캐내어 긁어 부스럼 내는 일을 하기 때문이다. 부부는 모든 면에서 함께 해야 할 동반자이다. 뗄래야 뗄 수 없는 관계이다.

살다 보면 실수를 수없이 하게 된다. 생각은 그렇지 않은데 행동에 실수가 얼마나 많은지 모른다. 그럴 때마다 실수를 지적하기 보다 감싸고 격려해 주고 힘을 실어 주어야 하는 것이 진정한 배우자의 모습이다. 서로의 실수를 통해서 배우자를 알아 가면서 도와 주어야 하는 삶을 터득해야 한다. 그렇지 않으면 부부들의 진솔한 삶을 기대하기 어렵다는 것을 알아야 한다. 실수를 한다는 것은 배울 것이 많다는 것을 의미하기도 한다.

배우자를 잘 아는 것이 무엇보다 중요하다. 서로를 잘 모르면 더 많은 실수가 기다리고 있기 때문이다. 남편과 아내는 결혼 생활을 통해서 하나님만을 의지하는 삶으로 방향을 돌려야 한다. 세상을 향해서 달려 가다 보면 돌이킬 수 없는 엄청난 실수를 하기 때문이다. 우리의 소망은 주님이고 이 땅에 삶은 잠시 동안 살아가는 나그네의 삶이라는 것을 직시 해야 한다. 너무 많은 욕심으로 인해 서로에게 고통을 안겨 주는 실수를 범해서는 안 될 것이다. 부부가 서로에게 익숙해지면서 정신적으로나 육체적으로나 영적으로나 하나님께 영광을 돌리는 믿음의 삶을 살아가는 것이 진정한 행복이 아니겠는가? 서로에게 유익을 주고 실수를 덮어 주면서 둘이 꿋꿋하게 이 땅에서 하나님의 뜻을 이루어 가는 부부로 살아가야 한다.

'사랑의 하나님 아버지, 우리가 겸손함과 온유함과 오래 참음을 잘 배워서 실천하게 하시고 상대방에게서 선하고 아름다운 것만 보고 듣는 눈과 귀를 주옵소서. 생명의 소리, 화평의 은혜가 넘치게 하옵소서. 아멘!'

29. 고통을 이겨내야 한다

"고난당한 것이 내게 유익이라 이로 인하여 내가 주의 율례를 배우게 되었나이다"(시 119:71).

인생은 즐거움만 있는 것이 아님을 누구나 다 알고 있다. 또한 좋은 일들만 생기는 것이 아니라는 것도 다 안다. 기쁨보다는 슬픔이 더 많다는 것도 알고 있다. 그러나 결혼 전에는 전혀 생각해 보고 싶지 않았을 것이다. 그러나 현실은 너무나 냉혹하고 당황스러울 때가 한두 번이 아님을 누구나 경험했을 것이다. 인생의 쓴맛을 맛보지 않은 사람은 아무도 없을 것이다. 심지어 어린아이들에게까지 고통이 찾아오는 것을 보게 된다.

단체 활동을 잘하기 위해서는 한마음 한 뜻이 되어야 한다. 그러기 위해서 극기훈련을 시킨다. 어려움과 고통을 참아내며 인내하는 과정을 거쳐야지 하나가 되기 때문이다. 힘들 때 서로 도와주면서 협동심을 키우고 나면 단체가 튼튼하게 결속이 잘 되기 때문이다.

부부도 둘이 하나되는 훈련을 거쳐야 한다. 저절로 하나되는 삶을 살 수 없기 때문이다. 그래서 시련이 닥쳐 오면 도망가지 말고 부부가 함께 고통을 참아내야 한다. 인내하며 서로를 도와주면서 견디는 훈련을 잘 감당해야 한다. 그러므로 부부가 더 견고하게 가정을 세워갈 수 있을 것이다. 아픔을 통해서 겸손을 배우고 시련을 통해서 성숙을 배우고 고통을 통해서 감사를 배우게 되기 때문이다. 이 모든 것이 결혼생활의 아름다운 조화를 이루는 것이다. 그러면 어떠한 시련과 고통이 찾아 와도 부부가 하나 되는 모습으로 잘 이겨 낼 수 있다. 하나님께서 결혼생활을 통해서만이 누릴 수 있는 행복을 거저 주지 않으셨다. 시련과 고통과 아픔을 통해서 더 찬란하게 빛을 발할 수 있도록 하나님의 자녀들을 훈련시키는 것이다.

'사랑의 하나님 아버지, 고난과 역경의 현장에서 서로의 사랑이 더 깊어지고 이해하고 북돋아 주고 세워주는 은혜만 넘치게 하옵소서. 아멘!

30. 부부의 사랑은 숭고한 것이다

"너희 안에 이 마음을 품으라 곧 그리스도 예수의 마음이니"(빌 2:5).

하나님의 교회를 위해서 자신의 몸을 희생시키며 끝까지 사랑하신 예수님이시다. 이 사랑이야말로 숭고하고 거룩한 사랑이 아니고 무엇이겠는가? 그런데 이러한 사랑의 모습을 가정 안에서도 볼 수 있게 만드셨다는 것을 알아야 한다. 남편의 사랑은 아내를 죽기까지 사랑하는 것이다. 예수님을 본 받아서 그 숭고한 사랑의 헌신을 가정에서 보여 주어야 하는 것이다.

한 아내만을 사랑하는 것이 남편들에게는 힘든 과정일 것이다. 세상에 사랑하고 좋아할 것이 널려 있는데 오직 한 아내만을 사랑한다는 것이 얼마나 힘들겠는가? 그러나 하나님께서는 그 숭고하고 멋진 사랑을 남편에게 하라고 명령하셨음을 알아야 한다. 그렇지 않으면 남편들은 하나님의 뜻을 이루어 가는 것이 아니다. 자신의 야욕과 욕망을 채우려는 못된 습성을 과감하게 버려야 한다. 정욕을 참지 못하고 아내들을 마음 아프게 하는 죄는 절대로 짓지 말아야 한다.

하루에도 수십 번씩 감정의 변화를 일으키는 아내를 어떻게 사랑하겠는가? 여자의 마음은 갈대와 같다는 말이 있듯이 이리저리 흔들리고 요동하는 마음을 남편들이 무슨 수로 바로 잡아 줄 수 있겠는가? 그러나 남편들이 주님을 사랑하는 마음이 변함이 없다면 할 수 있을 것이다. 주님께서 힘과 능력을 부어 주시기 때문이다. 아내가 행복해야 남편과 자녀들이 행복하지 않겠는가? 가정이 편안해야 남편들이 사회에 나가서 주님의 뜻을 이루지 않겠는가? 사랑하는 남편과 아내들이여! 이 숭고하고 멋진 사랑을 나누면서 살아가는 복된 부부가 되기를 바란다.

'사랑의 하나님 아버지, 주님이 우리를 사랑하신 것과 같이 우리도 서로 그렇게 사랑하게 하옵시고 육체의 정욕과 안목의 정욕과 이생의 자랑에서 벗어나는 은혜가 넘치게 하옵소서. 아멘!'

CHAPTER_ 07

성도의 가정 예배

1. 가정 예배는 필수과목이다

"항상 조석으로 번제단 위에 여호와께 번제를 드리되 여호와의 율법에 기록하여 이스라엘에게 명하신 대로 다 준행하게 하였고"(대상 16:40).

우리가 살면서 꼭 해야 할 일과 하지 않아도 될 일이 있다. 특히 결혼생활에서는 부부가 영적으로 하나되는 일은 어떠한 일이 있어도 양보해서는 안 된다. 무엇보다도 하나님께 예배하는 것은 생명보다 소중한 일이다. 우리는 날마다 주 안에서 살아가고 있음을 결코 잊어서는 안 된다. 하나님 없이 할 수 있는 일은 이 세상에 아무것도 없음을 깊이 깨달아야 한다. 아내와 남편에게 주님께서 허락하신 행복을 누리기 위해서라도 가정 예배는 선택 과목이 아니라 필수 과목임을 명심해야 한다.

사단은 늘 틈을 노리고 있음을 알아야 한다. 조금이라도 방심하면 가차없이 틈 속으로 들어오는 무서운 놈이다. 어떠한 일이 있어도 틈을 주어서는 안 된다. 그러기 위해서는 날마다 주님께로 나아가야 한다. 사단은 우리의 생각과 사고를 초월해서 움직이는 교묘한 놈이다. 정신 바짝 차리고 깨어서 늘 기도하며 하나님이 세워주신 가정을 서로가 잘 지켜야 한다. 그러나 우리 힘으로는 사단을 이길 수가 없다. 하나님의 간섭하심과 도우심이 있어야 한다.

절대적인 믿음을 가지고 주님의 역사하심을 늘 기대하며 살아야 한다. 내 생각대로 해서는 되는 일이 없다. 눈 앞에 있는 일은 잘 되는 것 같아 보여도 미래를 보면 허탕을 치고 있음을 알아야 한다. 시간 없다고 핑계되지 말자. 피곤하다고 예배드리는 일을 미루지 말자. 이 세상에 생명보다 귀중한 것이 없다. 영원한 생명을 위해서 오늘도 하나님 앞에 엎드리는 겸손한 예배가 있어야 한다. 나도 살고 사랑하는 배우자도 살고 예쁘고 사랑스러운 자녀들도 사는 길이다.

'사랑의 하나님 아버지, 우리의 가정이 주님을 항상 경외하며 섬기는 가정이 되게 하시며 주님의 주 되심을 나타내는 가정이 되게 하옵소서. 아멘!'

2. 가정의 화목을 위한 길이다

"여호와께서 자기를 위하여 경건한 자를 택하신 줄 너희가 알지어다 내가 부를 때에 여호와께서 들으시리로다"(시 4:3).

하나님께서 세우신 가정은 성도들이 작은 천국을 맛볼 수 있는 곳이다. 천국 백성으로서 살아가는 모든 삶의 지혜를 배우는 곳이기도 하다. 세상의 빛과 소금의 역할을 할 수 있도록 실천하는 장소이다. 어느 누구도 방해할 수 없는 신성한 곳이 가정이다. 부모님과 자녀들이 하나님의 말씀으로 살아가는 것을 배우고 익히고 실천하는 복된 가정이다. 이 가정의 화목과 평안을 위해서라도 늘 잊지 않고 가정 예배를 드려야 한다.

가정의 화목을 깨트리는 요소들을 제거해야 한다. 분위기를 살벌하게 만드는 방해꾼들이 집에 들어오지 못하게 해야 한다. 미움과 다툼은 가정 안에서 허용하지 말자. 남편과 아내가 서로 사랑하고 존중하는 가정의 질서를 잘 세워가야 한다. 남편이 잘못 했으면 아내가 용서하면 된다. 아내의 잘못이 드러나면 남편이 너그러운 마음으로 용서와 사랑을 주어야 한다. 자녀가 잘못 했으면 매를 들어서라도 바르게 훈계하고 가르쳐야 한다. 악하고 흉측한 것들이 자녀들을 삼키지 못하도록 부모가 가정 예배를 통해서 지켜 주어야 한다. 세상에 자녀들을 빼앗기지 말고 하나님의 자녀로서 살아가도록 신앙 교육을 해야 한다. 가정 안에서 영적인 힘을 길러 주어야 한다. 세상은 하나님의 자녀가 살아가는데 그렇게 만만치가 않다. 늘 믿음을 가지고 흔들림 없이 꿋꿋하게 행동해야 할 것이다. 자녀들의 영적인 힘은 하나님의 말씀대로 살 때 발휘할 수 있다. 아내와 남편도 늘 믿음으로 살아가야 한다. 하루의 일과를 마치고 주님께로 나아가야 한다. 가정 예배만큼 귀하고 소중한 것은 없다. 가정의 화목은 주님께서 기뻐하고 원하시는 것임을 명심하고 방해꾼들을 물리치는 힘을 길러야 한다.

'사랑의 하나님 아버지, 우리 모두가 주님을 온전히 섬기며 경외하는 경건한 가족이 되게 하시며 가정에서 찬양과 감사와 말씀의 외침이 끊이지 않으며, 하나님이 복 주시기를 기뻐하는 식구들이 되게 하옵소서. 아멘!'

3. 죄를 회개하는 시간이다

"주께서 경건한 자는 시험에서 건지시고 불의한 자는 형벌 아래 두어 심판 날까지 지키시며"(벧후 2:9).

하루 종일 밖에서 일하다가 집에 돌아오면 제일 먼저 하는 것이 몸을 씻는 것이다. 흙과 먼지를 털어 내고 몸을 깨끗이 닦아내는 일을 한다. 그리고 몸과 마음을 편히 쉰다. 가정의 울타리는 육체의 쉼을 갖기도 하지만 영적으로 재충전을 받는 곳이어야 한다. 세상에서 살면서 지은 죄를 날마다 회개하는 시간을 가져야 한다. 곧 가정 예배를 통해서 믿음이 자라가며 성숙한 그리스도인이 되는 것이다.

죄를 회개하지 않고서는 하나님의 자녀로 살아 갈 수 없다. 우리는 완전한 인간이 아니기에 원치 않는 죄를 짓고 산다. 그 때마다 주님께 겸손하게 엎드리는 훈련을 해야 한다. 죄를 품고 있으면 성령님이 역사하지 않으신다. 즉시 죄를 회개하고 하나님의 말씀 앞에 나아가야 한다. 죄는 우리를 갈 때까지 가게 만드는 못된 놈이다. 그리고 끝을 내게 만드는 지독한 놈이다. 죄의 길에서 벗어나는 길은 하나님을 예배하는 자리에 날마다 나아가는 것이다.

죄를 짓는 자리에서 나오는 것이 혼자의 힘으로는 힘들고 어렵다. 남편과 아내가 죄를 짓는 자리에 있을 때 배우자의 도움을 받으면서 함께 기도하는 자리로 가야 한다. 부부가 성령으로 하나되는 것이 곧 사단을 물리칠 수 있는 힘이 되는 것이다. 가정 예배를 드리므로 배우자에게 영적인 힘과 방패가 되도록 힘써야 한다. 자녀들이 죄를 지을 때 부모가 일으켜 주는 역할을 해야 한다. 그들의 마음을 살펴 주고 죄의 유혹에 빠지지 않도록 늘 함께 예배하며 말씀으로 정결케 하는 시간들을 가져야 한다. 기도하는 부모가 늘 옆에 있다는 것은 자녀들에게 큰 힘이 되고 죄의 자리에게 떠나게 만들기 때문이다.

'사랑의 하나님 아버지, 둘이 합하여 하나되게 하셨으니 서로 죄를 고하고 용서하며 깨어 기도 함으로써 주님께서 거하시는 거룩한 처소로 함께 지어져 가게 하옵소서. 아멘!'

4. 서로를 위하여 기도하는 시간이다

"이러므로 너희 죄를 서로 고하며 병 낫기를 위하여 서로 기도하라 의인의 간구는 역사하는 힘이 많으니라"(약 5:16).

가족이 한 집에 같이 살고 있어도 서로가 눈을 보며 대화를 나누는 시간들이 많지가 않다. 부모와 자녀가 나름대로 자기의 영역이 있어서 서로가 바쁘게 지내기 때문이다. 부부가 맞벌이 하는 가정은 더욱더 대화를 나누며 교제하는 시간들이 많지 않음을 알 수 있다. 자녀들도 나름대로 계획된 시간표대로 움직이는 경우가 대부분이다. 또한 집에 있다고 해도 각자의 방에 들어가기 때문에 마주칠 시간이 흔치 않은 것이다.

한 집에 살고 있지만 서로를 잘 알아 가는데 시간을 활용하지 않는다. 부부가 서로 교감을 가지고 대화를 나누며 관심과 사랑을 키워야 한다. 배우자가 지금 어떠한 마음의 상태인지 잘 알아야 하지 않겠는가? 그래야 도움이 필요할 때 적절한 도움을 줄 수 있을 것이다. 다른 사람은 다 알고 있는데 배우자가 모르고 있다면 이 얼마나 불행한 일인가? 자녀들의 일도 마찬가지이다. 다른 사람들은 우리 자녀들의 문제가 무엇인지 알고 있는데 부모가 모르고 있다면 이보다 더 슬픈 일이 어디 있겠는가?

그래서 가정 예배는 꼭 드려야 하는 것이다. 영적으로 하나되는 시간들을 만들지 못하면 우리 모두가 사단의 밥이 되기 때문이다. 사단은 가정 예배를 드리는 것을 결코 좋아하지 않는다. 왜냐하면 하나님을 바라보고 의지하는 복된 시간이기 때문이다. 그러나 하나님은 우리 식구들이 한자리에 모여 앉아서 기도하고 찬송하고 예배하는 것을 통해서 많은 은혜를 부어 주신다. 서로의 문제를 터 놓고 말하고 기도하고 힘을 실어 주는 시간은 너무도 귀하고 소중한 시간임을 명심해야 한다. 청교도들은 가정을 교회와 국가를 위하여 꿀이 저장되는 신학교라고 하였다. 이는 가정예배를 통해서 실현될 수 있다.

'사랑의 하나님 아버지, 우리 안에 죄가 틈타지 않게 하시며 서로를 지키고 살펴서 죄로부터 보호하고 악을 물리치며 교회와 국가를 위하여 꿀을 저장하는 강한 믿음의 가정이 되게 하옵소서. 아멘!'

5.   방해꾼을 처단해야 한다

"너는 기도할 때에 네 골방에 들어가 문을 닫고 은밀한 중에 계신 네 아버지께 기도하라 은밀한 중에 보시는 네 아버지께서 갚으시리라"(마 6:6).

우리나라 고등학생들이 수능을 준비하는 과정을 보면 정말 대단하다는 생각이 든다. 고3병이 생길 정도로 온 식구들이 긴장하며 돌보는 모습은 이해하기가 힘들 정도이다. 집 안에 고3학생이 있으면 모든 생활의 패턴이 바뀐다. 공부하는데 방해되는 요소는 무엇이든지 과감하게 처단한다. 어떤 부모는 교회에 가는 날까지도 공부하라고 할 정도이다. 공부가 전부이고 대학을 합격하는 것이 우선이기 때문이다. 집 안의 행사에도 참석하지 않아도 된다. 고3 자녀가 있으면 다 이해하는 분위기로 가기 때문에 거절해도 그렇게 문제가 되지 않는다.

부모들은 자녀들이 대학에 들어가기 위해서 공부에 방해되는 모든 것을 없애려고 많은 노력을 기울인다. 그러나 하나님의 자녀로 살아가기 위해서 성경 공부하는 것은 얼마나 많은 경비와 시간을 들이는가? 4년의 대학을 위해서 그렇게 많이 투자하는 것에 비해서 하나님의 자녀로서 영생을 얻는 삶에는 얼마나 많이 투자하는가? 우리들이 깊이 반성하고 하나님께 회개해야 한다.

그래서 가장 중요한 것은 가정 예배를 회복하는 길이다. 자녀들이 성장해서 가정을 떠나기 전에 철저하게 말씀으로 훈계하고 교육하는 일을 해야 한다. 바쁘다고 핑계대지 말자. 아무리 바빠도 생명보다 귀한 것은 없다. 자녀들에게 이 세상을 정복하고 다스리기 위해서 무기를 쥐어 주어야 하지 않겠는가? 곧 하나님의 말씀으로 무장하고 어떠한 시련과 어려움이 닥쳐와도 쓰러지고 좌절하지 않는 용감한 하나님의 군사로 키워야 하지 않겠는가? 하나님을 예배하는 데 방해되는 것을 모든 것을 철저하게 처단해야 한다.

'사랑의 하나님 아버지, 기도와 예배시간을 방해하는 모든 요소들을 제거해 주시고 위엣 것을 찾음으로 육체의 일들을 죽이게 하시고 육신의 피곤함 때문에 경건의 시간을 거르는 일이 없는 신앙생활이 되게 하옵소서. 아멘!'

6. 늘 우선순위에 두어야 한다

"여호와의 자비와 긍휼이 무궁하시므로…이것이 아침마다 새로우니 주의 성실이 크도소이다"(렘애 3:22-23).

우리가 스케줄을 짤 때 가장 중요한 일이 무엇인지를 생각하며 그것을 우선 순위에 둔다. 하루 중에 내가 꼭 해야 할 일과 나중에 천천히 해도 될 일을 구분하며 계획을 세운다. 대충 해도 되고 철저하고 꼼꼼하게 해야 할 일도 생각해낼 것이다. 성도가 하루 중에 가장 중요한 일이 무엇일까? 아무리 바쁘고 힘들어도 꼭 해야 할 일이 무엇인가? 그것은 바로 온 식구들이 한자리에 모여 앉아서 하나님을 예배하는 일이다. 가정 예배가 없으면 하나님이 기뻐하시는 가정으로 이끌어 나가기가 어렵다. 또한 영적인 복을 기대하지 말아야 한다.

부모가 어린 자녀에게 늘 먹을 것을 챙겨 주고 건강을 돌보는 일은 아무리 바쁘고 힘들어도 하는 것이 정상적이다. 먹을 것은 주지 않고 돌보기만 한다면 결국은 굶어 죽게 될 것이다. 영적인 것도 마찬가지이다. 집 안에서 함께 생활하는 것으로 만족하지 말아야 한다. 영적인 양식을 공급해 주지 않으면 결국은 망하게 되기 때문이다. 하나님의 말씀으로 분별력을 키워 가야 한다. 무엇이 옳고 그른지 스스로 판단할 수 있게 영적인 힘을 키워 주는 것이 부모들이 할 일이다. 이것 보다 더 중요하고 귀중한 일은 없을 것이다. 아내와 남편도 하나님의 말씀으로 하나되고 서로 사랑하고 존중하며 살아가는 것이다. 진리의 말씀이 없이는 부부가 사랑으로 하나되는 일은 어려울 것이다. 늘 말씀 안에서 순종하며 하나님을 예배하는 경건한 가정으로 만들어 가야 한다. 부부 싸움을 했으면 주님께 회개하는 시간을 가져야 한다. 부부가 하나님께 엎드려 회개하고 다시금 새 힘을 얻어 사단이 틈타지 못하도록 힘써야 한다. 그래서 가정 예배는 날마다 드려야 한다. 겸손한 자에게 은혜를 주시는 복을 누려야 한다.

'사랑의 하나님 아버지, 영원하신 주의 인자하심과 은혜로우심을 의지하여 날마다 주 앞에 나아가기를 힘쓰며 먼저 그 나라와 그 의를 구하는 경건의 연습을 잘 감당하는 가정이 되게 하옵소서. 아멘!'

7. 마음을 함께하는 시간이다

"마음을 같이하여 같은 사랑을 가지고 뜻을 합하며 한마음을 품어"(빌 2:2).

한 가족이 같은 마음과 같은 생각을 품고 살아 간다면 그것보다 더 행복한 일은 없을 것이다. 부모와 자녀가 서로 마음을 같이해서 주를 섬기는 모습은 한 폭의 아름다운 그림이다. 이런 그림은 아무나 그릴 수 있는 것은 아닐 것이다. 자녀가 부모의 마음을 알고 부모가 자녀의 마음을 읽을 수 있어야 하지 않겠는가? 같은 공간에서 늘 먹고 자고 생활하지만 가족들이 도대체 무슨 생각을 하면서 지내는지 알지 못한다면 이 얼마나 답답한 일이겠는가?

아내의 아픔과 고통을 남편이 함께해 주지 못한다면 얼마나 슬픈 일인가? 남편이 시련과 고통 중에 있는데 아내가 전혀 눈치도 못 챈다면 이 또한 얼마나 허망하겠는가? 자녀들이 홀로 아픔을 참고 이기려고 애쓰고 있는데 부모는 전혀 관심이 없다면 이 또한 기가 막힌 노릇이 아니겠는가? 가족은 모든 것을 함께해야 하는 것이다. 기쁨과 슬픔도 아픔이나 시련과 역경도 함께 헤쳐 나가야 하는 것이다. 그러기 위해서는 서로의 관심과 사랑을 늘 표현해야 하며 함께하는 시간들을 만들어 가야 한다.

하루 종일 각자의 일로 분주하게 보냈을지라도 잠을 이루기 전에는 다같이 모여서 하나님께 예배하는 시간을 가져야 한다. 찬송을 부르고 말씀을 읽고 기도를 하는 시간을 갖지 못한다면 가족이 같은 마음을 품고 사는 것을 기대하기가 어려울 것이다. 어려운 문제가 있으면 함께 힘을 모아서 기도해야 한다. 또한 슬픈 일을 당했다면 서로가 위로하고 하나님의 말씀으로 격려한다면 얼마나 큰 힘이 되겠는가? 아내와 남편이 부모와 자녀가 마음을 같이해서 하나님을 기쁘게 해 드려야 한다.

'사랑의 하나님 아버지, 우리 식구들이 항상 마음을 같이 나누게 하옵시며 같은 사랑을 가지고 뜻을 합해서 한마음으로 온전히 주님만 섬기는 복된 가정이 되게 하옵소서. 아멘!'

8. 어려움을 같이 나누는 시간이다

"만일 한 지체가 고통을 받으면 모든 지체도 함께 고통을 받고 한 지체가 영광을 얻으면 모든 지체도 함께 즐거워하나니 너희는 그리스도의 몸이요 지체의 각 부분이라"(고전 12:26-27).

우리 나라 속담에 백지장도 맞들면 가볍다는 말이 있다. 백지장이 아무리 가벼워도 둘이 함께 들면 더 가볍다는 것이다. 어떠한 일을 혼자 하는 것보다 둘이 함께 하면 더 쉽고 좋다는 것을 의미 하는 것이다. 아무리 어렵고 힘든 일이 있어도 서로가 같이 마음을 나누고 힘을 실어 주는 가족이 있다는 것은 참으로 좋은 것이고 행복한 것이다. 우리를 이 땅에 홀로 살게 하지 않으시고 남편과 아내를 주시고 부모와 자녀들을 주셨다는 것은 하나님의 깊으신 사랑의 표현이다. 이 세상에서 살아가는 것이 늘 어려움과 시련에 봉착할 수 있다는 것을 누구보다도 하나님은 잘 알고 계신다. 그래서 사랑하는 가족들과 함께 살면서 어려움들을 잘 극복해 가기를 원하신다. 주님만을 의지하면서 가족들과 마음을 같이 하는 것은 아름다운 일이다.

힘들고 지치고 고생스러울 때 우리는 주님만을 바라보고 의지하는 방법을 터득해야만 한다. 세상과 타협하고 비 진리가운데 거하는 것은 불행의 씨앗이 되는 것임을 명심해야 한다. 어떠한 시련과 환란이 닥쳐와도 사랑하는 가족들과 함께 주님만을 붙잡고 나아가야 한다. 배우자에게 힘들고 아프다고 말하며 도움을 구해야 한다. 부모에게 나한테 어려움이 닥쳐왔으니 함께 해 달라고 말해야 한다. 나 혼자서 해결하려고 애쓰고 노력하지 말자. 가족은 좋은 일이든 나쁜 일이든 함께 하는 것이다. 힘을 모아서 주님께 나아가며 간절히 도움의 기도를 해야한다. 주님은 반드시 도와 주시고 해결해 주실 것이다. 이 일을 쉬지 말고 날마다 해야 한다. 가정 예배는 우리 가정이 살고 사회가 살고 나라가 사는 길이다.

'사랑의 하나님 아버지, 둘이 합하여 하나가 되게 하셨으니 우리 사이를 갈라놓는 죽음이 올 때까지 서로 돕고 세워주고 사랑하고 인내하고 바라며 믿고 견디는 식구들이 되게 하옵소서, 아멘!

9. 가장 겸손한 시간이다

"여호와를 경외하며 그 도에 행하는 자마다 복이 있도다…네가 복되고 형통하리로다"(시 128:1-2).

성도가 가장 겸손할 때가 기도하는 시간이다. 온 식구들이 가장 겸손하게 주님의 뜻을 구하는 시간이 가정 예배 시간일 것이다. 하나님이 주신 소중한 가정을 내 마음대로 이끌어 가다가는 큰코 다친다. 세상 사람들과 가치관이 다르기에 날마다 정신 차리고 깨어 있어야 한다. 진리의 말씀을 읽고 듣고 묵상하는 훈련을 거듭해야 한다. 하나님의 말씀으로 무장하지 않으면 사단의 밥이 되기 쉽다. 혼탁한 이 세상에서 빛으로서의 사명을 잘 감당하기 위해서는 늘 겸손하게 주님께 엎드려야 한다.

사랑하는 온 식구들이 날마다 주님을 찾고 구하고 기도하는 훈련을 해야 한다. 하루의 지친 몸을 이끌고 가정에 돌아와서 영혼의 안식을 누려야 하지 않겠는가? 세상에서 묻어온 더러운 것들을 씻어 내는 시간이 필요하다. 우리의 눈과 귀와 입을 하나님의 말씀으로 정결하고 깨끗하게 씻어 내야 한다. 육신이 피곤하다고 가정에 돌아와서 아무것도 하지 않고 쉬기만 하지 말자. 아내와 남편에게 관심과 사랑을 보여주는 노력을 기울여야 한다. 아내가 집에서 자녀들을 키우고 있으면 수고를 인정하고 자상하고 따뜻한 사랑의 말을 해야 한다. 남편이 하루 종일 밖에서 일하고 돌아오면 수고했다고 부드러운 말로 칭찬을 하는 지혜로운 아내가 되어야 한다. 밖에서 자녀들이 어떻게 시간을 보냈는지 점검하는 시간을 가져야 한다. 악한 것에 물들기 전에 자녀들과 마음을 열고 대화를 나누어야 한다. 무엇이 옳고 그른지 가르쳐 주어야 한다. 하나님의 말씀을 마음에 새기는 과정이 가정 예배를 통해서 이루어져야 한다. 온 식구가 하나님 앞에 겸손하게 무릎 꿇고 지혜를 구하며 세상에서 승리해야 한다.

'사랑의 하나님 아버지, 우리가 가정에서부터 하나님의 얼굴을 구하며 그의 능력을 간구하오니 날마다 우리 곁에 서서 강건하게 하옵소서. 승리의 노래를 부르게 하옵소서. 아멘!'

10. 자녀들을 주님께로 인도하는 시간이다

"예수께서 그 어린 아이들을 불러 가까이 하시고 이르시되 어린 아이들이 내게 오는 것을 용납하고 금하지 말라…"(눅 18:16)

우리의 사랑스러운 자녀들이 하루 종일 지내면서 하나님에 관해서 얼마나 많이 배울 수 있는지 생각해 보자. 학교에서는 종교에 대한 언급을 금하고 있기 때문에 들을 수 없을 것이다. 그렇다고 놀이터에서나 유치원에서나 그 어디에서도 하나님에 관해서 가르쳐 주지 않는다. 친구들끼리는 더욱더 영적인 대화를 나누지 못할 것이다. 언제 하나님의 말씀을 배우고 익힐 것인가? 주일날 교회에 가서 한 시간 하는 주일학교 교육으로는 너무나 많이 부족하다.

부모들이 책임감을 가지고 하나님의 말씀을 가르쳐 주어야 한다. 부지런히 모든 지혜를 발휘해서 자녀들이 하나님을 알아가도록 힘써야 한다. 어느 누구도 우리들의 자녀들에게 영적인 것을 먹여 주지 않는 시대에 살고 있다. 갈수록 사회는 악해지고 있고 분별력을 잃어 버리게 하는 나쁜 영향들이 파도같이 몰려 오고 있는 것이 현실이다.

믿음은 들음에서 나는 것인데 누군가는 우리 자녀들에게 말씀을 전해 주어야 하지 않겠는가? 교회에만 맡기는 것은 유일한 방법이 아니다. 자녀들과 날마다 함께 생활하고 있는 부모가 책임을 지고 가르쳐야 한다. 그렇지 않으면 육체는 성장할지 몰라도 영적인 것은 늘 어린아이 자리에서 벗어나지 못하게 된다.

성경을 가르칠 때도 잘 알아서 하나님이 원하시는 삶이 무엇인지를 분명하게 가르쳐야 한다. 얼렁뚱땅 구렁이 담 넘어가듯이 대충 가르쳐서는 죽도 밥도 안 되는 것을 기억하라. 부모가 확실한 믿음으로 가르치는 대로 살아야 하고 자녀들에게 그런 삶을 보여줄 수 있어야 하지 않겠는가? 자녀들을 그리스도에게 인도하는 부모가 하나님께 칭찬을 들을 것이다.

'사랑의 하나님 아버지, 우리 아이들을 주님의 보좌 앞으로 날마다 데리고 나아가게 하시어 어려서부터 주님의 생명의 씨가 무럭무럭 자라가게 하옵소서. 아멘!'

11. 기도 훈련 장소이다

"나는 너희를 위하여 기도하기를 쉬는 죄를 여호와 앞에 결단코 범치 아니하고 선하고 의로운 도로 너희를 가르칠 것인즉"(삼상 12:23).

좋은 습관이 자녀의 몸에 익숙하게 만들기 위해서는 피나는 노력과 땀이 있어야 한다. 물론 부모의 귀한 가르침이 우선이다. 그러나 귀한 가르침이 몸에 익숙하기 까지는 산고의 고통이 없이는 이루어질 수 없다. 어릴 때 밥 먹는 습관을 비롯해서 어른들에게 공손하게 인사하는 것, 친절하고 상냥하게 말하고 행동하는 것 등 아주 많이 있다. 훈련의 시간 없이는 멋지고 바른 행동이 나오지 않는다. 우리들은 유약하고 편한 것을 추구하며 살기 때문에 힘든 일을 한다는 것은 그만큼 자신과의 싸움에서 이기지 않으면 안되기 때문이다. 어려서부터 부모의 가르침에 절대적으로 순종케 하며 좋은 습관들을 길러 주어야 한다. 그렇지 않으면 제 멋대로의 인생을 살기 때문에 하나님과는 상관 없는 삶이 될 수밖에 없을 것이다.

그러나 무엇보다도 가장 중요한 것은 기도하는 습관이다. 이 기도하는 훈련이 없이는 하나님의 자녀로서 바르게 살아갈 수 없다. 세상은 점점 바쁘고 아주 빠르게 돌아가고 있다. 조용히 묵상하고 생각하게 만들지 않는다. 무언가 조급하고 빨리 움직이지 않으면 도태되는 느낌을 갖게 만든다. 이것이 세상이다. 그러나 성도는 늘 주님을 생각해야 하며 말씀과 씨름하는 삶이 이루어져야 한다. 그래서 가정 예배를 통해서 온 식구들이 하나님께 간절히 기도하는 시간을 가져야 한다. 어려서부터 하나님을 의지하며 기도하는 습관을 갖도록 죽을 힘을 다해 훈련시켜야 한다. 부모가 이 세상에 없어도 자녀들을 항상 지키시고 인도하시는 살아계신 하나님을 바라보게 해야 한다. 쉬지 말고 기도하라는 하나님의 명령을 힘을 다해서 가르쳐야 한다.

'사랑의 하나님 아버지, 기도하는 법을 잘 배워 기도하는 가정, 기도하는 아이들이 되게 하옵시고, 기도의 줄을 결코 놓지 않도록 주님의 긍휼과 자비하심을 베푸소서. 주의 인자하심을 힘입어 간절히 비옵나이다. 아멘!'

12. 제사장의 직분을 잘 감당하자

"오직 너희는 택하신 족속이요 왕 같은 제사장들이요 거룩한 나라요 그의 소유된 백성이니 이는 너희를 어두운 데서 불러내어 그의 기이한 빛에 들어가게 하신 자의 아름다운 덕을 선전하게 하려 하심이라"(벧전 2:9).

하나님이 남편에게는 가정에서의 제사장의 직분을 주셨다. 그러므로 사랑하는 아내와 귀여운 자녀들을 날마다 주님께로 인도할 책임이 남편에게 있다. 세상과 벗하지 않고 진리의 말씀을 양식으로 삼아 힘있게 살아야 한다. 가족 식구들 중에 한 사람만 아파도 모든 식구들에게 영향을 미치게 된다. 영적으로도 마찬가지일 것이다. 영적으로 침체된 가족이 있으면 집 안 분위기가 무거울 것이다. 영적으로나 육적으로나 모두가 건강하게 지내려면 제사장의 역할이 가장 중요하다.

부부가 돈을 많이 벌어서 가족들이 편하게 먹고 즐기고 사는 것만이 전부가 아니다. 성도의 삶은 눈에 보이는 세상보다 눈에 보이지 않는 하늘나라를 사모하며 살아가야 한다. 날마다 가정 예배를 통해서 하나님의 말씀을 읽고 듣고 공부하고 찬양하고 기도하는 훈련을 하지 않으면 안 된다. 하나님께서는 남편이 사랑하는 아내와 자녀들을 신앙으로 잘 돌아보기를 원하신다. 가족을 돌보는 일을 소홀히 하면 반드시 남편들에게 책임을 물으실 것이다. 세상은 남편들을 바쁘게 만들어서 가정을 지키는 것을 허락하지 않는다. 또한 세상이 악하기 때문에 방심하면 가족들이 쉽게 죄와 짝하는 삶을 살아가게 되는 것은 시간 문제이다.

하나님만을 사랑하고 우상을 섬기지 않는 가정으로 만들어 가야 한다. 물질 만능주의에 세상을 본받지 않기 위해서는 이 세대를 본받지 말라는 하나님의 말씀에 순종하는 가정이 되어야 한다. 모든 삶의 방법이 말씀에 순종해야 한다. 날마다 가정 예배드리는 시간에 가족들의 신앙이 점검되어야 한다. 잘못된 것이 있으면 회개하고 바르게 가도록 가르치기 위해 힘써야 한다.

'사랑의 하나님 아버지, 제사장으로서의 아비 노릇에 충실하게 하옵시며 날마다 온 식구들을 은혜의 보좌 앞으로 데리고 가 주님 뵈는 복을 누리게 하옵소서. 아멘!'

13. 주님만 의지하는 시간이다

"너희 섬길 자를 오늘날 택하라 오직 나와 내 집은 여호와를 섬기겠노라"(수 24:15).

온 가족이 주님만을 의지하고 산다는 것은 가장 큰 복이 아닐 수 없을 것이다. 그러기 위해서는 우리의 모든 삶을 주님께 드려야 하지 않겠는가? 우리가 하는 일이 나 혼자만의 유익을 위한 것이 아니라 주님께 영광을 돌리는 일이어야 한다. 우리가 생각하고 계획하는 것들이 정말 주님을 위한 것인지 점검해야 할 것이다. 세상은 우리가 주님만을 의지하고 사는 것을 구경만 하고 있지 않다는 것을 직시해야 한다.

인간은 연약하여서 죄와 싸우는 것을 두려워한다. 그리고 무엇이 죄인지도 모르는 경우가 많다. 하나님의 말씀에 위배되는 것은 뭐든지 허용해서는 안 된다. 한 발자국씩 허용하다 보면 나중에는 빠져 나올 수 없이 깊이 들어가기 때문이다. 그렇기 때문에 날마다 가정 예배를 드리면서 무엇이 옳고 그른지를 잘 분별하는 시간이 있어야 한다. 온 가족이 함께 대화를 나누면서 하루 종일 얼마나 주님을 위해서 살았는지를 말할 수 있어야 하지 않겠는가?

우리가 가지고 있는 모든 것은 다 주님께로부터 온 것이다. 부모, 형제, 친척, 친구, 이웃들 모두가 주님이 주신 귀한 선물이다. 사람들과의 관계에서도 그리스도의 사랑이 묻어나야 한다. 함부로 말하고 남에게 해를 끼치는 것은 주님의 마음을 아프게 하는 것이다. 성도는 말과 행동의 일치를 보여 줄 수 있어야 한다. 말의 능력이 나타나는 것이고 행동에 책임을 지는 것이기 때문이다. 하나님의 자녀는 세상의 빛이 되어야 하고 소금이 되어야 한다. 가족들 한 사람 한 사람이 하나님이 허락하신 위치에서 말씀으로 살아가는 아름다운 모습들이 나타나야 한다.

'사랑의 하나님 아버지, 성실과 진정으로 주님만을 섬기는 가정이 되게 하시어 주님이 주시는 복을 이웃과 나누는 복된 삶을 살아가는 식구들이 되게 하옵소서. 화평케 하는 복을 누리게 하옵소서. 아멘!'

14. 경건의 훈련을 해야 한다

"육체의 연습은 약간의 유익이 있으나 경건은 범사에 유익하니 금생과 내생에 약속이 있느니라 미쁘다 이 말이여 모든 사람이 받을 만하도다"(딤전 4:8-9).

요즈음 같이 건강에 많은 관심을 가지고 사는 세대도 드물었을 것이다. 어린 아이부터 시작해서 노인에 이르기까지 온통 건강에 신경을 쓴다. 유기농 먹거리를 즐겨 먹으려고 하고 과일, 고기, 야채 등 신선한 요리를 먹는다. 그리고 운동으로 몸 관리를 비롯해서 건강을 최고로 아는 시대에 우리가 살고 있다. 동네마다 올레길을 만들고 헬스장, 수영장 등 각종 운동 시설을 만들어 놓고 있다. 밖에 나가면 쉽게 운동할 수 있도록 운동기구들을 만들어 놓았다. 100세 시대가 되었다고 저마다 건강하게 오래 살려고 몸부림을 치고 있다. 좋은 음식을 먹으려고 하고 운동을 열심히 해서 아프지 않고 건강하게 살려고 많은 노력을 기울인다. 그러나 성경은 육체의 연습은 약간의 유익이 있다고 하였다. 그러나 경건의 연습은 범사에 유익하다고 했다. 범사에 유익한 것을 하기 위해서는 영적인 좋은 것들을 많이 훈련해야 된다. 가정 예배를 드리는 것이 우리들의 삶에서 가장 좋은 경건의 훈련임을 명심해야 한다. 개인적으로 성경을 읽고 기도하고 찬송하는 것도 마땅히 해야 할 일이다. 그러나 가장 좋은 것은 온 식구들이 한자리에 모여 앉아서 주님께 예배하는 시간들이 있어야 한다. 서로를 위해서 기도하고 주님만을 의지하는 소중한 시간들을 가져야 한다. 아무리 바쁘고 힘들다고 운동 선수가 연습을 게을리 하면 시합에서 지게 되는 것은 불을 보듯이 뻔한 일이다. 경건의 훈련도 마찬가지이다. 아무리 어렵고 힘들고 바쁘다고 소홀히 해서는 안 된다. 부모가 자녀들에게 늘 경건의 훈련의 훈련을 반복하여 몸에 익숙하도록 길러 내야 한다. 하나님 없이는 단한 순간도 살 수 없는 존재임을 늘 훈계하고 말씀으로 완전 무장하도록 훈련시켜야 한다.

'사랑의 하나님 아버지, 가정에서 범사에 강건하게 하옵시고 무엇보다 경건에 이르는 연습을 잘 감당하여 이 땅에서만이 아니라 주님 나라에서 받을 상이 있는 유익한 열매들을 풍성히 맺게 하옵소서. 아멘!'

15. 사단과 싸워서 이겨야 한다

"그런즉 너희는 하나님께 순복할지어다 마귀를 대적하라 그리하면 너희를 피하리라"(약 4:7).

    운동 선수가 피나는 연습과 훈련을 통해서 실력을 키우는 것은 시합에서 이기기 위함일 것이다. 아무리 실력이 있고 훌륭한 선수라고 해도 시합 때마다 진다면 아무런 소용이 없다. 선수는 경기를 통해서 자신의 실력을 최대한 발휘하고 더 향상시켜야 한다. 경기를 하면 할수록 본인의 실력이 나타나는 것이고 또한 부족한 것이 무엇인지를 분석할 수 있게 된다. 더 좋은 선수가 되기 위해서 나타난 단점 혹은 부족한 점을 극복하기 위한 뼈를 깎는 아픔과 고통을 감수해야 한다. 반면에 훈련만 하고 시합에 나가기를 두려워하고 꺼려 한다면 좋은 선수가 될 수 없을 것이다. 영적인 훈련도 마찬가지이다. 경건의 훈련을 통해서 성도는 더 성숙해지는 것이고 더 강해지는 것이다. 세상과 싸워서 승리하지 않으면 누가 좋아하겠는가? 우리의 삶은 영적 전쟁터이다. 좋은 군사는 씩씩하고 담대하게 싸워서 이겨야 하지 않겠는가? 예수님이 다 싸워서 이기신 싸움이다. 주님만 믿고 따르면 언제든지 승리할 수 있다. 승리는 우리의 것이기 때문이다. 늘 말씀과 기도로 무장해서 사단의 속임수에 넘어가서는 안 된다. 믿는 자에게 능치 못함이 없느니라는 주님의 말씀을 늘 마음에 새겨 넣어야 한다.

    믿음은 세상을 이기는 것이다. 믿음이 없이는 주님 앞에 나갈 수도 없고 주님을 기쁘시게 할 수도 없다는 것을 분명히 알아야 한다. 이 믿음을 날마다 굳세게 지켜 나가야 한다. 세상에서는 이 믿음을 키워주지 못한다. 도리어 믿음을 빼앗아가는 일들을 자행한다. 가정 예배를 통해서 가족들이 굳세게 믿음을 키우는 훈련의 훈련을 거듭해야 한다. 지금도 하나님은 살아계셔서 늘 우리와 함께하시고 예수 그리스도 안에서 날마다 이김을 얻게 하시는 분이시다. 이 하나님 안에서 사단과 싸워 승리하라.

    '사랑의 하나님 아버지, 죄와 사망의 권세를 이기시고 승리하신 우리 주 예수 그리스도를 인하여 감사하나이다. 그 주님 안에서 우리의 원수 마귀와 싸워 이기는 생활을 할 수 있게 하옵소서. 아멘!'

16. 성도의 교제는 아름답다

"형제가 연합하여 동거함이 어찌 그리 선하고 아름다운고"(시 133:1)!

그리스도 안에서 맺어진 형제 자매는 영원토록 이어지는 관계이다. 육신의 부모나 형제 자매는 이 땅에서의 관계가 전부이다. 그들이 예수님을 영접하지 않으면 단지 이 땅에서의 관계가 전부일 것이다. 물론 그들도 하나님의 자녀라면 영원토록 관계가 지속되는 것이다. 그러나 주 안에서 믿음으로 형제와 자매가 된 것은 영원한 관계가 되는 것이다. 한 하나님 아버지를 모시고 살아가기 때문이다.

우리는 살면서 원수를 맺는 일은 절대로 없어야 한다. 다투고 싸우는 일은 더군다나 하지 말아야 한다. 교회 안에서도 성도들끼리 파벌 싸움을 한다거나 미워하는 일이 많이 있다. 남남끼리 만나서 교제를 하는 것이기에 여러 가지 문제점들이 많이 있는 것은 사실이다. 그러나 성도는 어떠한 일이 있어도 서로 화합하며 화평을 누리는 자리에 머물러야 한다. 사단은 늘 성도들끼리 이간질을 하고 다툼을 하게 하는 역할을 아주 잘 수행하고 있다. 틈만 있으면 과감하게 비집고 들어가서 헤쳐 놓는 일에 앞장선다. 다투게 한다거나 갈라서게 만들어서 교회 안에서 성령의 역사를 가로막는 못된 놈이다.

늘 깨어서 기도하지 않으면 성도의 교제를 아름답고 은혜스럽게 할 수 없다. "형제가 동거함이 어찌 그리 선하고 아름다운고"라고 성경은 기록하고 있다. 참으로 하나님은 성도들간의 아름다운 교제를 원하신다. 서로 사랑하고 존중하며 겸손하게 남을 나보다 낫게 여기는 마음을 키워가야 한다. 특히 교회 안에서 다투는 일은 절대로 허용해서는 안 된다. 교회는 만민이 기도하는 집이다. 하나님께 예배하고 기도하는 것을 방해하는 자는 회개해야 한다.

'사랑의 하나님 아버지, 우리에게 믿음의 식구들을 주셔서 감사합니다. 서로 사랑하고 존중하며 주님께로부터 받은 은혜를 함께 나누어 믿음의 깊이를 더해가는 성도들이 되게 하옵소서. 아멘!'

17. 담임 목사님을 존경해야 한다

"형제들아 우리가 너희에게 구하노니 너희 가운데서 수고하고 주 안에서 너희를 다스리며 권하는 자들을 너희가 알고 저의 역사로 말미암아 사랑 안에서 가장 귀히 여기며 너희끼리 화목하라"(살전 5:12-13).

하나님은 목사님들을 통해서 말씀하신다. 그렇기 때문에 목사님을 존중하고 사랑하지 않으면 영적으로 성도들이 많은 손해를 본다. 목사님도 완전한 사람이 아니기에 허물과 약점을 가지고 있는 것은 사실이다. 그러나 너무 인간적인 모습을 보고 평가하는 나쁜 습관들을 버려야 한다. 요즈음처럼 목사님들의 권위가 많이 떨어져 버린 때가 없었다. 그리하여 그 어느 때보다 목회하기가 쉽지 않은 환경에 있다. 그러한 상황에서도 하나님의 말씀을 전해 주시는 목사님을 우리는 귀히 여겨야 한다. 목사님도 사람이기 때문에 실수도 하신다. 그래서 목사님을 위해서 늘 기도해야 한다. 사단이 틈 타지 못하도록 깨어 있어야 한다. 사단은 성도들이 하나님의 말씀을 듣지 못하도록 방해한다. 특히 말씀 전하는 목사님들을 귀하게 여기지 않고 존중하지 않게 만들어 가고 있다. 목사님들의 비리와 허물을 들추어내서 교회를 혼란에 빠트리고 있음을 알아야 한다. 성도들로 하여금 영적인 것을 바라보지 못하게 한다. 육체적인 소욕대로 생각하고 말하게 하는 악순환이 반복되고 있는 심각한 교회의 현실을 바라볼 수 있어야 한다.

성도는 말씀 전하는 목사님과의 관계가 잘 이루어져야 한다. 목사님에게 섭섭한 마음을 가진다거나 불편한 심기가 있다면 어떻게 설교에 집중할 수 있겠는가? 하나님의 말씀을 듣지 못한다면 가장 불행한 사람이 되는 것이다. 늘 가정 예배 시간에 담임 목사님을 위해서 기도하는 것을 잊어서는 안 된다. 자녀들에게도 목사님을 존중하고 사랑해야 한다고 가르쳐야 한다. 그것이 하나님을 사랑하는 것이고 내 믿음을 굳게 지켜나갈 수 있는 길이다.

'사랑의 하나님 아버지, 우리에게 주의 양식을 날마다 공급해 주시는 목사님이 있음을 감사드립니다. 잘 받아 먹고 소화하여 믿음의 깊이를 더해가게 하옵소서. 아멘!'

18. 공 예배에 잘 참석하자

"안식일 기억하여 거룩히 지키라"(출 20:8).

학생이 공부를 잘하기 위해서는 결석하지 않고 열심히 학교에 다니는 것이 가장 중요하다. 물론 열심히 공부해야 하겠지만 무엇보다도 결석하는 학생은 우수한 학생이 될 수 없을 것이다. 성실하게 선생님의 가르침을 잘 받아야 좋은 학생이고 공부도 잘 하지 않겠는가? 아프다고 힘들다고 학교에 자주 결석하는 학생은 드물 것이다. 아니 부모들이 자녀들을 학교에 빠지게 만들지 않을 것이다. 어떻게라도 자녀를 설득해서 학교에 잘 다니도록 노력하지 않겠는가?

신앙생활도 마찬가지이다. 공 예배에 잘 참석하는 것이 무엇보다 중요하다. 일주일에 한 번 예배하는 것으로 만족하지 말아야 한다. 할 수만 있으면 교회가 정해 준 예배 시간을 모범적으로 잘 수행해야 한다. 믿음은 들음에서 나기 때문에 하나님의 말씀을 열심히 듣고 경청해야 한다. 꼭꼭 잘 씹어서 밥을 먹듯이 하나님의 말씀도 음미하고 기도하면서 잘 받아 먹어야 한다. 밥을 잘 먹는 것이 보약이다 라는 말이 있다. 성도들도 하나님의 말씀을 잘 받아 먹어야 건강한 신앙생활을 할 수 있다. 육을 위해 먹지 않으면 병들어 죽게 된다. 영적인 것도 마찬가지이다. 하나님의 말씀을 듣지 못하고 씹는 훈련이 없으면 믿음이 자라지 못하게 된다.

새 신자라고 예외가 아니다. 믿음이 약하다고 봐 줄 수 있는 것도 아니다. 성도라면 교회에서 정해 놓은 공 예배를 잘 참석해야 한다. 부지런히 열심을 내서 예배하고 말씀을 듣다 보면 믿음도 자라게 되고 신앙의 성숙도 이루어지는 것이다. 교회를 사랑하고 말씀을 사모하는 성도는 주님께서 크신 복을 주시리라 믿는다.

'사랑의 하나님 아버지, 우리가 주님의 날을 잊지 아니하고 항상 주님의 집에 나아가 다른 성도들과 함께 온전히 하나님을 예배하며 이 날을 거룩하게 지키는 권속들이 되게 하소서. 아멘!'

19. 기도하는 일에 부지런해야 한다

"항상 기도하고 낙망하지 말아야 할 것을 저희에게 비유로 하여"(눅 18:1).

쉬지 말고 기도하라는 주님의 말씀에 순종해야 한다. 기도를 한다는 것은 말같이 그렇게 쉬운 일은 아니다. 더욱이 일에 쫓기고 바쁜 생활을 하다 보면 기도할 시간이 없다. 그러나 우리가 바쁘다고 밥 먹는 것을 잊어 버리지는 않는다. 태어날 때부터 먹는 것은 너무나 자연스러운 것이었기 때문이다. 먹는 것이 주는 만족도는 참으로 신기하기도 하다. 음식이 맛있다고 하면 어디든 찾아 가는 식도락가도 있다. 그 정도는 아니라고 해도 맛있는 음식을 싫어하는 사람은 비정상적일 것이다.

기도하는 것도 쉬지 말고 하라고 했으니 몸에 배어 있어야 한다. 아침에 눈 뜨면 기도하고 잠들기 전에도 기도하고 어디를 가든지 늘 기도해야 한다. 성도는 하나님을 떠나서는 살 수 없다. 기도하지 않는 자는 하나님의 자녀가 아니다라고 말할 수도 있다. 부모하고 한 마디도 안 하고 산다면 정상적인 혈육관계가 아닐 것이다. 하나님의 자녀라고 하면서 하나님께 기도하지 않는다는 것은 비정상적인 신앙생활을 하는 것이다.

그래서 교회가 공식적으로 기도하는 시간을 정해 주기도 한다. 새벽 기도회를 비롯해서 금요기도회 등 성도가 함께 모여서 기도하는 시간을 갖는다. 나 혼자 기도하는 것도 중요하지만 성도가 함께 기도하는 것도 아주 중요하다. 두세 사람이 모인 곳에 함께 하신다는 주님의 약속의 말씀을 의지해야 한다. 기도하는 자는 겸손하게 행동한다. 언제나 하나님의 말씀이 우선이고 다른 사람들의 유익을 먼저 생각한다. 하나님을 기쁘시게 하려고 믿음으로 말하고 행동하는 일을 실천에 옮길 것이다. 또한 가족을 지극 정성으로 돌보며 사랑하는 자일 것이다.

'사랑의 하나님 아버지, 우리에게 기도하는 습관을 가지게 도와주시고 수시로 성령 안에서 간구하는 기도의 사람들이 되게 하옵소서. 또한 함께 마음을 같이하여 교회의 부흥과 영적 성숙을 위하여 주의 얼굴을 구하는 자 되게 하옵소서. 아멘!'

20. 성경 공부에 적극 참여하자

"그러나 너는 배우고 확신한 일에 거하라 네가 뉘게서 배운 것을 알며"(딤후 3:14).

부부가 서로에 대해서 잘 모르면 행복하게 살아갈 수가 없다. 한평생을 함께 하지만 아직도 배우자가 무엇을 좋아하는지 무엇을 원하는지를 잘 모른다면 얼마나 한심한 노릇인가? 남자와 여자가 다르고 배우자가 서로 다른 환경에서 자랐기 때문에 살면서 시행 착오를 거치게 되는 경우가 많다. 부부는 한 몸을 이루어 살아가야 하기 때문에 배우자에 대해서 많은 것을 알아야 하고 또한 아는 것을 말해 주어야 한다. 속으로만 끙끙대지 말고 마음을 터놓고 서로에 대해서 말해 주어야 한다.

하나님에 관해서도 잘 알아야 한다. 성경 66권을 주셨으니 죽을 때까지 공부해도 끝도 없을 것이다. 물론 잘 가르쳐 주는 자가 있어야 한다. 엉터리로 가르치는 것을 배웠다가는 패가 망신하고 지옥으로 가기 때문이다. 성경을 알지 못하면 엉뚱하게 행동하게 되고 하나님과는 전혀 상관 없는 삶을 살아가게 된다. 정신 차리고 교회가 제공하는 성경 공부에 부지런히 참석해서 공부해야 한다. 공부하지 않고서는 하나님을 알아갈 수가 없다. 예수를 믿었다고 저절로 성경이 알아지는 것은 아니기 때문이다. 예수님을 믿으면 구원을 받지만 턱걸이 신앙생활은 부끄러운 것이다.

내가 가지고 있는 지식이 지식으로 끝난다면 무슨 영향을 미치겠는가? 학위 증은 가지고 있을지 몰라도 전혀 사람들에게 영향력을 미치지 못하는 삶이 무슨 의미가 있겠는가? 성도도 이 땅에서 하나님의 자녀로서 살아가기 위해서는 성경을 바르게 알아야 한다. 올바른 믿음을 가지고 많은 영향력을 끼쳐야 하지 않겠는가? 알지 못하면 내 마음대로 살 수밖에 없는 어리석은 사람이 된다. 능력을 나타내는 성도가 되기 위해서는 진리의 말씀에 의지하여 살아가야 한다.

'사랑의 하나님 아버지, 우리가 언제나 배우기를 힘쓰게 하시며 주님의 진리를 옳게 분변하여 부끄러울 것이 없는 일군으로 인정되게 하옵시며 배워서 아는 대로 말하고 살게 하옵소서, 아멘!'

21. 경조사에 관심을 갖자

"초상집에 가는 것이 잔칫집에 가는 것보다 나으니 모든 사람의 결국이 이와 같이 됨이라 산 자가 이것에 유심하리로다"(전 7:2).

교회 안에서 신앙생활을 하다 보면 많은 사람들을 알게 되고 교제하면서 지내게 된다. 일주일에 한 번 구역 모임을 통해서 친숙하게 지내는 가정들도 있을 것이다. 또한 성경 공부 모임이나 전도회 모임을 통해서도 가깝게 지내는 사람들이 늘어난다. 성도들에게 관심과 사랑을 보이는 것은 좋은 것이다. 성도들과 함께 힘을 모아서 서로를 위해 기도하며 믿음을 세워 가야 한다.

특히 성도들에게 일어나는 경조사들이 참으로 많이 있다. 개개인의 일이지만 성도라면 함께하는 마음을 가져야 한다. 슬픔을 당한 성도의 가정을 찾아가서 위로하고 격려하는 것은 꼭 필요하다. 내가 개인적으로 잘 알지 못한 성도일지라도 그리스도 안에 한 형제 자매임을 인식하고 먼저 손을 내밀고 위로할 수 있어야 한다. 또한 결혼을 하는 가정이 있다면 따뜻하고 상냥하게 축하한다는 말을 건네주면서 사랑의 표현을 할 수 있어야 하지 않겠는가?

교회는 예배만 드리고 가는 곳이 아니다. 또한 자기 할 일만 하고 다른 것에는 관심도 보이지 않는다면 잘못된 것이다. 예수님은 포도나무요 우리는 가지라고 하셨다. 우리는 예수님 몸에 붙어있는 각각의 지체이기 때문에 한 쪽 팔이 아프면 온몸이 아픈 것이 정상이지 않겠는가? 서로에게 관심을 가져야 한다. 어려운 일이 있으면 찾아가서 위로해 주어야 하고 도움이 필요한 가정에게는 도움을 줄 수 있어야 한다. 성도의 가정에 축하해야 할 좋은 일들이 있으면 함께 즐거워하고 기뻐해야 되지 않겠는가? 우리의 눈을 돌려서 주위에 있는 사람들에게 관심과 사랑을 실천해야 한다.

'사랑의 하나님 아버지, 우리가 서로에게 관심을 가지며 우는 자와 함께 울고 웃는 자와 함께 웃을 수 있는 넉넉함을 허락하옵소서. 우리가 주님의 몸에 붙어 있는 지체임을 잊지 않게 하옵소서. 아멘!'

22. 선한 일에 힘쓰자

"주라 그리하면 너희에게 줄 것이니 곧 후히 되어 누르고 흔들어 넘치도록 하여 너희에게 안겨주리라 너희의 헤아리는 그 헤아림으로 너희도 헤아림을 도로 받을 것이니라"(눅 6:38).

우리 주변에는 우리 보다 힘들고 어렵게 사는 사람들이 의외로 많은 것을 알 수 있다. 교회 안에서도 모든 가정들마다 문제가 없는 가정이 없을 정도이다. 가정마다 아픔이 있고 힘들어 하는 문제들을 다 안고 산다. 이 세상에 살고 있다는 것이 고통과 아픔을 수반하지 않으면 살 수 없는 것을 의미하기도 한다. 완벽한 행복을 추구하면서 살 수 있는 것이 아닐 것이다. 행복할 때도 있고 슬플 때도 기쁠 때도 있고 또 고통스러울 때도 있다.

그래서 성도라면 누구에게나 친절하고 다정하게 대해야 한다. 상대방의 마음의 상태가 어떤지 잘 모르기 때문에 늘 기도하는 마음으로 상처를 주는 행동을 해서는 안 된다. 어려움에 처해 있는 자에게는 도움을 줄 수 있어야 한다. 나하고 상관 없다고 무관심하는 태도는 결코 잘 하는 것이 아니다. 도움이 필요한 자에게 도움을 줄 수 있는 성도가 되어야 한다. 물론 교회가 성도들의 헌금으로 여러 구제 사업을 하고 있을 것이다. 그러나 그것으로 만족하지 말아야 한다.

각 가정마다 나그네를 대접하는 일에도 참여해야 한다. 우리는 이 땅에서의 삶이 나그네의 생활이다. 누군가 우리 집을 방문하게 되면 친절하게 사랑을 베풀 수 있는 마음이 있어야 한다. 그러나 사람이 바쁘게 살다 보면 마음의 여유가 없다. 다른 사람들에게 관심을 갖는 것 자체가 피곤한 일이라고 생각된다. 그러나 나 홀로 신앙생활하는 것이 가장 위험하다. 하나님은 모든 사람들과 더불어 함께 살아가며 살기를 원하신다. 네 이웃을 네 몸같이 사랑하라는 주님의 말씀에 순종하자. 다른 사람들에게 사랑과 관심을 가지고 주 안에서 선한 일을 많이 해서 성도답게 살아야 하지 않겠는가?

'사랑의 하나님 아버지, 부지중에 천사를 대접하여 복을 받은 아브라함처럼 성도들의 쓸 것을 공급하며 손 대접하기를 힘쓰고 나눠주기를 즐거워하는 가정이 되게 하옵소서. 아멘!'

23. 부부가 함께하는 모임에 열심을 내자

"우리의 모든 환난 중에서 우리를 위로하사 우리로 하여금 하나님께 받는 위로로서 모든 환난 중에 있는 자들을 능히 위로하게 하시는 이시로다"(고후 1:4).

가정생활을 하는 모든 사람들이 많은 시행 착오를 겪으면서 지내고 있다. 혹시라도 우리 가정에만 이런 어려움이 있다라고 생각한다면 그런 생각을 버려야 한다. 모든 사람들이 다 살면서 희비애락을 겪는다. 그러나 이런 문제를 어떻게 잘 지혜롭게 대처해 가는지를 배워야 한다. 혼자서 해결하기에는 힘들고 어려움이 있다. 누군가의 도움을 받아야 한다. 그러기 위해서 교회에서 시행하는 부부 성경 공부가 있다면 잘 참석하자.

신앙의 형제들과의 만남과 교제는 참으로 중요하다. 특히 부부가 함께하는 모임은 성경 공부가 아니라도 친교를 위해서도 좋은 것이다. 다른 신앙의 선배 부부들과 후배들의 살아가는 모습을 보면서 많은 것을 배울 수 있기 때문이다. 사단은 가정들을 파괴하려고 온갖 술수를 동원한다. 조그마한 틈만 보여도 무차별적으로 밟아 버리려고 눈에 독을 품고 있다는 사실을 잘 알아야 한다. 어떠한 일이 있어도 부부는 한 몸으로 죽을 때까지 살아야 한다. 사단에게 가정을 송두리째 넘기는 바보 같은 일은 절대로 없어야 한다. 남편이나 아내의 실수와 허물을 덮어 주고 용서하고 격려하고 위로해 주는 부부가 되어야 한다. 그렇게 하기 위해서는 부부 모임을 통해서 서로가 기도하고 힘을 실어주는 시간들을 가지는 것이 좋다. 아픔과 고통을 서로 나누면서 하나님의 말씀으로 위로를 받고 주님께 기도해야 한다. 특히 믿음이 연약한 부부들을 위해서 격려해 주는 일을 해야 한다. 내 가정의 평안도 중요하지만 다른 가정들의 평안을 위해서도 관심을 기울여야 한다. 모든 가정들이 진리의 말씀을 사모하고 주님께 영광을 돌리는 삶을 살아야 하지 않겠는가? 서로 함께 격려하고 영적인 힘을 공급해 주는 교제가 풍성히 일어나야 한다.

'사랑의 하나님 아버지, 믿음의 형제자매들과 교제하는 은혜를 잃지 않게 하시고 서로를 위해 기도하며 격려하며 세워주고, 우리 가정으로 인하여 이웃이 행복할 수 있게 하옵소서. 아멘!

24. 단정한 옷차림을 하자

"또 이와 같이 여자들도 아담한 옷을 입으며 염치와 정절로 자기를 단장하고 땋은 머리와 금이나 진주나 값진 옷으로 하지 말고"(딤전 2:9).

우리는 모임의 유형과 장소에 따라 옷차림이 달라진다. 대부분 사람들이 결혼식에 갈 때는 정장 차림에 최대한 깔끔하고 멋있게 보이려고 신경을 쓸 것이다. 그것이 신랑 신부를 위한 예의라고 생각하기 때문이다. 결혼식장에 갈 때 집에서 입는 평상복을 하고 가지는 않을 것이다. 옷차림을 보면 그 사람의 인격과 성품을 어느 정도는 알 수 있다. 하나님의 자녀는 늘 옷차림에도 신경을 써야 한다.

특히 교회에 가서 예배할 때는 단정하고 깔끔한 옷차림을 해야 한다. 집에서 입는 옷과 구별해서 최대한 하나님 앞에 예의를 갖추어야 하지 않겠는가? 유대인들은 회당에 갈 때 어린아이부터 시작해서 어른들에 이르기까지 어느 누가 보아도 한눈에 알 수 있는 옷차림새이다. 유학시절에 영국에서 종종 볼 수 있는 광경이었다. 모든 사람들이 알 수 있을 정도로 철저하게 구별해서 입고 회당에 가는 모습을 흔하게 볼 수 있었다.

하나님께 예배하는 것이 귀하고 소중하기에 옷차림에도 신경을 써야 한다. 물론 마음가짐이 가장 중요하다. 그러나 무슨 옷을 입고 가야 하는지도 중요하다. 비싸고 좋은 옷은 아니더라도 단정하고 깔끔한 옷을 입고 가는 것이 좋다. 자녀들에게도 교회에 가서 예배할 때는 아무렇게나 입히지 말자. 따로 구별해서 입고 가도록 교육해야 한다. 요즈음은 개성이 강한 시대이다 보니 자기 멋대로 옷을 입고 다른 사람을 의식하지 않는 경우가 많다. 세상 사람들이 어떻게 옷을 입고 다니든지 우리는 그들을 본 받지 말아야 한다. 성도라면 작은 것 하나라도 신경 써서 하나님의 자녀답게 살아야 하지 않겠는가? 성도의 품위를 손상시키는 일이 없어야 한다.

'사랑의 하나님 아버지, 예수 그리스도로 옷 입은 자답게 사람들 보기에도 혐오스럽지 않은 단정한 모습으로 주님 앞에 서게 하시며 공손한 태도로 주님 섬기는 가정이 되게 하소서, 아멘!'

25. 헌금 생활에 충실하자

"각각 그 마음에 정한 대로 할 것이요 인색함으로나 억지로 하지 말지니 하나님은 즐겨 내는 자를 사랑하시느니라"(고후 9:7).

우리의 모든 소유는 다 주님의 것이다. 하나님이 허락하시지 않으면 아무것도 누릴 수 없다. 내가 열심히 일을 해서 돈을 많이 벌어도 내 것이 아니다. 물질도 건강도 주님의 손에 달려 있기 때문이다. 돈은 우리가 살면서 꼭 필요한 것이다. 그러나 부를 축적하기 위해서 모든 노력을 다 기울인다면 그것보다 더 어리석은 일은 없을 것이다. 보이는 세상이 전부가 아니기 때문에 내세의 삶을 잘 준비하는 자가 지혜로운 자이다. 성경은 보물을 땅에 쌓아 두지 말라고 하셨다. 하나님이 불어 버리시면 순식간에 날아 갈 수 있기 때문이다. 재물에는 날개가 달려 있다고 성경은 말하고 있다.

성도는 보물을 하늘 나라 창고에 쌓아야 한다. 그 곳은 도둑이 없는 안전한 곳이기 때문이다. 신앙생활하면서 가장 힘든 것 중에 하나가 헌금 생활을 잘 하는 것이다. 어떻게 하는 것이 잘 하는 것일까? 하나님의 것을 도둑질 하지 않는 것이 잘하는 것이지 않겠는가? 하나님의 것을 도둑질 하고 잘 살기를 바라는 것은 큰 오산이다. 자녀들에게 입을 것, 쓸 것, 먹을 것을 공급해 주시는 하나님 아버지이시다. "너희는 먼저 그의 나라와 의를 구하라"고 하셨다. 너무 재물에 욕심을 두면 결국은 그것으로 인하여 망하게 되는 경우가 많다. 하나님의 자녀는 주님이 주시는 은혜가 없으면 살 수 없는 연약한 존재임을 날마다 고백해야 한다.

성도들이 십일조 생활만 잘해도 교회는 물질의 어려움을 극복할 수 있다고 본다. 성도들이 주님이 주시는 재물을 지혜롭게 잘 사용해야 한다. 헌금을 아까워하지 말아야 한다. 사람에게 내는 것이 아니고 하나님께 드려지는 예물임을 알아야 한다. 마음을 다해서 정성껏 헌금해야 한다.

'사랑의 하나님 아버지, 내게 있다고 해서 내 것이라 주장치 않게 하옵시고 언제나 선한 사업에 부요하며 하나님 나라를 위한 사역에 즐거움으로 동참하는 가정이 되게 하옵소서. 아멘!'

26. 주일학교에 관심을 기울이자

"네 자녀에게 부지런히 가르치며 집에 앉았을 때에든지 길에 행할 때에든지 누웠을 때에든지 일어날 때에든지 이 말씀을 강론할 것이며"(신 6:7).

요즈음 학교 교육의 심각성은 말로 다 표현할 수 없을 정도이다. 학생이 선생에게 함부로 말하고 행동하는 것을 부끄러워하지 않는다. 선생님을 존경하는 마음 없이 함부로 대한다는 것은 있을 수가 없는 일이다. 고학년이 되면 더 심각해져서 선생님을 때리기까지 하는 악한 현상이 벌어지고 있는 실정이다. 무엇보다 교육을 시키는 선생님들의 잘못이 크다고 본다. 그러나 선생님이 말씀을 하는데 듣지 않는다면 무슨 수로 교육을 시킬 수 있단 말인가?

우리 자녀들을 하나님의 진리의 말씀으로 잘 교육해야 한다. 아무리 세상이 변해도 진리의 말씀은 변하지 않는다. 어제나 오늘이나 영원토록 변함없는 하나님의 말씀을 따라야 한다. 그래서 하나님의 말씀이 들려지는 곳을 위해서 늘 기도하며 관심을 가져야 한다. 교회에서 예배하는 것을 무엇보다 사모해야 한다. 또한 주일 학교 교육에 최대한 관심을 가지고 도와 주어야 한다. 주일 학교 교사들이 잘 가르칠 수 있도록 모든 환경과 여건을 조성해 주는 것도 중요하다. 내 아이에게만 관심을 가지는 것보다 다른 아이들도 사랑으로 품고 감싸주어야 한다. 혼자 살아가는 세상이 아님을 가르쳐 주어야 한다. 다른 사람들과 함께 더불어 그리스도의 사랑을 실천하며 살아가야 한다. 공부를 잘 하는 것도 중요하지만 하나님의 말씀에 즉각 순종하는 믿음의 자녀로 잘 자라도록 가르쳐야 한다. 가정과 교회에서 어른들을 존경하고 아래 사람들을 사랑하는 분위기가 되어야 한다. 사랑은 자기의 희생이다. 자신을 성찰하는 시간들을 가질 수 있도록 도와 주어야 한다. 가정에서의 신앙교육이 주일학교 승패를 좌우할 수 있다.

'사랑의 하나님 아버지, 아이들이 주님을 두려워하며 어른들을 공경하는 자세를 잘 배우게 하옵시고 교회교육에 복을 주사 복음의 광채를 쬐며 살아가게 하옵소서. 아멘!'

27. 선교 활동을 적극적으로 돕자

"또 참으로 나와 멍에를 같이한 자 네게 구하노니 복음에 나와 함께 힘쓰던 부녀들을 돕고 또한 글레멘드와 그 외에 나의 동역자들을 도우라 그 이름들이 생명책에 있느니라"(빌 4:3).

그리스도의 증인된 삶은 무엇보다도 전도하는 사명을 감당하는 데 있다. 우리가 가지고 있는 것이 가장 귀하고 소중한 진리인데 모르는 사람들에게 알려야 하는 사명이 있음을 잊어버리지 말자. 내가 살고 있는 환경에서 우리는 늘 복음을 전하는 일들을 잘 감당해야 한다. 가정에서 아직도 하나님을 믿지 않는 식구들이 있다면 그들을 위해서 늘 기도하며 복음을 전해 주어야 한다. 성도의 삶이 믿지 않는 자의 복음인 것이다. 우리의 삶이 그들에게 하나님의 자녀의 참된 모습으로 비추어야 한다.

직장에서 돈을 버는 것도 중요하지만 기회가 주어지는 대로 담대히 예수님을 믿으라고 전도해야 한다. 먼저 직장생활을 성실하고 정직하게 힘을 다해서 충성하는 것이 우선일 것이다. 그러나 우리는 직장 동료들에게 복음을 전할 수 있어야 한다. 하나님이 허락하신 환경에서 늘 감사하며 전도하는 일을 게을리 해서는 안 된다. 내 주변에 늘 함께 있는 사람들에게 복음 전하는 일을 잘 감당해야 한다. 그것이 그들을 사랑하는 것이고 잘되게 도와주는 일이기 때문이다. 이 세상에 생명보다 귀중한 것이 어디 있겠는가?

교회 안에서의 선교 활동도 자원하는 마음으로 적극적으로 동참할 수 있어야 한다. 비록 선교지는 가지 못해도 물질과 기도로 도울 수 있는 방법이 있다. 선교지에서 보내온 편지들을 읽고 필요한 것들을 보내 주는 것도 잘하는 것이다. 늘 기도하고 전도하는 삶으로 예수님의 향기를 드러내야 한다. 어디에 있든지 우리는 주님이 살아계심을 믿고 신뢰해야 한다. 전도는 살아계시고 지금도 역사하시는 예수 그리스도를 전하는 것이다. 이 사명을 잘 감당하자.

'사랑의 하나님 아버지, 주님의 복음의 일꾼들을 위한 기도와 물질로 섬김에 부족함이 없게 하옵시고 복음의 진보를 이루는 즐거움이 있게 하옵소서. 아멘!'

28. 새 신자에게 사랑으로 대하자

"서로 돌아보아 사랑과 선행을 격려하며 모이기를 폐하는 어떤 사람들의 습관과 같이 하지 말고 오직 권하여 그 날이 가까움을 볼수록 더욱 그리하자"(히 10:24-25).

모든 교회마다 새 신자를 돌보는 신입 교우반이 있다. 처음으로 교회에 나오는 분들을 잘 정착하도록 도와 주고 관리하는 부서이다. 신앙의 선배들이 그리스도의 사랑으로 그들을 위해서 기도하고 돌보는 것은 아주 중요하다. 그러나 훈련을 받은 사람들만이 하는 것은 아니라고 생각한다. 모든 성도들이 새로운 교인이 들어오면 관심과 사랑으로 대해야 한다. 교회 안에서 잘 적응하도록 필요를 채워주고 돕는 일을 해야 한다.

그런데 역사와 전통이 있는 교회들을 보면 보이지 않는 텃세가 무섭게 자리잡고 있는 현실을 부정할 수 없다. 더 나아가서 예배하는 자리마저 내 자리가 있다고 하니 얼마나 답답한 노릇인가? 교회 안에서도 친한 사람들하고만 교제하는 못된 습관들이 자리 잡고 있다. 누군가 낯선 사람들이 들어오면 견디기가 쉽지 않을 정도이다. 사람들은 저마다 편한 것을 좋아하고 익숙한 것을 선호하기 때문일 것이다. 낯선 사람들이 들어오면 신경을 써야 하고 어딘가 모르게 불편함을 느끼기 때문이다. 그러나 우리는 잘못된 것이 있으면 버리는 훈련이 되어야 한다.

한 영혼 한 영혼 귀하게 여기고 섬기는 자리에 익숙하다 보면 모두가 편하고 행복해질 수 있을 것이다. 내가 잘 모르는 낯선 사람들이 보이면 반갑게 인사하고 관심을 보여야 한다. 그리스도 안에서 맺어진 형제요 자매임을 잊지 말아야 한다. 서로의 허물을 덮어주고 감싸주는 일이 없으면 형제라고 말할 수 없다. 우리는 경쟁자가 아니라 더불어 함께 살아가는 하나님의 자녀임을 믿지 않는 자들에게 보여 주어야 한다. 하나님의 사랑을 실천하는 성도가 되어야 하지 않겠는가?

'사랑의 하나님 아버지, 믿음의 식구들이 서로를 돌아보고 부족함을 채워주고 믿음 안에서 굳게 서도록 잘 권유하는 가정이 되게 하옵소서. 아멘!'

29. 예배당을 소중히 여기자.

"만군의 여호와여 주의 장막이 어찌 그리 사랑스러운지요!(시 84:1).

모든 사람들이 자기 물건을 사용할 때는 절약하고 아끼면서 사용한다. 내 것이기 때문에 신경을 쓰면서 잘 사용하려고 할 것이다. 어려서부터 자기 물건을 사용할 때 아끼는 법을 부모들이 가르친다. 가정에서도 물과 전기를 절약하도록 솔선수범하는 부모들이 많이 있다. 이런 모습들을 보고 자란 자녀들은 부모와 같은 마음으로 절약하는 행동이 몸에 배어 나온다.

그러나 공공의 장소에서는 우리의 모습이 어떤가? 내 것이 아니라고 함부로 사용하지는 않는가? 아까워하지 않고 낭비하지는 않았는지 반성해 볼 필요가 있다. 특히 예배당에서는 어떻게 행동하는지 생각해 보자. 성도들의 정성어린 헌금으로 모든 것이 운영되는데 내 것이 아니라고 함부로 사용하지는 않았는지 되돌아보자. 여름에는 냉방기 과다 사용을 비롯해서 겨울에는 난방비가 많이 들어간다. 교회마다 재정들이 넉넉하지 않은 편이다. 성도들 개개인이 절약하지 않으면 많은 돈을 낭비하게 된다.

주님의 신부인 교회를 사랑하는 마음과 성도들이 함께 보이는 처소를 귀하게 여김이 어려서부터 몸에 배도록 훈련을 시켜야 한다. 내 집을 사용하는 것처럼 깨끗하게 사용하도록 가르쳐 주어야 한다. 휴지 한 장을 사용해도 아끼면서 써야 하고 물 한 방울도 절약하는 마음가짐이 있어야 한다. 바닥에 더러운 것이 보이면 주워서 버릴 수 있어야 한다. 주일이 되면 주보가 여기 저기 바닥에 떨어져 있는 모습은 참으로 보기가 좋지 않다. 하나님께 예배하는 장소인데 우리 모두가 깨끗하고 청결하게 사용할 수 있어야 하지 않겠는가? 우리의 대 주재시요 만 왕의 왕께서 임재하시기를 기뻐하시는 처소가 되게 해야 하지 않겠는가?

'사랑의 하나님 아버지, 주의 보배로운 피로 값주고 산 백성들이 모여 경배하는 이 처소를 소중히 여기며 교회를 귀히 여기는 성도들이 되게 하옵소서. 아멘!'

30. 모든 성도들에게 밝고 상냥하게 인사하자.

"나와 같이 모든 일에 모든 사람을 기쁘게 하여 나의 유익을 구치 아니하고 많은 사람의 유익을 구하여 저희로 구원을 얻게 하라"(고전 10:33).

사람들과의 가장 기본 적인 교제의 첫 발걸음이 인사하는 것이다. 모르는 사람이지만 얼굴과 얼굴을 보고 눈을 마주치면서 인사를 하다 보면 친근감을 느끼게 된다. 그러나 인사를 하지 않고 그냥 지나치면 가까워 질 수 없게 된다. 인사는 상대방에게 관심을 갖는 것이고 자신을 알리는 것이다. 또한 인사하는 태도는 물론 겸손해야 한다. 교만하게 눈을 아래 위로 쳐다 보는 행동은 절대로 삼가 해야 한다.

교회 안에서 성도들과 교제할 때 무엇보다도 반갑고 상냥하게 인사하는 모습이 되어야 한다. 예수님의 피로 값주고 산 성도들이기에 한 사람 한 사람이 너무나 소중하고 귀한 사람들이다. 하나님의 자녀이기에 우리 모두는 반갑게 인사를 나누어야 한다. 같은 지 교회를 다니면서도 전혀 성도들끼리 인사도 하지 않는다면 분명히 잘 못된 것이다. 비록 친하게 지내는 사람이 아닐지라도 그리스도 안에서 한 형제이기에 따뜻한 미소를 보여 주어야 하지 않겠는가? 먼저 반갑게 인사하면서 서로의 안부를 묻는 것은 당연한 일이다.

서로에게 관심과 사랑을 보여 주어야 한다. 자주 만나지 못하는 사람이라도 만날 때마다 친절하게 인사하고 미소를 짓는 태도는 좋은 것이다. 성도는 늘 적극적인 사랑의 표현을 하는 사람들이어야 한다. 남이 하면 나도 한다는 태도는 버려야 한다. 남이 하지 않아도 나는 하나님이 기뻐하시는 일이기에 한다는 마음이 있어야 한다. 교회가 사랑과 은혜가 넘쳐야 하지 않겠는가? 냉랭하게 찬 바람이 돈다면 어느 누가 교회 가기를 좋아하겠는가? 보는 성도들마다 만나는 성도들마다 다가가서 상냥하고 밝고 환하게 인사하는 아름다운 성도들이 되시기를 바란다.

'사랑의 하나님 아버지, 모든 사람들에게 사랑으로 진리를 말하고 섬기는 가정이 되게 하옵시고 그들의 유익을 구함이 나의 힘이 되게 하옵소서, 아멘!'

CHAPTER_ 08

그리스도인의 자녀교육

1. 하나님이 주신 선물이다

"자식은 여호와의 주신 기업이요 태의 열매는 그의 상급이로다"(시 127:3).

우리는 선물을 받을 때 누가 보냈는지 꼭 확인을 한다. 특히 평소에 존경하는 사람이나 좋아하는 사람한테 받은 거라면 그 기쁨은 말로 다 표현할 수 없을 것이다. 잘 간직해서 두고 두고 자랑할 것이다. 너무 귀해서 애지중지 잘 간직하려고 애를 쓸 것이다. 결혼한 부부에게 하나님이 주시는 선물이 있다. 결혼하지 못하면 받을 수 없는 귀한 선물이다. 혼자시 사는 사람은 받을 수 없는 너무나 소중하고 귀한 선물이다. 아주 특별하고 신기하고 놀라운 선물이다. 어느 누구도 만들어 낼 수 없는 아름다운 선물이다. 우리의 생사화복을 주장하시고 우주만물을 다스리시는 하나님이 결혼한 부부에게만 주시는 선물이다. 그것이 바로 자녀이다. 모든 자녀는 다 하나님께로부터 온 선물이다.

이 선물들을 이 땅에서 마음껏 기뻐하고 즐거워해야 한다. 하나님이 주신 선물이기 때문이다. 어느 누구도 이 소중한 선물들을 함부로 다루어서는 절대로 안 된다. 이 땅에서 누릴 수 있는 최고로 귀한 선물이다. 인간 스스로 만들어 낼 수 없는 선물이다. 하나님이 부부에게 주셔야 가질 수 있는 선물이다. 내가 갖고 싶다고 아무리 노력해도 만들어 낼 수 없는 것이다. 주님이 주셨다는 것은 너무나 귀하고 아름답고 소중하다는 것을 알아야 한다. 자녀에게 함부로 하는 것은 하나님을 무시하는 행위라고 말할 수 있다. 이 자녀들을 하나님의 방법으로 잘 키워내야 하는 것이 부모의 책임이다. 하나님을 알게 하고 예수님을 영접하도록 해서 믿음으로 살도록 해야 한다. 하나님 없이는 단 한순간도 살 수 없는 존재임을 늘 가르쳐야 한다.

'사랑의 하나님 아버지, 우리에게 자녀를 선물로 주셔서 감사합니다. 주님이 주신 이 선물이 주의 복된 기업으로 잘 성장하도록 잘 양육하게 하옵소서. 아멘!'

2. 자녀는 많을수록 좋은 것이다

"여호와는 영이 유여하실지라도 오직 하나를 짓지 아니하셨느냐…이는 경건한 자손을 얻고자 하심이니라…"(말 2:15).

산아제한이 없는 시대에는 자녀들을 많이 낳아서 길렀다. 그래서 아들도 있고 딸들도 있는 가정들이 많았다. 형제들끼리서로를 도와주고 배려하면서 인격이 성장해 가는 모습들을 볼 수 있었다. 큰 아이들이 동생들을 돌보면서 형제간의 우애도 좋아지고 사랑하는 마음도 키워갔다. 힘들고 어려운 살림이지만 부모들은 허리띠를 졸라매면서 자녀들을 키워냈다. 많은 자녀들 중에 한 자녀만 잘 되어도 자식 농사를 잘 지었다고 했다. 잘된 자녀로 인해서 모든 식구들이 즐거워하며 덕을 보는 경우가 많았다. 그런데 요즈음은 자녀를 많이 낳으려고 하지 않는다. 자녀를 키우기 위해서 들어가는 물질이 만만치 않기 때문이다. 그러나 자녀는 돈으로 키우는 것이 아니라 부모들의 사랑과 정성으로 키우는 것이다. 과거에 비해 지금은 얼마나 살기 좋은 세상이 되었는지 모른다. 물질의 풍요로움과 삶의 질은 비교할 수 없을 만큼 높아졌다. 그럼에도 불구하고 갈수록 자녀들을 낳지 않으려고 한다. 이것은 재앙이다. 결혼한 부부는 당연히 주님이 주시는 자녀를 낳아야 한다. 그것도 건강이 허락하는 한 많이 낳아야 할 것이다. 주님께서만 주시는 선물이기 때문이다. 귀하고 소중한 선물들은 많을수록 좋은 것이지 않는가? 누가 감히 하나님이 주시는 아름다운 선물들을 거절할 수 있겠는가? 하나님을 알지 못하는 세상 사람들의 삶의 방식을 따라가서는 안 된다. 성도들은 생육하고 번성하도록 하나님의 말씀에 절대적으로 순종해야 한다. 이 땅에 거룩한 씨로 번성하게 노력해야 할 것이다. 사회 곳곳에 하나님의 자녀들이 빛을 발하면서 살아가도록 부모들은 믿음으로 자녀들을 키워내야 한다. 세상의 소금이 되도록 하나님 말씀에 순종하도록 가르쳐야 한다. 그러기 위해서는 먼저 부모들이 하나님의 말씀에 순종하는 모습들을 보여 주어야 할 것이다.

'사랑의 하나님 아버지, 생육하고 번성하며 땅을 정복하고 다스리는 은혜를 누릴 수 있도록 거룩한 씨로 번성케 하는 복이 넘치게 하옵소서. 아멘!'

3. 하나님의 형상을 새겨 넣어야 한다

"나의 자녀들아 너희 속에 그리스도의 형상이 이루기까지 다시 너희를 위하여 해산하는 수고를 하노니"(갈 4:19).

자녀들은 부모들을 닮아가는 것이 정상이다. 부모하고 함께 살면서 그들이 하는 행동과 삶을 통해서 자연스럽게 배워가기 때문이다. 문제는 부모의 좋은 것만 닮는 것이 아니라는 것이다. 좋지 않은 행동과 습관들도 닮게 된다. 어려서부터 보고 배운 것이 인격 성장에 큰 영향을 미치기 때문이다. 성숙한 부모들이라면 자녀들에게 좋은 영향을 많이 줄 것이다. 그러나 부부간에 관계가 좋지 않다거나 가정환경이 열악하면 자연히 자녀들에게 나쁜 영향이 갈 것이다.

무엇보다도 우리들의 자녀들을 주신 분이 여호와 하나님이시다. 그러기에 자녀들이 하나님에 대해서 배우고 알아야 한다. 예수 그리스도가 누구인지도 정확하게 알아야 한다. 세상에 살면서 하나님의 자녀답게 사는 것이 어떠한 것인지 가르쳐야 할 책임이 부모들에게 있다는 것을 명심해야 한다.

부모들을 닮는 것보다 더 중요한 것은 자녀들이 예수님을 닮아가도록 주의 교양과 훈계로 양육해야 한다. 만약에 이런 가르침에 게으르다면 자녀들은 하나님을 알지 못하게 되는 것이다. 부모가 가르치지 않으면 어느 누가 우리들의 자녀들에게 하나님에 대해서 가르치겠는가? 성경은 부모에게 이 일을 하도록 명하셨다. 자녀들에게 하나님의 형상이 새겨지기까지 최선을 다하는 부모가 되어야 한다. 아무리 바쁘고 힘들어도 이 세상에서 가장 중요한 일을 안 한다면 그 결과는 불을 보듯이 뻔한 것이 아니겠는가? 하나님은 어느 날 저절로 알아지는 것이 아니다. 자녀들이 우리 곁에 있을 때 부지런히 성경을 가르치고 하나님을 알도록 노력을 기울여야 할 것이다.

'사랑의 하나님 아버지, 우리에게 주신 자녀들의 심령에 그리스도의 형상이 새겨지기까지 해산의 수고를 결코 아끼지 아니하는 부모가 되게 하옵소서. 이 일을 위하여 성령의 인도하심과 말씀의 통제를 잘 받게 하옵소서. 아멘!'

4. 끝없는 반복 학습이다

"또 네가 어려서부터 성경을 알았나니 성경은 능히 너로 하여금 그리스도 예수 안에 있는 믿음으로 말미암아 구원에 이르는 지혜가 있게 하느니라"(딤후 3:15).

이 세상에서 가장 힘든 것이 아마도 자녀교육일 것이다. 너무나 사랑하는 자녀인데 어떻게 가르쳐야 하는지 막막할 때가 한두 번이 아닐 것이다. 잘 해보고 싶은데 마음대로 되지 않는 것을 절감하기 때문이다. 그렇다고 자녀교육을 전문가에게 맡길 수도 없는 노릇이다. 전문가들에게 자문을 구해 보지만 우리 자녀에게 맞지 않는 교육인 것 같다. 도대체 이 어려운 자녀교육을 어떻게 해야 하는가? 그러나 포기해서는 안 된다. 부모에게 자녀들을 양육할 수 있는 힘을 하나님이 주시기 때문이다.

무엇보다도 부모에게는 인내가 필요하다. 자녀교육은 반복 학습이다. 될 때까지 인내를 가지고 반복 교육을 시켜야 한다. 그러나 사랑의 힘으로 버텨내야 한다. 주님께서 우리의 잘못을 즉각적으로 처단하지 아니하신다. 회개하고 돌아오기를 간절히 기다리신다. 주의 종들을 통해서 수시로 말씀해 주신다. 성경을 통해서 가르쳐 주시고 깨닫게 해 주신다. 주님의 방법은 끝까지 인내하며 기다리는 것이다. 인내하는 마음을 가지고 자녀들을 가르쳐야 한다. 화가 난다고 감정적으로 가르치다 보면 역효과가 생기기 때문이다.

아기 때부터 좋은 습관을 길러주어야 한다. 먹는 것, 잠자는 것, 놀이하는 것 등 모두가 어려서부터 철저하게 훈련이 되어야 한다. 점점 자랄수록 더 좋은 습관들이 몸에 익숙해지도록 가르쳐야 한다. 성경을 읽는 것, 기도하는 것, 예배하는 것 등 영적인 훈련들을 시켜야 한다. 이것이 하나님을 알아가는 지름길이기 때문이다. 세상 교육이 먼저 자리를 잡다 보면 영적인 것에는 관심을 기울이지 않게 된다. 공부하는 것도 주님의 자녀답게 살기 위해서 하는 것임을 알아야 한다.

'사랑의 하나님 아버지, 우리 아이들이 어려서부터 주님의 진리 안에서 훈련되고 주님을 아는 지식 가운데서 자라가게 하옵소서. 주님께서 특별히 아들을 아낌같이 아끼는 일군들 되게 하옵소서. 아멘!'

5. 지혜를 구해야 한다

"너희 중에 누구든지 지혜가 부족하거든 모든 사람에게 후히 주시고 꾸짖지 아니하시는 하나님께 구하라 그리하면 주시리라"(약 1:5).

우리가 자녀들에게 선물을 줄 때 무심하게 선물만 던져주는 부모는 아닐 것이다. 그 선물을 어떻게 사용해야 하는지 부모라면 분명히 가르쳐 줄 것이다. 부모가 준 선물을 함부로 다룬다면 얼마나 기분이 상하겠는가? 선물을 어떻게 사용하는 건지 잘 모르면 부모에게 물어보면 될 것이다. 그러면 부모는 자세히 그 선물을 잘 사용하도록 가르쳐 주지 않겠는가?

하나님께서도 부모들에게 자녀를 주시고 또한 어떻게 키워야 하는지 방법을 보여 주셨다. 우리 마음대로 키우라고 하지 않으셨다. 규례와 율례와 법도를 지키라고 성경을 주신 것이다. 하나님의 말씀 안에서 가르치라고 하셨다. 세상 풍조에 떠밀려 자녀들을 키우는 것이 아니다. 자녀들의 삶은 이 세상이 전부가 아니기 때문이다. 영원한 삶이 자녀들을 기다리고 있기에 힘을 다해서 가르쳐야 한다. 잘못하면 귀하고 예쁜 아이들이 하나님과 상관없는 삶을 살기 때문이다. 천국이 아닌 지옥으로 안내하는 부모는 되지 말아야 한다.

그래서 늘 하나님께 지혜를 구해야 한다. 기도하지 않으면서 자녀들을 훌륭하게 키워낼 수 없기 때문이다. 내 생각은 항상 오류가 있다. 때로는 감정에 치우쳐서 일을 엉망으로 만드는 경우도 생긴다. 항상 부모들의 연약한 점을 인정하고 겸손히 주님께 기도해야 한다. 한 명의 자녀를 주셨든지 아니면 많은 자녀들을 주셨든지 반드시 그 자녀를 키울 수 있는 지혜도 주신다는 것을 믿어야 한다. 부모 대신 자녀를 잘 키울 수 있는 사람은 이 세상에 아무도 없다. 부모들이 마땅히 할 일이다.

'사랑의 하나님 아버지, 우리에게 맡겨주신 아이들을 주님의 방식대로 잘 키워낼 수 있도록 필요한 지혜와 능력을 부어주옵소서. 은혜의 보좌 앞에 날마다 데리고 나아오는 수고를 즐겁게 감당하게 하옵소서. 아멘!'

6. 분별력을 키워 주어야 한다

"네가 진리의 말씀을 옳게 분변하며 부끄러울 것이 없는 일꾼으로 인정된 자로 자신을 하나님 앞에 드리기를 힘쓰라"(딤후 2:15).

자녀들에게 너무나 많은 것을 기대하지 말자. 그들은 아직 미성숙한 아이들인 것이다. 모든 사물을 볼 때도 자신만의 감정으로 말하고 행동하는 어리석은 것들이 많다는 것을 알아야 한다. 때로는 그들의 입에서 나오는 말이 황당할 때가 한 두 번이 아님을 알 것이다. 생각하지 않고 거침없이 내뱉는 말에 부모들을 당황하게 만들 때가 많이 있지 않는가?

그들은 옳고 그른 것을 분별하지 못한다. 어릴수록 더 심할 것이다. 교육을 나름대로 잘 받았다고 해도 문제가 터지면 분별력이 사라진다. 그래서 소리를 지르고 화를 내고 싸우자고 덤비는 것이다. 이성보다 감정이 먼저 폭발하게 된다. 일을 저지르고 본다. 이후에 어떻게 되든 상관하지 않는다. 눈에 보이는 것이 그들은 전부라고 생각하기 때문이다. 이기주의적인 성향이 아이들에게는 너무나 많다. 남을 배려하고 사랑하는 마음은 저절로 생겨나는 것이 아니다. 끝없는 교육과 반복적인 훈련을 통해서 얻어지는 값진 것이다. 어른들도 하기 힘든 것을 자녀들이 할 수 있다고 생각하는가?

자녀들 옆에는 늘 부모가 있어야 한다. 어릴수록 늘 가까이 함께해야 한다. 언제 어느 때 아이가 잘못을 저지를지 모르기 때문이다. 아이가 판단을 잘못해서 실수를 하면 그 때 가르쳐 주면 된다. 그대신 절대로 화를 내거나 무시하는 말투로는 교육을 시킬 수 없다는 것을 알아야 한다. 사랑하는 마음과 생각을 가지고 기회가 올 때 가르쳐 주면 된다. 부모 눈에는 다 보인다. 이 아이가 무슨 생각으로 행동했는지를 알 수 있다. 좀더 관심과 사랑을 가지고 본다면 자녀들에게 옳고 그른 것을 가르칠 수 있다.

'사랑의 하나님 아버지, 우리 아이들만이 아니라 우리 모두가 다 옳고 그름을 잘 분별할 줄 알게 하시며 특별히 주님의 뜻을 더욱 분명하게 알게 하는 진리의 말씀을 잘 깨닫고 행하는 자가 되게 하옵소서. 아멘!'

7. 악에서 보호해 주어야 한다

"우리를 시험에 들게 하지 마옵시고 다만 악에서 구하옵소서"(마 6:13).

옛날에는 아이들이 동네에서 마음껏 뛰어 놀 수 있었다. 동네에 있는 모든 어른들이 아이들의 보호자가 되어 주었다. 아이들이 싸우면 말려주고 잘하면 칭찬해 주는 어른들이 많이 있었다. 이웃사촌이라는 말까지 나온 것을 보면 알 수 있듯이 한 마을이 가족같이 지내는 모습이었다. 어머니가 잠시 집을 비워도 동네사람들이 아이들을 돌보아 주었다. 집이 아닌 동네에서 자기들만의 놀이터를 만들어 신나고 재미있게 노는 풍경을 많이 볼 수 있었다. 그러나 요즈음은 세상이 갈수록 험악해지고 있다. 밖에 아이들을 마음대로 내보낼 수가 없다. 가정이 아닌 다른 곳에서는 더 이상 안전지대를 찾아 보기 힘들다. 가정도 부모가 없으면 아이들이 위험에 빠지는 경우가 많다. 우리 아이들을 악한 것에서부터 지켜 주어야 한다. 악한 것은 모양이라도 버리라고 성경은 가르치고 있다.

절대로 어린 아이들을 혼자서 나가게 해서는 안될 것이다. 부모와 함께하든지 아니면 다른 어른이라도 아이를 보호해 줄 수 있도록 방법을 찾아 내야 한다. 청소년이 되어도 마찬가지일 것이다. 늘 주위를 주고 밤 늦게 혼자 길을 가는 것 등은 조심시켜야 한다. 위험하다고 생각되는 곳에는 절대로 보내면 안 된다. 자녀의 안전과 신변 보호는 늘 부모가 책임을 져야 한다. 자녀들이 어디를 갔으며 무엇을 했는지 등은 부모가 알고 있어야 한다. 자녀에 대한 관심을 통해서 바르게 지도해 줄 필요가 있기 때문이다.

내 자녀가 무엇을 생각하고 있는지 어떠한 행동을 하고 다니는지 부모는 알 권리가 있다. 늘 대화를 통해서 자녀들을 악에서 보호해 주는 지혜로운 부모가 되기를 바란다.

'사랑의 하나님 아버지, 우리 아이들이 악에 물들지 않게 하옵시고 어려서부터 하나님 경외함과 이웃 사랑하는 법을 배워 선한 사업에 부요한 자로 살게 하시며 선한 열매를 많이 맺는 자녀들이 되게 하옵소서. 아멘!'

8. 먼저 생각하고 행동하게 하자

"내 사랑하는 형제들아 너희가 알거니와 사람마다 듣기는 속히 하고 말하기를 더디하며 성내기도 더디하라"(약 1:19).

성도라면 모든 일을 처리하기 전에 먼저 하나님을 생각하며 기도하는 마음이 우선이 되어야 한다. 내 생각대로 하다가는 일을 그르치기가 쉽기 때문이다. 사건이 있을 때마다 순간적으로 단정짓지 말아야 한다. 먼저 깊이 생각하고 자신을 돌아보는 일이 있어야 한다. 무슨 일을 행동으로 옮길 때도 신중하게 해야 한다. 책임을 질 수 없는 행동을 급하게 하다가 큰코 다칠 수가 있기 때문이다.

급한 마음과 급한 생각은 하나님이 주시는 마음이 아니다. 생각하고 또 생각해 보고 기도하면서 한 걸음씩 걸어가야 한다. 모든 일에는 순서가 있는 법이다. 자녀들이 금방 성숙해지는 것이 아니다. 부모들과 선생님들에게 배우고 본인들의 생각을 접목시켜서 행동으로 나타나는 것이다. 또한 어려움과 시련을 통해서 참고 인내하며 성장하는 것이다. 아픔이 없이는 성숙할 수 없다.

자녀들에게 아픔과 고통이 있을 때 잘 이겨낼 수 있는 힘을 길러 주어야 한다. 부모가 대신 해줄 수 있는 것이 아니다. 부모가 문제들을 해결해 주다 보면 면역력이 떨어지게 된다. 그리고 자연히 쉬운 길이 있다는 것을 알고 부모만 의지하게 된다. 그러면 어른이 되어도 스스로 해결하기 보다는 누군가에게 기대는 어린아이같이 된다. 부모가 도움 줄 수 있지만 해결은 본인들 스스로 해야 한다. 무엇보다도 늘 깊이 생각하고 행동하는 것을 터득해야 한다. 생각 없이 감정대로 무턱대고 행동하는 자를 무식하다고 한다. 이 무식함 때문에 얼마나 많은 사람들이 피해를 보는지 알아야 한다. 성도라면 다른 사람들에게 해를 주어서는 안 된다. 오히려 내가 피해를 보는 것이 훨씬 하나님 앞에 칭찬을 듣는 행동이다.

'사랑의 하나님 아버지, 느낌대로 생각대로 함부로 말하고 행동하는 자가 되지 않게 하옵시고 항상 덕을 세우는 일에 소용되는 자들이 되게 하옵소서. 아멘!'

9. 기도하는 훈련을 시켜야 한다

"너희가 내 이름으로 무엇을 구하든지 내가 시행하리니 이는 아버지로 하여금 아들을 인하여 영광을 얻으시게 하려 함이라"(요 14:13).

가정마다 자녀들이 많지 않는 시대에 살고 있다. 자녀들은 가지고 싶은 것, 먹고 싶은 것, 하고 싶은 것을 대부분 누리면서 살아간다. 부모는 자녀들이 원하는 것이면 뭐든지 다 해주고 싶은 마음이 있다. 이것을 어려서부터 자녀들이 잘 알고 있다. 육체적인 것을 부족함 없이 채워주는 것이 중요한 것이 아니다. 자녀들에게 영적인 삶이 있다는 것을 분명히 제시해 주어야 한다. 예수 그리스도를 믿지 않고서는 이 세상에서 참되게 살 수 없다는 것을 가르쳐야 한다. 진정한 행복과 참된 삶의 기초가 예수 그리스도에게서 나오는 것이다.

하나님을 가까이 하는 삶을 자녀들이 배워야 한다. 무엇보다도 기도를 통해서 하나님과 교제하는 것을 어려서부터 훈련해야 한다. 그런데 기도는 아무나 하는 것은 아니다. 거듭난 사람만이 할 수 있는 특권이다. 이 특권이야말로 자녀들이 마땅히 누려야 할 일이다. 부모에게서 나오는 것은 한정적이다. 부모가 해줄 수 있는 것도 한계가 있다. 나이가 들면 부모는 이 세상을 떠나야 한다. 사랑하는 자녀들을 남겨두고 세상을 떠나야 할 존재들이다. 그러나 우리 사랑하는 자녀들과 영원토록 함께하실 예수님이 계시다는 것을 가르쳐 주어야 한다.

세상을 살아가면서 늘 의지하고 믿고 따라가는 예수님께 기도하는 법을 가르쳐야 한다. 믿음이 없이는 하나님을 기쁘시게 할 수 없다. 자녀들에게 이 예수님을 믿고 기도하는 습관을 어려서부터 철저하게 가르쳐야 한다. 어린아이들이 내게 오는 것을 금하지 말라고 말씀하셨다. 어느 누가 자녀들이 예수님께 나가는 것을 금할 수 있겠는가?

'사랑의 하나님 아버지, 기도하는 부모, 기도하는 아이들이 되게 하셔서 기도의 사람들로 살아가게 하옵소서. 하나님 아버지와 아들 예수 그리스도와 함께하는 교제의 즐거움을 누리게 하옵소서. 아멘!'

10. 사랑하는 법을 가르쳐 주어야 한다

"내 계명은 곧 내가 너희를 사랑한 것 같이 너희도 서로 사랑하라 하는 이것이니라"(요 15:12).

하나님은 사랑이시다. 누가 감히 나는 사랑이라고 말하겠는가? 그러나 하나님은 사랑이라고 말씀하셨다. 온 인류를 사랑으로 품으시고 다스리시는 하나님이시다. 이 사랑을 입은 부모라면 당연히 사랑의 하나님을 자녀들에게 가르쳐야 한다. 하나님의 사랑을 배우지 못하면 아주 삭막한 삶이 기다리고 있다는 것을 알아야 한다.

하나님이 우리를 먼저 사랑하셨다. 원수요 죄인에 불과한 우리들을 먼저 찾아오시고 아들을 아끼지 않고 내어 주셨다. 그 사랑으로 우리에게도 서로 사랑하라고 명하셨다. 이것이야말로 성도가 마땅히 해야 할 일이다. 사랑은 먼저 하는 것이다. 상대가 나를 사랑하면 나도 사랑하겠다는 것이 아니다. 먼저 다가가는 것이다. 이기주의가 갈수록 팽배해지고 있는 시대에 살고 있다. 우리가 너무나 아끼고 사랑하는 자녀들 주변을 살펴보자. 건강한 가정에서 자라는 아이들이 그렇게 많지 않다는 것을 느낄 것이다. 부모의 따스한 사랑을 받고 자라나야 할 아이들이 사랑을 받지 못하고 힘들게 산다.

나만 행복하면 되는 것이 아니다. 이 사회는 더불어 함께 살아가는 것이다. 내 주변에 있는 사람들도 나로 인해서 행복해야 하는 것이다. 그래서 먼저 자기의 유익을 구치 않고 남의 유익을 구하는 것이 진정한 성도의 삶임을 어려서부터 가르쳐야 한다. 이것이 내 자녀도 살고 다른 자녀도 살리는 길이기 때문이다. 사랑하는 마음은 저절로 생겨나는 것이 아니다. 뼈를 깎는 아픔과 고통이 따른다. 자기를 희생하지 않고서는 사랑은 아주 멀리 달아난다. 친구를 도와주는 일을 기쁨으로 감당해야 한다. 친구가 아프고 힘들어 할 때 같이 마음을 나누고 함께 해야 한다. 사랑은 아주 작은 것을 실천하는 것에서부터 시작되는 것이다. 어려서부터 몸에 배도록 가르쳐야 한다. 하나님의 사랑이 자녀들에게 있다면 그 자녀는 세상을 움직이는 위대한 하나님의 자녀가 되는 것이다.

'사랑의 하나님 아버지, 아버지께서 독생자를 내어주시기까지 사랑하신 것과 같이 우리도 우리의 이웃을 내 몸과 같이 사랑하게 하옵소서. 아멘!'

11. 최선을 다하게 하자

"부지런하여 게으르지 말고 열심을 품고 주를 섬기라"(롬 12:11).

우리는 자녀들에게 공부를 잘하라고 가르친다. 열심히 해서 일등을 하면 좋아하지 않는 부모가 어디 있겠는가? 그러나 일등은 누구나 하고 싶지만 한 명만 할 수 있다. 최고가 되려고 노력하지만 누구나 최고가 될 수 있는 것은 아니다. 목표를 세워서 열심히 노력하는 것도 아주 중요하다. 그러나 너무나 결과에 치중하다 보면 낙담되고 절망하기 쉽다.

공부를 열심히 해서 일등 하는 것도 좋지만 그것보다 더 중요한 것은 무엇을 하든지 최선을 다하는 것이다. 어떠한 일을 하든지 중요한 것은 과정이다. 한 걸음씩 최선을 다하는 것을 가르쳐야 한다. 또한 성취감을 갖도록 동기부여도 잘해 주어야 한다. 공부를 열심히 해서 일등 하는 것이 왜 좋은 것인지를 가르쳐 주어야 한다. 일류 대학이 목표가 아니라는 것이다. 모든 사람들을 잘 섬기기 위해서 공부하는 것이다. 더 나은 삶이 주어지기에 노력하는 것이다. 내가 아는 것이 하나라면 하나밖에는 다른 사람에게 영향을 미치지 못한다. 그러나 내가 아는 것이 열이라면 더 많은 사람들에게 영향을 줄 수 있는 것이다. 그래서 배울 수 있는 시기에 주어진 시간 안에서 게으름 피우지 않고 열심히 하는 것이다. 학생의 본분은 물론 공부하는 것이다. 그러나 공부하는 과정을 통해서 배워야 하는 것이 너무나 많다는 것을 알아야 한다. 학교에서 공부하는 것만이 중요한 것이 아니다. 가정에서나 다른 곳에서도 자녀가 배울 수 있는 것은 무궁무진하다. 작은 일에도 게으름 피우지 말고 맡은 일에 최선을 다하다 보면 큰일도 잘 감당할 수 있는 힘이 길러지게 될 것이다.

'사랑의 하나님 아버지, 우리가 매사에 후회 없는 삶을 살게 하시되 올바른 지식을 가지고 하나님의 의를 드러내는 일에 부지런하고 열심을 다하는 하나님의 선한 친 백성이 되게 하옵소서. 아멘!'

12. 교회를 사랑하라

"예루살렘을 위하여 평안을 구하라 예루살렘을 사랑하는 자는 형통하리로다"(시 122:6).

자녀들의 교육을 위해서 좋은 학교 옆으로 이사를 가는 부모들이 적지 않다. 좋은 교육을 받게 하려는 부모들의 열심은 대단하다. 그러나 그것은 학교 다닐 때만이 효과가 있는 것이다. 졸업을 하게 되면 학교는 더 이상 자녀들에게 영향을 미치지 못한다. 그러나 자녀들이 이 땅에 태어나면서부터 시작해서 생명이 다하기까지 끊임없이 가야 할 곳이 있는데 바로 교회이다. 교회를 떠나서는 살 수 없는 인생들이다. 예수님께서 우리에게 주신 참으로 귀한 선물이 영위할 교회이다. 이곳은 졸업이 없다. 이 땅에 사는 한 교회를 떠나서는 진정한 행복과 삶을 살 수 없다는 것을 알아야 한다. 주님은 교회를 통해서 성도들을 양육하고 성장케 하신다. 교회는 신자들의 어머니이다.

어려서부터 교회를 귀하게 여기고 사랑하는 마음을 길러주어야 한다. 생명의 양식이 교회에서부터 흘러나오기 때문이다. 학교 교육은 육체적인 삶을 위해서 준비된 곳이다. 아무리 훌륭한 교육을 받고 좋은 환경에서 자란다고 한들 영혼이 죽게 되면 무슨 유익이 있겠는가? 세상 교육은 그 자녀의 영혼까지 책임을 지지 못한다. 그러나 교회는 자녀들의 영혼을 살리고 영생의 복을 누리게 해 줄 수 있는 곳이다.

그러나 교회가 다 교회는 아니라는 것이다. 하나님의 말씀이 선포되는 곳이 교회이다. 평생 교회를 다녀도 변화가 없는 삶은 하나님의 말씀을 듣지 못하기 때문이 아니겠는가? 지금도 살아계셔서 사랑하는 자녀들에게 교회를 통해서 하나님의 말씀을 선포하시는 주님의 은혜를 경험할 수 있는 곳이 교회이다. 이 은혜의 자리에 자녀들이 있어야 한다. 교회 가는 것을 즐거워하고 행복해 하는 자녀들로 키워야 한다. 교회를 어머니로 섬기지 않는 자는 하나님을 아버지로 모실 수 없다는 교부 시프리안의 말은 지금도 유효하다.

'사랑의 하나님 아버지, 주께서 피흘려 세우신 교회를 온 마음을 다해 사랑하게 하옵시고 눈물과 기도로 잘 섬기는 가정이 되게 하옵소서. 아멘!'

13. 부모에게 순종하도록 가르쳐라

"순종이 제사보다 낫고 듣는 것이 숫양의 기름보다 나으니"(삼상 15:22).

순종은 언제쯤 가르쳐야 하는가? 아이가 순종이라는 의미가 무엇인지 모를 때부터 가르치는 것이다. 갓난아이 때부터 가르쳐야 한다. 정확히 말하면 태어나서부터 순종을 가르쳐야 한다. 태어나서부터 젖을 먹는 것, 잠을 자는 것, 놀이를 하는 것 등 모두가 부모의 손에 달려 있다.

아이를 가장 잘 아는 사람은 어머니이다. 아이의 욕구를 잘 채워주고 부모 말씀에 귀를 기울이도록 가르쳐야 한다. 비록 말은 못하지만 아이의 행동과 울음을 통해서 알아내야 한다. 잘 관찰하다 보면 터득할 수 있다. 이때부터 아이와 교감을 하면서 하나씩 좋은 습관들을 가르치는 것이 무엇보다 중요하다. 먼저 부모에게 순종하도록 이끌어 주는 것이다. 자녀가 가장 잘 되기를 바라는 사람은 부모들일 것이다. 부모를 신뢰하고 부모로부터 오는 교훈을 잘 받아들일 수 있도록 가르쳐야 한다.

아이에게 끌려 다니는 부모가 아니라 아이를 바르게 이끌어 주는 부모로서의 책임을 다해야 한다. 방심하면 할 수 없다. 게으르면 잘 가르칠 수 없다. 아이의 마음을 읽어내지 못하면 실수를 하게 된다. 부모에게 순종하는 아이로 키우면 반드시 좋은 성품을 소요한 아이로 자랄 수 있다. 순종하는 아이들은 많은 것을 배울 수 있고 익힐 수 있는 기회를 갖는다.

더 나아가서 하나님의 말씀에 순종할 수 있는 것이다. 부모에게 순종하지 않는 아이는 하나님께 순종할 수 없다. 부모의 말을 듣지 않는 아이는 하나님의 말씀에도 귀를 기울이지 않는다. 순종은 하나님을 알고 배울 수 있는 지름길이다. 세상을 살면서 가장 중요한 덕목은 하나님의 말씀에 순종하는 것이다. 순종이 없으면 하나님의 자녀로 살아가는 길이 막히게 된다. 내 아이가 하나님께 가도록 길을 열어 주자.

'사랑의 하나님 아버지, 우리가 항상 주의 말씀에 순종하는 부부가 됨으로 자녀들도 늘 하나님께 순종함을 몸에 익히고 실천하며 살게 하옵소서. 아멘!'

14. 착한 일을 하도록 가르쳐 주자

"그가 우리를 대신하여 자신을 주심은 모든 불법에서 우리를 구속하시고 우리를 깨끗하게 하사 선한 일에 열심하는 친 백성이 되게 하려 하심이니라"(딛 2:14).

성도들은 세상의 빛과 소금이 되어야 한다. 세상이 우리 그리스도인들 때문에 살 맛이 나야 한다. 모두가 개인주의로 살아가는 무심하고 살벌한 시대에 살고 있다. 그러나 우리들의 자녀들이 따뜻하고 친절한 사회로 만들어 가야 할 책임이 있다. 그러기 위해서는 선한 일과 착한 일을 하도록 권장해야 한다. 어려서부터 남을 도와주는 것이 몸에 배이도록 가르쳐야 한다. 해도 되고 안 해도 되는 선택 사항이 아니다. 하나님의 자녀라면 누구나 다 착한 일에 솔선수범해야 한다.

착한 일은 남을 배려하는 마음이 없으면 할 수 없다. 나에게만 관심을 갖고 다른 사람들이야 어떻게 되든 상관하지 않으면 할 수 없다. 아주 사소한 것이라도 나의 수고를 필요로 한다면 기꺼이 감당하는 마음이 있어야 한다. 다른 사람들을 긍휼히 여기는 마음을 가져야 한다. 겸손한 마음을 가지고 남을 나보다 낫게 여겨야 한다. 내가 누리고 있는 좋은 것들을 함께 나누고자 하는 생각이 있어야 한다.

가정에서부터 시작하자. 부모가 하는 일에 관심을 갖게 하자. 도움을 주는 일에 기쁨을 누리도록 기회를 주어야 한다. 자녀가 도와줄 때 고맙다는 인사는 반드시 해야 한다. 아이들이 하는 작은 도움을 그냥 지나치지 말자. 꼭 관심을 가지고 칭찬해 주자. 친구들을 도와주는 것, 어려운 이웃을 도와주는 것 등을 잘 하도록 가르쳐야 한다. 이기적인 아이로 키우면 나중에 사회에 악영향을 줄 수 있다. 남을 배려하고 사랑하면 그들의 필요가 무엇인지 눈에 보인다. 다른 사람들의 필요를 채워주기 위해서 수고의 땀을 흘려서 도와주는 일은 하나님이 기뻐하신다.

'사랑의 하나님 아버지, 우리가 선하신 주님의 마음을 품고 선한 일에 부요한 자가 되며 착한 행실로 하나님께 영광을 돌리는 자가 되게 하옵소서. 아멘!'

15. 섬기는 일을 잘 하도록 가르치라

"누구든지 자기의 유익을 구하지 말고 남의 유익을 구하라"(고전 10:24).

한 사람이 정상적으로 성장하기까지는 수많은 사람들의 섬김 없이는 이루어질 수 없다. 이 세상에 혼자 살아 갈 수 있는 사람은 아무도 없다. 우리는 서로가 협력하고 돕고 살아야 한다. 어려서부터 다른 사람들을 돕는 일들을 하도록 가르쳐야 한다. 동생을 봐주는 것도 좋은 일이다. 부모님의 허드렛일을 도와주는 것도 아주 좋은 공부이다. 할 수만 있다면 도움이 필요한 곳에 가서 힘껏 섬기는 일은 자신을 더 성숙하게 만들어 가는 과정을 밟는 것이다.

다른 사람들을 섬기고 도울 수 있다는 것은 건전하고 건강한 사고에서 나오는 것이다. 예수님의 사랑을 실천할 수 있는 기회를 놓치지 말자. 교회 안에서도 성도들을 도와주는 것은 하나님이 기뻐하시는 일이다. 나 홀로 신앙생활을 하게 되면 믿음이 자라지 못하게 된다. 하나님의 시각으로 성도들을 바라볼 때 섬길 수 있는 일을 할 수 있다. 특히 자녀들에게는 사람들을 귀하게 여기도록 훈련을 시켜야 한다.

하나님의 형상으로 지음 받았기에 모두가 귀하고 소중한 사람들이다. 나보다 못하다고 무시하는 말투와 행동은 금해야 한다. 내가 좋아하지 않는 사람이라고 함부로 대해서도 절대로 안 된다. 내 주변에 있는 모든 사람들을 섬기는 일은 당연한 일이다. 다른 사람들의 도움이 필요할 때 기꺼이 도와주고 섬기는 일을 하자. 그러다 보면 내가 도움이 절실히 필요할 때 그들도 나를 기쁘게 도와줄 것이다. 예수님도 이 땅에 오실 때 섬김을 받으려고 오신 것이 아니라 섬기려 오셨다고 말씀하셨다. 다른 사람들을 섬기는 것이 곧 예수님을 섬기는 것이다. 그것도 지극히 작은 소자 하나에게 한 것이 곧 주님께 한 것임을 성경은 친히 교훈하고 있다. 섬김이 최고의 면류관이다.

'사랑의 하나님 아버지, 우리를 사랑하사 자신의 몸을 기꺼이 내어주신 예수님처럼 우리들도 다른 사람의 유익을 구하는 것이 우선이 되게 하옵소서. 아멘!'

16. 단정한 옷차림을 해야 한다

"오직 주 예수 그리스도로 옷 입고 정욕을 위하여 육신의 일을 도모하지 말라"(롬 13:14).

학생은 교복을 입고 군인은 군복을 입는다. 각종 직업에 따라 차림새가 다르다. 직업에 맞는 가운을 입고 그 임무에 충실하려고 애를 쓴다. 우리가 무엇을 입었는지에 따라 행동이 달라진다. 성도라면 성도에게 맞는 옷의 차림새가 있음을 어려서부터 알려 주어야 한다. 특히 주일에 예배하러 갈 때는 깔끔하고 깨끗한 옷을 입어야 한다. 우리가 대통령을 만나러 갈 때는 아무거나 입지 않는다. 며칠 전부터 입을 옷을 준비하지 않겠는가? 결혼식장에 갈 때도 가장 좋은 옷을 입고 가려고 준비한다. 하물며 만 왕의 왕이시고 만 주의 주이신 살아계신 하나님을 예배하러 가는데 아무거나 입고 가는 것은 옳지 않다고 본다.

먼저 부모님들이 정장차림의 경건한 옷을 입고 가야 한다. 특히 여름에 노출이 심한 옷은 삼가해야 한다. 자녀들은 부모님의 영향을 가장 많이 받는다. 하나님을 예배하러 가는 것은 자녀의 인생 중에서 가장 소중하고 귀한 시간이다. 마음의 준비는 물론이지만 옷 차림새도 단정하게 준비시켜야 한다. 서양에서는 선데이 드레스라고 주일날 입는 옷이 따로 있을 정도이다. 가장 깨끗하고 단정한 좋은 옷을 입고 마음의 준비를 하며 예배당에 가야 하지 않겠는가? 대충 바쁘다고 아무거나 입히고 마음의 준비 없이 예배에 임한다면 그 자녀에게 무엇을 기대하겠는가? 예배는 시간 때우러 가는 것이 아니다. 내 자녀가 하나님을 만나고 그분의 말씀을 들으러 가는 영혼이 죽고 사는 문제이다.

주일날만이 아니라 평일에도 자녀들에게 노출이 심한 옷은 착용하지 않도록 해야 한다. 하나님의 자녀라는 것을 늘 인식하면서 행동을 조심해야 한다. 예수 그리스도의 옷을 자녀들에게 늘 입히는 부모가 되어야 한다.

'사랑의 하나님 아버지, 우리의 행실이 덕이 있고 경건하여 그리스도의 향기를 풍기는 삶을 살게 하옵소서. 화사한 봄날의 향기처럼 그리스도의 생명의 향기를 뿜어내는 식구들이 되게 하소서. 아멘!'

17. 친구를 점검하라

"많은 친구를 얻는 자는 해를 당하게 되거니와 어떤 친구는 형제보다 친밀하니라"(잠 18:24).

속담에 "친구 따라 강남 간다"는 말이 있다. 친구가 가는 곳마다 따라가며 무엇이든지 보고 배우지 않겠는가? 늘 함께 다니면서 생각과 마음을 나누는 친구라면 많은 영향을 미치게 되는 것은 당연한 일이 아니겠는가? 어려서는 보는 것이 더 인상에 깊게 남는다. 무엇을 보는지 어디를 가는지 하나라도 소홀히 여길 수 없는 문제이다.

부모가 하루 종일 볼 수 있는 곳에 아이들이 머물러 주지 않는다. 학교도 가야 하고 놀이도 즐겨야 하고 친구들하고 어울리면서 지내는 시간들이 많다. 내 자녀가 누구하고 친하게 지내는지는 알아야 한다. 자녀에게 친구에 관해서 이야기를 들을 수 있다. 그러나 일방적일 수 있다. 상대방을 알지 못하고는 자녀의 말을 그대로 다 믿을 수 있는 것도 아니다. 가능한한 집으로 초대한다든지 자녀의 친구를 직접 만나 보아야 한다. 어른들은 보는 관점이 있기에 몇 번 보면 그 아이가 어떤 아이인지 잘 알 수 있을 것이다.
아이들은 생각 없이 모든 것을 쉽게 배우는 습성이 있다. 특히 나쁜 것들은 호기심을 유발하기 때문에 신기하기도 하고 재미도 있다. 친구가 하면 분별력 없이 그대로 따라서 하는 경향이 많다는 것을 알아야 한다. 예를 들어서 게임을 좋아하는 친구가 있다고 하자. 늘 만나면 게임만 하고 논다면 게임 중독이 될 것이다. 게임 중독에 빠지면 헤어나올 수 없는 지경까지 가기 때문에 미리 차단시켜야 한다. 친구랑 만나서 무엇을 하는지 어떠한 놀이를 하는지는 점검이 되어야 한다. 좋은 친구가 되어 주어야 하는 것이 무엇보다 중요하다. 그러나 행실이 바르지 못한 친구가 있으면 쉽게 물들 수 있음을 명심해야 한다. 내 자녀의 좋은 점이 다른 친구들에게 영향을 미치게 하기 위해서라도 철저하게 부모가 보살펴 주어야 한다.

'사랑의 하나님 아버지, 우리 자녀들이 좋은 친구들을 사귀게 하시되 우리의 자녀가 먼저 좋은 친구가 되게 하옵소서. 아멘!'

18. 말하는 법도 가르쳐라

"만일 누가 말하려면 하나님의 말씀을 말하는 것 같이 하고 누가 봉사하려면 하나님의 공급하시는 힘으로 하는 것 같이 하라"(벧전 4:11).

말하는 모습을 보면 그 사람의 성품과 인격을 알 수 있다. 무식한 사람은 무식한 말만 할 것이다. 평상시 말하는 태도가 무식하고 다듬어 지지 않는 말투를 쓰기 때문에 다른 사람들에게 불쾌감을 준다. 또한 아는 것이 그것 밖에 없기 때문에 우격다짐으로 자기를 드러내는 방법이 무식하고 쌍스러운 말투일 것이다. 그러나 인격이 성숙한 사람들은 고상한 말들을 할 것이다. 많은 훈련과 연단을 통해서 다듬어진 말은 어느 누구도 따라가지 못한다. 하루 아침에 만들어진 것이 아니라 삶을 통해서 자기 자신과의 싸움을 통해서 만들어 내기 때문이다. 뭐든지 좋은 것은 빠른 시일 내에 되는 법이 없다. 말하는 습관도 훈련의 훈련을 거치지 않으면 내 입에서 고상하고 덕스럽고 아름다운 말은 나오지 않을 것이다.

어려서부터 잘 말할 수 있도록 훈련을 시켜야 한다. 입에서 나오는 말은 주워서 담을 수 없다는 것을 상기시켜야 한다. 생각 없이 함부로 말하지 않도록 가르치자. 내가 한 말은 책임을 질 수 있어야 한다. 더러운 말은 입 밖에도 내지 말라고 성경은 말하고 있다. 이 세상에 더럽고 쌍스럽고 추악한 말들이 얼마나 많은지 모른다. 가정에서나 밖에서나 정제되지 않은 흉측한 말들이 오고 가는 것을 쉽게 볼 수 있다.

욕이 아니면 대화가 불가능할 정도이다. 이 정도면 불치병에 걸렸다고 생각해야 한다. 내 자녀가 몹쓸 병에 걸리지 않도록 힘을 써야 한다. 이것은 가정에서만 가르칠 수 있다. 부모가 반드시 해야 할 일이다. 부모에게 말하는 태도, 형제들과 사이 좋게 대화하는 태도 등을 잘 가르쳐야 한다. 가정에서 잘 되면 밖에서도 잘될 것이다. 더러운 오물을 뒤집어 쓰기 전에 더러운 곳에 가지 않도록 해야 할 것이다.

'사랑의 하나님 아버지, 우리가 듣는 이들에게 은혜를 끼치고 감동을 줄 수 있는 하나님의 말씀을 말하는 일에 익숙한 자가 되게 하옵소서. 아멘!'

19. 좋은 습관을 길러 주어라

"마땅히 행할 길을 아이에게 가르치라 그리하면 늙어도 그것을 떠나지 아니하리라"(잠 22:6).

자녀들의 모든 행동은 부모로부터 물려받는 것이다. 저절로 아이가 자라는 것이 아니다. 태어나면서부터 아이가 잘 자라도록 수고의 땀을 흘리지 않으면 좋은 열매를 거둘 수가 없다. 어머니의 사랑과 정성은 아이의 인격에 아주 큰 영향을 주게 된다. 좋은 성품과 인격은 모든 습관에서부터 시작된다. 아이의 습관은 좋은 생각을 하게 하고 선한 말을 하도록 부모가 잘 훈련시키는 것에서 좋은 습관이 생긴다. 아이 스스로는 좋은 습관을 길러낼 수가 없다. 부모의 가르침을 통해서 나쁜 것을 버리고 좋은 것을 익히려고 노력한다.

말을 듣지 않으면 매를 들어서라도 가르쳐야 한다. 성경은 아이에게 미련한 것이 얽혀 있음을 알려준다. 그래서 그 미련한 것을 버리기 위해서 매를 들어야 한다고 했다. 가정 폭력을 말하는 것이 아니다. 귀한 자녀이기에 나쁜 습관이 몸에 익숙해지지 않도록 하기 위해서다. 매로 다스릴 때는 아주 따끔하게 해야 한다. 장난이 섞인 말투나 심한 언어 폭력을 가해서는 절대로 안 된다. 감정이 격한 상태에서 매를 들면 돌이킬 수 없는 마음의 상처가 되기 때문이다. 먼저 부모가 마음을 잘 다스리고 정확하게 무엇이 잘못된 것인지를 확실하게 말해 주고 벌을 주어야 한다. 교육은 부모의 책임이다. 아이의 미래는 부모의 교육이 그 승패를 좌우한다고 해도 틀림이 없다.

귀한 가르침은 아이의 생명을 살리게 된다. 또한 더 성숙한 아이로 나아가도록 도와주는 것이다. 아이들은 분별력이 약하다. 늘 자기편에서 편하고 좋은 쪽을 선택한다. 아픔을 참아내지 못한다. 화가 나면 그대로 표현하는 것이 아이들의 모습이다. 감정 조절을 잘 하도록 가르치지 않으면 나중에 큰 화를 당하게 된다. 참고 인내하는 것 등 좋은 습관이 몸에 배이도록 힘을 다해서 가르쳐야 할 책임이 부모에게 있다.

'사랑의 하나님 아버지, 우리가 아이들에게 하나님의 성품을 심어줄 수 있게 하옵시고 늙어서도 떠나지 아니할 습관을 가르치게 하옵소서. 아멘!'

20. 선생님과 어른들에게 순종하도록 가르쳐라

"자녀들아 너희 부모를 주 안에서 순종하라 이것이 옳으니라"(엡 6:1).

자녀들이 훌륭하게 자라게 하기 위해서 부모들은 많은 수고를 아끼지 아니한다. 훌륭한 사람들의 삶을 배우기 위해서 위인전을 읽게 한다. 때로는 위인전을 읽고 감명을 받기도 한다. 그들과 같이 되려고 노력을 기울이기도 하면 좋다. 그러나 가장 중요한 것은 자녀들에게 삶의 지혜를 가르쳐 주는 것이다. 그런데 그 지혜는 우리보다 앞서서 살아 온 어른들이 가지고 있다는 것을 알아야 한다. 늘 또래 아이들과 어울리는 것도 중요하지만 어른들하고도 대화를 나누는 것 또한 중요하다. 조부모님들과 함께 사는 것도 자녀들에게는 많이 유익이 될 것이다. 사랑하는 부모님들의 어린 시절을 비롯해서 삶의 모든 과정을 듣고 배울 수 있는 참으로 좋은 기회이기 때문이다.

부모들은 자녀들이 선생님들을 존경하도록 가르쳐야 한다. 선생님들이 가지고 있는 지식이 아이들에게 잘 전달되어야 한다. 학생들을 사랑하는 마음으로 가르치는 선생님들은 자녀들의 삶에서 너무나도 소중한 영향을 미친다. 그들의 칭찬 한 마디가 자녀들에게 큰 동기부여가 되기도 한다. 미래의 삶을 준비하는데 선생님들의 역할은 참으로 크다.

교회에서는 목사님의 말씀에 귀를 기울이고 존경하는 어른으로 잘 섬겨야 함을 가르쳐야 한다. 그 입에서 나오는 말씀은 자녀들의 영혼을 살찌게 하는 귀한 양식이기 때문이다. 목사님을 위해서 기도하는 것도 가르쳐야 한다. 생명의 양식을 듣는 것이 지혜를 얻을 수 있는 길이다. 어른들을 존경하는 마음을 가지도록 가르쳐야 한다. 부모님들도 자녀들과 같은 마음을 가지고 그들을 존경해야 한다.

'사랑의 하나님 아버지, 부모와 어른들에게 순종하는 법을 잘 배우게 하시고 하나님을 더 잘 경외하는 삶이 되게 하소서. 하나님 앞과 사람들 앞에서 사랑스럽게 자라가는 자녀들이 되게 하옵소서. 아멘!'

21. 성경읽기는 필수과목이다

"이 율법 책을 네 입에서 떠나지 말게 하며 주야로 그것을 묵상하여 그 가운데 기록한 대로 다 지켜 행하라 그리하면 네 길이 평탄하게 될 것이라 네가 형통하리라"(수 1:8).

사랑하는 자녀들에게 평생 가르쳐야 할 것이 있는데 그것이 바로 성경이다. 이 성경은 선택과목이 아니다. 하늘나라 갈 때까지 읽고 배워야 할 필수 과목이다. 성경을 알지 못하면 하나님의 자녀답게 살아 갈 수 없다. 이 세상을 내 마음대로 살 수 없다. 내 생각과 의지를 성경에 비추어서 하나님의 말씀에 순종해야 한다. 순종은 내 자신을 부인하지 않으면 할 수 없는 힘든 것이다. 그러나 하나님 말씀에 순종하지 않으면 이 땅에서 진정한 행복을 누릴 수가 없게 된다. 세상이 주는 것은 일시적인 것이다. 그러나 하나님이 주시는 것은 영원한 것이다. 선택은 우리가 하는 것이다.

임신 중에 있는 어머니는 태중의 아기를 위해서 성경을 날마다 읽고 기도해야 한다. 태어나서 글을 알기전까지는 날마다 성경을 부모가 대신 소리 내어 읽어 주어야 한다. 글을 알기 시작하면 천천히 성경을 읽는 훈련을 시켜야 한다. 평생 손에서 성경을 놓으면 안 된다. 하늘 나라 갈 때까지 성경은 늘 우리 곁에 있어야 한다. 언제든지 성경을 늘 읽고 묵상하는 시간을 가져야 한다. 성경을 읽지 않으면 하나님을 알 수도 없고 섬길 수도 없기 때문이다. 자녀들에게 이 귀하고 소중한 공부를 누가 시킬 수 있을 것인가? 당연히 부모가 하는 것이다. 어느 누구에게도 맡길 수 없는 공부이다. 교회가 하는 것도 아니고 주일학교 선생님이 할 수 있는 것도 아니다. 자녀가 이 땅에서 하나님과 동행하는 삶을 살기 원하는 부모라면 성경을 가르쳐야 한다. 부모된 자도 성경을 공부해야 하고 자녀들도 마땅히 공부해야 한다. 단 한순간도 소홀히 할 수 없다. 성경을 알지 못하면 하나님을 알 수 없기 때문이다.

'사랑의 하나님 아버지, 부모인 우리가 우리의 자녀들에게 주의 도를 부지런히 가르쳐서 이들이 그리스도의 진리 안에서 형통한 삶을 살게 하옵시고 스스로가 주의 말씀을 주야로 묵상하고 즐거워하며 지켜 행하는 자녀들이 되게 하옵소서. 아멘!'

22. 공손한 태도를 배우게 하자

"베뢰아 사람은 데살로니가에 있는 사람보다 더 신사적이어서 간절한 마음으로 말씀을 받고 이것이 그러한가 하여 날마다 성경을 상고하므로"(행 17:11).

많은 사람들을 대하다 보면 그 중 아주 무례한 사람들이 있다. 반면에 예의 바르고 공손한 사람들도 있다. 누구에게 더 호감이 가겠는가? 당연히 공손한 사람에게 눈길이 더 가지 않겠는가? 자녀를 예의 바르게 키우고 싶은 마음은 누구에게나 있을 것이다. 그러나 생각처럼 쉽지가 않다. 어려서부터 철저하게 교육시키지 않으면 어려운 일이다. 어른들에게 인사도 공손하게 하도록 가르쳐야 한다. 가정에서 교육을 바르게 시켜야 한다. 모든 사람들을 귀하게 여기는 마음이 없으면 공손한 태도가 나오지 않는다. 다른 사람들을 나보다 낫게 여기는 예쁘고 사랑스러운 마음을 갖도록 키워 주어야 한다.

우리가 함부로 대하고 업신여겨야 할 사람은 이 세상에 아무도 없다. 원수라고 할지라도 주님은 사랑하라고 하셨다. 원수도 사랑하라고 하셨는데 원수도 아닌데 사람들을 무시하는 못된 행동은 하지 말아야 한다. 다른 사람에게 함부로 말하고 행동하는 것을 못하도록 잘 가르쳐야 한다. 죄인들을 용서하고 사랑하시는 하나님의 자녀이기 때문이다. 우리도 죄인들을 용서하고 긍휼히 여기며 사랑하는 마음을 어려서부터 잘 키워 주어야 한다. 다른 사람들이 잘 되는 것을 보고 행복해 하는 모습이 얼마나 아름다울까? 슬프고 괴로워하는 사람들을 보면서 같이 마음 아파하며 위로하는 모습은 얼마나 귀한 모습일까?

아이의 심성을 착하고 바르게 키워야 할 책임이 부모에게 있다. 부모가 부지런해야 한다. 지혜가 있어야 한다. 주먹구구식으로 키우는 것이 아니다. 주님께 기도하며 지혜를 구해 공손한 태도가 묻어 나오는 자녀로 키워야 한다.

'사랑의 하나님 아버지, 우리가 항상 친절하고 긍휼히 여기며 신사적인 자가 되어 그리스도의 향기를 마음껏 풍기는 자들이 되게 하옵소서. 아멘!'

23. 좋아하는 취미 활동을 가지게 하자

"마음의 즐거움은 얼굴을 빛나게 하여도 마음의 근심은 심령을 상하게 하느니라"(잠 15:13).

어려서부터 내 자녀가 무엇을 할 때 제일 행복해 하는지 관찰해 보아야 한다. 잘 모를 때는 이것도 시켜보고 저것도 시켜 보면서 여러 가지 경험을 하게 해 주어야 한다. 피아노 치는 것을 좋아하는 것 같아 시켜 보았는데 싫증을 느낄 때는 멈추는 것도 괜찮다. 또 다른 것을 시도해 보는 것도 아이에게는 좋은 경험이 될 수 있기 때문이다. 이 아이가 평생 취미 생활로 마음껏 즐거워하고 좋아하는 것을 찾아 주는 것도 부모의 할 일이다. 다른 아이 하는 것이 좋아 보여서 우리 아이도 좋아할 거라고 생각하면 안 된다. 내 아이가 정말 잘할 수 있고 즐거워하는 것이 무엇인지 눈여겨 보면서 찾아 주어야 하지 않겠는가?

학교 공부를 즐겁게 하는 아이는 없다. 공부를 재미있다고 하는 아이도 없다. 학생의 의무이기 때문에 하기 싫어도 공부는 계속하는 것이다. 학교를 졸업해서 직장 생활을 하는데 적성에 맞는 곳을 찾기가 쉽지가 않다. 회사를 다녀야 생활을 할 수 있기 때문에 최선을 다하는 것이다. 그러니 살면서 얼마나 많이 스트레스를 받는지 모른다. 힘들고 어려울 때마다 나만의 쉼이 있어야 한다. 운동을 한다든지 그림을 그린다든지 하고 싶은 일을 할 수 있어야 하지 않겠는가? 하나님이 지으신 자연만물을 즐거워하는 법을 배우는 것도 유익하다.

평생 살면서 취미를 가지고 있어야 하지 않겠는가? 즐거워하는 것을 하면서 정신적인 건강을 회복시키는 것도 중요하다고 생각한다. 게임이나 불건전한 것을 취미로 하지 말자. 정신도 건강하지 못하게 되고 육체도 고달프다. 성도답게 누릴 수 있는 건전한 취미 생활은 삶의 활력을 가져다 줄 것이다. 내 아이가 이런 것을 누릴 수 있도록 부모가 어려서부터 관심을 가지고 찾아 주어야 하지 않겠는가?

사랑의 하나님 아버지, 우리가 항상 즐겁고 기쁜 마음으로 주님을 섬기게 하옵시고 우리의 하는 일들이 무엇이든 감사한 마음으로 충성하게 하옵소서. 아멘!

24. 형제끼리 사이좋게 지내야 한다

"형제를 사랑하여 서로 우애하고 존경하기를 서로 먼저하라"(롬 12:10).

요즈음은 자녀가 많아야 하나 아니면 둘이다. 셋 정도도 드문드문 존재한다. 형제들이 옛날같이 많지가 않다. 그래서 이기적인 아이들이 많다. 부모는 몇 명 되지 않는 형제끼리 사이좋게 잘 지내도록 가르쳐야 한다. 서로 사랑하고 도와주는 것이 어떠한 것인지 가르쳐 주어야 한다. 아무것도 아닌 일에 서로 싸우고 소리지르는 일을 하지 못하도록 해야 한다. 형제끼리 싸우는 것도 습관이다. 아이들은 싸우면서 크는 것이라고 세상은 말하고 있다. 그러나 그것은 옳은 것이 아니다. 성경 어디에도 자녀들이 싸우면서 크는 것이라고 기록되지 않았다.

서로 사랑하면서 크는 것이다. 형제끼리 우애 있게 지내기 위해서는 부모의 역할이 무엇보다 중요하다. 자녀를 편애하지 말아야 한다. 말 잘 듣고 공부 잘 하고 속 썩이지 않는 자녀가 더 사랑스러운 것은 사실이다. 그러나 말 잘 듣지 않아도 사랑으로 자녀들을 대해 주어야 한다. 잘하는 자식만 좋아한다면 못하는 자식은 더 잘 못된 길로 나가기 쉽다는 것을 알아야 한다.

가족은 서로의 부족함을 채워주는 것이다. 서로 질투하고 시기하는 것은 가족이 아니다. 형제가 힘들면 같이 힘들어 하면서 도와주어야 한다. 슬픔을 당할 때는 같이 눈물을 흘리면서 위로해 주고 격려해 주는 것이다. 어려서부터 형제 자매의 소중함을 깨달아야 한다. 하나님이 우리에게 주신 귀한 선물들이다. 서로를 즐거워하면서 잘 지내는 것만이 형제들이 살 길이다. 서로 싸우면 망하는 길로 가는 것이다. 나중에는 형제의 인연을 끊고 사는 사람들도 많이 있다. 하나님이 슬퍼하는 것이고 부모가 마음이 아파서 견디기 어려운 일이다. 형제를 소중하고 귀하게 여기는 마음을 잘 가르치지 않으면 저절로 되어질 수 없다는 것을 명심해야 한다.

사랑하는 하나님 아버지, 형제들끼리 서로 우애있게 지내면서 부모 공경을 잘 배우고 이웃에 본이 되는 자녀들이 되게 하옵소서. 아멘!

25. 건강 관리에 신경을 써야 한다

"충성되고 지혜 있는 종이 되어 주인에게 그 집 사람들을 맡아 때를 따라 양식을 나눠 줄 자가 누구뇨?"(마 24:45).

희귀한 병들이 많은 시대에 살고 있다. 의학이 많이 발달했지만 아직도 고치지 못하는 병들이 얼마나 많은지 모른다. 아이들은 아토피 때문에 괴로워하고 그 모습을 지켜보는 부모들도 괴로워하면서 고생하는 사람들이 많다. 아이의 건강을 잘 지켜 주이아 한다. 그러기 위해서는 늘 아이 옆에 있으면서 잘 살피고 보살펴야 한다. 가족들의 건강은 어머니 손에 달려 있다고 해도 과언이 아닐 것이다.

우리가 무엇을 먹는가에 따라 건강이 좌우되기도 하기 때문이다. 가정에서 어머니가 정성스럽게 해주는 영양도 좋고 위생도 깨끗한 음식을 먹어야 한다. 특히 면역력이 떨어지는 어린 아이일수록 밖에서 먹는 것보다 집에서 먹는 것이 더 좋다는 것을 알아야 한다. 어머니같이 가족을 사랑하면서 만들어 주는 음식이 이 세상에 어디 있겠는가? 아무리 비싼 음식이라도 내 가족만을 위해서 만들어 주는 음식이 아니고 많은 사람들을 위해서 대량으로 만든 것이 아니겠는가?

외식 문화가 자리 잡고 있다. 될 수 있으면 손님 접대도 집에서 안하고 밖에서 하는 경우가 대부분이다. 가정은 먹을 거리가 풍성해야 하지 않겠는가? 아이가 학교에 다녀오면 집에서 배고픔을 채워주어야 한다. 어머니의 따스한 손길을 느끼면서 음식을 맛있게 먹는다면 건강하게 잘 자랄 것이다. 이런 수고의 땀을 흘려야 하지 않겠는가? 돈으로 키우는 것이 아니라 어머니의 사랑과 정성으로 맛있게 음식을 해 주면서 사랑을 느끼게 해 주는 것이 정상적인 가정의 모습이다. 가족들만이 누릴 수 있는 행복을 주님께서 주셨음을 알아야 한다.

'사랑의 하나님 아버지, 때를 따라 필요한 것을 공급하시기를 기뻐하시는 주님처럼 식구들의 건강을 위한 수고의 땀이 헛되지 않게 하옵소서. 아멘!'

26. 절약하는 훈련이 필요하다

"선한 일을 행하고 선한 사업에 부하고 나눠주기를 좋아하며 동정하는 자가 되게 하라"(딤전 6:18).

이 세상에는 부자들도 있고 가난한 자들도 많이 있다. 모든 사람들이 다 부유하게 살기를 원한다. 그러나 부자로 사는 것이 쉽지가 않다. 열심히 노력하고 일을 하지만 먹고 사는 것이 그렇게 쉬운 일이 아니다. 자녀들은 내가 누리고 있는 모든 것들이 저절로 되어진 것이 아니라는 것을 알 필요가 있다. 부모님들의 수고와 땀이 있었기에 좋은 집에서 지내고 맛있는 것을 먹을 수 있다는 것을 피부로 느껴야 한다. 우리 주변에는 불쌍하고 가난한 사람들이 많이 있다. 그들을 우리가 무시하지 말고 도와 주어야 한다.

그러기 위해서는 어려서부터 절약하는 습관을 길러 주어야 한다. 물건을 아껴 쓰는 것, 음식들을 버리지 않는 것, 전기를 아껴서 사용하는 것 등 주변에 아주 많이 있다. 아주 사소한 것이라도 아끼고 절약해야 한다. 돈을 함부로 사용하는 것을 막아야 한다. 꼭 필요한 데에만 사용하게 해야 한다. 부모님의 물질을 자기 것처럼 함부로 사용하지 못하도록 해야 한다. 반드시 허락을 받고 사용하게 해야 한다.

일상 생활의 필요한 모든 것은 다 돈으로 산 물건들이다. 돈이 없으면 많은 것을 누리고 살 수 없다. 그래서 꼭 필요하지 않는 것은 살 필요가 없는 것이다. 물건을 살 때는 한 번 더 생각해 보는 습관을 길러야 한다. 무턱대고 사고 나서 후회하는 일이 없어야 한다. 가정에서 부모가 절약하는데 솔선수범하면 자녀들도 자연스럽게 배워갈 것이다. 잔소리 한다고 듣지 않는다. 눈으로 보면서 부모님들의 좋은 습관을 닮아 가는 것이다. 하나님의 자녀는 다른 사람들을 유익하게 해 주는 삶을 살아야 한다. 모든 것을 절약하면서 다른 사람들의 삶도 윤택하게 만들어 가야 한다.

'사랑의 하나님 아버지, 우리에게 있는 것이 다 주님께로부터 온 것임을 알고 주님의 선하신 뜻을 이루어드리는 일에 복되게 쓰는 지혜가 있게 하옵소서. 아멘!'

27. 자연을 사랑하도록 가르치라

"이는 만물이 주에게서 나오고 주로 말미암고 주에게로 돌아감이라"(롬 11:36).

세계를 지으시고 우주 만물을 다스리시는 하나님을 늘 기억해야 한다. 우리가 눈으로 보는 산과 바다와 들판과 모든 삼라만상을 지으신 하나님을 찬양하는 삶을 살아가야 한다. 어려서부터 자연을 만드시고 아름답게 지으신 하나님을 생각하는 마음을 길러 주어야 한다. 지구는 저절로 만들어진 것이 아님을 알도록 가르쳐야 한다. 해와 달과 별들을 보면서 하나님께 감사해야 한다.

우리 나라도 아름답게 지으시고 만드셨지만 세계 여러 나라들을 보면서 하나님의 위대하심과 광대하심은 말로 다 표현할 수 없다. 자녀들에게 하나님이 만드신 자연을 보면서 감사하고 찬양하도록 가르치자. 그리고 하나님이 만드신 자연을 사랑하도록 가르쳐야 한다. 사계절을 주셔서 아름다운 나무와 꽃들도 보게 하시는 하나님이 얼마나 위대하신가?

비와 눈도 내려 주시고 바람도 햇빛도 주셔서 과일들과 곡식들이 잘 자라게 해 주시는 하나님의 사랑을 어찌 다 말로 표현할 수 있단 말인가? 우리들의 양식을 생산하도록 모든 자연의 환경을 조성해 주시는 분도 하나님이 아니신가? 자녀들과 함께 산이나 바다에 가서 마음껏 자연을 누리는 기쁨도 경험하게 해주어야 한다. 숲속을 거닐면서 나무들의 울창함을 보면서 신기하고 놀라운 주님의 솜씨를 말해 보는 것도 좋을 것 같다.

하나님께서 인생들을 얼마나 사랑하셨으면 이 모든 것을 다 누리도록 주셨을까? 에덴 동산의 그 아름다운 것들을 하나도 빠짐없이 누리게 하신 하나님이시다. 생육하고 번성하고 땅을 정복하고 다스리도록 허락하셨다. 타락한 인간들을 사랑하사 독생자를 아끼지 않고 내어주시기까지 사랑하신 하나님의 사랑에 늘 감격하며 감사하는 마음을 가져야 한다.

'사랑의 하나님 아버지, 보시기에 좋게 만드신 만물 안에서 하나님의 신성과 능력을 엿보게 하시며, 감사하며 즐거워하고 잘 보존하는 지혜를 주옵소서. 아멘!'

28. 늘 감사하는 마음을 길러주자

"범사에 감사하라 이는 그리스도 예수 안에서 너희를 향하신 하나님의 뜻이니라"(살전 5:18).

사람들은 죄성이 있기 때문에 감사보다 불평하는 것을 더 좋아하는 것 같다. 불평을 하다 보면 모든 시각이 부정적인 마음으로 변해가는 것을 알 수 있다. 그렇다 보면 몸도 마음도 점점 병들어 간다. 우리는 범사에 감사하라는 주님의 말씀에 순종해야 한다. 하나님의 명령이기에 선택할 수 있는 부분이 아니다. 우리는 감사해야지 성도로서의 삶을 사는 것이다. 그러나 감사는 아무나 하는 것은 아니다. 주님 앞에 겸손한 사람만이 할 수 있다.

어려서부터 감사하는 것을 가르쳐 주어야 한다. 먼저 부모가 모든 일에 감사하는 마음이 있어야 한다. 자녀는 부모가 하는 말과 행동을 통해서 배우기 때문이다. 무엇이 감사한지 잘 모르기 때문에 부모가 본이 되어서 가르쳐야 한다. 밥을 먹을 때도 감사의 기도를 하게 하고 밥을 맛있게 만들어 주신 어머니에게도 감사하다는 말을 하도록 가르쳐야 한다. 우리를 위해 열심히 일하시고 가족들의 생계를 책임지시는 모습에 아버지에게도 늘 감사해야 한다. 어머니가 남편에 대한 감사의 마음을 표해야 하고 남편에 대한 불만을 자녀들에게 말해서는 안 된다.

형제 자매에게도 감사하는 마음을 가지고 대해야 한다. 형제 자매가 있으므로 가정 안에서의 삶이 더 재미있고 많은 혜택을 누리게 되는 것이다. 학교에 가서도 선생님들의 가르침에 감사해야 한다. 존경하는 마음을 표하게 해야 한다. 가르치는 선생님을 존경하거나 감사하지 않으면 아무 유익을 얻을 수가 없음을 알아야 한다. 친구들에게도 함께 놀아주는 것에 감사해야 한다. 감사하는 습관을 길러 주어야 한다. 그래서 자녀들에게 주 안에서의 삶이 얼마나 복되고 즐거운 것인가를 누리게 해 주어야 한다. 감사하는 마음으로 주께 나오는 자가 주님을 영화롭게 한다. 그의 은택을 잊지 아니하는 자만이 은혜가 넘치는 삶을 산다.

'사랑의 하나님 아버지, 주의 인자하심과 선하심을 인하여 찬양하나이다. 모든 좋은 것이 다 주께로 말미암았으니 감사와 찬양이 넘치게 하옵소서. 아멘!'

29. 인내를 가르치자

"보라 인내하는 자를 우리가 복되다 하나니 너희가 욥의 인내를 들었고 주께서 주신 결말을 보았거니와…"(약 5:11).

어머니들이 많이 사용하는 단어 중에 하나가 빨리 빨리 하라는 말이다. 아침에 일어날 때부터 시작해서 학교에 갈 때도 계속 빨리 하라고 재촉하는 말을 얼마나 많이 사용하는지 모른다. 그리고 많이 사용하는 단어가 바쁘나 이나. 어려서부터 여유가 없다. 무엇이든지 빨리 하기만 하면 되는 것이 아니다. 천천히 생각하면서 자기의 할 일을 해야 하는 것이다. 부모가 참아 주지 못하면 자녀들이 무엇을 보고 배우겠는가? 아이가 좀 답답하고 느려도 부모는 계속적인 가르침으로 참아내야 한다.

혹시 자녀가 실수를 해도 부모는 끝까지 참아주면서 격려하는 것을 잊어서는 안 된다. 자녀들은 실수를 통해서 인생을 배우는 것이다. 잘못한 것이 있으면 따끔하게 혼을 내주되 정죄하고 구박하는 말투는 삼가야 한다. 부모의 인내가 자녀들을 바르게 성장하도록 돕는 지름길이다. 참지 못하고 계속적인 압박을 가하면 결코 그 자녀는 성숙한 사람으로 자라기가 어렵게 된다.

성경에도 참는 자가 복이 있다라고 하였다. 화가 났을 때 참지 못하고 성질을 낸다면 무슨 유익이 있겠는가? 어린아이의 특성은 참아내지 못하는 것이다. 인생의 경험이 없기 때문에 눈에 보이는 대로 느끼는 대로 행동하게 된다. 그래서 부모가 늘 옆에서 인내를 보여 주고 가르쳐 주어야 한다. 인내를 배우는 것은 아주 힘든 일이다. 그러나 하나님의 자녀는 어떠한 상황이라도 인내하며 주님의 선한 뜻을 기다릴 줄 알아야 한다. 내가 하는 것이 아니라 하나님께서 모든 일을 주관하고 계시다는 것을 알게 해야 한다. 인내하는 것은 하나님을 먼저 생각하라는 것이다. 하나님의 말씀을 기억하라는 것이다.

'사랑의 하나님 아버지, 주님의 오래 참으심을 배우게 하시고 어떤 상황에서도 인내로 우리의 영혼을 얻게 되는 복을 누리게 하옵소서. 아멘!'

30. 겸손을 배우게 하자.

"겸손한 자와 함께하여 마음을 낮추는 것이 교만한 자와 함께하여 탈취물을 나누는 것보다 나으니라"(잠 16:19).

자녀가 태어나서 성장하기까지 수많은 사람들을 만난다. 친구를 비롯해서 학교 선배들, 선생님 등 다양한 사람들과의 만남이 이루어진다. 교회에서도 성도들과의 만남을 통해서 신앙이 잘 자라게 된다. 그러나 사람들과의 만남 속에서 자녀가 성장할 수도 있고 아픔과 상처 속에서 살기도 한다. 다른 사람들을 무시하고 함부로 대하면 결국은 그 모든 화가 부메랑으로 내게 돌아온다. 하지만 다른 사람들을 나보다 낫게 여기는 마음으로 대한다면 성숙한 인격을 소유하게 될 것이다.

겸손한 마음은 어려서부터 부모님의 가르침을 통해 배워야 한다. 모든 사람들은 다 하나님이 지으셨고 그들을 사랑하신다. 우리는 다 죄인이지만 하나님의 사랑 안에서 예수님을 믿음으로 구원을 받게 될 것이다. 내 주변에 있는 모든 사람들이 나를 통해서 하나님을 알게 해야 하는 것이다. 겸손한 자만이 하나님의 사랑을 보여 줄 수 있을 것이다. 교만한 자를 물리치시는 하나님이시다. 우리에게 교만한 마음이 자라지 않도록 주의를 기울여야 한다. 하나님은 교만한 자는 물리치시지만 겸손한 자에게 은혜를 주신다고 하셨다.

자녀들이 은혜 안에 살기를 원하지 않는가? 겸손을 가르치자. 하나님의 사랑으로 사람들을 바라보게 해야 한다. 다른 사람에게 함부로 말하지 말아야 한다. 무시하거나 해를 끼치는 어리석은 사람이 되어서는 안 된다. 친구들을 사랑하는 마음이 있어야 한다. 나만을 위하는 삶을 살 때는 행복할 수가 없다. 그러나 다른 사람들을 배려하고 겸손하게 섬기는 마음은 하나님이 주시는 진정한 평안과 행복을 맛볼 수 있을 것이다.

'사랑의 하나님 아버지, 주님의 겸손과 온유하심을 본받게 하옵시고 범사에 하나님을 인정하여 우리의 길을 지도하시며 때를 따라 돕는 은혜 주심을 맛보며 사는 삶을 살게 하옵소서. 아멘!'

31. 신앙이 우선이다

"너희는 먼저 그 나라와 그 의를 구하라 그리하면 이 모든 것을 너희에게 더하여 주시리라"(마 6:33).

돈이 없으면 자녀도 키우기가 힘든 세상이라고 한다. 그래서 자녀를 적게 두고 돈벌이에 부부가 애를 쓰고 있는 현실이다. 그러나 부모가 자녀에게 물려 주어야 할 것은 많은 재물이 아니다. 좋은 교육을 받게 해서 일류 대학을 들어가게 하는 것도 아니다. 학교 공부가 우선이 아니다. 이 땅에 살면서 가장 행복한 것은 나를 지으시고 만드신 여호와 하나님을 믿고 따르는 것이다.

나에게 부족함이 없어도 하나님을 알지 못하면 그 인생은 결국은 절망이기 때문이다. 아무리 훌륭한 교육을 받고 성공했을지라도 하나님 없는 성공은 아무런 유익함을 주지 못한다. 자녀교육에서 가장 중요한 것은 하나님을 알게 해주는 것이다. 성경을 읽는 것이 아주 자연스럽게 습관이 되도록 가르쳐야 한다. 하루에 세끼 밥을 먹지 않으면 배가 고파서 견딜 수가 없게 된다. 마찬가지로 성경을 읽지 않으면 영적으로 배가 고픔을 느끼게 해 주어야 한다. 이것은 부모님들의 철저한 신앙 교육이 이루어지지 않고는 결코 넘어갈 수 없는 산이 되고 만다. 아주 높은 산이지만 한 걸음씩 가다 보면 스스로 성경을 읽고 하나님을 알아가는 높은 정상에 이르게 될 것이다.

자녀들이 스스로 하나님을 알려고 하지 않는다는 것을 알아야 한다. 어릴수록 아무런 생각 없이 눈에 보이는 것을 좇아 살아가는 것이다. 자녀들에게 살아계신 하나님을 가르쳐 주어야 한다. 우리의 생사화복을 주장하시고 삶의 길을 인도하시는 주님이 계시다는 것을 힘을 다해서 말해 주어야 한다. 세상에서는 하나님을 가르쳐 주지 않는다. 가정에서 부모가 지혜를 구하며 자녀들에게 하나님을 알도록 가르쳐야 한다. 이것이 자녀를 살리는 길이고 교회가 부흥되는 길이다.

'사랑의 하나님 아버지, 항상 주님의 뜻을 생각하게 하옵시고 주님이 영광을 받으시는 것을 가장 우선적으로 실천하게 하옵소서. 아멘!'

부부가 함께하는
경건한 생활

CHAPTER_ 09

부부의 언어생활

1. 사람들에게만 허락하셨다

"예루살렘이 멸망하였고 유다가 엎드려졌음은 그들의 언어와 행위가 여호와를 거스려서 그 영광의 눈을 촉범(거역하고 반항하였다는 의미)하였음이라"(사 3:8).

하나님께서 말씀으로 우주 만물을 창조하시고 동물과 식물들을 만드시고 마지막으로 아담과 하와를 만드셨다. 그리고 동물들에게는 울음 소리를 허락하셨지만 사람들에게는 말을 할 수 있도록 허락하셨다. 언어를 통해서 시로가 소통할 수 있도록 하신 것이다. 이 얼마나 엄청난 축복인가? 사람들끼리 울음 소리가 아닌 말을 통해서 교제를 나눌 수 있다는 것이 얼마나 행복한 일인가?

사람들은 언어를 통해서 자기 자신의 생각과 마음을 전달하는 것이다. 대화를 통해서 친구를 사귀게 되는 것이고 가까운 이웃이 되기도 한다. 상대방에게 마음과 정을 주는 것이 대화를 통해서 이루어진다. 대화 없이는 아무런 사귐을 가질 수 없기 때문이다. 인간들에게 참으로 좋은 능력을 주신 하나님께 감사해야 한다. 이러한 좋은 선물을 받았으니 사람다운 행실을 가져야 하지 않겠는가?

아내와 남편도 대화를 통해서 더 깊은 사귐이 있어야 한다. 함부로 말하지 말아야 한다. 부부 사이에는 더욱더 예의를 잘 지켜야 한다. 소중하고 귀한 사이 이기 때문이다. 목숨이 다할 때까지 영원한 사귐이 있어야 한다. 서로를 존중하고 사랑하고 세워주고 격려해 주고 위로해 주는 말들을 잘 개발해야 한다. 한평생 살면서 사랑한다, 고맙다고 표현하지 못하는 자는 미련한 자이다. 상처 주는 말은 입 밖에도 내지 말아야 한다. 서로가 상처를 주는 말을 하게 되면 사단에게 틈을 주는 것이다. 어떠한 일이 있어도 부부 사이는 덕스러운 말들이 오고 가야 한다. 늘 생각하고 기도하고 어떠한 말이 상대방을 살리는 말인지를 점검해야 한다. 풍요로운 언어 사용을 늘 진실되게 하자.

'사랑의 하나님 아버지, 우리에게 말을 주셔서 하나님의 영광을 선포하며 복음의 진리를 전할 수 있게 하시니 감사합니다. 선하고 아름다운 말이 가득한 입술들이 되게 하옵소서. 아멘!'

2. 선한 말을 해야 한다

"내가 가장 선한 것을 말하리라 내 입술을 열어 정직을 내리라"(잠 8:6).

말에는 선한 말과 악한 말이 있다. 성도는 마땅히 선한 말을 해야 한다. 마음에 쌓인 것이 입으로 나오므로 늘 선한 마음을 가져야 한다. 배우자에게 섭섭한 마음을 가지고 있는 자는 선한 말을 할 수 없다. 다른 사람들을 미워하는 자도 선한 말을 할 수 없을 것이다. 그러나 성도라면 마땅히 선한 말을 해야 한다. 늘 깨어서 기도하고 미운 감정을 버리고 사랑하는 마음을 소유해야 한다. 온유와 겸손으로 무장한 성도의 품성을 발휘해야 한다. 말을 하는 것은 사람이면 다 할 수 있다. 그러나 덕스럽고 은혜로운 선한 말들은 아무나 할 수 없다. 자기 자신을 죽이고 늘 그리스도가 내 안에 사는 자만이 할 수 있을 것이다. 내가 하고 있는 말이 다른 사람들을 살릴 수도 있고 죽일 수도 있다는 것을 명심해야 한다. 입이 있다고 함부로 생각나는 대로 뱉어서는 안 된다. 자기 자신을 잘 다스려서 깨끗한 언어를 써야 한다. 어린 아이가 사용하는 말과 어른이 사용하는 말은 질적으로 달라야 한다.

자기 중심적인 말이 아니라 상대방을 배려하는 말을 해야 한다. 내 의견만 내세우는 것이 아니라 상대방을 존중하는 말을 해야 한다. 듣는 자가 은혜를 받게 해야 한다. 그러나 성숙하지 않는 자는 늘 자기 말만 늘어 놓는다. 상대방은 아랑곳하지 않고 내가 하고 싶은 말을 거침없이 한다. 우리가 하는 많은 말 때문에 오해를 하게 되고 서로가 이해를 하지 못하는 경우가 종종 있다. 그래서 늘 말을 할 때는 조심스럽게 해야 한다. 급히 하는 말은 많은 실수를 하게 만든다. 생각도 하지 않고 급하게 뱉는 말은 상대방을 혼란스럽게 만들기 쉽다. 항상 기도하는 것을 잊지 말고 내 마음 속에 선한 것을 쌓도록 하라. 듣는 사람들에게 은쟁반에 담긴 아로새긴 금 사과와 같은 경우에 합당한 은혜를 끼치는 선한 말이 나오도록 노력해야 한다.

'사랑의 하나님 아버지, 우리의 입술에서 단물과 쓴 물이 쏟아지는 일이 없게 하시고 오로지 가장 선하고 정직한 말들을 하게 하옵소서. 아멘!'

3. 인격이 드러나는 것이다

"내 신부야 네 입술에서는 꿀 방울이 떨어지고 네 혀 밑에는 꿀과 젖이 있고 네 의복의 향기는 레바논의 향기 같구나"(아 4:11).

사람들은 말과 행동을 통해서 자기 자신을 나타낸다. 그래서 우리의 하는 말과 그 사람의 행동을 통해서 상대방의 인격을 알 수 있다. 고상한 말을 하는 사람들은 그만큼 고상한 품격을 가지고 있을 것이다. 늘 하는 말이 쌍스럽고 너러운 사람들을 보고 고상하다고 말하지 않는다. 상대방의 입에서 어떠한 말이 나오는가에 따라 그 사람의 인격을 가늠할 수 있다. 사람은 목숨이 다할 때까지 말을 하면서 지낸다. 평생토록 하는 말이기에 잘 정제 되어서 나오는 아름다운 언어를 사용해야 할 것이다. 어려서부터 부모에게 어떻게 배웠는지에 따라 말하는 품성이 다를 것이다. 말하는 것은 하루 아침에 되는 것이 아니다. 어려서부터 몸에 배인 익숙한 언어들이 나오게 된다. 그래서 어려서부터 가정 교육을 잘 받는 아이들의 언어는 다르다.

부부도 마찬가지이다. 잘 훈련된 언어를 은혜스럽게 사용할 줄 알아야 한다. 어떤 말이 은혜스럽고 덕스러운 말인지를 잘 구별해서 배우자에게 해야 한다. 그래서 부부가 말과 행실이 더 거룩한 모습으로 나타나야 한다. 배우자를 위해서 기도하며 진실된 언어를 사용하는 자는 복된 자이다. 가장 가까운 사람에게 덕스럽고 은혜로운 말을 하는 것은 쉽지 않기 때문이다. 그러나 훈련을 통해서 아름다운 언어들을 잘 사용하는 부부가 되어야 한다. 그런 부부들의 삶은 얼마나 아름답고 행복한가? 행복한 가정 생활은 부부가 노력하면서 잘 만들어 가야 한다. 신선하고 생생한 언어를 주고 받는 부부가 되자.

'사랑의 하나님 아버지, 우리의 입에서 독사의 독이 가득하다거나 썩은 무덤 같은 냄새를 풍기는 일이 결코 발생하지 않게 하옵시며 듣는 이들의 귀와 마음이 즐거운 덕스러운 말만 하게 하옵소서. 아멘!'

4. 감사의 말을 해야 한다

"감사함으로 그 문에 들어가며 찬송함으로 그 궁정에 들어가서 그에게 감사하며 그 이름을 송축할지어다"(시 100:4).

이 땅에 살면서 가장 많이 해야 할 말이 '감사'이다. 하루에 수십 번씩 해도 너무 좋은 언어이다. 나도 기쁘고 듣는 상대방도 행복하게 해주는 말이 감사하다는 말이다. 가장 말하기 쉬운 언어이지만 누구나 하는 말은 아니다. 아마도 하루 종일 한 번도 감사하다는 말을 하지 않는 사람들이 의외로 많을 것이다. 아주 사소한 것이라도 늘 감사하는 마음이 없으면 할 수 없는 말이기 때문이다.

죄와 허물로 죽은 인생들인 우리를 예수님은 십자가의 죽으심으로 구원하여 주셨다. 그러므로 우리는 예수님의 놀라운 사랑을 입은 성도요 하늘나라의 시민권을 가진 자이다. 무엇으로 하나님께 그 은혜를 보답할 수 있을까? 바로 은혜를 입은 자들이 해야 할 말은 감사하다는 말이다. 갚을 수 없는 큰 은혜를 입었기에 입에서 나오는 말은 겸손한 말일 것이다.

아내와 남편의 언어 생활도 감사하는 마음으로부터 시작되어야 한다. 아무리 살기 힘들고 어려워도 불평을 늘어 놓아서는 안 된다. 불평하는 마음은 계속적인 불평만 커지게 만들기 때문이다. 불평하는 눈으로 보면 감사를 찾아 내지 못한다. 감사하는 마음은 늘 기도하는 자에게서 찾아 볼 수 있다. 뭐든지 감사의 눈으로 바라보면 감사가 저절로 나오게 된다. 또한 겸손한 자는 불평하기 보다는 감사하는 마음으로 살아 갈 것이다. 부부가 하루에 한 번이라도 감사하다는 언어를 사용하자. 이 언어는 늘 좋은 것으로 다가온다. 점점 부부관계가 좋아질 것이고 주님이 기뻐하시는 부부가 될 것이다. 삶의 활력소가 되는 감사의 말은 반드시 모든 사람들에게 해야 한다. 특히 하나님께는 날마다 감사의 기도를 드려야 한다.

'사랑의 하나님 아버지, 주의 은택을 결코 잊지 아니하며 항상 감사한 마음으로 주 앞에 서게 하시고 서로를 인하여서도 늘 감사하는 말과 행동만 나타내게 하옵소서. 아멘!

5. 사랑의 말을 개발해야 한다

"내가 사람의 줄 곧 사랑의 줄로 저희를 이끌었고 저희에게 대하여 그 목에서 멍에를 벗기는 자 같이 되었으며…"(호 11:4).

연애 시절에는 서로가 사랑한다는 말을 많이 했을 것이다. 상대방을 위해서라면 사랑한다는 말을 아끼지 않고 했던 기억들이 있을 것이다. 조금은 낯설고 쑥스럽지만 사랑한다는 말은 서슴없이 나왔을 것이다. 그렇게 하지 않으면 상대방이 마음을 얻을 수 없기 때문일 것이다. 마음의 표현을 하기 위해서 무뚝뚝한 남성들도 평상시 잘 사용하지 않았던 당신만을 사랑한다는 고백을 누구나 다 했을 것이다.

그러나 결혼 후에는 사랑한다는 말을 잘 사용하지 않는 부부들이 많이 있다. 사랑해서 결혼했기 때문에 더 이상 사랑한다는 말은 할 필요가 없다는 것이다. 이것은 잘못된 생각이다. 사랑은 이제부터 시작인 것이다. 결혼 전에는 좋은 점만 사랑했을 것이다. 왜냐하면 결혼 전에는 자신의 허물을 보여 주는 일들이 그렇게 많지 않기 때문이다. 그러나 부부가 한 몸이 되어서 살아가는 과정에서 보이는 수많은 허물들을 어떻게 할 것인가? 배우자를 사랑하는 마음으로 덮어 줄 수 있어야 한다. 이것이 진정한 사랑이다. 결혼 전보다 더 많이 사랑의 고백을 해야 하고 진실된 마음의 표현을 수시로 해야 한다.

사랑은 모든 사람들의 허물을 덮어 준다. 특히 배우자의 허물은 곧 나의 허물이기 때문에 함부로 흉을 보면 안 된다. 사랑한다는 말과 행동을 통해서 배우자의 아픈 상처와 허물을 하나씩하나씩 덮어 줄 수 있어야 한다. 이것이 사랑의 위대한 힘이다. 이러한 영적인 힘이 부부생활을 통해서 나타나야 한다. 하루에 적어도 세 번은 사랑한다고 고백할 수 있어야 한다. 예수님이 우리를 사랑한다고 고백한 것처럼 우리도 날마다 배우자에게 자녀들에게 사랑한다는 고백을 해야 한다. 사랑의 언어를 적절하게 잘 사용해서 든든한 믿음의 가정을 만들어 가야 한다.

'사랑의 하나님 아버지, 우리를 사랑하시되 끝까지 사랑하시는 그 사랑으로 우리도 서로 사랑하게 하시고 사랑의 줄로 든든히 묶이게 하옵소서. 아멘!'

6. 성숙한 언어가 되어야 한다

"이는 우리가 이제부터 어린아이가 되지 아니하여 사람의 궤휼과 간사한 유혹에 빠져 모든 교훈의 풍조에 밀려 요동치 않게 하려 함이라"(엡 4:14).

어린아이들이 쓰는 언어에는 한계가 있다. 늘 자기 중심적인 말만 한다. 남을 배려하는 언어를 사용하지 못하기 때문이다. 상대방을 배려하는 마음으로 말을 하지 않는다. 듣는 것보다 말하는 것이 우선이다. 깊이 생각하지 않고 말하는 것이 어린아이의 특성이다. 어린아이의 말에 감동을 받는 일은 거의 없을 것이다. 단지 귀엽고 사랑스러운 모습들이 그들에게는 있지만 말하는 것은 성숙하지 못하다.

그러나 어른들은 달라야 한다. 말에 책임을 지고 거짓이 없어야 한다. 늘 말하는 것보다 듣는 것을 잘 해야 한다. 진실되게 참되게 경건하게 말을 할 수 있어야 한다. 이런 훈련이 되지 못하면 성숙한 언어를 사용할 수 없다. 어른이 되어가는 것은 여러 모양으로 많은 수고의 땀을 흘렸다는 것을 말한다. 산전수전을 겪었기에 말에 성숙도가 있어야 한다. 특히 언어 사용은 젊은이들에게 본이 되어야 한다. 나이가 들었다는 것은 모든 면에서 성숙하다는 것을 의미하기도 한다. 수많은 경험을 통해서 얻어지는 지식이 말을 통해서 다른 사람들에게 전달되어야 한다.

가정에서도 부부간의 대화를 보면 얼마만큼 성숙한지 알 수 있다. 늘 반복적인 일상생활이지만 대화의 질을 높여야 한다. 서로에게 깊은 관심과 사랑이 묻어 나오는 말은 배우자에게 큰 힘이 될 것이다. 아내에게 당신만을 사랑한다고 고백하는 남편은 멋진 남편이 될 수 있다. 남편에게 당신을 존경하고 사랑한다고 말하는 아내는 아름답고 지혜로운 자이다. 둘이 한 몸 되어 살면서 꼭 해야 할 말이다. 어느 누가 대신해 줄 수 없는 아름다운 말이다. 성숙한 언어를 진실을 담아서 잘 사용하자.

"사랑의 하나님 아버지, 어린아이의 일을 벗어버리고 장성한 자가 되어 말과 행실과 모든 일에 본이 되는 부부가 되게 하옵소서. 아멘!"

7. 더러운 말을 하지 말자

"그러므로 모든 더러운 것과 넘치는 악을 내어 버리고 능히 너희 영혼을 구원할 바 마음에 심긴 도를 온유함으로 받으라"(약 1:21).

성경에는 더러운 말은 입 밖으로 내지 말라고 하셨다. 성도들이 사용하는 언어가 아니라는 것이다. 더러운 언어를 사용하면 나도 더러워지고 듣는 상대방도 더러워 질 수 있기 때문이다. 그러므로 선하고 좋은 언어들을 잘 사용할 수 있어야 한다. 성도들은 성도로서의 말과 행실이 세상사람들과는 달라야 한다. 그래서 내 입에서 더러운 말들이 흘러나오는 것을 막을 수 있어야 한다. 아무리 화가 나고 분통이 터져도 하지 말아야 할 말이 있는 것이다. 생각나는 대로 말하다가는 큰 코를 다칠 수 있음을 깨달아야 한다. 내 입에서 나오는 말에 책임을 질 수 있어야 한다. 한 번 뱉는 말을 어찌 다시 입 속으로 집어 넣을 수 있단 말인가? 내 마음속에서 잘 다듬어 진 말들을 해야 한다. 거짓되고 쌍스럽고 험악한 언어들은 절대로 입 밖으로 내지 말아야 한다. 더럽고 험악한 말들을 한 번 발설하면 걷 잡을 수 없는 상황으로 내몰리게 되기 때문이다. 사단은 언제나 우리들을 호시탐탐 노려 보며 죄 가운데 살기를 바라고 있다. 늘 입 단속하고 말에 신중을 기해야 한다.

아내와 남편들도 늘 정겹고 사랑스러운 언어들을 잘 개발해서 사용해야 한다. 가정 생활에서 생생하고 활동적인 언어들을 얼마나 많이 사용하는가에 따라서 행복이 좌우되기도 한다. 형식적인 대화가 아니라 늘 사랑이 묻어 나오는 진실된 언어가 풍부하게 들어 있어야 한다. 아름답고 선하고 착한 언어들을 만들어 내는 가정이 되어야 한다. 이를 위해 부부가 많은 노력을 해야 한다. 자녀들에게 언어의 훈련을 잘 시켜야 한다. 더러운 언어들을 우리 가정에서 사용하는 것을 허용하지 말자. 그러면 밖에 나가서도 더러운 말들을 하지 않을 것이다.

'사랑의 하나님 아버지, 우리의 입에 꿀 송이가 가득하게 하옵시고 십자가에 못 박힌 언어를 사용할 수 있도록 은혜를 베풀어 주옵소서. 아멘!'

8. 듣는 훈련이 되어야 한다

"그러므로 생명을 사랑하고 좋은 날 보기를 원하는 자는 혀를 금하여 악한 말을 그치며 그 입술로 거짓을 말하지 말고"(벧전 3:10).

아기가 태어나면 말하는 것보다 듣는 것을 먼저 한다. 아이는 부모가 끝임없이 반복하는 말들을 들으면서 자란다. "사랑한다 아가야! 내가 엄마야" 또는 "내가 아빠란다." "너는 하나님이 우리 가정에 주신 귀한 선물이다." "너 때문에 정말 행복하구나!" 이렇게 수천 수만 번 들은 언어를 입 밖으로 내는 것이다. 엄마 아빠라는 소리부터 시작해서 먼저 짧은 단어들을 말하며 천천히 긴 문장으로 말하는 것을 볼 수 있다. 좋은 말들을 많이 듣고 자란 아이는 그만큼 좋은 언어들이 술술 나올 것이다. 반대로 나쁜 말들을 많이 들었다면 그 아이의 입에서는 좋은 말들이 나올 수가 없을 것이다.

누구든지 들은 것을 말하는 것이지 새로운 언어를 창출해서 말하지 않기 때문이다. 얼마나 잘 듣는지에 따라서 사람의 인격이 바르게 자랄 것이다. 말을 많이 하는 자는 실수가 많음을 알 수 있다. 그러나 듣는 것을 잘하는 자는 그만큼 실수를 적게 함을 알 수 있다. 말은 급하게 하는 것이 아니다. 상대방과의 교제를 통해서 듣고 말하는 훈련이 잘 되어야 한다. 대화는 내 중심으로 이끌어 가는 것이 아니다. 내가 하고 싶은 말만 하고 상대방을 전혀 배려하지 않는 어리석은 행동은 삼가해야 한다. 자녀가 부모의 말씀에 귀를 잘 기울일 때 삐뚤어진 길로 나아가지 않는다. 부모도 자녀들이 하는 말을 잘 들어 주면 어떤 문제가 그들에게 있는지 해결점을 찾아 낼 것이다. 특히 부부는 더욱더 배우자의 말에 관심과 사랑을 가지고 잘 들어 주는 훈련이 필요하다. 소통이 잘 되면 부부관계도 더 좋아지는 것이고 가정 생활도 화목하게 이끌어 갈 것이다. 아무쪼록 말을 많이 하는 것보다 듣는 것을 잘해서 모든 사람들과의 관계를 원만하게 이끌어 가야 한다.

'사랑의 하나님 아버지, 우리 귀에 들리는 소리는 하나님의 음성이요 우리의 입에서 나오는 말은 하나님의 생명의 말씀이 되게 하옵시고 언어의 습관에 은혜와 덕이 풍성하게 하옵소서. 아멘!'

9. 상대방을 배려하는 것이다

"아무 일에든지 다툼이나 허영으로 하지 말고 오직 겸손한 마음으로 각각 자기보다 남을 낫게 여기고"(빌 2:3).

대화는 일방통행이 아님을 알아야 한다. 내 마음과 내 생각을 전달하는 것도 중요하지만 상대방의 형편을 잘 살펴야 한다. 성경은 "네 이웃을 네 몸처럼 사랑하라"고 가르친다. 성도는 나를 사랑하는 것이 아니라 늘 이웃을 생각하며 사랑하는 마음이 우선이라는 것을 명심해야 한다. 그러기에 말하는 것도 상대방을 잘 배려해 주는 언어를 사용해야 한다. 기분이 나쁘다고 큰 소리를 지른다거나 화를 내어서 상대방에게 위협을 가하는 것은 옳지 못한 처사이다. 얼마나 많은 사람들이 자기가 하는 것은 다 옳고 다른 사람이 하는 것은 잘못됐다고 정죄하는지 모른다. 이는 아주 못된 습성을 가지고 있는 사람들의 특징이다. 상대방의 허물을 보면 가만히 참지 못한다. 물고 늘어지는 악한 마음을 가지고 모두가 망하는 길을 자처하는 모습을 많이 보았다. 교회 안에서도 목사의 허물이나 성도들의 허물을 덮어주지 못한다. 입으로 발설해서 너 죽고 나 죽자 하는 못된 길을 가는 사람들이 많다. 남을 배려하는 것이 무엇인지도 모르는 사람들이 얼마나 많은지 모른다.

남을 배려하는 마음은 겸손한 마음이다. 예수님을 사랑하는 마음이 있어야 할 수 있다. 자기보다 남을 낮게 여기는 마음이 없으면 상대방을 감동시키지 못한다. 서로가 물고 뜯으면 피차 멸망할까 조심하라는 성경의 가르침을 잘 기억해야 한다. 특히 남편과 아내는 서로의 허물을 너무도 잘 안다. 배려하는 마음이 없으면 부부싸움을 허구한 날 해야 할 것이다. 이럴 때 사단이 춤을 추며 가장 좋아하지 않겠는가? 남편과 아내가 서로를 배려하며 감싸주며 이해해 주면서 대화를 나눈다면 이 얼마나 성숙하고 아름다운 부부의 모습인가? 하나님이 보시고 칭찬하며 복을 주시지 않겠는가?

'사랑의 하나님 아버지, 심령을 감찰하시는 하나님 보시기에 정직하고 선하고 의로운 삶을 살게 하시며 각각 자기의 일만이 아니라 다른 사람들의 일도 잘 돌볼 줄 아는 자가 되게 하옵소서. 아멘!'

10. 상대방을 알아가는 것이다

"남에게 대접을 받고자 하는 대로 너희도 남을 대접하라"(눅 6:31).

처음 만나는 사람들은 대체적으로 낯설고 서먹서먹하고 어색하다. 그러나 점차적으로 알아가면 친근감이 생기고 더 나아가서는 좋은 친구로 남는 경우도 많이 있다. 이렇게 마음을 여는 태도와 온유하고 부드러운 언어를 잘 사용해서 상대방을 알아가는 훈련이 누구에게나 필요하다. 대인 관계를 잘 하는 사람들은 사회 적응력도 뛰어나다. 어떠한 환경도 잘 극복하는 능력을 키워 가기도 한다. 성격이 좋다는 것은 남녀노소 할 것 없이 잘 어울리는 사람들을 말하는 경우가 대부분일 것이다. 말을 통해서 서로를 알아가는 것이다. 대화는 사람들과의 사귐에서 중요한 부분을 차지한다. 그러므로 아내와 남편도 대화의 기술을 익혀야 한다. 한평생 같이 살면서도 서로의 마음을 이해하지 못하는 경우가 많다. 마음 속에만 담아 두지 말고 허심탄회하게 말할 수 있어야 한다. 부부는 한 몸이다. 따로따로 분리될 수 있는 관계가 아님을 알아야 한다. 남편과 아내가 서로를 잘 이해하고 겸손하게 섬길 수 있어야 한다. 날마다 대화의 시간을 가지려고 노력해야 한다. 힘들고 바쁘다고 서로를 알아가는 시간을 갖지 못하면 부부도 늘 평행선만 긋게 된다. 자기 주장만 내세우면 행복한 결혼 생활은 그림의 떡이다. 자기를 내려 놓고 배우자를 늘 이해하며 더욱더 발전되고 성숙한 부부애를 만들어 가야 한다.

아무런 노력 없이는 이루어질 수 없다. 자기주장만 내세워도 힘들다. 진심어린 대화를 통해서 배우자를 알아가고 도움을 줄 수 있어야 한다. 서로의 모난 점을 어루만져 주고 감싸주는 사랑의 마음을 날마다 키워가야 한다. 부부는 서로의 장점들을 더 많이 개발해 주는 삶을 살아야 한다. 이것이 하나님이 원하시는 부부의 모습일 것이다.

'사랑의 하나님 아버지, 우리가 나그네를 대접하고 자녀를 양육하며 성도들의 발을 씻길 만한 믿음으로 살게 하시되 서로를 잘 알아감으로 서로에게 돕는 배필로서의 역할과 부족한 것을 채워 줄 수 있는 선한 가정이 되게 하옵소서. 아멘!'

11. 격려의 표현을 잘하자

"너희 관용을 모든 사람에게 알게 하라 주께서 가까우시니라"(빌 4:5).

이 세상의 삶은 늘 고달프고 갈수록 삭막하다는 것을 많이 느낀다. 먼저는 서로가 상대방의 허물을 덮어주지 않는다. 기회가 주어지면 어떻게 해서든지 허물을 들추어 내서 상대방을 밟고 그 위에 서려고 한다. 또 여유가 없다. 늘 무엇에 쫓기는 삶을 살아간다. 성도들도 늘 바쁘다고 한다. 영적인 생활을 하는 것이 그리 쉽지가 않다. 세상적이고 정욕적인 삶에 너무나 많은 시간들을 할애한다. 무엇이 옳고 그른지 분별력도 약해지고 있다. 이웃과 함께 더불어 사랑을 나누며 사는 것을 기대하기가 어렵다.

저마다 개인주의가 팽배해지고 있다. 상대방에게 조금만 피해를 입어도 견디기 힘들어 한다. 지는 것이 이기는 것이다라는 논리는 사라진 지 오래이다. 지는 것은 바보이고 어떻게 해서든지 이겨야 직성이 풀린다고 한다. 이러한 시대에 우리가 살고 있다.

그러나 성도들의 가치관은 달라야 한다. 늘 상대방을 이해하고 사랑하는 마음을 가져야 한다. 흠이 보이고 잘못을 해도 덮어 주고 용서해 주는 마음을 길러야 한다. 주님의 마음은 아무나 가질 수 있는 것은 아니다. 그러나 늘 깨어서 기도하는 습관을 가져야 한다. 말하기 전에 먼저 기도하는 마음은 정말 좋은 것이다. 기도하는 사람은 남을 무시하는 말을 할 수 없다. 상처를 주는 말을 하지 않는다. 오히려 격려하고 세워주고 힘을 주는 말을 할 것이다. 왜냐하면 상대방이 살아야 나도 살기 때문이다. 나 혼자 잘 살고 잘 되는 것은 성경적이 아니다. 모두가 함께 더불어 잘되는 것을 추구해야 한다. 서로에게 아픔과 상처를 주는 것은 죄를 짓는 것이다. 신앙생활 하면서 성도들끼리 위로해 주고 격려해 주는 말을 해야 한다. 이런 모습을 하나님이 원하시는 것이고 기뻐하신다.

'사랑의 하나님 아버지, 우리가 세상의 유행이나 풍습을 따르지 아니하고 성경의 가치관과 교훈을 따라 살게 하옵시며, 너그럽게 용서하며 격려하며 사는 자들이 되게 하옵소서. 아멘!'

12. 생명을 살리는 말을 해야 한다

"생명의 말씀을 밝혀 나의 달음질도 헛되지 아니하고 수고도 헛되지 아니함으로 그리스도의 날에 나로 자랑할 것이 있게 하려 함이라"(빌 2:16).

성도들은 언제나 사람들을 살리는 일을 해야 한다. 죄와 허물로 죽은 우리들을 주님께서 살려 주셨기 때문이다. 우리는 이 땅에 속한 자가 아니라 하나님 나라에 속한 자임을 잊지 말아야 한다. 우리 성도는 잠시 잠깐 살다가 죽을 인생들이 아니다. 영원한 나라에 들어갈 하늘 나라 백성임을 명심해야 한다. 내 주변에 있는 모든 사람들에게 생명의 말씀을 전해야 하는 사명을 가진 자이다. 나로 인하여 내 가족과 친척들, 이웃들 모두가 주님께로 나아가도록 기도하며 말씀을 전해야 한다. 이 일은 목숨이 다할 때까지 마땅히 우리가 해야 할 일이다.

그러므로 누구에게나 생명을 살리는 말을 할 수 있어야 한다. 이웃을 헐뜯고 욕하는 말은 입 밖에도 내지 말아야 한다. 그러기 위해서는 죽을 힘을 다해 노력하는 자세가 절실히 필요하다. 우리가 무심코 내뱉는 말 때문에 다른 사람들이 상처를 받을 수 있기 때문이다. 사람이 죽고 사는 문제가 혀의 권세에 달려 있음을 성경은 말하고 있다. 한마디 한마디 신중하게 생각하며 말해야 한다. 다른 사람들을 유익하게 해 주는 언어를 사용할 줄 알아야 한다. 특히 부부간에는 더욱더 조심해서 말해야 한다. 서로가 영혼을 살리는 일에 관심을 가지고 영적인 대화를 할 수 있어야 한다.

주일날 목사님의 설교를 듣고 서로가 은혜 받는 말씀을 나누자. 가족들과 함께 하나님의 말씀을 나누며 영적인 대화를 하자. 주님의 놀라운 사랑과 은혜가 얼마나 큰지 말할 수 있어야 한다. 배우자 속에서, 아이들 속에서 말씀으로 역사하시는 하나님을 찬양할 수 있어야 한다. 상대방을 변화시키고 살리는 말은 하나님의 말씀이다. 성도라면 언제 어디서나 하나님의 말씀을 말 할 수 있어야 한다.

'사랑의 하나님 아버지, 생명의 말씀을 주셨으니 그 말씀을 밝히 풀어 증거하여 듣는 이들로 하여금 영혼이 소생함을 받게 하시고 갈 길을 밝히 비추는 자가 되게 하소서. 아멘!'

13. 겸손이 나타나야 한다

"주께 합당히 행하여 범사에 기쁘시게 하고 모든 선한 일에 열매를 맺게 하시며 하나님을 아는 것에 자라게 하시고"(골 1:10).

사람들의 말하는 모습을 보고 있으면 그 사람의 인격을 어느 정도 가늠할 수 있다. 말이라는 것은 그 사람의 모든 것을 드러내는 행동이기 때문이다. 어린아이가 갑자기 어른스러워지는 것이 아니다. 말하는 태도도 갑자기 좋아지고 우아해지는 것이 아니다. 그 사람의 삶의 방식과 행동이 어우러져서 나오는 것이다. 그래서 말하는 모습 속에서 성품과 인격을 알 수 있는 것이다.

부부들이 서로 주고받는 말을 들어보면 그들의 감정이 얼마나 좋은지 나쁜 지를 알 수 있다. 배우자에게 불평과 불만이 많으면 자연적으로 말하는 태도가 불손하다. 존중하는 단어가 아니라 무시하고 함부로 말하는 경우를 보게 된다. 부부는 늘 존중하는 태도로 말을 할 수 있어야 한다. 배우자를 무시하거나 함부로 대하는 것은 하나님 앞에서 죄를 짓는 것이다. 아무리 배우자가 허물이 많고 잘못한 것이 있어도 용서하고 사랑하는 마음을 가져야 한다. 그러기 위해서는 늘 겸손한 언어와 단어를 적절하게 잘 사용해야 한다.

이런 훈련은 하루 아침에 완성되는 것이 아니다. 배우자를 존중하고 사랑하는 마음이 깊이 자리잡고 있어야 한다. 나보다 못하다고 업신여기는 마음은 쓰레기통에 던져 버리자. 남을 나보다 낫게 여기라고 성경은 가르치고 있다. 그런데 배우자는 남이 아니라 나와 한 몸을 이룬 자이다. 어찌 자기 자신을 업신여기고 함부로 대하겠는가? 배우자에게 행동하고 말하는 것은 곧 나에게 하는 것임을 명심해야 한다. 말하는 행동에서 겸손이 드러나야 한다. 배우자에게 힘을 주고 위로를 주고 격려를 주는 언어를 합당하게 지혜롭게 잘할 수 있는 부부가 되어야 한다.

'사랑의 하나님 아버지, 성도로서 복음을 위해 합당한 행실을 가지게 하시고 겸허하게 성령으로 봉사하고 순종하는 부부가 되게 하옵소서. 아멘!'

14. 소문을 퍼뜨리지 말라

"슬기로운 자는 지식을 감추어 두어도 미련한 자의 마음은 미련한 것들을 전파하느니라"(잠 12:23).

'발 없는 말이 천 리를 간다'고 하는 속담이 있다. 이는 말의 위력이 놀라울 정도로 크다는 것을 나타낸다. 남의 말하기를 좋아하는 사람들이 얼마나 많은지 모른다. 사실을 확인하지도 않고 소문만 듣고 퍼뜨리는 습성이 누구에게나 다 있을 것이다. 그러나 절대로 소문만 듣고 진짜인지 가짜인지도 모르는 체 함부로 말하지 말아야 한다. 특히 나쁜 소문은 순식간에 퍼지는 것을 알 수 있다. 그만큼 사람들이 생각 없이 남의 말이라고 쉽게 전달하기 때문이다.

그러나 당사자들은 얼마나 많은 피해를 입는지 모른다. 내 입에서 나오는 말 때문에 상대방이 피해를 입을 수도 있다는 것을 알아야 한다. 성도는 사람을 살리는 일을 해야 한다. 사실인지도 모르고 소문에 의해서 퍼지는 나쁜 말들은 하지 말아야 한다. 남의 말 하기를 좋아하는 자들을 가까이 하지 않아야 한다. 특히 소문을 가지고 재미있게 요리를 해서 그럴싸하게 만드는 자는 하나님의 심판을 면치 못할 것이다. 하나님은 다 보고 계시고 듣고 있음을 명심해야 한다. 선과 악을 판단하시는 분은 오직 하나님 한 분이시다. 공의로우시고 의로우시고 자비로우신 하나님이 계시기에 성도들은 감사하고 행복한 것이 아니겠는가? 함부로 사람을 정죄하고 나쁜 소문들을 퍼뜨리는 못된 근성들을 버려야 한다. 다른 사람에게 나쁜 소문을 들었으면 마음에 담지 말고 내 입에서 발설하지 않고 멈출 수 있는 지혜로운 자가 되어야 한다. 나에게는 아무 것도 아닌 것이지만 당사자에게는 큰 위험을 초래할 수도 있기 때문이다. 모든 말에 신중을 기하고 바르게 처신해야 한다. 늘 기도하는 마음으로 나도 살고 다른 사람들도 살리는 성도가 되어야 하지 않겠는가? 소문은 소문일 뿐 진실이 아님을 알아야 한다. 사단은 거짓의 아비이기 때문에 소문을 이용해서 성도를 죽이는 일을 한다. 절대로 속아 넘어가지 말아야 한다.

'사랑의 하나님 아버지, 남의 허물은 덮어주고 남의 장점은 격려하며 칭찬하는 말에 익숙한 자가 되게 하옵소서. 아멘!'

15. 배우자를 세워주는 말을 하자

"죽고 사는 것이 혀의 권세에 달렸나니 혀를 쓰기 좋아하는 자는 그 열매를 먹으리라"(잠 18:21).

우리가 살면서 가장 친절하고 따뜻하게 대 해 주어야 할 상대는 배우자이다. 말과 행동으로 진실함을 보여 주어야 한다. 함부로 말하고 행동하는 것은 어리석은 짓이다. 흠이 많고 연약해 보여도 하나님이 정해 주신 짝이라는 것을 잊어 버려서는 안 된다. 서로가 부족함을 채워주고 인정해 주는 멋진 관계를 부부는 잘 유지해 나가야 한다. 아무런 노력 없이는 성숙한 부부관계가 될 수는 없다.

부부 싸움도 대부분 말꼬리를 잡고 늘어지는 데서부터 시작된다. 마음속에 쌓인 감정들이 말을 통해서 나타난다. 그러므로 늘 깨어서 기도하는 자세가 중요하다. 평생 같이 살아야 할 부부가 좋지 않은 감정들 때문에 불편하게 살아가는 일들이 의외로 많은 것을 볼 수 있다. 부부는 감정 싸움을 해서는 안 된다. 서로가 이해하고 감싸 주고 세워 주는 언어를 적절하게 잘 사용할 수 있어야 한다. 다른 사람들에게는 친절을 베풀고 착하게 대해 주려고 애를 쓴다. 그러나 배우자에게는 함부로 말하고 소리지르는 범죄 행위를 하는 사람들이 더러 있다. 절대로 난폭하게 대한다거나 상처를 주는 말을 해서는 안 된다. 언어 폭력은 배우자에게 큰 범죄 행위임을 명심해야 한다. 씻을 수 없는 상처를 남기게 될 수도 있다.

특히 아내들이 남편들에게 한 번 상처를 크게 입으면 돌이키기가 여간 힘든 것이 아님을 알아야 한다. 무심코 내뱉은 말이 마음의 깊은 상처가 되어서 힘든 시간들을 보내기도 한다. 배우자를 귀하게 여기자. 선한 말을 해야 한다. 격려해 주고 세워 주는 단어들을 잘 사용해야 한다. 당신은 잘 하고 있어요, 많이 사랑해요, 제가 힘 닿는 대로 도와 드릴게요, 힘 내세요, 당신이 옆에 있어서 너무 행복하고 든든해요 라는 말은 얼마든지 사용해도 신나고 경쾌하고 사랑스러운 언어이다.

'사랑의 하나님 아버지, 혀의 권세를 바르게 사용하여 상대방에게 용기를 북 돋아 주고 서로의 애정과 신뢰가 더욱 깊어지게 사용케 하옵소서. 아멘!'

16. 남의 말을 하지 말자

"남의 말하기를 좋아하는 자의 말은 별식과 같아서 뱃속 깊은 데로 내려가느니라"(잠 18:8).

모든 사람들과의 관계는 대화를 통해서 이루어 진다. 서로가 말이 잘 통하면 가까운 사이가 될 것이다. 그러나 말이 잘 통하지 않으면 친하게 지낼 수가 없을 것이다. 그래서 친한 사람들과는 공통점이 많음을 알 수 있다. 이렇게 말에는 친숙하게 하는 힘이 있고 능력이 있다. 신기하고 놀라운 것은 말 한마디 때문에 은혜를 입기도 하고 피해를 보기도 한다는 것이다.

대체적으로 아내들은 남편과 시댁식구들과 자녀들에 관한 화제로 이야기를 많이 한다. 그러나 남편들은 정치나 경제 등 본인들 하고는 아무 상관도 없는 이야기들을 많이 한다. 그러나 성도들의 대화는 생동감이 넘쳐나야 하지 않겠는가? 다른 사람들의 이야기보다는 본인과 상관 있는 대화가 더 유익하다고 생각한다. 내가 무엇을 생각하고 있는지, 어떻게 살아 가는 것이 하나님의 영광을 위해서 사는 것인지를 대화를 통해서 알아야 할 것이다. 성도들의 주된 관심은 예수 그리스도이어야 한다. 성경의 말씀을 우리가 얼마만큼 잘 적용하며 살고 있는지를 점검해야 한다.

성도는 누구를 만나서 대화를 하든지 늘 예수님이 포함되어야 한다. 예수님 없는 대화는 영혼이 없는 허탄한 이야기라고 할 수 있다. 절대로 다른 사람들의 흉과 허물을 말하지 말자. 우리에게 주신 귀한 시간들을 영적인 대화로 이끌어 갈 수 있는 자가 되어야 한다. 다시는 돌아올 수 없는 참으로 소중한 시간들이 아닌가? 시시콜콜하게 남에 말만 하면서 귀중한 시간들을 낭비하지 말자. 주님이 나에게 주신 소중하고 귀한 은혜를 서로가 나누자. 상대방의 말도 귀담아들으면서 주님의 사랑을 보여 주는 사람이 되어야 한다. 여기에서 기억할 대화의 원리는 말하기는 더디 하고 듣기는 속히 하는 것이다.

'사랑의 하나님 아버지, 우리가 고소자가 되기보다 변호하는 자가 되게 하시며 남을 해치는 말보다 남을 높이는 말에 익숙한 자가 되게 하옵소서. 아멘!'

17. 맛있는 언어가 되어야 한다

"너희 말을 항상 은혜 가운데서 소금으로 고르게 함같이 하라 그리하면 각 사람에게 마땅히 대답할 것을 알리라"(골 4:6).

가장 비싸고 훌륭한 음식이라도 맛이 없으면 아무 소용이 없을 것이다. 모든 음식에 소금을 사용하지 않는다면 맛을 내는 것이 참으로 불가능할 것이다. 소금은 맛을 내는 식품이다. 소금이 없으면 어떠한 음식도 맛을 낼 수 없다. 이렇게 우리가 믹는 음식 중에서 가장 중요한 것이 소금일 것이다. 그래서 성경에도 성도들에게 세상의 빛과 소금이라고 말씀하신 것이다.

사람들에게는 무엇보다도 말을 할 수 있다는 것이 얼마나 귀하고 소중한 일이겠는가? 아무리 훌륭하고 멋있는 사람이라도 말을 할 수 없다면 얼마나 슬픈 일이겠는가? 말을 통해서 자신의 생각과 마음을 표현하는 것이다. 말을 통해 상대방과 좋은 관계를 유지하면서 교제의 끈을 이어 가지 않겠는가? 그런데 말을 어떻게 해야 하는가? 성경에는 항상 은혜 가운데 소금을 고르게 함같이 말을 하라고 하셨다. 우리의 언어를 하나님의 다스림 속에서 해야 한다는 것이다. 내가 하고 싶은 말을 마음대로 하라는 것이 아니다. 하나님이 기뻐하시는 말인지 아닌지를 구분하라는 뜻일 것이다. 상대방이 듣고 은혜가 되는 말은 아무나 할 수 있는 것이 아닐 것이다. 맛있는 언어를 적절하게 잘 사용하여서 덕을 세우며 은혜를 끼치는 말을 할 수 있어야 한다. 이것이 성도의 말일 것이다. 세상 사람들과는 전혀 다른 언어가 입에서 나와야 하지 않겠는가? 하나님의 자녀만이 할 수 있는 언어 사용이 되어야 하지 않겠는가? 불평하는 말이 아니라 어떠한 상황에서도 감사의 말이 나와야 한다. 상처를 주는 말이 아니라 생기를 불어 넣어 주는 은혜스러운 언어들이 입에서 쏟아져 나와야 한다. 부부가 이러한 언어들을 사용한다면 더욱더 행복하고 풍성한 삶이 기다릴 것이다.

'사랑의 하나님 아버지, 우리의 말과 행실로 인해 사람들이 살맛 나게 하시고 덕을 세우는데 소용되는 말만 하게 하옵소서. 아멘!'

18. 노엽게 하는 말을 삼가해야 한다

"노엽게 한 형제와 화목하기가 견고한 성을 취하기보다 어려운즉 이러한 다툼은 산성 문빗장 같으니라"(잠 18:19).

말에는 기술이 필요하다. 어려서부터 잘 말할 수 있도록 훈련의 훈련을 해야 한다. 함부로 말을 하거나 욕을 하면 가차 없이 매를 대고 가르쳐야 한다. 이러한 훈련이 없으면 자기의 감정을 죽이지 못하고 신경질적인 언어를 사용하게 된다. 화를 다스리지 못하고 감정을 있는 그대로 나타내는 언어 사용은 좋은 말이 될 수 없다. 잘 말할 수 있는 것은 고도의 훈련을 요구하는 것이다. 저절로 입에서 성숙하고 덕스러운 언어가 나오지 않는다는 것을 알아야 한다. 상대방을 배려하고 사랑하는 마음이 없으면 은혜로운 말을 할 수 없다. 늘 내 생각만 하고 내 의지만 중요하다고 생각하는 사람에게서는 진실된 말을 찾기 힘들다.

화가 난다고 생각 없이 하는 말로 말미암아 얼마나 위험하고 무서운 일이 벌어지는지 아는가? 사단은 이러한 기회를 놓치지 않는다. 기다렸다가 가차 없이 심하게 공격을 퍼붓는다. 상대방의 감정을 격하게 만든다. 결국은 원수도 아닌데 원수처럼 생각하게 만든다. 좋았던 관계들이 순식간에 무너지는 일이 생긴다. 늘 보고 싶은 사람들이었는데 갑자기 보고 싶지 않은 사람들로 바꾸어 버린다. 사단은 갈 때까지 가게 만든다. 비참하고 처참하게 만들면서도 아무런 가책을 느끼지 않는다. 상대방을 노엽게 하거나 화를 돋우는 언어는 사용하지 말아야 한다. 나도 죽고 상대방도 죽을 수 있는 기회를 사단에게 주는 것이다. 이런 무서운 일은 우리 가운데 일어나서는 절대로 안 된다. 늘 깨어서 기도하며 틈을 주지 않도록 조심해야 한다. 화가 나고 신경질이 나면 기도하면서 스스로를 잘 다스리는 자가 되어야 한다. 참지 못하고 입으로 발설해서 모든 사람들을 힘들게 하는 어리석은 짓은 하지 말도록 하자. 하나님의 영광을 가리우는 일이 되기 때문이다.

'사랑의 하나님 아버지, 우리의 입에서 나오는 말이 화를 부추기는 말이라든지 심령을 상하게 하는 일이 없게 하시고 오직 듣는 자들에게 은혜를 끼치는 거룩한 말을 하는 자가 되게 하옵소서. 아멘!'

19. 입과 혀를 잘 지키자

"우리가 다 실수가 많으니 만일 말에 실수가 없는 자면 곧 온전한 사람이라 능히 온몸도 굴레 씌우리라"(약 3:2).

하나님이 우리에게 주신 몸은 다 소중하고 귀하다. 어느 한 부분 소홀하게 여겨서는 안 될 것이다. 우리는 몸으로도 주님께 산 제사를 드려야 한다. 함부로 몸을 상하게 하거나 너무나 피곤하게 만들지 말아야 한다. 먹는 것도 몸에 해가 되는 것은 삼가 해야 한다. 성도라면 더러운 것과 해롭게 하는 음식들은 멀리 해야 한다. 자신의 몸을 주신 하나님께 늘 영광 돌리는 마음으로 살아가야 한다.

특히 입과 혀를 조심해야 한다. 우리의 혀는 두 개의 문을 통과해야만 말을 할 수 있게 만들어졌다. 한 개의 문은 이를 통과해야 한다. 또 한 개의 문은 입술을 열어야 말을 할 수 있다. 이렇게 두 개의 문을 열고 말을 하게 하신 이유가 있을 것이다. 성경은 혀를 불이라고 표현했다. 그만큼 혀를 사용하는 것이 위험하고 몸을 불 살아 버릴 수도 있다는 것을 말하는 것이다. 혀를 잘 제어하지 못하면 인생도 망하고 영혼도 망할 수 있다.

"침묵은 금이다"라는 속담이 있다. 말하는 것보다 오히려 침묵을 지키는 것이 더 잘하는 것일 수도 있다는 것이다. 어려운 역경과 환난이 닥쳐와도 혀를 조심하면 그 영혼을 환난에서 건져낼 수 있음을 명심해야 한다. 하나님이 역사하시는 기회를 놓치지 말아야 한다. 내가 혀를 잘못 놀리므로 말미암아 하나님의 영광을 얼마나 많이 가리웠는지를 점검해 보아야 한다. 이 땅에 살면서 분하고 원통하고 억울한 일이 왜 없겠는가? 그러나 내 입으로 그 분함을 풀 수 있는 것이 아니다. 하나님께서 우리의 억울함과 분함을 풀어 주시리라는 믿음이 우리에게 있어야 한다. 그것이 성도가 할 수 있는 최선의 방법이 아니겠는가?

'사랑의 하나님 아버지, 우리의 혀를 잘 길들일 수 있는 지혜와 능력을 허락하옵소서. 사람을 살리는 말과 주님을 찬송하는 말만 넘치게 하옵소서. 아멘!'

20. 남을 무시하는 말을 하지 말자

"이뿐 아니라 몸의 더 약하게 보이는 지체가 도리어 요긴하고 우리가 몸의 덜 귀히 여기는 그것들을 더욱 귀한 것들로 입혀주며…"(고전 12:22-23).

모든 사람들은 하나님의 형상으로 지음을 받은 자들이다. 하나님의 자녀이든 아니든 우리가 함부로 대할 사람은 이 세상에 아무도 없음을 알아야 한다. 비록 나한테 잘못을 한 사람이라도 성도라면 상대방을 미워하지 말아야 한다. 사람들을 미워하고 무시하는 행동은 아주 잘못된 것임을 알아야 한다. 내가 싫어하는 사람 일지라도 함부로 무시하는 말을 입 밖으로 내지 말아야 한다.

마음에 선을 쌓으면 선한 말이 나올 것이고 악한 것이 쌓이면 악한 말이 나올 것이다. 성도는 언제나 마음가짐이 중요하다. "열 길 물 속은 알아도 한 길 사람 속은 모른다"는 옛말이 있다. 사람의 마음을 알 수 없다는 것이다. 그래서 사람은 외모를 보고 판단한다. 그러나 사람의 중심을 보시는 하나님께서는 우리를 긍휼히 여기시고 불쌍히 여기신다.

우리가 죄를 지어도 즉각적인 심판보다 용서하시고 불쌍하게 여기시며 끝까지 인내하며 회개하기를 기다리시는 하나님이시다. 한 사람 한 사람이 다 천하보다 귀한 생명들이다. 예수님은 우리들을 구원해 주시기 위해서 이 땅에 오셨다. 죄와 허물로 죽은 인생들을 얼마나 크신 사랑으로 안아 주시고 보듬어 주시는지 성도들은 날마다 기억하고 있어야 한다. 하나님이 사랑하는 사람들을 우리가 무슨 자격으로 미워하고 함부로 말하는 죄를 범할 수 있단 말인가? 모든 사람들에게 늘 겸손하게 말하고 행동해야 하는 것을 잊어서는 안 될 것이다. 원수도 사랑하라고 말씀하셨다. 우리와 원수도 아닌데 상대방에게 함부로 말하고 무시하는 태도는 성도로서는 절대로 하지 말아야 할 행동이다.

'사랑의 하나님 아버지, 우리가 남을 나보다 나은 자로 여기며 하나님의 형상으로 지음 받은 자요 그리스도의 피로 값주고 산 자들임을 알고 귀히 여기게 하소서. 아멘'

21. 불평하는 말을 하지 말자

"분을 그치고 노를 버리라 불평하여 말라 행악에 치우칠 뿐이라"(시 37:8).

하나님께서는 범사에 감사하라고 말씀하셨다. 늘 우리가 깊이 생각만 해도 감사할 것이 얼마나 많은지 모른다. 코에 호흡이 붙어 있어 살아 있다는 그 자체가 어찌 감사하지 않겠는가? 아내와 남편이 있어서 부부가 한 몸 이루어 살고 있으니 이 또한 주님의 은혜가 아니겠는가? 사랑스럽고 귀여운 자녀들을 선물로 주셔서 키우고 있으니 너무나 감사하지 않는가? 자녀들로 인하여 삶의 기쁨과 즐거움을 맛볼 수 있으니 너무나 감사하지 않는가? 병원 신세 지지 않고 건강해서 먹고 자는 복을 누리니 참으로 감사하지 않는가? 가장 감사한 것은 하나님의 자녀로서 이 땅에서 보호 받고 사랑 받으며 살고 있으니 무한 감사한 일이 아니겠는가?

성도이기에 날마다 주님께 감사하는 것을 잊어서는 안 된다. 그런데 불평과 불만을 입에 달고 산다면 하나님께서 얼마나 슬퍼하시겠는가? 자녀가 부모에게 늘 불평만 한다면 이 세상에 좋아할 부모가 어디 있겠는가? 하나님께서 늘 우리에게 범사에 감사하라고 말씀하신 이유가 분명히 있을 것이다. 그만큼 감사할 것이 무궁무진하게 많이 있음을 깨닫게 해 주신 것이다. 이 땅에 살면서 불평만 늘어 놓고 사는 어리석은 자가 되어서는 안 될 것이다. 불평하는 사람들에게는 하나님의 은혜가 임하지 않는다.

또한 불평하는 사람들은 기쁨과 즐거움을 누릴 수 없다. 아마도 건강도 좋지 않을 것이다. 평안이 있어야 즐거움을 아는 것이고 건강해지는 것이다. 이 땅에 살면서 하나님께서 감추어 두신 감사가 얼마나 많은지 찾아내는 지혜로운 사람들이 되기를 바란다. 또한 부부에게 주신 감사들을 날마다 캐내는 아름다운 부부가 되자. 불평은 서로에게 눈을 멀게 한다. 감사는 서로의 마음을 들여다보는 창이다.

'사랑의 하나님 아버지, 사랑으로 충만하여 서로를 인하여 하나님께 감사하는 일만 있게 하옵시고 원망과 불평은 무덤에 묻어버리게 하옵소서. 아멘!'

22. 아름답고 고운 언어를 쓰자

"왕은 인생보다 아름다워 은혜를 입술에 머금으니 그러므로 하나님이 왕에게 영영히 복을 주시도다"(시 45:2).

우리 입에서 나오는 말을 잘 점검해 보는 시간을 가져 보자. 좋은 말과 나쁜 말 중에서 어떤 말을 더 많이 사용하는가? 칭찬하는 말과 헐뜯는 말 중에 무슨 말을 더 많이 하는가? 상대방을 배려하고 이해하는 말보다 자기 중심적인 말과 변명만 늘어놓지는 않는가? 다른 사람들의 장점을 말해 주기보다는 단점만 꼬집어 말하지 않는가? 덕스럽고 은혜스러운 말보다는 현실적인 염려와 걱정을 더 들추어 내지는 않는가? 믿음이 있는 말보다는 믿음 없는 헛된 말을 더 많이 하지는 않는지 스스로 점검해 보자.

"세 살 버릇 여든까지 간다"는 속담이 있다. 어렸을 때에 모든 교육이 늙어서 까지 영향을 좋은 습관과 행동을 잘 길러 주면 어른이 되어도 자연스럽게 몸에 배어 나오지 않겠는가? 언어 사용도 마찬가지이다. 말하기 시작할 때부터 아름답고 고운 언어를 사용하도록 가르쳐야 한다. 나쁜 말을 한다거나 욕을 할 때는 매를 들어서 따끔하게 가르쳐야 한다. 말로 인해서 사람의 인격과 성품이 만들어지기 때문이다. 어려서 고쳐주지 않으면 커서도 고칠 수 없기 때문이다.

언어 사용은 죽을 때까지 하는 것이다. 부부가 쓸 때 더 빛나는 참으로 곱고 아름다운 언어들이 얼마나 많은지 모른다. 여보 사랑해요, 좋아해요, 감사해요, 당신은 참 멋있어요, 내 아내가 이 세상에서 제일 아름다워요, 당신이 옆에 있어서 너무나 행복해요 등 수없이 많이 있다. 쓰면 쓸수록 아름다운 언어들을 잘 개발해서 우리 가정과 사회를 빛나게 하는 부부가 되자.

사랑의 하나님 아버지, 우리가 누추하거나 더러운 말은 결코 발설하지 않게 하시고 오직 마음을 다하여 주의 말씀만을 지켜 행하는 자가 되어 주님을 더욱 기쁘시게 하는 자가 되게 하옵소서. 아멘!'

23. 성도만이 할 수 있는 언어를 사용하자

"너희가 전에는 어두움이더니 이제는 주 안에서 빛이라 빛의 자녀들처럼 행하라"(엡 5:8).

각 나라마다 문화와 풍습과 언어가 다르다. 그 나라에서 살기 위해서는 그 나라의 언어를 배우고 익혀야 한다. 그렇지 않으면 모든 면에서 적응하기도 힘들고 살아가는 일에도 어려움을 많이 겪는다. 하나님의 자녀들도 마찬가지이다. 천국 백성으로서 이 땅에서 사용하는 언어가 세상 사람들 하고는 달라야 한다. 하늘나라 시민권자로서 행동과 언어 사용을 은혜스럽게 잘 해야 한다. 미국 사람은 영어를 하고 한국 사람은 한국말을 한다. 하늘 나라 백성은 품격 있는 언어, 십자가에 못 박힌 정화된 언어를 사용할 수 있어야 한다. 태어나면서부터 배운 것이 아니다. 예수님을 믿고 하나님의 자녀가 되었을 때부터 시작되는 언어이다. 저절로 배워지는 것이 아니다. 자기 자신을 죽이고 예수님의 마음을 품은 자들 만이 할 수 있는 언어이다. 늘 깨어서 기도하지 않으면 사용할 수 없는 언어이다. 또한 은혜가 없이는 내 입에서 나올 수 없는 언어이다.

남에게 해가 되는 언어가 아니다. 도리어 생명을 주는 살아서 역사하는 언어이다. 신비하고 놀라운 언어이다. 세상 사람들은 하고 싶어도 할 수 없는 언어이다. 배우고 싶어도 배울 수 없는 아주 어려운 언어이다. 그러나 하나님을 사랑하고 영혼을 사랑하는 사람들은 쉽게 할 수 있다. 이 언어를 늘 기도하는 마음으로 잘 사용할 수 있어야 한다. 가정에서도 사랑과 은혜가 넘치는 하늘 나라 언어를 사용하는 아내와 남편이 되어야 한다. 그러면 자녀들도 배우고 익히지 않겠는가? 어린 자녀 입에서 사랑스러운 예쁜 언어가 쏟아져 나온다면 그것처럼 멋진 일이 어디 있겠는가? 서로 사랑하는 언어, 덕스럽고 은혜가 넘치는 언어를 사용해서 하나님의 백성으로서의 품위를 지키는 삶을 살자.

'사랑의 하나님 아버지, 우리가 이제 빛의 자녀이오니 모든 착함과 의로움과 진실함의 열매를 통해서 우리가 하늘나라의 시민권자임을 세상 사람들이 알게 하옵소서. 아멘!'

24. 아내에게 좋은 말을 하자

"무릇 더러운 말은 너희 입 밖에도 내지 말고 오직 덕을 세우는데 소용되는 대로 선한 말을 하여 듣는 자들에게 은혜를 끼치게 하라"(엡 4:29).

그리스도가 교회를 사랑하신 것 같이 남편들도 아내를 자신의 몸같이 사랑하라고 하셨다. 남편에게 귀한 아내를 선물로 주신 분은 여호와 하나님이시다. 평생 반려자로 살게 하시고 이 땅에서 함께 복을 누리라고 주신 아내이다. 그 아내로 인하여 자녀를 낳게 되는 것이고 가문의 대를 잇도록 계획하신 것이다. 이렇게 귀하고 소중한 아내에게 남편은 얼마나 다정하고 아름다운 언어를 쓰고 있는지 점검해 보자.

연애 시절에는 아내를 얻고 싶어서 아름답고 예쁜 언어들을 많이 사용했을 것이다. 낯 간지러울 정도로 노력을 기울여서 좋은 말들을 많이 했을 것이다. 마치 언어 연금술사처럼 말이다. 그러나 지금 결혼 후에도 그같이 계속적인 노력을 하고 있는가? 아니면 한 집에 같이 살고 있는 룸메이트 정도로 필요한 말만 하며 사는가? 어느 쪽이든 여러분 스스로가 점검해 볼 필요가 있다. 진심으로 아내를 사랑하고 귀하게 여긴다면 결혼 후에는 더 풍성하고 근사한 언어들이 입에서 쏟아져 나와야 한다.

여보 당신만을 영원토록 사랑해요, 당신이 늘 내 옆에 있어서 나는 이 세상에서 제일 행복한 사람이예요, 그 동안 고생만 시키고 힘들게 한 것에 대해서 너무나 미안해요, 앞으로 당신만을 위해서 더 열심히 노력하며 살거예요, 늘 참아 주고 감싸 주고 도와주어서 너무나 고마워요, 사랑스러운 아이들을 낳아 주고 잘 키워 주어서 정말 즐겁고 기뻐요, 하나님이 나에게 이렇게 멋진 아내를 주신 것에 늘 감격해 하고 있어요, 당신과 함께라면 어떠한 어려운 일도 극복할 수 있어요, 정말 나는 행복한 남편이예요! 라는 말을 할 수 있는 남편이 되어야 한다. 아내의 허물을 입 밖에도 내지 말자. 사랑은 모든 허물을 덮어 주는 것이다.

'사랑의 하나님 아버지, 우리가 서로 존중히 여기게 하옵시고 상처를 주는 말이나 행동은 버리고 오직 덕을 세우고 은혜를 끼치는 부부가 되게 하옵소서. 아멘!

25. 남편에게 힘이 되는 말을 하자

"그러나 나는 너희가 알기를 원하노니 각 남자의 머리는 그리스도요 여자의 머리는 남자요 그리스도의 머리는 하나님이시라"(고전 11:3).

교회가 그리스도에게 복종한 것 같이 아내들도 남편에게 복종하라고 하나님이 말씀하셨다. 아내의 복종은 남편을 하나님께로 나아가게 하는 길이다. 허물이 많고 부족한 점이 많은 남편에게 복종하라는 하나님의 권위에 순종해야 한다. 내 남편이기에 존중하고 복종하는 것이다. 이러한 마음이 없으면 아내들은 하나님께 회개해야 한다. 하나님은 우리에게 날마다 좋은 것을 아끼지 않으시는 분이시다. 결혼을 통하여 남편을 주시고 그 남편에게 복종하라 하신 것은 결국 아내의 행복이요 가정에 평화를 주시기 위한 것이 아니고 무엇이겠는가?

아내들은 이 세대를 본 받지 말아야 한다. 세상은 남편에게 복종하라고 가르치지 않는다. 왜냐하면 하나님의 방법을 세상 사람들이 좋아 하지 않기 때문이다. 우리의 사랑하는 남편들의 일터가 어디인가? 세상이다. 만만치 않은 현장이다. 서로가 견제하며 살아남기 위해서 몸부림치는 그곳에서 어떻게 버틸 수 있겠는가? 아무리 남편이 지위가 높아도 남편에게 순종하며 따르는 자들이 몇 명이나 될 것인가? 아마도 많지 않을 것이다. 요즘같이 개인주의의 삶이 존중되는 사회에서는 더욱더 일하기가 힘이 든다. 누가 남편에게 힘을 실어 주어야 하겠는가? 아내들이다.

가정에서 아내가 늘 남편에게 복종하는 삶을 살면 남편들은 힘이 저절로 생기게 된다. 자녀들이 아버지에게 복종하면 삶의 활력소가 생기지 않겠는가? 사랑하는 여보 당신을 존경합니다. 주 안에서 힘내세요, 당신이 있어서 늘 행복해요, 한결 같은 사랑을 보여 주어서 감사해요, 열심히 일하시는 당신이 가장 멋있어요라는 말을 늘 할 수 있어야 한다.

'사랑의 하나님 아버지, 주님이 내게 세워주신 남편의 권위를 인정하고 세워가는 일에 지혜로운 아내가 되게 하소서. 아멘!'

26. 자녀들에게 본이 되는 언어를 사용해야 한다

"오직 말과 행실과 사랑과 믿음과 정절에 대하여 믿는 자의 본이 되어"(딤전 4:12).

부모는 자녀의 거울이다. 가정에서의 언어 생활은 부부가 만들어 가는 것이다. 그 안에서 자녀들은 보고 배우며 익히는 훈련을 통해서 자신들의 언어를 만들어 간다. 자녀가 태어나면 거룩한 언어들을 들을 수 있도록 부부가 잘 훈련되어야 한다. 말하는 것은 들은 것을 토대로 나오는 것이다. 어떤 모습과 말을 보고 들었는가에 따라서 자녀들의 언어가 형성된다. 특히 어릴 때는 부모의 말과 행동이 크게 좌우 되기 때문에 늘 조심해야 한다. 부부싸움은 자녀들에게 치명타가 될 수 있다. 거친 말과 행동을 보여 주므로 자녀들에게는 공포와 두려움을 안겨 줄 수 있기 때문이다.

부모가 하는 말에 자녀는 상처를 입기도 하고 힘을 얻기도 한다는 것을 알고 있어야 한다. 생각 없이 내뱉은 말로 인해서 씻을 수 없는 깊은 상처가 된다면 이 얼마나 안타까운 일인가? 너 때문에 힘들어 죽겠어, 너만 안 태어났으면 정말 좋았을 텐데, 너 때문에 내가 아무것도 못하는 것이 속상해 죽겠어, 이런 말은 절대로 해서는 안 되는 말이다. 어떠한 일이 있어도 모든 문제가 너 때문이라는 인상을 조금이라도 주어서는 안 된다. 마음에 깊은 상처를 입을 수 있는 말이기 때문이다. 아이로 인해서 엄마 아빠가 행복하다는 소리를 듣게 하라.

너는 하나님이 우리에게 주신 귀하고 소중한 선물이란다. 너로 인해서 엄마 아빠가 많이 행복하구나, 우리 가정에 태어나서 너무나 고맙구나, 너 때문에 정말 즐겁고 감사한 일이 너무 많구나, 하나님은 너를 아주 많이 사랑한다. 이러한 언어는 언제 들어도 자녀들에게 큰 힘이 되고 위로가 되는 말이다. 다른 사람들이 해줄 수 있는 말이 아니다. 부모만이 사랑하는 자녀들에게 해줄 수 있는 참으로 소중하고 귀한 말임을 명심해야 한다.

'사랑의 하나님 아버지, 우리의 자녀들과 이웃들에게 말과 행실과 사랑과 믿음과 정절에 있어서 본이 되어 업신여김을 받는 일이 없게 하옵소서. 아멘!'

27. 급한 마음으로 말하지 말라

"오직 너 하나님의 사람아 이것들을 피하고 의와 경건과 믿음과 사랑과 인내와 온유를 좇으며"(딤전 6:11).

우리 모두는 대화를 통해서 서로의 마음을 전달하고 하나님의 뜻을 이루어 간다. 우리는 대화를 통해서 내 뜻을 세워가는 것이 아니다. 말을 통해서 내 마음을 전달하는 것이지만 하나님이 기뻐하시는 일들을 이루어 가는 것이다. 그런데 급하게 말을 하다 보면 실수를 하게 되고 오해가 생기는 경우가 많이 있다. 내 의도하고는 전혀 다르게 흘러가는 경우를 종종 볼 수 있다. 사단의 역사가 가장 많이 일어나는 것이 말의 실수이다. 화가 나서 한마디 말한 것으로 인해서 그 동안에 쌓아 놓은 공든 탑이 무너지기도 한다. 평생 성실하고 정직하게 살아왔다고 생각했는데 급한 마음으로 내뱉은 말로 인해서 돌이킬 수 없는 상황에 처하기도 한다. 사람들은 말의 실수를 실수로 넘어가는 법이 없다. 말의 꼬투리를 잡아서 늘어지는 악한 습성이 있음을 명심해야 한다. 관계가 좋을 때는 실수한 것이 아무렇지 않게 넘어간다. 그러나 관계가 좋지 않을 때는 가차 없이 기회는 이때라고 생각하면서 넘어지게 만든다. 사단은 참으로 교묘하고 악랄하게 이러한 기회를 놓치지 않는다. 절대로 급한 마음으로 말하지 말아야 한다. 하고 싶어도 꾹 참아 내야 한다. 기도하면서 생각하면서 천천히 성실하게 말할 수 있어야 한다.

부부 싸움도 대부분 화를 참지 못하고 급하게 내뱉은 말로 인해서 서로에게 상처를 깊게 주는 경우가 많다. 배우자에게 들은 나쁜 말들이 평생 지워지지 않고 뼈 속 깊이 자리잡게 되면 원망과 시비가 마음속 깊이 자리잡을 수 있다. 어떠한 일이 있어도 급하게 나쁜 말들을 함부로 하지 말아야 한다. 서로 존중하고 이해하고 사랑하는 언어를 잘 개발해서 기도하는 마음으로 사용할 수 있는 성숙한 성도가 되자.

'사랑의 하나님 아버지, 우리가 감정대로 혹은 느낌대로 말하거나 행동하지 않게 하옵시고 의와 경건과 믿음과 사랑과 인내와 온유를 따라 말하고 행동하게 하옵소서. 아멘!'

28. 존댓말을 사용하자

"네가 이것으로 형제를 깨우치면 그리스도 예수의 선한 일꾼이 되어 믿음의 말씀과 네가 좇은 선한 교훈으로 양육을 받으리라"(딤전 4:6).

학생들은 가르치는 선생님들에게 반말을 하지 않는다. 존경하는 어른이기에 그렇다. 교회에서도 성도들은 목사님에게 늘 존칭어를 사용한다. 말씀을 가르치시는 하나님의 종이기 때문이다. 대부분 나이 어린 사람들이 어른들에게 존댓말을 한다. 부부도 서로가 존댓말을 하는 것이 좋다. 나이가 차이가 있든 없든 상관하지 말고 부부라면 늘 존경하는 언어를 사용하자.

예전에는 대부분 남편들의 나이가 아내들 보다 많았다. 그래서 아내들이 대부분 남편에게 존댓말을 하면서 살았다. 그런데 요즈음은 아내들이 남편들보다 나이가 더 많은 경우를 흔히 볼 수 있다. 아내들이 남편들에게 존댓말을 사용하는 것이 쉽지가 않을 것이다. 그러나 성경은 아내들에게 주 안에서 남편에게 복종하라고 하셨다. 즉 남편을 존경하고 경외하고 사랑하라는 말씀이다. 남편에게 반말 하면서 존경한다는 것은 어울리지 않는 행동일 것이다. 자녀들이 늘 어머니가 아버지를 존경하는 태도와 행동을 보게 된다면 그것보다 더 좋은 산 교육은 없을 것이다. 아버지를 존경하는 자녀들의 행동은 모든 사람들에게 칭찬을 받을 것이다.

남편들도 아내들에게 존댓말을 쓰는 것이 좋다. 그것이 아내를 자신의 몸같이 사랑하라는 하나님의 말씀에 순종하는 자세일 것이다. 따뜻하고 자상한 사랑을 보여 주어야 한다. 아무리 어린 아내라도 늘 존댓말을 사용해서 부부의 예의를 지키는 것이 서로에게 좋은 것이다. 아버지가 어머니에게 늘 부드럽고 사랑스러운 언어를 쓴다면 그 자녀는 말할 수 없는 행복을 느낄 것이다. 가정의 평화와 사랑은 아내와 남편이 서로를 존경해 주고 감싸주는 언어가 풍성해질 때 나타날 것이다.

'사랑의 하나님 아버지, 우리의 자녀들에게 믿음의 말씀과 선한 교훈으로 잘 양육되는 본을 보이는 부부가 되게 하옵소서. 아멘!'

29. 잘 훈련된 언어를 쓰자

"누구든지 다른 교훈을 하며 바른 말, 곧 우리 주 예수 그리스도의 말씀과 경건에 관한 교훈에 착념치 아니하면"(딤전 6:3).

어린아이들이 하는 말을 들어 보면 생각 없이 그냥 던지는 말이다. 그 말에 깊은 의미와 뜻이 담겨 있지 않음을 알 수 있다. 본 대로 느낀 대로 하고 싶을 때 언제든지 하고야만다. 그런 행동을 보고 순진하다고 하지만 어른들을 당혹히게 만드는 경우가 얼마나 많은지 모른다. 청소년이 되면 자기만의 세계를 만들어 가면서 본능적으로 방어하는 언어가 더 많아지는 것을 알 수 있다. 나이가 들수록 더 날카롭고 공격적인 언어 사용이 많아진다. 또한 요즈음 청소년들은 말이 아닌 장난에 가까운 우스꽝스러운 언어들을 많이 사용하는 것을 본다. 사전에도 없는 유행어를 만들어 사용한다. 어른들은 잘 이해할 수 없는 신기한 말들이 얼마나 많은지 모른다.

그러나 결혼을 했으면 언어 사용도 달라져야 한다. 결혼 전의 언어와 결혼 후의 언어는 많은 변화가 있음을 알아야 한다. 서로가 한 몸이기에 더 많은 노력을 기울여야 한다. 부부가 사용하는 언어는 더 고상하고 잘 정제되어야 한다. 언어 사용이 필요하다. 서로에게 반말을 하지 말고 존칭어를 써야 한다. 서로에게 힘이 되고 격려가 되고 위로가 되는 말을 사용할 수 있어야 한다. 늘 함께 살다 보면 허물만 보이고 약점만을 말하는 경우가 종종 있다. 그러나 덕이 되지 않는 말은 입 밖에도 내지 않는 훈련을 해야 한다. 그렇지 않으면 늘 싸움의 요지가 일어난다. 사단은 부부가 행복하게 잘사는 꼴을 보기싫어하고 역겨워한다. 방해꾼이 늘 도사리고 있다는 것을 깨달아야 한다. 하나님이 나에게 주신 소중한 배우자에게 훈련된 언어를 사용할 수 있어야 한다. 세상 사람들이 보면서 정말 성도의 가정생활은 다르다는 것을 언어로 통해서도 보여 줄 수 있어야 한다. 올바른 언어 사용은 상대에 대한 예의에서부터 나오는 것이다.

'사랑의 하나님 아버지, 우리가 바른 말에 익숙한 자들로 살게 하시고 사랑의 언어를 통해서 사랑의 하나님 아버지의 자녀임을 세상 사람들이 알게 하옵소서. 아멘!'

30. 하나님의 말을 하는 것이다

"주의 말씀은 내 발의 등이요 내 길의 빛이니이다"(시 119:105).

우리에게 두 눈이 있는 것은 한쪽 눈은 나 자신을 바라보라는 것이다. 다른 한 쪽은 다른 사람들을 보는 것이다. 한 쪽에만 치우치지 말고 양쪽을 보면서 나 자신을 돌아보라는 것이다. 또한 두 귀가 있는 것은 한 쪽 귀로는 하나님의 소리를 듣고 다른 한 쪽 귀로는 사람의 소리를 들을 수 있어야 한다. 그래서 잘 판단해서 한 입으로 두 말을 하지 않고 한 말만 해야 하는 것이다. 성도가 한 입으로 사람을 저주하기도 하고 하나님을 찬양하기도 한다. 그러나 그것은 하나님 앞에서 합당한 처사가 아니다.

우리에게 하나의 입을 주신 것은 양다리를 걸치라는 것이 아니다. 단물과 쓴 물을 동시다발적으로 쏟아놓으라는 것이 아니다. 눈으로 정확하게 보고 귀로 잘 판단해서 입으로 변함없는 말을 하라는 것이다. 아내만을 영원토록 사랑한다고 고백했으면 한 눈 팔지 말고 변함없는 사랑을 보여 주어야 한다. 다른 여자는 쳐다 보지도 말아야 한다. 남편에게 순종하고 복종한다는 고백을 했으면 다른 말하지 않고 그대로 하면 되는 것이다. 다른 남자에게는 관심도 갖지 말고 신경도 쓰지 말아야 한다. 늘 부부가 한결 같은 마음과 사랑을 가지고 입으로 고백한 것을 잘 지켜나가야 한다. 평생토록 내 남편, 내 아내만을 사랑하면서 하나님의 거룩한 뜻을 이루어 가야 한다.

성적으로 문란한 시대에 우리는 살고 있다. 세상은 정조를 지키는 것을 하찮게 여긴다. 그러나 성도는 하나님의 말씀을 지키는 것을 제일 우선으로 삼아야 한다. 경건한 가정을 만들어 가는 것은 부부가 늘 주님의 말씀을 할 때 이루어진다. 사단이 틈타지 못하도록 한 입으로 하나님의 말씀을 하는 아름다운 부부가 되자. 내 입에서 나오는 말들이 하나님의 말씀인가를 늘 점검하는 경건한 아내와 남편이 되자.

'사랑의 하나님 아버지, 주님의 말씀이 우리의 길을 비추시고 인도하시는 유일한 안전장치입니다. 우리에게 유익하도록 가르치시고 마땅히 행할 길로 나아가게 하시는 주님, 주님의 말씀을 따라 살게 하시며 서로에게 죽기까지 성실하게 하옵소서. 아멘!'

CHAPTER_ 10

부부의 노후생활

1. 자녀들을 잘 떠나 보내자

"이러므로 남자가 부모를 떠나 그 아내와 연합하여 둘이 한 몸을 이룰지로다"(창 2:24).

결혼과 함께 아내와 남편이 되어 한가족을 이루어 살 때는 소망과 희망이 늘 넘쳐난다. 자녀들을 낳아서 키우는 삶의 행복도 누려 본다. 식구들은 점점 늘어나고 재물도 조금씩 모아지는 것을 경험한다. 그러나 때가 되면 언젠가는 자녀들을 다 출가시키고 부부만 남게 된다. 죽을 때까지 자녀들과 함께 살 수 없는 것이 우리들의 인생의 여정이다.

자녀들이 결혼하기 전까지의 함께하는 삶을 잘 누려야 한다. 그들과 함께 늘 먹고 얼굴과 얼굴을 보면서 지냈던 시절들은 하나님이 우리에게 주신 선물이다. 자녀들은 언젠가는 부모 품을 떠나서 살아가게 된다. 그 때에 자녀들이 하나님께서 원하시는 가정을 잘 만들어 가야 한다. 밑그림을 잘 그리도록 도와 주지 않으면 안 된다. 가정을 세워주신 분이 하나님이시다. 그래서 먼저 살았던 부모님들의 가르침이 반드시 있어야 한다.

먼저 부모님들의 본이 되는 삶이 무엇보다 가장 중요할 것이다. 그러나 혹시라도 실패한 결혼생활을 했더라도 자녀들에게는 대물림이 없도록 가르쳐 주어야 한다. 자녀들이 결혼을 해서 부모 곁을 떠나는 것은 하나님께서 정하신 것이다. 내 마음대로 할 수 있는 것이 아니다. 부모가 잘 살았다면 자녀들에게는 큰 자산이 되어서 본인들의 가정도 잘 세워갈 것이다. 그러나 부모가 잘못 했을지라도 자녀들은 부모님을 원망하지 말아야 한다. 자녀들을 통해서 주님께서는 또 다른 가정을 귀하게 여기시고 세워가시기 때문이다.

'사랑의 하나님 아버지, 우리가 장성하여 한 가정을 이루게 하시고 한 몸이 되게 하신 것을 감사드립니다. 길러주신 부모님의 은덕을 기억하며 효도케 하시고 자녀들에게 본이 되는 부부가 되게 하옵소서. 아멘!'

2. 배우자에게 많이 감사하자

"남편 된 자들아…너희 아내와 동거하고 저는 더 연약한 그릇이요 또 생명의 은혜를 유업으로 함께 받을 자로 알아 귀히 여기라…"(벧전 3:7).

한평생 늘 곁에 있어 주고 함께하는 부부의 삶은 분명히 하나님이 주신 축복일 것이다. 그러므로 하나님께서 허락하신 세월들을 후회 없이 잘 살아야 한다. 왜냐하면 언젠가는 배우자 중에 누군가 먼저 세상을 떠나게 되기 때문이다. 남편과 아내를 주시고 자녀들까지 주신 주님이시기에 감사하는 마음이 늘 풍성해야 한다. 그러나 살다 보면 감사하는 마음보다 미워하고 원망하는 마음이 들 때가 많이 있다.

어떠한 일이 있어도 부부는 하나 되는 것을 잘 지켜 나가야 한다. 싸움과 다툼이 있어서는 안되지만 그럴지라도 용서하고 사랑하는 마음을 발휘해야 한다. 오랫동안 산전수전 겪으면서 살았다는 것은 주님이 맺어주신 부부이기 때문일 것이다. 좋은 것도 함께 누리고 나쁜 일도 같이 감당하면서 지내온 세월은 귀한 것이다. 인생의 길을 사랑하는 배우자와 가는 것은 소중하고도 멋진 삶이다. 주님께서 이 땅에서 살면서 누리라고 하는 행복을 얼마나 누렸는지 깊이 생각해 보자. 서로에게 감사하는 마음보다는 불평한 것이 많았더라면 회개하자. 용서하지 못하고 미운 감정들이 아직도 남아있다면 회개하자.

중년 부부의 삶은 날마다 더 성숙해져 가는 것이다. 배우자를 더 많이 사랑하고 존중하는 마음이 커져야 한다. 서로가 힘을 합하지 않으면 이 세상을 거슬러 올라 갈 수 없기 때문이다. 부부가 다투고 싸워도 곧바로 제자리로 돌아 올 수 있어야 한다. 왜냐하면 주님이 주신 배우자이기 때문이다. 서로에게 감사하는 마음을 늘 갖고 살아야 한다. 내 옆에 있어 주어서 고맙고 감사하다고 고백하자. 그 어떠한 것보다도 배우자를 소중하게 귀하게 여길 수 있어야 한다. 그것이 하나님을 기쁘시게 하는 것이다.

'사랑의 하나님 아버지, 주께서 귀한 남편과 아내를 허락해 주셨으니 서로에게 감사하며 격려하며 기뻐하며 사는 법을 잘 배우게 하옵소서. 아멘!'

3. 서로가 건강을 지켜 주자

"두 사람이 한 사람보다 나음은…혹 저희가 넘어지면 하나가 그 동무를 붙들어 일으키려니와 홀로 있어 넘어지고 붙들어 일으킬 자가 없는 자에게는 화가 있으리라"(전 4:9,10).

나이가 들어감에 따라 몸은 점점 쇠약해져 가는 것을 느낄 수가 있다. 누구에게나 오는 현상이다. 어느 누구도 피해갈 수 없는 현실이다. 아무리 건강한 천하장사도 세월이 흐르면 몸이 늙어가기 때문에 힘을 제대로 쓸 수 없을 때가 오는 것이다. 패기가 넘치는 운동선수들도 나이가 들면 현역에서 물러나야 하는 것이 세상의 이치이다. 이 세상에 아픈 것을 원하는 사람은 아무도 없다. 정상적인 사람이라면 건강하게 오래 살고 싶은 마음일 것이다. 그러나 병은 예고 없이 찾아 온다. 우리 인생들은 하나님이 주신 몸을 잘 관리해야 할 책임이 있다.

그러나 사는 것이 바쁘다 보면 자신의 건강을 관리하고 돌보는 사람들이 그렇게 많지가 않음을 볼 수 있다. 자녀들을 다 키우고 두 부부만 남아 있을 때를 생각해 보자. 건강하지 않으면 자녀들에게 큰 짐이 될 수 있다. 병이 들면 누군가의 도움을 받아야 하기 때문이다.

그래서 부부가 서로의 건강을 잘 챙겨 주어야 한다. 아내는 남편의 먹거리에 신경을 써서 비만을 조심시켜야 한다. 남편도 아내의 건강에 늘 관심을 가지고 있어야 한다. 아내를 괴롭게 하는 일은 하지 말아야 한다. 정신적으로나 영적으로나 평안함을 안겨 줄 수 있어야 한다. 몸은 비록 늙어 가고 있지만 날마다 영적인 성숙은 잘 이루어가야 하기 때문이다. 나이가 들면 각 방을 사용하는 부부가 있는데 절대로 분방하지 말아야 한다. 서로가 안아 주고 만져 주고 사랑해 줄 수 있는 부부가 되어야 한다. 나이가 들었다면 더욱더 한 몸 이루어 사는 것을 즐겨야 한다. 그것이 건강에도 아주 좋은 것이다. 부부가 함께 건강한 몸으로 행복하게 살아야 하지 않겠는가?

'사랑의 하나님 아버지, 홀로 있는 것이 좋아 보이지 않아 돕는 배필을 지으시고 짝을 지워 둘이 하나되게 하신 것을 감사합니다. 서로를 잘 돌아보아 짐을 나눠지고 격려하며 세워가는 가정이 되게 하옵소서. 아멘!'

4. 과거는 좋은 추억만 기억하라

"너희가 사람의 과실을 용서하면 너희 천부께서도 너희 과실을 용서하시려니와…과실을 용서하지 아니하면 너희 아버지께서도 너희 과실을 용서하지 아니하시리라"(마 6:14-15).

우리는 가끔 부모님들로부터 똑같은 말을 수십 번 들은 기억이 난다. 그래서 부모님에게 한 번만 더 들으면 백 번도 넘는다는 말을 한 적이 있을 것이다. 다른 것은 다 잊어 버리는데 왜 좋지 않은 기억들만 그렇게 잘 하시는 걸까? 왜냐하면 마음이 아프고 서글픈 일들을 지우기가 어렵기 때문이다. 마음속에 깊은 상처로 남아 있어서 절대로 지울 수 없는 기억이 된 것이다. 무엇보다도 자꾸 생각이 나서 기회만 있으면 말하고 있기 때문일 것이다. 사단은 그것을 이용해서 서로를 불신하게 하고 행복을 앗아간다. 그러나 성도는 유쾌하지 않은 기억들은 잊어 버려야 한다. 하나님이 우리의 죄를 기억도 하지 않으신 것처럼 말이다. 가장 훌륭한 방법은 배우자에 잘못을 용서하고 마음속에서 지워 버리는 것이다. 그러나 이것은 말처럼 그렇게 쉬운 것은 아니다. 다른 사람들과의 관계는 용서가 되어도 날마다 얼굴을 보면서 지내는 배우자는 힘들기 때문이다. 특히 배우자의 외도는 더 견디기 힘들다. 그러나 주님께 기도하면서 도움을 구해야 한다. 서로 용서하지 않으면 피차가 불행하기 때문이다. 그렇기 위해서는 배우자의 허물을 자녀들에게라도 말하지 말고 입 다물어야 한다. 계속 말하면 점점 더 부풀려져서 상황이 악화되어 간다.

부부가 살면서 좋은 추억들도 많이 있다. 그것들을 자녀들에게 말해 주자. 다시는 돌아갈 수 없지만 생각만 해도 행복해지는 추억들을 누구나 다 가지고 있을 것이다. 그런 것은 얼마든지 기억하라. 하나님께서도 믿음 생활의 첫사랑을 기억하라고 하셨다. 부부가 행복했던 아름다운 추억들을 잘 간직하라. 힘들 때는 그 기억을 최대한 활용하는 지혜로운 부부가 되어야 한다.

'우리의 모든 죄를 다 사해주시는 하나님 아버지, 우리가 용서받았듯이 우리도 상대방의 허물과 죄를 용서하며 감싸주게 하시고 좋은 일만 추억하며 나누며 사는 자들이 되게 하옵소서. 아멘!'

5. 섭섭한 마음을 버려야 한다

"네 샘으로 복되게 하라 네가 젊어서 취한 아내를 즐거워하라"(잠 5:18).

중년의 부부의 특색은 서로의 관계 회복을 위해서 별로 노력하지 않는 경향이 많다는 것이다. 볼 것 못 볼 것 다 겪었으니 배우자에 대한 어떠한 기대감도 긴장감도 없다. 그냥 포기하고 사는 것이 제일 마음 편히 살 수 있다고 생각한다. 수십 년 동안의 배우자의 모습에서 실망과 원망이 보였을 것이다. 서로의 기대감에 부응하지 못하고 살아온 나날들을 생각하면서 마음의 문도 굳게 닫혀 있을 것이다. 무관심과 무반응이 편하게 느껴질 수 있다.

그러나 부부는 늘 마음의 문을 활짝 열고 서로를 이해하면서 지내야 한다. 섭섭하고 서운한 마음을 버려야 한다. 버리지 못하고 계속 마음에 담아 두면 병이 생기고 살 맛이 나지 않기 때문이다. 우리가 살면서 항상 행복하고 좋은 일들만 일어나지 않음을 모르는 부부는 없을 것이다. 기쁘고 좋은 일들이 있으면 하나님께 감사하고 즐기면 되는 것이다. 그러나 나쁜 일과 힘든 일이 생기면 더욱더 기도하고 부부가 힘을 합해서 이겨내야 한다. 때로는 남편의 실수와 잘못 때문에 당하는 어려움이 있을 수도 있다. 그럴 때 아내들의 진가를 발휘해야 하지 않겠는가? 모든 사람들이 내 남편을 조롱하고 비웃어도 아내들은 남편을 존중하고 사랑하는 마음이 변치 않아야 한다. 다른 사람들보다도 더 남편을 구박하고 힘들게 만드는 어리석은 아내는 되지 말아야 하지 않겠는가? 남편들도 마찬가지일 것이다. 아내의 잘못으로 어려운 일을 당할 때 원망하지 않고 아내의 방패막이 되어야 한다. 슬플 때나 괴로울 때나 어려울 때나 함께하는 것이 부부이다. 중년의 부부라면 이러한 역경을 아주 잘 헤쳐 나갈 수 있어야 한다. 무엇보다도 마음에 담겨 있는 섭섭하고 서운하고 미운 감정들을 다 버려라.

'사랑의 하나님 아버지, 주님께서 짝지어주신 아내를 언제나 즐거워하고 사랑하며 남편을 존중하고 복종하며 감사하며 서로가 서로를 소중하고 귀한 동반자로 여기며 살게 하옵소서. 아멘!'

6. 부부가 함께 여행을 즐겨라

"나의 누이 나의 신부야 네 사랑이 어찌 그리 아름다운지 네 사랑은 포도주에 지나고 네 기름의 향기는 각양 향품보다 승하구나(아 4:10).

인생을 바쁘게 정신 없이 살다 보면 사랑하는 배우자와 함께 단 둘이 여행을 가는 것이 쉽지가 않다. 자녀들을 키우고 결혼을 시키다 보면 몸도 마음도 늙어 가는 것을 알 수 있다. 제대로 사랑하는 배우자와 함께 오붓하게 여행하며 즐거운 시간들을 가져 본 기억이 없을 것이다. 서로 사랑하고 애틋하게 여길 수 있어야 함에도 불구하고 그렇지 못하는 것이 현실일 것이다.

그러나 이제부터라도 늦지 않았다. 단 둘이 여행 계획을 세워서 즐겁고 편안한 시간들을 누릴 수 있어야 한다. 돈이 없다고 핑계하지 말라. 형편에 맞게 여행을 가면 되는 것이다. 둘만의 시간을 소중하고 귀하게 여길 수 있어야 한다. 지난날의 아름답고 행복한 추억들을 하나씩 꺼내어서 이야기 거리를 만들어 보자. 또한 주님이 허락하신 날까지 즐겁고 행복한 추억들을 만들어 가는 지혜로운 부부가 되자.

여행을 하다 보면 집의 소중함과 가정의 소중함과 부부의 소중함을 느낄 수 있기 때문이다. 부부가 함께 산다는 것이 이 땅에서 누릴 수 있는 최고의 행복이다. 서로에게 진실하고 참되고 성실하게 사랑하면서 지내야 한다. 자녀들도 부모가 사이좋게 잘 지내면 행복을 느낀다. 마음의 안정을 가지고 미래의 삶을 살 수 있다고 한다. 자녀들에게 재산을 물려 줄 수는 없더라도 가정의 소중함을 알려 주고 깨닫게 해 주어야 하지 않겠는가? 언젠가는 사랑하는 배우자와 이별해야 하는 날이 올 것이다. 그 때 후회하지 말고 곁에 있을 때 아끼고 사랑하며 보살펴 주어야 한다. 가능하다면 나이가 들수록 모든 것을 함께하는 것이 건강에도 좋고 마음의 평안을 누릴 수 있음을 알아야 한다.

'사랑의 하나님 아버지, 검은 머리 파뿌리 되기까지 해로하게 하시고 서로의 손을 잡고 주님과 함께 인생 여정을 행복하게 거니는 육체의 남은 때가 되게 하옵소서. 아멘!'

7. 믿음의 성숙이 자산이다

"내 소유는 이것이니 곧 주의 법도를 지킨 것이니이다 여호와는 나의 분깃이시니 나는 주의 말씀을 지키리라 하였나이다"(시 119:56-57).

결혼 초에는 누구나 어려운 살림을 꾸려가려고 애를 쓴다. 막 시작한 신혼 살림살이에 익숙해지기 위해서 절약하며 최선을 다한다. 없는 살림이지만 저금통장들을 하나씩 둘씩 만들어 가기도 한다. 세월이 흘러서 자가용도 구입하고 집도 월세에서 전세로 전세에서 내 집을 장만한다. 이렇게 재산을 늘려가는 재미를 들이고 더 나아가서 재테크도 하는 여유를 갖기도 한다.

재산을 불리는 데는 머리가 잘 돌아가고 많은 시간들을 소비한다. 돈이 된다면 물불을 가리지 않는다. 그러나 우리들의 삶에서 돈은 꼭 필요한 것이지만 전부는 아니다. 성도는 말씀에 순종하는 것이 큰 재산임을 깨달아야 한다. 남편은 아내를 내 몸처럼 사랑해야 한다. 어떠한 일이 있어도 다른 여자를 품어서는 안 되는 것을 명심해야 한다. 하나님 말씀이기에 절대적으로 순종해야 한다. 아내가 아닌 다른 여자와의 성적 욕구는 나를 망하게 하는 지름길이라는 것을 명심해야 한다. 아내들도 허물 많은 남편을 늘 존경하고 잘 도와 주어야 한다. 돕는 배필의 삶은 남편이 하늘 나라 갈 때까지 하는 것이다. 내 기분에 따라서 남편을 돕는 것이 아니다. 하나님 말씀에 순종하기 위해서 남편을 세워 주고 도와 주고 존경하는 것이다.

부부생활도 가정생활도 믿음으로 하는 것이다. 하나님의 말씀에 순종하는 마음으로 믿음의 성숙이 날마다 이루어져야 한다. 믿음이 없이는 하나님을 기쁘시게 할 수 없다. 믿음의 자산을 많이 늘려가야 하지 않겠는가? 그러면 어떠한 시련이 닥쳐와도 믿음으로 이겨낼 수 있고 주 안에서 승리하는 삶을 살 수 있을 것이다.

'사랑의 하나님 아버지, 이 세상을 본 받지 아니하고 오로지 마음을 다하고 뜻을 다하고 힘을 다하여 주님의 계명을 지키며 순종하고 서로에게 충실한 삶을 살아가게 하소서. 아멘!'

8. 주변 사람들에게 관심을 가져라

"그러므로 우리가 기회 있는 대로 모든 이에게 착한 일을 하되 더욱 믿음의 가정들에게 할지니라"(갈 6:10).

하나님께서는 이 세상에 나 홀로 두지 않으시고 많은 이웃들을 주셨다. 더불어 함께 살아가기를 원하시는 것이다. "네 이웃을 네 몸같이 사랑하라"는 말씀은 우리 인생들을 너무나 사랑하셔서 주신 말씀이 아니겠는가? 시대가 갈수록 삭막하고 살벌하고 정을 나누고 사는 것이 어려워지게 되었다. 아파트 문화가 되어감에 따라 이웃에 누가 사는지도 모르는 경우가 대부분이다. 엘리베이터에서 만나도 다정하게 인사하는 사람을 볼 수가 없을 정도이다. 서로가 서먹서먹하고 관심도 없고 무감각하다. 어린 아이나 학생들이나 어른을 보면 모르는 사람일지라도 인사하는 시대는 지나갔다. 어른이 먼저 인사하지 않으면 아이들도 먼저 인사하지 않는다.

우리 주변의 사람들에게 작은 관심을 가져야 한다. 이웃들에게 정답게 인사를 하면서 친근감을 보여 주어야 한다. 모르는 이웃을 일부러 시간을 내어서 친하게 지낼 수는 없겠지만 만날 때마다 다정하게 인사하고 안부를 묻는 일은 할 수 있지 않겠는가? 나이가 듦에 따라 주변 사람들이 하나씩 세상을 떠나는 일들이 생기게 된다. 천년 만년 사는 인생도 아닌데 우리 주위를 돌아보는 여유를 가지자. 하나님이 허락하신 이웃들을 소중하게 여기자. 자녀들이 다 출가해서 떠난 빈 집을 채워야 하지 않겠는가? 외롭고 쓸쓸하게 살지 말고 이웃들에게 사랑을 베풀면서 오고 가는 정을 누려야 한다. 사랑은 주는 것이다. 사랑은 먼저 다가가는 것이다. 사랑은 베푸는 것이다. 관심을 가지고 주변의 사람들에게 기쁨을 선사하는 자가 되어야 한다. 따뜻한 말 한마디가 상대방을 아주 기분좋게 해 줄 수도 있다. 관심과 사랑은 삶을 아주 풍성하게 만들어 준다.

'사랑의 하나님 아버지, 우리와 같은 믿음의 식구들을 주변에 허락하심을 감사합니다. 또한 하나님 앞에서 우리의 착한 행실로 믿지 않는 자들도 하나님께 영광을 돌릴 수 있게 하는 기회들을 놓치지 않게 하옵소서. 아멘!'

9. 책을 읽고 글을 써라

"외인을 향하여는 지혜로 행하여 세월을 아끼라"(골 4:5).

인생의 여정은 참으로 고달프고 힘들다는 것을 세월이 흐를수록 더 절감한다. 바쁘게 살다 보면 시간의 여유도 없어서 책 한 권을 제대로 읽기가 쉽지 않은 것이 우리들의 현실이다. 늘 반복적인 삶 속에서 세월이 흘러가는 대로 나이만 들어가는 것이 아닐까 생각해 본다. 자녀들이 커감에 따라서 부모도 더 성숙한 모습이 되어야 하는 것이 정상이다. 그러나 현실은 암담하다. 책을 통해서 간접적인 지식을 배우고 자녀들에게 도움이 되는 좋은 조언들을 해야 하지 않겠는가? 중년의 시기는 시간적으로 여유가 많다. 바쁘게 아이들을 키우는 시기는 지나갔기 때문이다. 어떻게 그 시간들을 효율적으로 보낼 것인가? 지난날의 삶을 되돌아 보는 시간들을 가져 보자. 남편들은 직장에서 퇴직을 해서 일선에서 물러날 시간이고 아내들은 나름대로 삶의 질을 다양하게 높여가야 할 것이다. 남은 시간들을 어떻게 잘 사용해야 하는지 생각해 보자. 그 동안 읽고 싶었던 책들을 마음껏 읽자. 여러 가지 책들을 섭렵하면서 생각도 하고 앞으로의 계획도 세워보는 것이 어떨까? 어렵고 힘든 시련의 시기들을 잘 참고 인내하면서 여기까지 왔을 것이다. 고통스럽고 힘든 일들이 지금은 약이 되어서 더 성숙한 어른의 모습이 된 것이 아니겠는가? 하나님께 감사하자. 범사에 감사하자. 지금까지 인도해 주시고 보살펴 주신 은혜에 진심으로 감사하자. 좋은 마음으로 글을 써보자. 나중에 자녀들이 읽고 힘이 되어서 부모님을 그리워할 수 있는 추억을 만들어 주자. 편지도 좋고 경험담도 괜찮고 수기는 더욱더 멋진 글이 될 것이다. 세월을 허송하지 말고 의미 있게 보내야 하지 않겠는가? 몸은 늙어가고 있지만 정신 세계는 더 활발하게 성숙하게 보낼 수 있어야 한다. 인생의 경륜에서 우러나오는 삶의 지혜를 젊은이들에게 물려주는 것도 보람된 시간이지 않겠는가?

'사랑의 하나님 아버지, 우리에게 늙어서 좀 더 여유 있는 시간을 허락하심을 감사합니다. 자신을 위한 즐김이 아니라 자녀들과 주변의 이웃들의 유익을 위한 성숙한 그리스도인의 활동과 수고가 되게 하옵소서. 아멘!'

10. 감사하는 마음으로 살아가자

"감사로 제사를 드리는 자가 나를 영화롭게 하나니 그 행위를 옳게 하는 자에게 내가 하나님의 구원을 보이리라"(시 50:23).

아내와 남편이 한 지붕 아래에서 먹고 마시고 잠자고 모든 일들을 함께하면서 서로에게 얼마나 많이 감사하면서 지냈는지 생각해 보자. 남편이 월급 봉투 가져다 주고 의식주 해결해 주고 항상 옆에서 든든히 지켜 주어서 감사하다고 했는가? 아내가 한결 같은 마음으로 밥해 주고 빨래해 주고 자녀들 키워 주어서 감사했는가? 수십 년 동안 희로애락을 같이하면서 서로가 참으로 소중하고 귀한 존재임을 깨달으면서 살았는가?

서로에게 진심으로 감사하지 못했다면 하나님께 회개하자. 배우자에게 용서를 구하자. 이제부터라도 하나부터 열까지 다 감사하면서 지내기를 바란다. 감사는 감사의 열매를 맺게 한다. 감사의 열매가 주렁주렁 열려서 많은 사람들에게 좋은 영향을 미치게 한다. 부부가 행복하고 자녀들에게 즐거움을 안겨 줄 수 있는 것이 늘 감사하는 마음이다. 내가 부자라서 가진 것이 아무리 많아도 감사가 없다면 불행해질 수밖에 없을 것이다. 진정한 행복은 누가 가져다 주는 것이 아니라 내 마음속에서부터 시작하기 때문이다. 마음의 평안이 있어서 부부가 행복한 삶을 살 수 있는 것이 아니겠는가? 중년의 부부이기에 더 많이 감사하면서 지내자. 욕심내지 말고 소박한 마음으로 늘 옆에 있어 주는 것만이라도 서로가 감사하자. 따뜻한 말을 건네 주고 깊은 관심을 보여 주는 여유를 가지자. 늘 배려하는 마음으로 서로를 존중하고 아껴준다면 얼마나 풍성한 삶을 살 수 있겠는가? 해가 갈수록 더 깊은 마음의 감사는 분명히 부부의 삶을 아주 윤택하게 만들어 줄 것이다. 이 세상에 배우자만큼 더 좋은 사람이 어디 있겠는가?

'사랑의 하나님 아버지, 좋은 아내를 얻게 하시고 자랑스러운 남편을 만나게 해 주심을 감사합니다. 더 좋은 남편, 더 나은 아내가 되어 서로를 신뢰하며 늘 감사하는 가정생활이 되도록 은혜로 호위하여 주옵소서. 아멘!'

11. 젊은이들을 가르치자

"내가 이를 때까지 읽는 것과 권하는 것과 가르치는 것에 착념하라"(딤전 4:13).

자녀 교육은 무엇보다도 부모의 책임이다. 그러나 주변 사람들에게도 일말의 책임이 있음을 알아야 한다. 모든 아이들이 우리 모두의 소중한 자녀라는 인식이 너무 필요할 때이다. 결손 가정이 늘어가고 있고 정서가 불안한 아이들이 사회에 적응하지 못하고 탈선의 길을 가고 있다. 내 자녀만 잘 되기를 바래서는 안 된다. 다른 사람들의 자녀들도 다 같이 잘 되어야 한다고 생각해야 한다. 그래야 건강한 자녀들이 탄생할 것이고 사회가 더 밝아질 것이다. 이런 인식이 마을을 지켜왔고 사회를 풍요롭게 했다. 그러나 지금의 현실은 정반대이다. 이런 때 빛을 발휘할 사람들이 그리스도인이다.

신앙생활의 영역은 사회 전체이기 때문이다. 특히 교회 안에서 성장하고 있는 젊은이들을 어떻게 해야 잘 가르칠 수 있는가? 온 성도들이 기도하면서 관심과 사랑으로 길러 내야 한다. 모든 젊은이들이 믿음을 굳게 세워 가고 말씀에 순종하는 자들이 되어야 한다. 그러기 위해서는 신앙의 선배들이 입을 다물지 말고 사랑으로 훈계해야 한다. 잘못된 것은 잘못 되었다고 정확하게 짚어서 말해 줄 수 있는 어른이 필요하다. 교회에 예배하러 오는 것인지 친구들을 만나기 위해서 오는 것인지 구분이 안 된다면 문제는 심각한 것이다. 신앙생활이 나 자신을 날마다 죽이는 훈련이 되지 않으면 안 되는 것이다. 말씀에 순종하는 삶이 없이는 하나님의 자녀라고 말하는 것이 부끄러운 것이다. 세상의 흐름을 따라가지 않고 철저하게 말씀에 순종하는 삶으로 우리 젊은이들을 이끌어 주어야 한다. 교회의 어른들이 다 부모님이고 스승이다. 젊은이들은 가르침을 잘 받아들여야 한다. 겸손한 마음으로 신앙의 선배들을 닮아 가기 위해서 노력할 수 있어야 한다. 중년의 부부들이 자녀들을 다 출가시켰으니 교회 안에서 젊은이들을 키워 내는 일에 앞장 서야 한다.

'사랑의 하나님 아버지, 우리에게 아이들을 주의 교양과 훈계로 잘 가르칠 수 있는 지혜와 지식의 은사를 허락하옵소서. 말씀 안에서 성숙한 자로 잘 키워내는 부부가 되게 하옵소서. 아멘!'

12. 하나님을 많이 묵상하자

"그러므로 함께 하늘의 부르심을 입은 거룩한 형제들아 우리의 믿는 도리의 사도시며 대제사장이신 예수를 깊이 생각하라"(히 3:1).

지금까지 지켜 주시고 보호해 주신 놀라운 하나님의 은혜를 묵상해 보자. 얼마나 크신 사랑인가? 죄와 허물로 죽은 인생을 살려 주신 것만 해도 신기하고 놀라운 일이다. 하늘나라 백성이 되게 하셨으니 말로 다 표현할 수 없는 은혜와 사랑이지 않은가? 그리고 결혼해서 가정을 이루게 하시고 자녀들을 선물로 주셔서 삶의 기쁨과 즐거움을 누리게 하셨으니 이 얼마나 감사한가? 하나님의 자비하심이 없이는 목숨을 부지할 자가 누가 있겠는가? 나이가 들수록 더 많이 하나님을 묵상하고 그 신비로움을 찬양해야 하지 않겠는가? 배우자의 허물과 잘못을 아직도 용서하지 못하고 마음속에 깊이 간직하는 어리석은 자가 되지 말아야 한다. 부부가 서로 존중하지 못하고 잘못한 것만 생각하며 원망하지 말아야 한다. 하나님이 주신 자녀들에게 모진 말을 서슴없이 하는 못된 부모는 되지 말아야 한다. 자녀들의 인격을 존중하고 늘 깨어서 기도하는 것을 잊지 말아야 한다. 또한 담임 목사님을 위해서 기도하지 않고 비방하고 험담을 끄집어 내는 어리석은 짓은 하지 말아야 한다. 자기 영혼을 위해서라도 목사님들을 존중하고 사랑하고 말씀 선포를 위해서 날마다 기도해야 한다.

하나님의 말씀을 들을 수 있다는 것은 우리 인생에 최고의 행복이다. 성경을 읽고 말씀을 묵상하는 것은 우리의 영혼을 풍성하게 살찌우도록 하는 시간이다. 영의 양식을 섭취하지 않고 잘 되는 사람은 이 세상에 아무도 없다. 하나님을 배우고 알아가는 삶이야말로 인생의 길을 제대로 가고 있는 것이기 때문이다. 서로의 배우자를 위해서라도 늘 영적으로 민감하게 처신해야 한다. 말씀 읽고 묵상하고 기도하는 습관을 몸에 배이도록 하자. 그리스도의 형상이 깊이 새겨지는 은혜를 누리게 될 것이다.

'사랑의 하나님 아버지, 주님의 성품과 일하심을 깊이 묵상하며 생각하는 자가 되게 하옵소서. 주의 말씀이 우리 발의 등이며 우리 길의 빛이오니 늘 묵상하며 실천하게 하옵소서. 아멘!'

13. 이웃들과 잘 지내자

"그가 우리를 대신하여 자신을 주심은 모든 불법에서 우리를 구속하시고 우리를 깨끗하게 하사 선한 일에 열심하는 친 백성이 되게 하려 하심이라"(딛 2:14).

우리에게 이웃이 있다는 것은 너무나 행복한 것이다. 이웃은 우리의 인생길이 외롭지 않기 위해 허락하신 하나님의 선물이 아닐까? 나이가 들수록 자녀들도 다 가정을 떠나서 새로운 둥지를 만들어 간다. 매일 만나고 싶어도 볼 수 없는 허전함을 어떻게 메워 갈 수 있을까? 새로운 중년의 세계는 모든 사람들과 더불어 함께 살아가는 비결을 배워야 한다.

자녀들을 다 출가시키고 부부만의 시간을 의미 있게 보내야 한다. 세월을 허송하지 않고 살 수 있는 비결은 주님의 뜻을 찾아 가는 것이다. 하나님께 마음을 고정시키고 다른 사람들의 유익을 구하는 것이다. 물질이 있으면 가난한 자들에게 베풀면서 지내야 한다. 도움이 필요한 자에게 망설임 없이 기꺼이 도움의 손길을 주어야 한다. 재능과 지식이 있으면 필요한 곳에 가서 전해 주어야 한다. 우리에게 허락하신 세월들이 얼마인지 모르지만 최선을 다하는 삶을 살아야 한다. 혼자서 모든 것을 움켜 쥐지 말고 가지고 있는 모든 것을 지혜롭게 잘 사용하는 자가 되어야 하지 않겠는가?

자녀들에게 집착하지 말자. 자녀들이 그들 나름대로의 삶에 충실할 수 있게 도와 주고 격려해 주자. 지금부터라도 하고 싶은 일을 하면서 마음 편하게 살아야 하지 않겠는가? 퇴직하고 자유로운 시간들을 어떻게 효율적으로 보내야 하는가? 부부가 함께 하는 일들을 계획하자. 남은 시간들을 오로지 물질에 온 정력을 쏟는 일은 하지 말자. 가지고 있는 물질들을 잘 사용하는 것이 건강을 지키는 것일 수도 있다. 건강도 챙기면서 이웃들과 함께 더불어 살아가는 중년의 시기는 보람이 있을 것이다.

'사랑의 하나님 아버지, 우리 이웃을 우리 몸처럼 아끼고 사랑하게 하시며 선한 일에 열심 있는 하나님의 친 백성으로 살아가게 하옵시고 화평케 하는 직책을 잘 수행하는 자 되게 하소서. 아멘!'

14. 전도하는 삶을 살자

"너는 말씀을 전파하라 때를 얻든지 못 얻든지 항상 힘쓰라 범사에 오래 참음과 가르침으로 경책하며 경계하며 권하라"(딤후 4:2).

나의 소중하고 귀한 것들을 다른 사람들에게 나누어 주는 것은 아무나 할 수 있는 일은 아닐 것이다. 그러나 하나님의 자녀들에게는 세상 무엇과 바꿀 수 없는 소중하고 귀한 것이 있는데 바로 예수 그리스도를 나의 구세주로 믿는 믿음이다. 이 믿음은 우리들의 삶의 원동력이요 지금까지 주님의 은혜로 살도록 이끌어 준 안내자인 것이다. 하나님이 우리에게 주신 보배로운 이 믿음을 잘 키워가도록 힘써야 하지 않겠는가?

많은 사람들이 옳고 그름을 분별하지 못하고 있다. 인생이 어디로 가는지도 모르면서 방황하는 자들이 얼마나 많은지 모른다. 인생의 종착지는 반드시 오는데 그곳은 지옥과 천당이다. 예수 그리스도를 영접하면 천국에 갈 것이요 그렇지 않으면 지옥에 간다. 이 분명한 진리를 알고 있는 우리가 모르는 자들에게 전해 주어야 할 책임이 있음을 알아야 한다. 그 동안 바쁘게 살아왔기 때문에 이 진리를 제대로 전하지 못했다면 하나님께 회개하자. 먼저 가까이 있는 분들에게 전해 주어야 한다. 내 가까이에 있다는 것은 그들에게 복음을 전하도록 하게 하신 하나님의 섭리가 있음을 알아야 한다. 이 진리를 믿고 있으면서도 입을 열지 않는다면 우리들은 부끄러운 구원을 받지 않겠는가? 부끄러워하지 말자. 담대하게 예수 그리스도를 증거하자. 천국과 지옥이 있음을 확실하게 증거하자. 기도하면서 주님의 능력을 힘입어야 한다. 기도 없이 할 수 없기 때문이다. 다른 사람들을 살리는 방법이 있는데 그것을 말하지 않는 자는 미련한 자일 것이다. 나도 살고 내 이웃도 살리는 일을 믿음으로 잘 감당해야 한다. 중년의 시기에 전도하는 일처럼 용기 있고 신나는 일이 또 어디 있겠는가?

'사랑의 하나님 아버지, 항상 주의 복음의 빛을 찬란하게 비추이게 하시고 입을 벌려 주 예수 그리스도를 믿으라고 담대히 증언하는 삶이 되게 하옵소서, 우리로 인하여 천국 백성이 날마다 더해지는 역사가 있게 하옵소서. 아멘!'

15. 주는 삶을 살자

"주라 그리하면 너희에게 줄 것이니 곧 후히 되어 누리고 흔들어 넘치도록 하여 너희에게 안겨주리라 너희의 헤아리는 그 헤아림으로 너희도 헤아림을 도로 받을 것이니라"(눅 6:38).

다른 사람의 도움 없이 이 땅에서 살아 가는 사람은 아무도 없다. 모두가 상부 상조하기에 먹고 마시고 생명을 지탱해 가는 것이 아니겠는가? 내가 도움이 필요할 때에 많은 사람들의 따뜻한 사랑과 정성이 있었을 것이다. 그래서 힘을 얻고 다시 일어서는 일들을 다 경험했을 것이다. 낙심하고 절망에 빠져 있을 때 내 옆에서 늘 기도하고 도와 주었던 사람들이 있었을 것이다.

성경에도 받는 자보다 주는 자가 더 복이 있다고 했다. 주는 자가 복이 있는 자라는 것이다. 다른 사람에게 내 것을 준다는 것은 내 것을 포기한다는 의미이기도 하다. 작은 것이라도 욕심을 부리지 않고 다른 사람들에게 준다는 것은 아무나 할 수 있는 일은 아니다. 우리는 내 욕심보만 늘리려고 하고 가진 자의 횡포가 날로 심해지는 시대에 살고 있다. 이런 때에 내 것을 내려 놓고 다른 사람들을 섬기는 것은 결코 쉬운 일은 아닐 것이다. 그러나 우리가 태어나서부터 지금까지 얼마나 많은 것을 누려 왔는지 생각해 보자. 빈 손으로 이 땅에 왔는데 지금 우리가 가지고 있는 것을 세어 보자. 말할 수 없는 주님의 도우심과 사랑과 보호하심 속에 수많은 좋은 것들을 누리면서 살아 왔을 것이다. 이제부터라도 가지고 있는 것을 하나씩 지혜롭게 나누면서 살아야 하지 않겠는가? 필요한 사람들에게 나누어 주는 겸손한 마음은 분명히 주님이 기뻐하실 것이다. 할 수 있는 일들이 무엇인지 다른 사람들에게 도움을 줄 수 있는 일이 무엇인지 깊이 한 번 생각해 보자. 내 것이 내 것이 아니고 주님이 주신 것임을 의심하지 말자. 하나님이 주신 것을 누렸으니 하늘 나라 갈 때까지 주님의 것을 다른 사람들에게 되돌려 주는 일을 해야 하지 않겠는가?

'사랑의 하나님 아버지, 우리에게 있는 모든 것이 다 주께로 말미암은 것들이오니 주님의 영광을 위하여 도움을 필요로 하는 자들에게 넉넉하게 채워주는 삶을 사는 가정이 되게 하소서. 아멘!'

16. 나누는 일들을 하자

"선한 일을 행하고 선한 사업에 부하고 나눠주기를 좋아하며 동정하는 자가 되게 하라"(딤전 6:18).

한평생을 살면서 느끼는 것은 우리가 가지고 있는 것들이 아주 많다는 것이다. 집안에 있는 모든 물건들이 꼭 필요한 것인지 살펴보자. 노년에는 언제 하늘 나라에 갈지 아무도 모르기 때문에 늘 마음의 준비가 필요하다. 죽고 난 다음에 자녀들이 유품을 치우기 위해서 고생하지 않도록 미리 꼭 필요한 것만 가지고 있는 것이 좋다. 필요하지 않은 것들은 다 치워 버리자. 쓸 만한 것은 필요한 사람들에게 나누어 주자. 주변 정리를 하나씩 해 두어야 한다. 적은 것을 소유하면서 깨끗하게 주변 환경을 만들어 가야 한다. 빈 손으로 이 땅에 태어나서 얼마나 많은 것을 가지고 누리면서 살아왔는가? 또한 이 세상을 떠날 때에도 빈 손으로 가야 한다는 것이다. 그러니 정신 건강하고 움직일 수 있을 때 하나씩 주변 정리를 해 두는 것이 필요하다. 가지고 있는 모든 재산을 사회에 환원하는 사람들도 많이 있다. 자녀들에게 물려 주지 않는 이유는 그들의 인생을 망치지 않기 위해서 일것이다. 돈만 있으면 된다는 생각은 사람들을 황폐하게 만들어 가기 때문이다. 돈이 인생의 전부가 아니다. 성도는 하나님의 말씀을 순종하면서 세상의 소금과 빛이 되어야 한다. 부모의 삶을 보면서 자녀들이 배우는 것이고 그들에게 미래의 꿈과 희망을 심어 주어야 한다. 욕심을 부리지 말고 노년의 삶을 청결하게 소박하게 살아가자. 꼭 필요한 것들만 가지고 있자. 뭐든지 쌓아 두는 습관이 있었다면 이제는 과감하게 다른 사람들에게 나눠주자. 부부에게 필요한 살림살이는 그렇게 많지 않아도 될 것이다. 살림살이를 줄여 가는 현명한 선택을 하자. 물건도 줄여 가고 씀씀이도 절약하고 내가 가지고 있는 모든 것이 내 것이라는 집착에서 벗어나자. 내가 소중하게 여기던 것들을 다른 사람들이 유용하게 쓰는 것을 보는 즐거움을 어디서 얻을 것인가? 나누는 삶만이 행복하다.

'사랑의 하나님 아버지, 성도들의 쓸 것을 공급해 주며 나눠주기를 좋아하고 다른 이의 행복을 추구하며 사랑으로 섬기는 일을 잘 감당하는 가정이 되게 하소서. 아멘!'

17. 물질에 욕심을 두지 말자

"부하려는 자는 시험과 올무와 여러 가지 어리석고 해로운 정욕에 떨어지나니 곧 사람으로 침륜과 멸망에 빠지게 하는 것이다"(딤전 6:9).

사람들의 수명이 연장되면서 100세 시대가 왔다고 한다. 저마다 건강하게 오래 살기 위해서 많은 수고와 노력을 아끼지 않는다. 할 수만 있으면 세상의 모든 것을 누리기 위해서 안간힘을 쓰기도 한다. 늙으면 필요한 것이 돈이리고 한다. 부모가 돈이 많으면 자녀들이 잘해 준다고 한다. 돈이 없는 부모는 무시하고 별로 큰 관심을 보이지 않는다고 하니 돈의 위력이 얼마나 큰 지 알 수 있을 것이다. 또한 몸이 점점 쇠약해지기 때문에 병원에 가야 할 일이 아주 많이 생기게 된다. 늙어서 더 이상 돈을 벌 수 있는 처지는 못되고 쓸 일만 많아지는 것이 현실이다. 그러나 너무 물질의 욕심을 부리면 건강에 해롭다. 인생의 후반기의 삶은 있는 것에 족할 줄 아는 비결을 터득할 때이기 때문이다. 노년의 삶은 언제나 마음의 안정과 평안이 중요하다. 감사의 비결을 배워서 모든 면에서 여유 있는 생활을 해야 한다. 조급하거나 초조해 하지 않고 하나님께 소망을 두는 믿음을 더 견고하게 다져가야 한다. 세상의 삶에 너무 미련을 가지지 말자. 언젠가는 이 땅을 떠나야 하는 인생이기 때문이다. 생활하는 범위는 갈수록 좁아지겠지만 영적으로 더 큰 일을 내다볼 수 있어야 한다. 눈에 보이는 것이 전부가 아니라는 것을 젊은 이들에게 보여 줄 수 있어야 하지 않겠는가?

부부가 노후의 삶을 더 윤택하게 가지려면 세상의 것을 하나씩 포기해야 한다. 물질에서 자유함을 얻어야 한다. 없으면 없는 대로 남은 인생의 삶을 만족하는 것이 무엇보다 더 중요하다. 물질의 여유가 있으면 사람들에게 베풀면서 주님의 일을 기쁘게 감당해야 하지 않겠는가? 나를 위한 삶이 아니라 주님의 영광을 위해서 남은 삶을 살아야 하지 않겠는가?

'사랑의 하나님 아버지, 이 세상에서 부하고자 하는 욕망에서 벗어나게 하시고 하늘의 영광을 더욱 사모하며 하늘의 것으로 덧입힘 받음을 무엇보다 우선적으로 여기는 가정이 되게 하옵소서. 아멘!'

18. 손주들에게 하나님을 알려 주라

"여호와께 감사하며 그 이름을 불러 아뢰며 그 행사를 만민 중에 알게 할지어다"(시 105:1).

자녀들을 키우면서 가장 안타깝고 아쉬운 것은 신앙으로 그들을 잘 키우지 못한 것이다. 세상 교육에는 많은 물질과 시간을 투자하면서 가르쳐 온 것이 현실이었다. 그러나 그것이 자녀들의 삶을 윤택하게 해줄 수 없음을 너무나도 잘 알게 된 것이다. 하나님 안에서 믿음으로 산다는 것이 자녀들에게 최고의 행복임을 뒤늦게 알게 되는 경우가 많기 때문이다. 모든 사람들과 아무리 관계를 잘 맺어도 하나님과의 관계가 단절되면 불행한 삶이 기다리고 있음을 알아야 한다.

젊은 부부들이 하나님이 주신 아이들을 영적으로 방치하는 일이 비일비재하다. 바쁜 삶을 살아가고 있고 물질에다 비중을 많이 두고 살기 때문이다. 먹고 살기 바쁘다는 핑계로 영적인 교육은 전혀 이루어지고 있지 않는 가정이 많다. 많은 아이들이 조부모님들의 손에서 커가고 있는 것이 요즈음의 현실이다. 다른 사람들에게 맡기는 것보다 조부모님들이 키워주시는 것이 어쩌면 다행한 일일 것이다. 손주들에게 할머니 할아버지가 해줄 수 있는 것이 무엇일까?

그것은 신앙 교육이다. 비록 늙어서 힘도 없고 가진 것도 부족하지만 내가 믿고 있는 하나님에 대해서 말해 줄 수 있어야 한다. 그것이 손주들에게 줄 수 있는 좋은 선물이다. 그들의 영혼을 살리고 삶을 보람 있게 살 수 있도록 도와주는 것이 된다. 지금까지 하나님께서 지켜주시고 보호해주신 놀라운 은혜와 사랑을 말해 주어야 한다. 세상 어디에서도 들을 수 없는 하나님의 말씀을 자주 들려 주자. 지금도 살아계셔서 우리의 모든 삶을 주관하신다는 믿음을 심어 주어야 하지 않겠는가?

'사랑의 하나님 아버지, 우리가 우리의 자녀들에게 주께서 행하신 놀라운 구원의 은총을 알게 하며 하나님만을 경외하는 참 지혜와 지식이 있는 큰 나라 자녀들로 잘 양육해 가기에 부족함이 없게 하옵소서. 아멘!'

19. 맛있게 먹고 소식(小食)하라

"하나님이 지으신 모든 것이 선하매 감사함으로 받으면 버릴 것이 없나니 하나님의 말씀과 기도로 거룩하여짐이니라"(딤전 4:4-5).

사람이 살아가는데 건강을 잘 유지하려면 잘 먹어야 한다. 젊어서는 아무거나 먹어도 무엇이든지 잘 소화시킬 수 있었다. 그러나 점점 노쇠해지게 되면 먹는 것이 다 소화가 되지 않는다. 소화기능이 약해지고 있기 때문일 것이다. 자녀들과 함께 살 때는 늘 여럿이 함께 먹었을 것이다. 자녀들이 맛있게 먹는 모습만 보아도 행복했던 시절이 있었다. 여러 식구가 함께 먹는 음식은 무엇을 먹어도 맛이 있었고 즐거웠을 것이다. 그러나 자녀들이 다 출가하면 노 부부만 남게 된다. 먹는 것도 예전처럼 입맛이 없을 때가 많이 있다. 몸이 아프면 더 식욕이 없어진다.

음식 만드는 것도 힘에 부치고 의욕이 생기지 않는다. 음식의 맛도 분별이 안 될 때도 있다. 그러나 죽을 때까지 먹어야 살 수 있기 때문에 포기할 수 없다. 그래서 먹을 수 있다는 것에 늘 감사하자. 아주 맛있게 먹는 습관을 길러야 한다. 하나님이 주신 음식이고 이 땅에서 건강하게 살기 위해서는 즐겁게 음식을 대해야 한다. 할 수만 있으면 한 달에 한 번 이상은 맛있는 음식을 먹을 수 있도록 계획을 세우는 것도 좋다. 비싸지 않아도 맛있는 음식을 파는 곳이 있다. 노년의 부부가 손을 잡고 맛있게 음식을 먹으러 가는 것도 좋을 것이다. 그리고 될 수 있으면 음식을 적게 먹는 것이 좋다. 소화 기능도 약하지만 활동량도 적기 때문에 음식을 많이 먹게 되면 살이 찌게 된다.

또 만 병의 원인이 스트레스에서 오기 때문에 부부가 서로를 위해서 편안하게 해 주어야 한다. 적게 먹고 맛있게 먹으며 서로에게 감사하면서 사는 습관을 기르자. 육체의 살을 찌우지 말고 하늘의 것으로 덧입힘을 받자. 영육 간의 건강함을 잘 관리하자. 범사에 감사하면서 주님의 은혜를 사모하면서 행복하게 노후를 보내야 한다.

'사랑의 하나님 아버지, 우리에게 먹을 것과 마실 것과 입을 것을 주심을 감사드립니다. 있는 것으로 족할 줄 아는 법을 배우게 하시고 음식을 탐하는 과욕이 없게 하옵시고 보다 나은 도성을 사모하게 하옵소서. 아멘!'

20. 쉬지 말고 기도하라

"항상 기뻐하라 쉬지 말고 기도하라 범사에 감사하라 이는 우리 주 예수 그리스도 안에서 너희를 향하신 하나님의 뜻이니라"(살전 5:16-18)

젊어서는 너무나 살아가는데 바빠서 기도할 시간이 없었을 것이다. 물론 쉬지 말고 기도하라는 주님의 말씀에 순종하지 못했으니 크게 잘못한 것이다. 먼저 기도하지 못한 죄를 회개하고 지금부터라도 쉬지 말고 기도해야 한다. 노후에는 활동 영역도 좁아지고 하는 일이 그렇게 많지가 않다. 직장을 다니는 것도 아니고 젊어서 여기저기 다닐 수 있는 것도 아니다. 아주 제한적인 삶을 살아가게 된다. 그래서 기도하는 시간을 더 많이 가질 수 있다. 성경에도 육체는 쇠하지만 속 사람은 날로 더 강건해야 한다는 말씀이 기록되었다. 이 말씀은 육체적인 늙음을 잘 받아들이라는 것이다. 하나님이 만드신 질서이기 때문이다. 이 세상에 늙지 않을 사람은 아무도 없다. 그러나 영적으로 강건해지는 것은 아무나 할 수 있는 일은 아님을 알 수 있다.

늙었기 때문에 포기해야 하는 것이 많다. 현실적으로 늙은 사람들을 필요로 하는 직장도 별로 없다. 할 수 있는 일이 아주 제한적이고 병들어 눕지 않는 것이 천만 다행이다. 그러나 영적으로는 얼마든지 강건해질 수 있다는 것이다. 그러기 위해서는 쉬지 말고 하나님께 기도하는 것이다. 집에서든지 밖에서든지 교회에 가서든지 어디에 있든지 늘 하나님을 묵상하며 기도하는 훈련을 해야 한다. 장소에 영향을 받지 말고 무시로 성령 안에서 기도할 수 있어야 한다. 기도하는 습관이 늘 몸에 배어 있어야 한다. 하나님께 기도하며 영적으로 더 성숙해져야 하지 않겠는가? 늙어서 아무 것도 할 수 없다고 탄식하지 말자. 할 수 있는 것을 찾아서 하면 된다. 눈이 어두워서 책을 읽거나 성경을 읽는 것도 쉽지 않을 수 있다. 그러나 기도는 하늘 나라 갈 때까지 끊임없이 할 수 있다.

'사랑의 하나님 아버지, 우리가 일생토록 주님과 교제하는 즐거움을 잃어버리지 않게 하옵시며 자녀들에게 기도하는 아비와 어미였다는 소리를 들을 수 있는 여정이 되게 하옵소서. 아멘!'

21. 깔끔하고 깨끗하게 살자

"이제는 그의 육체의 죽음으로 말미암아 화목케 하사 너희를 거룩하고 흠 없고 책망할 것이 없는 자로 그 앞에 세우고자 하셨으니"(골 1:22).

선진국에서는 할머니들이 화장을 예쁘게 하고 옷을 깨끗하게 입고 다니는 모습을 쉽게 볼 수 있다. 노 부부가 다정하게 손을 잡고 산책을 하거나 시장을 보는 광경을 흔하게 본다. 노년의 시절은 지금까지 살아 온 날보다 앞으로 살 날이 짧다. 배우자중에 누가 먼저 하늘나라에 갈 지 아무도 모른다. 둘이 함께하는 시간들이 점점 줄어 들고 있는 것이 현실이다. 나중에 아쉬워하지 말고 지금 배우자가 있을 때 많이 감사하고 즐겁게 해 주어야 한다.

늙으면 몸에서 냄새가 난다. 그래서 아이들이 노인들이 옆에 있는 것을 싫어하기도 하는 것이다. 몸을 청결하게 해야 한다. 아프고 귀찮고 힘들어도 씻는 것은 늘 중요시 생각해야 한다. 외출할 때는 향수를 뿌리는 것도 좋을 것이다. 옷도 자주 빨아 입어야 한다. 귀찮다고 입은 옷을 계속 입으면 냄새 나고 다른 사람들에게 혐오감을 줄 수 있다. 외출 시에도 아무 옷이나 입지 말고 단정하고 깨끗하게 좋은 인상을 줄 수 있는 옷차림을 해야 한다. 늙었다고 아무렇게나 입지 말고 색깔도 구색이 잘 맞도록 신경을 쓴다면 여성의 아름다움이 돋보이지 않겠는가? 늙어도 예쁘게 꾸미고 싶은 마음은 누구에게나 다 있을 것이다.

그리고 주변 환경도 잘 정리 정돈을 해 주어야 한다. 지저분하면 몸도 마음도 안정이 되지 않는다. 늘 청결하고 깨끗하게 하는 습관을 길러야 한다. 필요하지 않는 물건들은 과감하게 버리자. 집 안에 들어서면 깔끔하다는 인상을 받을 수 있도록 만들어야 한다. 두 부부가 함께 배려하면서 청결을 유지하며 살아가자. 건강에도 유익하고 자녀들이 보기에도 좋을 것이다.

'사랑의 하나님 아버지, 우리를 거룩하고 흠없고 책망할 것이 없는 자로 만들어주신 주님의 은혜를 항상 기억하며 속 사람이 날로 강건해지는 역사를 이루어가게 하옵소서. 아멘!'

22. 불평하지 말자

"행악자를 인하여 불평하여 하지 말며 불의를 행하는 자를 투기하지 말라, 또 여호와를 기뻐하라 저가 네 마음의 소원을 이루어 주시리라" (시 37:1, 4).

범사에 감사하라고 하신 하나님의 말씀에 얼마나 순종하며 살아왔는지 자신을 돌아보는 시간을 가져 보자. 모든 것을 주관하시고 인도하시는 하나님의 섭리에 내 삶을 맡기면서 살아왔는가? 아니면 내 의지와 생각대로 되지 않았다고 불평하며 지내왔는가? 노년의 삶을 되돌아 보면서 그 동안 감사하지 못한 죄를 회개하자. 내 입으로 감사하는 말을 많이 했는지 불평하는 말을 많이 했는지 생각해 보자.

배우자에게 고맙다는 말을 많이 했는지 불평하고 원망하는 말을 많이 했는지 생각해 보자. 주님께서 주신 배우자에게 한결 같은 사랑과 믿음을 가지고 대해야 함에도 불구하고 맘에 들지 않는다고 함부로 말하지는 않았는가? 내 기대에 부응하지 못한다고 잔소리하고 서로에게 힘들게 하지는 않았는지 인생의 후반기를 더 적극적인 믿음의 삶을 살아야 하지 않겠는가?

이제부터라도 불평하는 말을 저 멀리 던져 버리자. 당신이 내 옆에 있어 주어서 너무 감사해요. 당신과 인생길을 동행하니 나는 참 복이 많은 사람이군요. 외로운 노년의 시절을 당신과 함께 하니 너무 행복합니다. 우리 건강하게 주님의 은혜 가운데 잘 살아요. 자녀들을 위해서도 날마다 기도하는 부모가 됩시다. 그들에게 신앙의 본을 보여주는 성숙한 부부가 되어야겠지요. 서로의 잘못을 감싸주고 용서하고 사랑하는 마음을 더 많이 키워갑시다. 하늘나라에 가서 주님께 잘 했다 칭찬 받는 부부가 되어야 하지 않겠습니까? 이런 대화를 나누며 불평하지 않는 노년의 삶은 반드시 성령의 열매를 주렁주렁 맺어가는 시간이 될 것이다.

'사랑의 하나님 아버지, 불평할 일들은 하루에도 수없이 발생하오나 거기에 미혹되지 말고 오직 우리를 향하여 가지신 하나님의 뜻을 행하고 평강을 누리는 믿음의 길이 되게 하옵소서. 아멘!'

23. 덕스럽고 은혜로운 말을 하자

"만일 누가 말하려면 하나님의 말씀을 하는 것같이 하고 누가 봉사하려면 하나님의 공급하시는 힘으로 하는 것 같이 하라"(벧전 4:11).

세월이 흐르면 신체의 모든 부분이 약해지기 시작하면서 점차적으로 노쇠의 현상을 보인다. 그래서 운동 선수들이 나이가 들면 체력이 떨어지기 때문에 선수 생활을 할 수 없게 된다. 직장 생활도 정년 퇴직이 있어서 하고 싶어도 힐 수 없는 때가 온다. 우리의 몸은 시간이 흐르면 자연적으로 노화를 향해서 가고 있다. 그런데 유독 신체 부위 중에서 혀는 늙지 않는다고 한다. 수명이 다할 때까지 사용할 수 있다. 늙었기 때문에 말을 못하는 사람은 이 세상에 아무도 없다.

태어나면서부터 죽을 때까지 변함없이 사용할 수 있는 혀를 통해 말하는 것이 얼마나 중요한지를 알 수 있다. 성경에는 더러운 말은 입 밖에도 내지 말라고 가르치고 있다. 우리가 해야 할 말은 모든 사람들에게 덕을 세우는 은혜스러운 말이다. 요즘 같이 욕이 난무하고 젊은이들 사이에는 말인지 욕인지 도대체 알아 들을 수 없는 말들이 얼마나 많은지 모른다.

가정에서 말하는 교육이 제대로 되고 있지 않음을 알 수 있다. 아내와 남편의 대화는 사랑과 은혜가 넘쳐야 한다. 서로를 배려하고 인정하고 섬기는 말은 듣는 사람에게 큰 힘과 위로가 될 것이다. 부모가 자녀들에게도 함부로 말하지 말아야 한다. 선하고 아름다운 말들이 얼마나 많은지 모른다. 그 자녀가 성장하면서 부모에게 어떠한 말을 많이 듣고 자랐는지에 따라 그 사람의 됨됨이가 결정된다고 할 수 있다. 평생 하는 말이지만 늘 기도하는 마음으로 덕스럽고 은혜스러운 말들을 할 수 있어야 한다. 늙어서 다른 사람들에게 좋은 영향을 끼쳐야 하지 않겠는가?

'사랑의 하나님 아버지, 우리에게 말할 수 있는 혀를 주심을 감사합니다. 부정한 입술을 제단의 숯불로 지져주셔서 하나님의 은혜로운 말씀과 찬양과 감사와 덕스러운 말들로 가득한 입술이 되게 하옵소서. 아멘!'

24. 결혼한 자녀들을 따뜻하게 대하자

"만일 어떤 과부에게 자녀나 손자들이 있거든 저희로 먼저 자기 집에서 효를 행하여 부모에게 보답하기를 배우게 하라 이것이 하나님 앞에 받으실 만한 것이니라"(딤전 5:4).

오래 전 미국에서 할아버지가 돌아가시고 할머니 혼자 살고 있는 집에서 며칠 동안 머무른 적이 있었다. 인상 깊게 생각한 것은 자녀들이 다 출가했는데도 방들을 예쁘게 꾸며서 손주들이 오면 편안하게 쉴 수 있도록 만들어 놓으신 것이다. 방에는 손주들이 읽을 수 있는 책들과 재미있게 놀이를 할 수 있는 장난감을 멋스럽게 잘 비치해 두고 있었다. 할머니 집에 와서 불편함 없이 마음껏 놀고 쉬고 가라고 필요한 것들을 준비해 두신 배려였던 것이다. 출가한 자녀들이 손주들을 데리고 친정 집에 와서 언제든지 편안하게 쉴 수 있는 공간을 마련해 놓은 것이다.

자녀들과 함께 같이 살 수는 없지만 부모님을 그리워하고 고향을 그리워하는 출가한 자녀들에게 쉼의 공간을 마련해 놓으면 얼마나 좋을까? 명절 때만 볼 수 있는 자녀들이 아니고 언제든지 부모님 집에 가서 대화를 나누며 편안하게 쉴 수 있다면 얼마나 행복하겠는가? 각박하고 경쟁이 심한 사회 생활에 힘들고 지칠 때 편안하게 쉴 수 있는 부모님 집이 있다는 것은 자녀들에게 큰 안식처가 되지 않겠는가? 부모가 늙어서 돌아가시면 누릴 수 없는 행복일 것이다. 건강이 허락하는 한 언제든지 출가한 자녀들이 부모님을 찾아 오면 따뜻하게 대해 주어야 한다. 신앙 생활도 잘 하고 있는지 대화를 통해서 영적인 삶도 점검해 주면 더 좋을 것이다. 이 세상에 의지할 분은 오직 하나님 한 분임을 가르치고 말해 주어야 한다. 더 성숙한 믿음으로 세상을 살아가도록 힘을 실어 주는 부모가 되어야 하지 않겠는가? 자녀들이 서운하게 한 것만 생각하지 말고 그들을 하나님께 인도하는 성숙한 노년의 삶을 살아가자.

'사랑의 하나님 아버지, 늙어서 자녀들에게 추한 모습을 보이지 아니하고 도리어 그들에게 하나님의 행사를 널리 알리며 믿음의 승계를 이어가며 효도하는 법을 행동으로 보이는 부부가 되게 하옵소서. 아멘!'

25. 죽음을 두려워하지 말자

"한 번 죽는 것은 사람에게 정하신 것이요 그 후에는 심판이 있으리니"(히 9:27).

　사람이 태어나는 날은 알 수 있지만 죽는 날을 아는 사람은 아무도 없다. 내가 언제 죽을지 알고 있다면 그것처럼 비참하고 슬픈 일은 없을 것이다. 죽음은 순서가 없기 때문에 언제 어떻게 될지 아는 사람은 없다. 오직 하나님 한 분만이 알 수 있는 비밀이다. 그러나 한 가지 확실한 것은 누구나 언젠가는 죽는다는 것이다. 그래서 어쩌면 우리는 죽음을 향해서 한 걸음씩 다가가고 있다고 볼 수 있다. 100세 시대가 오고 있지만 누구나 다 누릴 수 있는 것은 아니다. 그것도 하나님이 주관하시는 것이다. 인생의 생사화복을 주장하시는 하나님 앞에서 겸허하게 살아야 한다.
　노부부의 삶은 한치의 앞을 내다볼 수 없다. 갑자기 아파서 병원에 입원할 수도 있기 때문이다. 그래서 하나님께서 허락하신 시간들을 소중하게 아끼면서 사용해야 한다. 배우자에게 이전 보다 더 잘 해야 한다. 더 많은 관심과 사랑과 돌봄이 있어야 한다. 서로 의지하면서 남은 시간들을 믿음으로 잘 살아야 한다. 언젠가는 죽음의 문을 통과해야 하는 순간이 오기 때문이다. 죽고 싶지 않다고 버틸 수 있는 문제가 아니기 때문이다. 남편과 아내 중에 누가 먼저 죽음의 문을 넘을지 모른다. 그래서 더욱더 서로가 격려하면서 하루 하루를 감사하면서 지내야 한다. 죽음을 두려워하지 말자. 죽음의 문을 통과해야지 하늘 나라에 갈 수 있기 때문이다. 죽기 전에 하나님 앞에서 칭찬 들을 수 있도록 최선을 다하는 삶을 살아야 하지 않겠는가? 늙음의 시간들을 예수님의 신부로서 잘 단장하며 준비해야 한다. 육은 쇠약해져 가지만 영은 더 강건하고 아름답게 가꾸어 가는 시간들을 보내야 하지 않겠는가? 죽음의 시간들을 믿음으로 숭고하게 잘 받아들일 수 있는 노부부가 되자. 성도의 죽는 것을 귀중히 보시는 하나님 품에 안기는 복된 죽음을 맞이하는 의미 있는 시간들을 만들어 가자.
　'사랑의 하나님 아버지, 우리의 날 수가 주님의 손에 있음을 알게 하시고 주의 영광을 위하여 살다가 주 안에서 죽는 자가 복이 있음을 날마다 실감하며 살아가는 종들이 되게 하옵소서. 아멘!'

26. 꾸준히 운동하자

"그러므로 내가 달음질하기를 향방 없는 것 같이 아니하고 싸우기를 허공을 치는 것 같이 아니하여"(고전 9:26).

늙음의 시간도 누구나 경험하는 것은 아니다. 늙지 못하고 세상을 떠나는 사람들도 많기 때문이다. 노년은 하나님이 주신 특별한 은혜라고 생각한다. 결혼을 해서 자녀들을 키우고 그들을 출가시켜서 예쁜 손주들을 볼 수 있는 것이 얼마나 큰 축복인지 모른다. 내 자녀를 키울 때보다 손주는 더 예쁘고 귀엽고 사랑스럽다. 말로다 표현할 수 없을 정도로 신기하고 놀랍다. 재롱부리는 모습은 행복 그 자체이다. 이런 시간들을 주신 하나님께 너무 감사하지 않는가? 그러니 늙었다고 신세 한탄하지 말고 늘 감사하면서 지내자. 특히 몸 관리를 잘 해야 한다. 어느 누구도 내 몸을 돌보아 주지 않기 때문이다. 평생 살면서 누구보다도 자기의 몸은 자기가 잘 알고 있을 것이다. 꾸준히 운동을 해서 건강하게 남은 여생을 살아야 하지 않겠는가? 노 부부가 저녁식사 후에 손을 다정하게 잡고 산책하는 습관을 기르자. 오늘 일어났던 이야기도 나누어 가면서 소박한 대화를 풍성하게 만들어 가자. 늙을수록 더 밝고 즐거운 마음을 가져야 한다. 하루 종일 지루하게 시간을 보내지 말자. 밖에 나가서 사람들도 만나고 맛있는 음식도 먹고 활발하게 몸을 움직이자.

늙었기 때문에 아무것도 할 수 없는 것이 아니다. 늙었기 때문에 젊어서 하지 못한 많은 것들을 할 수 있다고 생각을 바꾸어야 한다. 시간도 많아졌고 물질의 여유도 어느 정도 생겼으니 하고 싶은 일들을 하면서 생동감 넘치는 삶을 살아야 하지 않겠는가? 그러기 위해서는 건강관리를 착실하게 잘 해야 한다. 아프면 자녀들에게 짐이 된다. 병들어 신음하는 할아버지 할머니 곁에 정답게 다가오는 손주들이 얼마나 될까? 건강관리 잘하여 느지막에도 후손들 커가는 모습을 신기하게 바라보는 즐거움을 마음껏 누려 보자.

'사랑의 하나님 아버지, 천성을 향하여 달려가는 우리의 걸음이 지치지 않게 하시고 우리 코에 호흡이 있는 날까지 육체의 연습과 경건의 연습에 충실한 길을 가게 하옵소서. 아멘!'

27. 교회에서도 본이 되어야 한다

"자기 집을 잘 다스려 자녀들로 모든 단정함으로 복종케 하는 자라야 할지니…또한 외인에게서도 선한 증거를 얻은 자라야 할지니 비방과 마귀의 올무에 빠질까 염려하라"(딤전 3:4,7).

역사가 오래된 교회에서는 젊은이보다 노인들을 더 많이 볼 수 있다. 신앙 계승이 잘 이루어지고 있지 않음을 알 수 있다. 세상은 젊은이들을 유혹하여 하나님을 볼 수 없게 만들어 가고 있다. 타락한 세상은 재미와 흥밋거리를 제공하며 수많은 젊은이들을 끌어 모으고 있다. 이럴 때에 교회 어른들이 신앙의 본을 보여야 한다. 수많은 어른들의 헌신과 기도로 한국 교회가 이만큼 성장했음을 부인하지 못할 것이다. 그러나 점점 젊은이들이 교회를 떠나 세상을 향해서 달려 가고 있다. 그 뒷면에는 믿음의 선배들이 본이 되지 못해서 시험에 든 사람들이 의외로 많음을 알 수 있다.

노년의 시절을 더 성숙하게 보람 있게 보내기 위해서는 교회 안에서 늘 본이 되는 삶을 살아야 한다. 노 부부가 나란히 예배당에 앉아서 예배하는 모습이 그렇게 흔하지가 않다. 부부가 예배당에 나와도 따로 따로 예배하는 경우가 많다. 젊은이들에게 도전을 주기 위해서라도 노 부부가 정답게 나란히 앉아서 예배하는 모습을 보여 줄 수 있어야 한다. 아무것도 아니라고 생각할지 몰라도 작은 것이지만 예배 분위기가 훨씬 좋아 질 것이다. 젊은이들을 보면 정답게 인사를 나누며 힘내라고 말해 준다면 얼마나 멋질까? 무엇보다도 기도의 시간에 빠지지 않고 자리를 지켜 준다면 얼마나 좋을까? 나이가 들면 온몸이 아프지 않는 데가 없는데 짜증내지 말고 잘 이겨내야 한다. 늙어서 아픈 것이니 이 아픔을 잘 견디면서 교회에서 꼭 필요한 성도가 되어야 하지 않겠는가? 예배에 적극적인 참석을 비롯해서 젊은이들이 신앙의 계보를 잘 이어갈 수 있도록 최선을 다해야 한다. 늘 깨어서 교회와 나라를 위해서 쉬지 말고 기도하는 어른들이 되어야 할 것이다.

'사랑의 하나님 아버지, 우리의 일생의 신앙 여정이 서로에게 선한 영향력을 미치는 것이 될 뿐 아니라 우리 주변의 사람들과 젊은 세대들에게까지도 감화, 감동이 있는 삶이 되게 하옵소서. 아멘!'

28. 주의 종들을 섬기는 것을 가르치라

"형제들아 우리가 너희에게 구하노니 너희 가운데서 수고하고 주 안에서 너희를 다스리며 권하는 자들을 너희가 알고 저의 역사로 말미암아 사랑 안에서 가장 귀히 여기며 너희끼리 화목하라"(살전 5:12-13).

사람이 떡으로만 사는 것이 아니요 하나님의 말씀으로 살아가는 것이다. 하나님은 우리에게 성경을 주시고 말씀을 풀어서 가르쳐 주시는 목사님을 허락해 주셨다. 그래서 성도들은 말씀을 증거하시는 목사님들을 존경하고 사랑해야 한다. 전하는 자가 없으면 들을 수 없기 때문이다. 아무리 많이 배웠고 학식이 뛰어나다고 해서 성경을 아는 것은 아니기 때문이다. 목사님들을 통해서 증거하시는 하나님의 말씀을 듣는 자가 복이 있는 자이다. 하나님께서는 성도들에게 귀한 선물을 주신 것이다. 하나님 말씀을 전해 주시는 목사님들을 귀하게 여기지 않으면 신앙 생활을 잘 할 수 없다.

목사님들도 사람이기에 허물과 단점이 있을 것이다. 교회가 기도하지 않고 은혜가 없으면 목회자의 허물을 들추어 내서 사람들을 시험에 들게 하는 경우가 많다. 교회 어른들이 먼저 목사님을 위해서 늘 기도하는 본을 보여야 한다. 사단은 교회를 통째로 삼키려고 목사님을 넘어뜨리고 혼란에 빠트리고 있음을 알아야 한다. 절대로 담임 목사님의 허물을 말하는 어리석은 행동은 하지 말아야 한다. 오히려 하나님께 기도하고 목사님이 목회를 잘 할 수 있도록 돕는 것이 성도의 할 일이다. 말씀을 잘 전하실 수 있도록 기도로 돕고 필요를 채워 주며 기쁘게 목회를 감당할 수 있도록 해야 하지 않겠는가? 그것이 내 영혼이 사는 길이고 성도들이 사는 길이기 때문이다. 어른들이 젊은이들에게 담임 목사님을 존중하는 일에 본이 되어야 한다. 잘 섬길 수 있도록 가르칠 수 있어야 한다. 목회자와의 관계가 좋아야 한다. 늘 깨어서 말씀을 전하는 주의 종들을 위해서 쉬지 말고 기도해야 한다.

'사랑의 하나님 아버지, 우리에게 말씀의 사역자들을 세워주신 은혜를 감사합니다. 저들의 사역을 귀히 여기며 존중하고 순종하는 자들이 되게 하옵소서. 아멘!'

29. 웃음과 미소를 잃지 말라

"아침에 주의 인자로 우리를 만족케 하사 우리 평생에 즐겁고 기쁘게 하소서"(시 90:14).

아기들의 표정은 언제 보아도 해맑고 아름답다. 근심 걱정 없는 밝은 모습은 모든 사람들을 행복하게 만든다. 집 안에 아기가 있으면 분위기가 밝고 유쾌하다. 손주들의 재롱을 보는 조부모님들의 마음은 참 신기하고 즐겁다. 다른 사람들에게 웃음을 선사하는 일은 아무나 할 수 있는 것은 아닐 것이다.

그런데 나이가 들수록 표정들이 그렇게 밝지가 않음을 알 수 있다. 성경에는 항상 기뻐하라고 기록되었다. 그러나 우리는 항상 기뻐하지 못한다. 우리가 살면서 그렇게 유쾌하고 기쁜 날이 많지 않다는 것이다. 그래도 주님의 말씀이기에 어떠한 일이 있어도 즐거움을 잃지 말아야 한다. 늙으면 얼굴 표정들이 점점 굳어지게 마련이다. 웃을 일도 별로 없고 대화의 상대자도 없으니 감정의 변화가 별로 심하지 않게 된다. 늘 무뚝뚝하게 감정의 표현 없이 지내지 말자. 노부부이지만 서로 사랑한다고 고백하고 아름다운 말들을 표현할 수 있어야 한다. 그 동안 서로가 바빠서 세심하게 챙겨주지 못했다면 남은 여생을 서로를 위해서 즐겁게 보낼 수 있어야 한다.

그러므로 늙음의 시간을 은혜롭게 잘 보내야 한다. 노 부부가 손을 잡고 시장도 같이 가고 맛있는 음식도 함께 나누면서 지내자. 집 안 일도 힘 닿는 대로 서로가 돕고 청결하고 깨끗한 주변 환경을 만들어 가는 것도 좋은 일이다. 서로에게 미소를 짓고 웃음을 선사할 수 있는 여유를 가져야 한다. 자녀들이 집을 떠나서 허전하다고 생각하지 말자. 덩그러니 집에 노 부부만 살고 있지만 주님께서 허락하신 복된 시간임을 잊지 말아야 한다. 서로에게 감사하면서 늘 기뻐하고 즐거워해야 한다. 늙음의 시간들을 함께 하지 못하는 부부가 얼마나 많은지 모른다.

'사랑의 하나님 아버지, 아침마다 주의 인자하심이 새롭고 영원하심을 감사하나이다. 우리의 날수대로 항상 기쁘고 즐거운 시간들을 함께 잘 만들어 선용하는 삶이 되게 하옵소서. 아멘!'

30. 영적으로 말하고 행동하자

"육신의 생각은 사망이요 영의 생각은 생명과 평안이니라 육신의 생각은 하나님과 원수가 되나니 이는 하나님의 법에 굴복치 아니할 뿐 아니라 할 수도 없음이라(롬 8:6-7).

어른이 되었다는 것은 말과 행동에 책임을 져야 하는 위치에 있다는 것이다. 오랜 세월을 지내 오면서 산전 수전 다 겪었던 것을 바탕으로 많은 사람들에게 교훈의 말을 해 줄 수 있어야 한다. 또한 무엇이 옳은지 그른지 많은 경험을 통해서 배운 것을 젊은이들에게 가르쳐 주어야 한다. 신앙의 연륜도 마찬가지이다. 믿음의 선배답게 말씀에 순종하는 것을 보여 줄 수 있어야 한다. 예배당 안에서는 믿음이 좋아 보이지만 사회에서는 정반대의 삶을 사는 사람들이 얼마나 많은지 모른다. 영의 소욕을 따르기보다는 육의 소욕의 지배를 받기 때문이다. 성도는 하나님의 자녀답게 살아야 한다. 세상의 빛과 소금이 되어야 한다. 신앙의 선배들이 이런 면에서 본이 되어야 한다. 말하는 것도 내 마음대로 함부로 하지 말아야 한다. 내 의지와 생각에 지배를 받지 말고 성경이 무엇이라고 말하는지를 생각하면서 말해야 한다. 나이가 많으신 어르신들의 입에서 하나님의 말씀이 나온다면 그것보다 더 아름다운 것은 없을 것이다. 얼마 남지 않은 인생의 여정을 거룩하게 지내야 한다. 순결하고 깨끗한 삶을 보여 주어야 하지 않겠는가? 기도하는 자만이 할 수 있을 것이다. 영적으로 더 강건한 모습이 삶에서 묻어 나와야 한다.

노인들이 예수님을 믿은 지 오래 되었다면 반드시 심령의 변화가 확실하게 나타나야 정상이지 않겠는가? 젊은이들보다 기도도 더 많이 했을 것이고 하나님의 말씀도 더 많이 들었을 것이다. 영적으로 말하고 행동하는 것이 습관이 되어야 한다. 늙어서 신세 한탄하는 어리석은 죄에 빠지지 말자. 모든 것을 협력하여 선을 이루시는 하나님이시기에 그 분을 의지하자. 육체는 쇠약해지지만 영적인 것은 더 강건한 모습이 나타나야 한다.

'사랑의 하나님 아버지, 우리의 육체의 남은 때가 항상 주의 말씀으로 가득하게 하시어 주변 사람들에게 참된 그리스도의 빛을 발하며 빛의 열매가 풍성한 삶이 되게 하옵소서. 아멘!'

31. 주님의 것이다

"우리가 살아도 주를 위하여 살고 죽어도 주를 위하여 죽나니 그러므로 사나 죽으나 우리가 주의 것이로다"(롬 14:8).

이 세상에 모든 것이 주님의 것이 아닌 것이 아무것도 없다. 하나님을 믿는다는 것은 주님의 것을 다 소유한 자처럼 사는 것이 아니겠는가? 우리의 생명도 예수님의 십자가의 보혈로 값 주고 산 것이다. 내 것이 아니라 하나님의 것이라는 사실이다. 지금까지 생명을 연장시켜 주셨으니 주님의 뜻을 이루며 살아야 하지 않겠는가? 이 세상에 늙음의 시간도 내가 원한다고 가질 수 있는 것들이 아니다. 하나님이 허락하셨기에 지금의 노인이 된 것이다. 노년을 어떻게 보내야 하겠는가? 사랑하는 아내와 한 몸 이루어 성숙하게 결혼 생활하는 복을 누려야 한다. 혹시 미워하는 마음과 원망하는 마음이 있다면 회개하자. 예전보다도 더 많이 사랑하고 아껴주는 마음으로 지내야 한다. 배우자가 먼저 세상을 떠날 것인데 그 때 땅을 치고 통곡하며 후회하는 일은 하지 말자. 서로 용서하고 이해하고 불쌍히 여기는 마음을 가져야 한다. 부부는 한 몸이다.

자녀들에게도 늘 관심과 사랑을 보여 주는 부모의 역할은 죽을 때까지 하는 것이다. 그들이 주님께로부터 왔기 때문이다. 주님께서 선물로 주신 자녀들을 기뻐하며 말씀으로 훈계하는 책임을 힘써서 잘 감당해야 한다. 부모가 늙었다고 자녀의 교육이 끝난 것이 아니다. 자녀들을 위해서 늘 깨어서 기도하며 세상에 흠뻑 빠져서 살지 않도록 도움을 줄 수 있어야 한다. 영적인 교육은 지속적으로 이어가야 한다. 우리에게 손주들을 주신 분도 하나님이시다. 그들도 하나님의 것이다. 손주들의 재롱을 볼 수 있는 기쁨도 주님께서 주신 것이다. 이 얼마나 놀라운 은혜요 사랑인가? 예수님을 믿지 않았다면 우리는 아무것도 아니다. 그러나 예수님을 믿고 하나님의 자녀가 되었으니 모든 것을 가진 자임을 확신한다.

'사랑의 하나님 아버지, 우리를 그리스도의 피로 값주고 사신 바 된 자가 되게 하심을 감사합니다. 이제 저희는 주님의 것이오니 오직 주님의 뜻대로 살게 하시고 마땅히 해야 할 일을 감당하며 사는 종들이 되게 하옵소서. 아멘!'

부부가 함께하는

경건한 **생활**

CHAPTER_ 11

재정관리

1. 주님이 주신 것이다

"누가 너를 구별하였느뇨 네게 있는 것 중에 받지 아니한 것이 무엇이뇨 네가 받았은즉 어찌하여 받지 아니한 것같이 자랑하느뇨"(고전 4:7).

천지를 창조하시고 우주 만물을 다스리시는 하나님이 계시기에 우리가 살아가는 것이다. 하나님의 자녀나 그렇지 않는 세상의 자녀들도 다 하나님의 다스림 안에서 사는 것이다. 이 엄청난 혜택을 누리면시 인생들이 살아가는 것이다. 사시사철을 누리게 하시고 먹을 양식을 풍족하게 주시는 하나님이 계시기에 살아가는 것이 아니겠는가? 이 세상의 주인은 하나님이시다. 사단이 우리의 주인이 아닌 것이 얼마나 감사한가? 사단은 우리를 지옥으로 끌고 가는 일을 벌이는 무서운 존재이다. 그러나 하나님은 세상을 사랑하시고 우리에게 좋은 것을 아끼지 아니하시고 베푸신다. 우리로 하여금 천국백성으로 살아가는 길을 열어주시는 분이시다. 우리 눈에 보이는 것이나 보이지 않는 모든 것들도 다 주님이 만드신 것이다. 또한 우리가 가지고 있는 모든 것도 다 주님의 것이다. 모든 것이 주께로부터 온 것임을 알아야 한다. 주님이 허락하지 않으면 아무것도 가질 수 없는 인생들이다. 우리의 생명까지도 주님의 것이다. 우리의 주인은 예수 그리스도이시다.

모든 소유권이 주님에게 있으므로 내 마음대로 사용해서는 안 된다. 주님께 묻고 사용해야 한다. 특이 물질도 내 것이 아니고 주님이 나에게 주신 것이다. 물론 직장생활을 열심히 해서 그 대가로 월급을 받은 것이지만 물질의 주인은 주님이시다. 우리의 생사화복을 주관하시는 주님이시다. 아내와 남편도 주님이 우리에게 주신 귀한 선물이다. 자녀들도 부부에게 주신 아름답고 소중한 선물이다. 이 모두가 다 주님이 주신 것임을 늘 깨닫고 감사하면서 겸손하게 살아가야 한다.

'사랑의 하나님 아버지, 모든 것이 다 주님께로부터 왔으니 주님께 돌려드림을 아까워하거나 자랑하는 어리석음을 범하지 않게 하시고 즐거이 주님께 드려 쓰임받게 하옵소서. 아멘!'

2. 잘 관리해야 한다

"하나님이 그들에게 복 주시며 그들에게 이르시되 생육하고 번성하여 땅에 충만하라 땅을 정복하라…모든 생물을 다 다스리라 하시니라"(창 1:28).

이 세상의 모든 것이 다 주님의 것이지만 우리에게 값없이 주시고 마음껏 누리라고 하셨다. 그래서 잘 관리하고 다스려야 할 책임은 우리에게 있다. 자연을 사랑하고 산천초목을 훼손하지 말고 자연의 아름다움을 잘 유지시켜야 한다. 동물들을 학대하지 말고 사랑하면서 보호해 주어야 한다. 바다를 오염시키지 말고 물고기들의 터전을 잘 가꾸어 주어야 한다. 하늘과 바다와 땅의 주인 되시는 하나님의 뜻을 잘 받들어 관리해야 한다. 인간의 욕심과 탐욕으로 인해 얼마나 많은 이 세상의 자연이 훼손되고 있는지 모른다. 자연 그대로의 아름다움을 지키기 위해서 노력을 해야 한다. 우리의 후손들에게 아름다운 자연을 물려 주어야 하지 않겠는가?

그러나 세상의 주인이 돈이 되어 버렸다. 하나님의 자리에 돈이라는 괴물이 앉아서 사람들을 유혹하고 있는 것이다. 하나님의 방법으로 잘 관리하고 다스려야 하는데 그렇지가 않다. 돈이 있으면 무엇이든지 만들고 허물고 멋스럽게 세워 가는 일을 한다. 주인 되신 하나님의 의도하고는 전혀 상관 없이 만들어 가고 있다. 그러나 성도들은 무슨 일을 하든지 하나님의 뜻에 합당한 삶을 살아야 한다. 아무리 돈의 위력이 크다고 하지만 하나님의 말씀에 위배되는 일은 하지 말아야 한다. 집을 짓고 건물을 세우는 일도 자연을 훼손하지 않는 범위 안에서 해야 한다. 우리에게 주신 물질을 잘 사용해야 한다. 주님의 것이니 주님께서 쓰시고자 하는 대로 마음껏 쓸 수 있어야 한다. 내 수중에 있다고 해서 내 마음대로 써도 되는 것이 아니다. 욕심을 내어서 주님의 영광을 가리우는 일을 하지 말아야 한다. 잘 관리하고 다스리는 청지기로서 주님을 기쁘시게 할 뿐 아니라 주인의 잔치에 참여하는 즐거움을 누리는 자가 되어야 한다.

'사랑의 하나님 아버지, 주님이 지으신 만물들을 잘 관리하며 보존하고 주님께서 맡겨주신 것들을 잘 다스리어 하나님의 영광을 크게 드높이는 자들이 되게 하옵소서. 아멘!'

3. 절약해야 한다

"돈을 사랑함이 일만 악의 뿌리가 되나니 이것을 사모하는 자들이 미혹을 받아 믿음에서 떠나 많은 근심으로서 자기를 찔렀도다"(딤전 6:10).

물질은 우리에게 꼭 필요한 것이다. 이 땅에 살면서 없어서는 안 될 것이 물질이다. 돈이 있으면 안 되는 일이 없을 정도로 돈의 힘은 막강하다. 그래서 부부들이 땀을 흘리며 돈을 벌고 있다. 자녀 교육비를 마련하기 위해서 어머니들도 생활 전선에 뛰어 들고 있다. 돈이 없으면 자녀들을 잘 교육시키기 어려운 것이 현실이기 때문이다. 온통 세상이 돈에 무릎을 꿇고 있다. 그러나 성도들은 무엇이 우선인지 생각해 보아야 한다. 아내와 남편이 가정의 주인 되신 주님을 위해서 사는 것이 어떠한 삶인지 깊이 깨달아야 한다. 돈이 많이 있다고 행복한 것은 절대로 아니다. 오히려 분에 넘치게 돈이 너무 많으면 욕심이 생기고 더 많은 유혹들이 생겨서 죄를 지을 확률이 많다. 돈을 우선으로 생각하는 삶의 중심에서 하나님의 말씀을 지키는 것을 우선으로 삼아야 한다. 하나님 말씀에 순종하는 것이 영적 자산을 늘리는 것이다. 영적 자산이 많으면 세상의 유혹에 흔들리지 않고 꿋꿋하게 살아가게 될 것이다.

결혼한 신혼부부들이 재산이 많으면 얼마나 많겠는가? 돈을 모으는 것에 신경을 쓰다 보면 주님이 주시는 행복을 느끼며 살 수 없다. 돈은 우리에게 삶의 만족을 주는 것이 아니기 때문이다. 돈이 많으면 고생하지 않고 편안하고 안락한 삶은 살 수 있지만 더 좋은 것은 줄 수 없다. 주님이 지금 내게 허락한 물질을 어떻게 사용해야 하는지가 더 중요하다. 무엇을 먹든지 마시든지 하나님의 영광을 위해서 하라고 하셨다. 먼저 그의 나라와 의를 구하라는 주님의 말씀에 철저하게 순종하는 것이다. 그것만이 부부가 이 땅에서 행복하게 살 수 있는 비결이기 때문이다. 행복은 소유의 많고 적음에 달려 있는 것이 아니다. 마음 됨됨이에 따라 결정된다.

'사랑의 하나님 아버지, 우리의 행복을 위해서 주신 주님의 말씀 안에서 사는 즐거움을 누리게 하소서. 우리에게 있어야 할 것을 다 아시고 넉넉하게 채워주시는 은혜를 믿사오니 시험과 올무와 해로운 정욕에 빠지지 않도록 지켜주옵소서. 아멘!'

4. 부부가 잘 알아야 한다

"종말로 형제들아 무엇에든지 참되며 무엇에든지 경건하며 무엇에든지 정결하며 무엇에든지 사랑할 만하며 무엇에든지 칭찬할 만하며 무슨 덕이 있든지 무슨 기림이 있든지 이것들을 생각하라"(빌 4:8).

부부는 모든 일에 하나가 되어야 한다. 한 몸 이루어 사는 것은 성생활만을 의미하는 것이 아니다. 남편과 아내는 무슨 일을 하든지 서로가 잘 알아야 한다. 잘 알지 못하면 도움이 필요할 때 제대로 도와줄 수 없기 때문이다. 온몸이 하나가 되어서 움직이며 행동하는 것 같이 부부도 이렇게 하나 되는 모습으로 움직여야 한다. 이렇게 되기 위해서는 서로가 배려하고 인내하고 참아내는 고된 훈련이 있어야 한다. 훈련과 연단을 통해서 서로를 배워가고 알아가게 된다. 내 몸에 손가락 하나만 다쳐도 밥 먹을 때 많은 불편함을 느낀다. 또한 한 쪽 발이 다쳐도 걸어 다니는 것이 얼마나 불편한지 모른다. 부부도 마찬가지이다. 무슨 일을 할 때 배우자의 관심과 사랑을 바탕으로 이루어져야 한다. 남편 혼자 아내 혼자 따로따로 하는 것은 잘못된 것이다. 남편이 사업을 하면 아내도 그 사업에 관심을 갖고 도울 수 있는 길을 찾아내야 한다. 물질로는 도움이 되지 않아도 늘 기도하며 함께해야 한다. 남편의 직장과 동료들을 위해서도 늘 기도하며 우리 남편이 어떠한 일을 하는지 알아야 한다. 서로에게 관심을 가지고 대화를 나누면서 하나 되는 삶을 이끌어 가야 한다.

돈을 사용할 때도 배우자가 서로 상의하고 지출이 가능한 범위 안에서 써야 한다. 너무나 큰 돈을 배우자 몰래 쓰다가 어려움에 시달리는 부부가 많이 있다. 물질도 공동자산이기에 함부로 배우자의 허락 없이 사용해서는 안 되는 것이다. 행복하게 잘 살아온 부부들이 물질 때문에 관계가 어려워지고 결국은 이혼에 이르게 되는 경우가 있기 때문이다. 어떠한 일이 있어도 부부는 숨기지 말고 대화를 통해서 잘 알아가야 한다. 그것이 하나되는 모습이다.

'사랑의 하나님 아버지, 우리 부부가 서로 잘 이해하고 용납하고 사랑하고 나누며 기쁨과 감사함이 넘치게 하옵소서. 늘 한 몸임을 기억하고 살게 하옵소서. 아멘!'

5. 열심히 일해야 한다

"종들아 모든 일에 육신의 상전들에게 순종하되 사람을 기쁘게 하는 자와 같이 눈가림만 하지 말고 오직 주를 두려워하여 성실한 마음으로 하라"(골 3:22).

하나님께서 남자들을 지으실 때 이마에 땀을 흘리며 평생 일하도록 만드셨다. 또 여자들보다 힘이 더 세게 지으셨다. 여자는 주로 가정에서 일하도록 세심하게 지으셨고 남자들은 밖에서 일을 하도록 만들어 주신 것이다. 결혼한 후에는 가족의 생계를 책임지고 돌보아야 한다. 아내들은 자녀 양육과 함께 가정의 대소사의 일들을 감당하도록 하셨다. 그러나 남편들에게는 종신토록 수고의 땀을 흘리며 일하도록 하셨다.

어떠한 직업을 가지고 있든지 맡은 일에 최선을 다하는 것이 성도의 의무이다. 직업에는 귀천이 없다. 무슨 일을 하든지 열심을 다해야 한다. 월급을 많이 준다고 일을 열심히 하는 것이 아니라 월급을 적게 주어도 열심히 일하다 보면 주님께서 좋은 길을 열어 주시지 않겠는가? 우리가 받게 되는 물질이 직장에서부터 오는 것이지만 결국은 주님이 주시는 것이다. 우리의 모든 일을 주관하시는 분이 하나님이시기 때문이다.

성도는 게으르면 덕이 되지 못한다. 하나님의 열심을 본 받아야 한다. 그래서 많은 사람들에게 감동을 줄 수 있어야 한다. 상관들에게 순종하는 것이 곧 그리스도에게 순종하는 것이라고 성경은 말하고 있다. 눈에 보일 때만 열심을 내는 것이 아니라 보이지 않을 때도 마음으로 충성을 다해야 한다. 직장 생활을 하다 보면 마음에 들지 않는 까다로운 상관들이 있다. 그럴지라도 성도는 마음을 다하여서 묵묵히 성실하게 일을 해야 한다. 상관들도 부하직원들에게 함부로 해서는 안 된다. 하나님이 보고 계시기에 두렵고 떨리는 마음으로 사람들을 친절하게 대해 주어야 한다. 작은 일에 충성을 다하다 보면 큰 일도 맡을 수 있는 기회가 온다. 그러한 복을 누리시기 바란다. 일하기 싫은 자들은 먹을 권리가 없다는 것을 기억하자.

'사랑의 하나님 아버지, 무슨 일을 하든지 마음을 다하여 주님께 하듯 하여 사람들에게도 칭찬 듣고 하나님께도 인정받는 선한 일꾼이 되게 하옵소서. 아멘!'

6. 구제하는 일은 마땅히 해야 한다

"가난한 자를 구제하는 자는 궁핍하지 아니하려니와 못 본체 하는 자에게는 저주가 많으리라"(잠 28:27).

우리에게 필요한 모든 것을 공급해 주시는 하나님께 늘 감사하며 살아야 한다. 그러나 이 땅에는 먹을 것이 없어서 굶어 죽는 사람들이 수없이 많다. 늘 가난한 자들을 우리 곁에 두시는 하나님이시다. 우리가 그들을 외면해서는 안 된다. 그들도 하나님의 형상으로 지음 받은 자들이다. 우리가 돌보고 도와 주어야 한다. 성도들은 마땅히 구제하는 일을 즐거워해야 한다. 내 것이 내 것이 아니라 주님이 나에게 주신 것임을 늘 명심해야 한다. 주님이 원하시면 언제든지 내놓을 수 있는 물질관을 가져야 한다. 가난한 자들을 위해서 무관심해서는 안 된다. 교회가 구제 사역을 하는 데 적극적으로 도와야 한다.

물질을 내 창고에 계속 쌓아두면 언젠가는 썩어 없어지게 된다. 물질은 날개가 달려서 순식간에 날아가는 성질이 있기 때문이다. 하나님이 한 번 불으시면 초토화 되기도 한다. 그래서 내 창고에 물질을 두었다고 내 것이 아닌 것이다. 여유가 있을 때 주위를 돌아보아야 한다. 늙어서 아무 힘도 없고 병든 부모님의 필요를 채워 주는 일도 해야 한다. 어렵고 힘들게 살고 있는 형제 자매들도 도와 주어야 한다. 또한 성도들의 필요를 채워 주는 넉넉한 마음을 가지고 있어야 한다. 구제하는 일은 선택 사항이 아니다. 성도라면 반드시 가난하고 불쌍한 사람들에게 사랑을 베풀며 도움의 손길을 펴야 한다. 이러한 작은 도움을 주는 것이 곧 예수님에게 하는 것임을 성경은 말하고 있다. 부지중에 천사를 대접하는 복을 누리는 성도들이 되어야 하지 않겠는가? 하나님은 우리의 섬김을 결코 잊지 아니하시고 때가 되면 부끄럽지 않은 상으로 하사할 것이다.

'사랑의 하나님 아버지, 주님께서 주신 것들로 필요로 하는 자들을 도와주기를 즐겨 하며 손 대접하기를 힘쓰는 주님의 손과 발이 되는 가정이 되게 하옵소서. 아멘!'

7. 돈을 잘 사용해야 한다

"우리가 세상에 아무것도 가지고 온 것이 없으매 또한 아무것도 가지고 가지 못하리니 우리가 먹을 것과 입을 것이 있은즉 족한 줄로 알 것이니라"(딤전 6:7-8).

모든 인생들이 이 땅에 태어날 때 아무것도 가지고 오지 않았다. 그런데 태어나고 보니 어머니와 아버지를 비롯해서 모든 것이 다 갖추어져 있었다. 이 얼마나 놀라운 축복인가? 하나님의 예비하신 은혜를 어찌 말로 다 감사할 수 있겠는가? 우리는 생명을 보호해 주시고 필요한 것들을 공급해 주시는 하나님의 사랑을 입은 성도들이다. 그런데 죽은 후에는 아무것도 가지고 갈 수 없다는 것이다. 그 동안 내가 아끼고 사랑하는 모든 물질을 비롯해서 가지고 갈 수 있는 것이 아무것도 없다는 것이다.

이 땅을 떠날 때는 다 놓고 가야 하는 인생들이다. 그래서 살면서 재물들을 잘 사용해야 한다는 것이다. 하나님이 나에게 잘 사용하라고 주신 재물이다. 함부로 내 마음대로 쓰다가는 죄를 짓게 되기 때문이다. 많이 가진 자는 많이 사용하는 것이고 적게 가지고 있는 자는 적어도 잘 사용해야 된다.

부부가 한마음이 되어야 한다. 남편은 원하고 있는데 아내가 원하지 않으면 두 사람이 같은 마음이 될 때까지 기다려야 한다. 물질을 통해서도 서로 소통이 잘 이루어져야 한다. 서로의 욕심을 채우다 보면 가정의 불화가 생기게 된다. 때로는 부부가 각자의 직업을 가지고 있어서 물질을 따로 사용하는 경우가 있다. 그러나 될 수 있으면 부부가 하나의 통장을 만들어 투명하게 사용해야 한다. 슈퍼를 가서 물건을 살 때도 무분별하게 아무거나 사지 말고 꼭 필요한 것만 사는 훈련이 되어야 한다. 기도하면서 주님께 지혜를 구해야 한다. 사단은 물질을 통해서 역사하기 때문이다. 부부의 다툼도 물질로 인해서 일어나는 경우가 아주 많기 때문이다.

'사랑의 하나님 아버지, 우리에게 필요한 모든 것을 넉넉하게 채워주시는 은혜를 힘입어 주 예수 그리스도께서 나타나실 때까지 점도 없고 책망 받을 것도 없는 자로 충성스럽게 살게 하옵소서. 아멘!'

8. 불로소득을 꿈꾸지 말자

"곧 허탄과 거짓말을 내게서 멀리 하옵시며 나로 가난하게도 마옵시고 부하게도 마옵시고 오직 필요한 양식으로 내게 먹이시옵소서"(잠 30:8).

재물이 많은 것을 싫어하는 사람이 어디 있겠는가? 누구나 다 부자가 되어서 이 땅에서 잘 살고 싶을 것이다. 왜냐하면 돈이 주는 혜택은 무궁무진하기 때문이다. 돈의 힘은 상상을 초월할 정도이다. 그러나 정직하게 재물을 모아야지 불법으로 하는 것은 잘못된 것이다. 본인이 열심히 일해서 모은 자산은 좋은 것이다. 그러나 다른 사람을 해롭게 하고 정직하지 못한 방법으로 재물을 모아서는 안 된다. 그러나 세상은 다르다. 수단과 방법을 가리지 않고 돈을 벌 수 있는 곳을 찾아 다닌다. 옳고 그른 것을 따지지 않는다. 돈만 많이 벌 수 있다면 과감하게 죄와 타협하고 돈을 쫓아 간다. 이런 행동의 결과는 몸과 마음이 피폐해지기 쉽다. 때로는 가족도 돌아보지 않고 돈을 따라간다. 돈이 우리에게 주는 것은 멸망의 길이다. "돈을 사랑하는 것이 일만 악의 뿌리"라고 성경에 기록되었다. 얼마나 무서운 것인지를 알려 주는 것이다.

물질은 우리에게 필요한 것만큼 있으면 족한 것이다. 때로는 부족하여서 어려움을 당하기도 한다. 그러나 괜찮다. 가난을 통해서 하나님을 더 의지하는 것이 복된 것이다. 가난에 처할 줄도 아는 비결을 배울 수 있는 좋은 기회라고 생각하면 되는 것이다. 성실하고 정직하게 살다 보면 주님께서 필요한 모든 것을 채워 주시는 경험을 하게 된다. 하루 아침에 직장에서 쫓겨 나는 일도 있을 수 있다. 갑자기 사업에 실패할 수도 있다. 그러나 물질의 어려움으로 인해 여호와 하나님을 경외하고 의지하는 법을 터득하는 것이다. 부부가 이 시련을 잘 극복해 나가야 한다. 주님만을 의지하면서 좋은 날을 기대해야 한다.

'사랑의 하나님 아버지, 주님이 주시는 지혜와 능력으로 성실하게 살아서 가족들만이 아니라 주변에 연약한 자들을 능히 돕고 더불어 행복하게 사는 길을 만들어 가게 하옵소서. 아멘!'

9. 돈은 쌓아 놓는 것이 아니다

"저희에게 이르시되 삼가 모든 탐심을 물리치라 사람의 생명이 그 소유의 넉넉한데 있지 아니하니라"(눅 12:15).

우리가 물건을 쌓아 두기만 하면 언젠가는 와르르 무너질 때가 있다. 기초를 튼튼하게 세워서 물건을 쌓아 두지 않으면 위험한 일이 생기게 된다. 또한 물건을 용도에 따라 잘 사용해야 되는 것이다. 돈도 마찬가지이다. 많이 모아 두기만 하면 결국 온 돈으로 인해 죄가 틈타게 된다. 인간의 욕심은 끝도 한도 없기 때문이다. 그래서 물질을 쌓아두기만 하는 것이 아니라 하나님 말씀으로 기초를 든든히 세워서 물질을 잘 사용해는 지혜가 필요하다. 즉 하나님의 방법으로 바르게 사용하는 법을 배워야 한다.

돈은 우리에게 꼭 필요한 것이다. 돈이 없으면 살아 가기가 어려울 뿐만 아니라 많은 장애물을 만나기도 한다. 그러나 돈으로 인해 생기는 위험도 부지기수이다. 그만큼 돈의 위력이 막강하기 때문이다. 그래서 물질은 하나님의 방법으로 쓰여질 때만 안전한 것이다. 세상의 방법으로 나아간다면 하나님과 멀어지고 결국은 멸망의 길로 가게 되는 경우가 생기게 된다. 부를 탐하게 되면 하나님을 잘 섬기지 못하기 때문이다.

하나님과 재물을 겸하여 섬길 수 없다. 돈을 쫓아가다 보면 돈 없이는 아무것도 할 수 없다는 생각이 들게 한다. 온통 생각과 마음을 지배하는 것이 돈의 욕심이요 탐욕이기 때문이다. 정신을 혼돈시키고 바른 생각을 할 수 있는 여유가 없게 한다. 사단은 성도들이 돈을 사랑할 때를 기다린다. 하나님과 멀어지게 하는 절호의 기회이고 찬스라는 것을 너무나 잘 알고 있기 때문이다. 사단이 노리는 것은 성도들의 가치관을 세상으로 향하게 바꾸어 놓는 것이다. 영적인 것을 사모하지 못하게 드는 것이다. 그것에 절대로 속아서는 안 된다. 늘 깨어서 기도하는 마음으로 물질을 잘 관리해야 한다.

'사랑의 하나님 아버지, 우리에게 있는 것이 다 주께로 말미암은 것이오니 우리를 위하여 재물을 쌓아두고 하나님께 부요하지 못한 어리석은 자가 되지 않게 하옵시며 나눠주기를 좋아하는 자가 되게 하옵소서. 아멘!'

10. 계획을 잘 세워야 한다

"주인의 뜻 알고도 예비치 아니하고 그 뜻대로 행치 아니하는 종은 많이 맞을 것이요"(눅 12:47).

부모가 자녀들에게 용돈을 줄 때 많이 주지 않는다. 자녀들이 무엇이 필요한지 잘 알고 있기 때문이다. 그래서 그들에게 꼭 필요한 것만큼 주어서 쓰게 한다. 왜냐하면 돈을 계획성 있게 사용할 능력이 없기 때문이다. 자녀들에게 용돈을 필요 이상으로 많이 주게 되면 낭비하는 습관이 생기는 것을 우려하기 때문이다. 하나님께서는 어린 아이들에게 물질을 맡기지 않으셨다. 어른들에게 잘 관리하라고 맡겨 주신 것이다. 아무런 계획 없이 무분별하게 사용해서는 안 되기 때문이다.

결혼 이후에는 대부분 집 장만을 우선으로 하는 가정들이 많다. 자가용은 기본이고 재산을 늘리기 위해서 부부들이 고군분투하는 모습들을 볼 수 있다. 아내들은 가정에서 자녀들을 양육하는 것이 우선이 되어야 한다. 그러나 많은 아내들이 돈을 벌기 위해서 밖에서 생활하는 시간들이 집에서 보내는 시간보다 더 많다. 세상 교육은 물질이 많이 들어간다. 그러나 집에서 어머니가 하는 교육은 물질이 많지 않아도 얼마든지 할 수 있다. 돈으로 환산할 수 없는 수준 높은 교육을 시키는 것이 부모 몫이다.

부부들이 빚이 없으면 참으로 다행이다. 그러나 대부분 가정마다 은행 빚을 비롯해서 많은 빚이 있다. 빚이 있으면 부부들이 부담을 크게 느끼며 힘들게 살게 된다. 계획을 잘 세워서 빚이 늘어나지 않도록 절약하는 습성이 몸에 익숙해져야 한다. 부부가 들어오는 수입에 따라 가정살림을 지혜롭게 꾸려가야 한다. 사치는 절대 금물이다. 망하게 하는 **빠른 길**이기 때문이다. 주님이 맡겨주신 물질을 청지기답게 잘 사용해야 되지 않겠는가? 돈의 노예가 되지 않는 길이 있다면 주님을 우리의 상급으로 삼고 즐거워하는 힘을 소유하는 것이다.

'사랑의 하나님 아버지, 선한 청지기로서 우리에게 주신 물질과 지식과 재능을 오로지 주님의 뜻대로 사용할 수 있는 지혜와 능력을 더하여 주소서. 아멘!'

11. 소득의 십 분의 일은 내 것이 아니다

"만군의 여호와가 이르노라 너희의 온전한 십일조를 창고에 들여 나의 집에 양식이 있게 하고 그것으로 나를 시험하여 내가 하늘 문을 열고 너희에게 복을 쌓을 곳이 없도록 붓지 아니하나 보라"(말 3:10).

내 물건이 아닌 것을 함부로 사용하는 자를 우리는 도둑놈이라고 한다. 자기 물건만 사용하면 되지 남의 것까지 탐을 내서 사용하는 것은 아주 잘못된 것이다. 무엇이든지 더 가지고 싶고 더 누리고 싶은 마음이 없는 사람은 없을 것이다. 모든 사람에게 있는 이러한 욕심을 어떻게 해야 하는가? 과감하게 버려야 한다. 내 것이 아닌 것은 절대로 건드리지도 만지지도 말아야 한다.

성경에는 소득의 십 분의 일은 하나님의 것이라고 하였다. 내 것이 아니라는 것이다. 다른 사람의 물건에 손을 대면 도둑놈 취급을 받는다. 하물며 하나님의 것을 사용하는 자를 우리가 어떻게 부를 것인가? 간이 큰 도둑놈이지 않을까? 감히 하나님의 것을 허락도 없이 사용했으니 이 얼마나 무례한 짓인가? 성도는 마땅히 십 분의 일은 하나님께 드려야 한다. 믿음이 있는 자만이 하는 것이 아니다. 하나님의 자녀라면 믿음이 성숙하지 않아도 하나님께 드려야 한다. 선택의 여지가 없다. 내 것이 아니기 때문이다. 그러나 하나님은 소득의 십 분의 구는 우리에게 쓰시도록 허락하셨다. 물론 십 분의 구도 다 하나님께로부터 온 것이다. 그러나 이 땅에 살면서 사용하도록 십 분의 구를 허락하신 것이다. 십일조를 탐내서 죄를 짓고 무례하게 살지 말자. 하나님이 우리에게 허락하신 십 분의 구를 잘 사용하는 지혜를 배우도록 하자. 또한 십일조를 하면 하나님께서 약속해 주신 복이 있다. 우리가 그렇게 원하고 원하는 물질의 복을 약속하셨다. 우리의 창고가 차고 넘치도록 주신다고 하셨으니 이러한 복을 누려야 하지 않겠는가? 재물을 이 땅에 쌓아 놓는 어리석은 사람들이 되지 말고 하늘에 쌓아 놓는 지혜로운 부부가 되자.

'사랑의 하나님 아버지, 모든 것이 다 주님의 것이오나 우리에게 십의 일을 요구하시오니 감사하나이다. 주의 것을 도적질하는 죄를 범치 않게 하옵시고 가진 것으로 족하게 여기는 삶을 살게 하옵소서. 아멘!'

12. 인색하게 살지 말자

"성도들의 쓸 것을 공급하며 손 대접하기를 힘쓰라"(롬 12:13).

이 땅에서의 삶은 잠시 잠깐의 나그네의 길임을 성경은 기록하였다. 사람이 천년 만년 사는 것이 아니다. 인생이 강건하면 팔십이라고 했으니 짧으면 아주 짧은 세월이다. 100세의 시대가 왔다고 하지만 누구나 다 장수를 하는 것은 아니다. 길지 않는 삶을 어떻게 살아야 하겠는가? 너무 인색하게 살지 말자는 것이다. 먹을 것 입을 것 쓸 것이 있으니 만족하는 비결을 배워야 하지 않겠는가?

현재 가지고 있는 것에 만족을 누려야 한다. 그렇지 않으면 욕심이 잉태하여 죄를 낳고 죄가 장성한즉 사망을 낳게 된다. 하나님의 말씀에 귀를 기울여야 한다. 결국 욕심은 스스로를 파멸의 길로 몰고 간다. 작은 것 하나에도 만족하는 법을 배워야 한다. 아내와 남편이 욕심을 버리고 주어진 환경 안에서 믿음으로 살아야 한다. 세상 사람들이 누릴 수 없는 영적인 행복은 마음을 비워야 생기는 것이다. 부의 축적을 목표로 삼는 자들에게는 결코 마음의 안식과 평안이 없다.

내 마음에 욕심보를 늘려 가게 되면 언젠가는 터지게 된다. 욕심을 키우는 것은 아무런 유익을 주지 못하게 되고 해를 입게 된다. 친구가 오 리를 가자 하면 십 리를 가고 겉옷을 달라 하면 속옷도 벗어 주라는 주님의 말씀에 순종해야 한다. 내가 가지고 있는 것이 내 것이 아니라 주님이 나에게 맡겨 주신 것임을 알아야 한다. 친구가 필요할 때 내가 가지고 있는 것을 기꺼이 줄 수 있어야 한다. 부부가 욕심을 버리고 하나님의 율법과 계명을 지키는 즐거움으로 살아야 하지 않겠는가? 인색한 마음은 하나님을 기쁘시게 할 수 없다.

'사랑의 하나님 아버지, 우리에게 세속적인 욕망은 사라지게 하시고 거룩한 욕심으로 충만하여 서로 나눠주기를 힘쓰며 성도들의 쓸 것을 공급해 주는 일에 부요한 자가 되게 하옵소서. 아멘!'

13. 주는 자가 복이 있는 자이다

"범사에 너희에게 모본을 보였으니 곧 이같이 수고하여 약한 사람들을 돕고 또 주 예수께서 친히 말씀하신 바 주는 것이 받는 것보다 복이 있다 하심을 기억하여야 할지니라"(행 20:35).

어떤 집은 항상 손님이 드나드는 화기애애한 분위기를 가지고 있는 반면 어떤 집은 늘 고요하고 적막한 분위기 속에서 살고 있는 것을 본다. 늘 다른 사람들에게 선을 베풀기를 좋아하는 가정은 사람들이 끊이지 않을 것이다. 더불어 함께 살아가는 모습은 한 폭의 아름다운 그림이다. 그러나 누구에게도 관심과 사랑을 보이지 않는 가정은 아주 삭막하고 썰렁한 분위기일 것이다.

성경에도 받는 자보다 주는 자가 복이 있다라고 말씀하셨다. 하나님께서는 성도의 삶은 다른 사람들을 섬기는 것이고 주는 삶이라고 하셨다. 그러나 받는 것은 누구나 할 수 있지만 주는 것은 아무나 하는 것은 아니다. 늘 받기만 하는 사람들은 다른 사람들에게 아무런 영향력을 끼치지 못한다. 자기 자신에게만 관심을 갖고 전혀 다른 사람들에게 관심을 갖지 않는다. 성도는 교제하는 삶을 통해서 성숙해 가는 것이다. 나 홀로의 신앙은 시련이 왔을 때 쓰러지게 된다. 본인이 다른 사람들에게 아무런 도움을 주지 못했기 때문에 자신이 어려움을 당했을 때 아무도 돌아보지 않게 되기 때문이다.

성도라면 가까운 사람들에게 늘 관심을 가지고 있어야 한다. 때로는 그들의 필요가 무엇인지 살펴보아야 한다. 내 주변에 있는 사람들이 나 때문에 행복해야 하지 않겠는가? 주님은 그분의 모든 것을 우리를 위해 아낌없이 내어주셨다. 그런 사랑을 받은 우리들이다. 엄청난 사랑을 받았으니 우리도 다른 사람들에게 사랑을 베풀어야 하지 않겠는가? 작은 것이라고 함께 나누는 지혜를 배우자. 그러면 삶의 질이 한 계단 더 성숙해질 것이고 부부의 관계도 윤택해 질 것이다.

'사랑의 하나님 아버지, 우리들이 은혜를 입어 사는 자들인 것처럼 도움을 필요로 하는 자들을 넉넉히 도우며 살아가는 부부가 되게 하옵소서. 아멘!'

14. 돈을 사랑하지 말자

"돈을 사랑함이 일만 악의 뿌리가 되나니 이것을 사모하는 자들이 미혹을 받아 믿음에서 떠나 많은 근심으로써 자기를 찔렀느니라"(딤전 6:10).

하나님께서는 원수도 사랑하라고 하셨다. 사랑은 위대한 결과를 낳기 때문이다. 아내와 남편이 서로 죽도록 사랑해야 한다. 부모와 자녀가 사랑하며 하나님의 뜻을 이루어 가야 한다. 형제 자매가 싸우지 말고 서로 힘을 다해서 사랑해야 한다. 또한 하나님은 네 이웃을 네 몸같이 사랑하라고 하셨다. 사랑은 하나님의 거룩한 뜻을 이루어 가기 때문이다. 성도라면 사랑의 메신저가 되어야 마땅할 것이다.

그런데 우리가 사랑하지 말아야 할 것이 있다. 바로 돈이다. 돈을 사랑하는 것은 일만 악의 뿌리라고 성경은 기록하였다. 얼마나 위험하고 악하면 일만 악의 뿌리라고 했겠는가? 세상은 돈 때문에 울기도 하고 웃기도 한다. 돈 때문에 불행하기도 하고 행복하기도 한다. 세상이 온통 돈이 없으면 아무것도 아니라는 가치관에 사로잡혀 있다. 모든 사람들이 돈을 벌기 위해서 안간힘을 쓴다. 돈이 주는 혜택을 누리기 위해서 수단과 방법을 가리지 않고 돈을 모은다. 때로는 법을 어기면서까지 돈에 집착하여 물불을 가리지 않는다.

돈이 있어야 결혼도 하고 돈이 있어야 자녀를 낳아 키운다고 한다. 돈이 없는 자는 결혼도 못하고 사람 구실도 제대로 하지 못한다고 한다. 이것이 세상이다. 그러나 성도의 삶은 달라야 한다. 돈으로 삶이 좌우지 되는 것이 아니다. 하나님의 말씀으로 삶의 터전을 이루는 것이 되어야 한다. 돈이 없어도 가지고 있는 것에 늘 만족함을 누리며 사는 것이다. 우리의 아버지가 되신 하나님께서 우리에게 필요한 모든 것을 다 예비하시고 준비하고 계시다는 믿음을 가지고 살아야 한다. 돈이 없다고 낙심하거나 절망하지 말자. 힘을 다해서 열심히 살다 보면 주님이 채워 주시는 복을 누리게 된다.

'사랑의 하나님 아버지, 주님이 주시는 복만을 사랑하지 않게 하시고 주님을 더욱 사랑하는 자들이 되게 하시며 주님을 더욱 즐거워하는 삶이 되게 하옵소서. 아멘!'

15. 필요한 것만 구입하자

"나의 하나님이 그리스도 예수 안에서 영광 가운데 그 풍성한 대로 너희 모든 쓸 것을 채우시리라"(빌 4:19).

돈만 있으면 무엇이든지 가능한 시대에 살고 있다. 하나님이 계셔야 할 자리에 돈이라는 우상이 자리를 잡고 있다. 그래서 수많은 사람들을 돈의 노예로 전락시킨다. 사람들을 현혹시켜서 죄를 짓게 하는 일에 얼마나 과감한지 모른다. 돈이 되는 곳은 사람들이 몰려 든다. 마치 돈 때문에 사는 인생들처럼 행동하는 모습을 볼 수 있다. 부부도 돈 때문에 다투고 싸우고 하는 일이 다반사다.

하나님을 두려워해야 하는데 돈이 두려워서 벌벌 떤다. 돈 앞에는 부모 형제도 보이지 않는다. 돈이 우선이 되기 때문이다. 사람들에게 하나님을 볼 수 없도록 시야를 가려놓는다. 이 얼마나 비참하고 참담한가? 하나님은 인생들에게 꼭 필요한 것은 다 공짜로 주셨다. 산과 바다와 땅과 공기와 산소와 물과 비와 햇빛이 없이는 살 수 없다. 이것을 비싼 가격을 지불하고 사서 쓰는 사람은 아무도 없다. 모든 사람들에게 값없이 주셨다.

우리에게 하루 종일 꼭 필요한 것이 무엇인가? 하루 세끼 먹는 밥일 것이다. 옷은 입던 옷 입으면 되고 교통은 대중교통을 이용하면 된다. 슈퍼마켓에 가서도 꼭 필요한 것만 사면 된다. 당장 필요하지도 않는데 싸다고 사는 것은 다시 한번 생각해 보아야 한다. 덤으로 무엇을 준다고 계획하지 않는 물건들을 구매한 경험도 있을 것이다. 이런 것도 바람직한 소비 생활은 아니다. 집 안에 물건으로 채우는 일은 삼가해야 한다. 그 때 그때 필요한 것만 알뜰살뜰하게 구입해서 사용하는 생활을 해야 한다. 돈의 노예가 아니라 주인이 되어서 지혜롭게 사용하는 사람이 현명하다.

'사랑의 하나님 아버지, 항상 먼저 그의 나라와 그 의를 구하는 자가 되게 하시고 잠시 있다가 사라지고 말 것들에 대한 집착으로 인해 불평과 원망의 죄를 범치 않게 하옵소서. 아멘!'

16. 부부가 물질에 투명해야 한다

"두 사람이 한 사람보다 나음은 저희가 수고함으로 좋은 상을 얻을 것임이라 혹 저희가 넘어지면 하나가 그 동무를 붙들어 일으키려니와 홀로 있어 넘어지고 붙들어 일으킬 자가 없는 자에게는 화가 있으리라"(전 4:9-10).

요즈음은 맞벌이 부부가 많아지고 있다. 그래서 부부가 각자의 통장을 가지고 있다. 서로가 재산이 얼마인지 굳이 알 필요가 없다고 한다. 내가 벌어서 내가 쓰겠다는 식이다. 그래서 생활비만 공동 부담으로 한다. 그러나 부부의 재산 관리는 서로가 같이 해야 한다. 남편이 직장을 다니고 돈을 벌어도 그 수입은 아내와 공동 수입이 되는 것이다. 물질로도 하나가 되지 못하는 것은 옳은 일이 아니다.

물질의 사용처도 서로가 잘 알아야 한다. 배우자 모르게 사용하는 것은 잘못된 것이다. 배우자가 쓰고 있는 사소한 것까지 알 필요는 없겠지만 될 수 있으면 투명하게 공개되어야 한다. 특히 부담스러운 큰 액수는 절대로 배우자를 속이지 말아야 한다. 서로의 합의하에 쓰여져야 한다. 배우자 모르게 큰 돈의 액수를 사용했다가 낭패를 당하는 수가 많기 때문이다.

너무나 물질에 집착을 보이면 가정이 원만하지 못하는 경우가 대부분이다. 꼭 필요할 때는 써야 할 것이다. 그러나 부부가 상의해서 적당하게 선을 긋고 지혜롭게 관리해야 한다. 돈을 빌리고 꾸어 주는 일도 배우자와 상관없이 마음대로 결정해서는 안 된다. 잘 의논해서 꼭 해야 하는지를 판단해야 한다. 돈 때문에 수많은 가정들이 어려움 속에서 살고 있다. 한 쪽 배우자가 물질관이 너무 허술할 때 당하는 고통은 말로 다 할 수 없다. 그래서 부부 중에 물질을 지혜롭고 성실하게 관리하는 자가 맡아야 한다. 물질을 잘 관리해서 온 식구들이 평안함을 누리며 살아야 하지 않겠는가? 주님께 기도하면서 지혜를 구하고 많은 사람들을 행복하게 해주는 부부가 되자.

'사랑의 하나님 아버지, 우리가 서로 한마음 한뜻으로 살아가게 하시고 서로를 잘 알고 존중하며 다른 이들의 유익을 구하는 복된 부부가 되게 하옵소서. 아멘!'

17. 정직하고 바르게 사용해야 한다

"나의 방패는 마음이 정직한 자를 구원하시는 하나님께 있도다"(시 7:10).

성도들은 이 땅에서 청지기의 삶을 살아야 한다. 주님이 맡겨주신 것들을 내 마음대로 하는 것이 아니다. 주님의 뜻대로 정직하고 바르게 사용해야 한다. 우리 가정에 허락하신 물질을 얼마만큼 지혜롭게 잘 사용하고 있는지 늘 점검해야 한다. 늘 우리를 눈동자와 같이 지키시고 살피시는 하나님 앞에서 어떤 모습으로 살아야 하는가? 두렵고 떨리는 마음으로 주님의 것을 합당하게 사용해야 한다.

돈은 우리에게 수많은 유혹거리를 제공한다. 하나님과 멀어지게 하고 세상을 사랑하도록 만든다. 눈에 보이는 것을 좇아 가게 한다. 옳고 그름을 판단하기 보다 돈이면 다 된다라는 생각을 하게 한다. 세상은 정직하게 돈을 사용하는 사람들을 비웃고 바보라고 부르기도 한다. 때로는 어리석다고 손가락질을 하기도 한다. 그럴지라도 주님이 주신 물질은 정직하게 사용해야 한다. 욕심과 욕망과 탐욕에 이끌려서 사용하는 것은 죄악이다.

죄를 멀리 하기 위해서는 물질을 정직하고 바르게 쓸 줄 알아야 한다. 내 이익만을 위해서 다른 사람들을 해롭게 해서는 안 된다. 내가 손해를 보는 것이 더 나은 것이다. 돈을 벌기 위해서 불법거래를 한다거나 남을 속이는 짓은 하나님을 멸시하는 일이다. 돈을 벌기 위해서는 주님의 방법으로 돈을 사용할 수 있어야 한다. 정직하게 돈을 벌고 쓸 수 있어야 한다. 성도는 어떠한 일이 있어도 세상과 타협해서는 안 된다. 결국은 망하게 되기 때문이다. 물질을 정직하고 바르게 사용하는 자는 하나님만을 높이는 자이다. 삶 속에서 주인 되신 주님을 매사에 인정하는 신실한 자이다. 믿음을 지키며 성숙한 성도의 모습으로 변화되어가는 자이다. 욕심보를 키우지 말고 선행창구를 확장해 가는 복된 자들이 되자.

'사랑의 하나님 아버지, 심령을 감찰하시는 하나님 보시기에 정직히 행하게 하시고 주께서 주신 규례와 법도를 사랑하며 지키게 하옵소서. 우리 안에 솟아나는 욕망의 창구를 죽이게 하시고 오직 선행의창구만이 확장되는 복이 넘치게 하소서. 아멘!'

18. 세금을 철저하게 납부하자

"가로되 가이사의 것이니이다 이에 가라사대 그런즉 가이사의 것은 가이사에게, 하나님의 것은 하나님께 바치라 하시니"(마 22:21).

성도라면 당연히 국가를 사랑하고 국민의 의무를 다해야 한다. 대통령과 위정자들을 위해서 기도하고 나라가 잘 되기를 위해 협력해야 한다. 무엇보다도 국민의 의무를 다하기 위해서는 세금을 잘 납부해야 한다. 정당하게 힘을 다해서 세금을 내면서 정직하게 살아야 한다. 우리는 국가가 주는 많은 혜택을 입으면서 살아간다. 그러나 이 모든 것이 국민이 내는 세금으로 운영된다. 나만 잘 사는 것이 아니라 국민들과 함께 더불어 사는 것을 배워야 한다.

한 달에 들어오는 수입이 많지 않아도 꼭 납부해야 하는 것은 성도의 의무이다. 모든 일에 먼저 솔선수범해야 한다. 다른 사람들이 하지 않아도 옳은 일이라면 손해를 보아도 마땅히 해야 한다. 나라의 질서와 기강이 잘 잡혀야 평안하게 살지 않겠는가? 공산 국가를 한 번 생각해 보라. 얼마나 불행하고 힘든 삶을 살고 있는가? 민주주의 나라에서 살고 있다는 것에 감사하자. 그리고 세상의 빛과 소금의 역할을 잘 감당하자. 내가 바로 서면 가정이 잘될 것이고 가정이 평안하면 나라의 질서도 든든히 세워가게 되지 않겠는가?

아무리 부자라고 해도 국민의 의무를 다하지 않고 세금을 착복한다면 비굴한 부자이다. 무례하고 성실하지 못한 자이다. 돈은 잘 쓰라고 있는 것이다. 내 배만 채우는 어리석은 사람이 되어서는 안 된다. 돈의 욕심은 사람을 비굴하고 어리석게 만든다. 이러한 죄에 빠지지 않도록 늘 깨어서 기도해야 한다. 남편이 못하면 아내가 지혜롭게 잘 하도록 도와 주어야 한다. 둘이 같이 죄를 짓는 것은 늪에 점점 빠져 들어가는 것과 같다. 한 사람이라도 정신을 차리고 바르게 성도의 의무를 다하도록 독려해야 한다. 이것이 가정이 사는 길이고 나라가 부강하게 되는 것이다.

'사랑의 하나님 아버지, 우리가 하나님의 것도 도적질하지 말아야 하지만 국가의 번영과 융성함을 위한 기여에도 정직하게 행동하며 실천하게 하옵소서. 아멘!'

19. 돈 거래를 하지 말자

"네가 형제에게 꾸이거든 이식을 취하지 말지니 곧 돈의 이식, 식물의 이식, 무릇 이식을 낼 만한 것의 이식을 취하지 말 것이라"(신 23:19).

평상시 관계가 좋은 사람들도 돈 때문에 관계가 나빠지는 경우가 많다. 돈을 빌려 주고 받지 못할 때 생기는 부작용은 사람들과의 관계를 복잡하게 만든다. 다투고 싸우는 일도 비일비재하다. 때로는 형제들끼리도 돈 문제 때문에 사이에 금이 간다. 부모와 자식관계에서도 돈 때문에 덕스럽지 못하는 일이 얼마나 많이 일어나는지 모른다. 부부 사이도 마찬가지이다. 배우자가 돈의 씀씀이가 많아서 불이익을 당하는 경우도 수없이 많다. 친한 친구나 형제가 돈을 빌려 달라고 하면 내가 가지고 있는 범위 안에서 빌려 주어야 한다. 왜냐하면 상대방이 혹시 갚을 능력이 없어서 못 갚을지라도 내 생활에 막대한 피해가 없어야 하기 때문이다. 집을 담보 잡히거나 무리하게 돈을 빌려 주었다가 큰 낭패를 당하기 쉽기 때문이다. 빌려간 사람들이 의도적으로 갚지 않아서가 아니다. 돈이라는 것이 원래 내 마음대로 움직이지 않기 때문이다. 믿을 수 없는 것이 돈의 흐름이다. 내 생각하고는 전혀 다르게 움직이기 때문이다. 그래서 돈 놀이를 하면 삶이 엉망이 되는 것이다.

교회 안에서도 돈을 빌려주고 이자를 받는 어리석은 행동은 삼가해야 한다. 사단이 틈을 타서 성도들간의 관계를 악화시킨다. 교회 안에서 덕이 되지 못하는 경우가 많다. 정말 어려운 성도가 너무 다급해서 돈을 빌려 달라고 하면 안 받아도 살 수 있을 만큼만 빌려 주어야 한다. 그러나 할 수만 있으면 안 하는 것이 덕을 세우는 길이다. 피를 나눈 형제들 사이도 너무 돈으로 얽히게 되면 마음이 불편하다. 심한 경우 원수가 되거나 무서운 살인 죄까지도 범한다. 사업자금이 필요하면 은행이나 여러 기관들을 통해서 하면 된다. 굳이 성도들간에 돈 거래를 해서 불미스러운 일을 만드는 것은 지혜롭지 못한 일이다.

'사랑의 하나님 아버지, 이식을 위하여 꾸거나 빌리는 일이 없게 하시고 필요로 하는 자들에게 도움을 줄 수 있는 여유로운 마음으로 살아가게 하옵소서. 착한 일을 많이 심어 좋은 것을 거둘 줄 아는 즐거움도 넘치게 하소서. 아멘!'

20. 부모를 잘 섬기자

"자녀들아 너희 부모를 주 안에서 순종하라 이것이 옳으니라 네 아버지와 어머니를 공경하라 이것이 약속 있는 첫 계명이니 이는 네가 잘 되고 땅에서 장수하리라(엡 6:1-3).

　자녀들은 결혼을 해서 가정을 이루고 살아도 늘 부모님 생각만 하면 그립고 보고 싶어진다. 결혼 전과 같이 함께 사는 일은 없을 것이고 늘 떨어져서 살아야 하는 것이 안타까울 뿐인 것이다. 부모들도 자녀들을 결혼시키고 떠나 보내야 하는 안타까운 심정은 말로 다 표현할 수 없을 것이다. 우리를 낳아 주시고 길러주신 부모님의 은혜를 어찌 다 갚을 수 있을 것인가? 자식이라면 결혼을 했어도 절대로 부모님의 헌신과 사랑을 잊지 말아야 한다. 그들의 수고와 땀에 늘 감사하는 마음자세를 가져야 한다. 아무리 사는 것이 바쁘고 힘들어도 부모님을 살펴주고 도와 주는 일을 잘 해야 한다.

　현실적으로 부모님을 자주 찾아 뵙는 일은 쉽지가 않다. 보고 싶어도 늘 마음뿐이다. 혹시라도 부모님들이 연세가 많으면 더 염려가 된다. 어떻게 하면 부모님들을 잘 보살펴 드릴 수 있을까? 물론 여러 가지 방법들이 있을 것이다. 그러나 무엇보다도 부모님들은 연로하셔서 생활 능력이 부족하시다. 돈이 없으면 아파도 병원에 갈 수 없다. 노후에 부모가 바라는 가장 필요한 것은 현금이라는 통계가 한 번도 사라진 적이 없다. 자녀들 입장에서 현실적으로 살아가는 것이 힘들어서 부모님에게 풍족하게 생활비는 드릴 수가 없을 것이다. 그러나 매달 용돈을 드리는 것은 아주 좋은 방법이다. 마음과 물질이 함께 어우러져 섬길 수 있기 때문이다. 적은 것이라도 성의를 다해서 매달 용돈을 드리자. 자녀들의 따뜻하고 기특한 마음이 부모님을 행복하게 해줄 것이다. 빈 둥지 안에서 노후를 보내는 것은 외롭고 힘든 시간들이다. 늘 부모님들과 함께 살 수 없다면 다른 방법으로 도울 길을 찾아야 한다. 네 부모를 공경하라는 하나님의 말씀은 하늘나라에 갈 때까지 실천하는 것이다. 남은 여생이 자녀들로 하여금 즐거움을 누릴 수 있다면 더없이 행복할 것이다.

　'사랑의 하나님 아버지, 우리에게 부모님을 주셔서 감사합니다. 우리를 잘 길러주셔서 지금의 우리가 있게 하신 양가 어른들의 은택을 잊지 않게 하시고 부모를 잘 공경하는 자녀가 되게 하소서. 아멘!'

21 자녀들에게 꼭 필요한 용돈만 주자

"너희는 먼저 그의 나라와 그의 의를 구하라 그리하면 이 모든 것을 너희에게 더하시리라"(마 6:33).

돈만 있으면 어린 자녀들도 필요한 것을 어디서나 살 수 있다. 어려서부터 원하는 것이면 무엇이든지 가지려고 하는 욕심보를 늘려 주어서는 안 된다. 될 수 있으면 간식도 부모가 집에서 마련해 주는 것이 좋다. 내 자녀가 무엇을 먹는지는 부모가 알아야 하기 때문이다. 유해 식품이 많기 때문에 먹거리에 주의를 주어야 한다. 먹거리는 자녀들에게 너무나 중요하다. 특히 어린 자녀들 입으로 무엇이 들어가는지 늘 관심을 가져야 한다. 건강을 해칠 수가 있기 때문이다. 자녀들에게 용돈을 주는 것도 반드시 필요한 것만 주어야 한다. 너무 많이 주면 돈의 가치를 우습게 여기는 경향이 있다. 한 푼 두 푼 부모가 땀 흘려서 모은 돈임을 가르쳐 주자. 함부로 사용하지 않도록 잘 지도해 주어야 한다. 아주 어릴 때는 부모의 간섭을 받고 사용하도록 해야 한다. 청소년이 되면 일정한 금액을 주어서 규모 있게 잘 쓸 수 있도록 해야 한다.

용돈은 모자라는 것이 남는 것보다 낫다. 용돈이 남아서 저축을 하는 것도 중요하지만 가지고 있는 돈을 효율적으로 잘 쓰는 것도 중요하기 때문이다. 어려서부터 너무 돈에 욕심을 부리면 커서도 돈밖에 모르는 사람이 될 수도 있다. 돈의 가치를 소중하게 생각하고 꼭 필요할 때 잘 사용하도록 가르쳐 주어야 한다. 대학생이 되었으면 자기 용돈은 스스로 벌어서 쓸 수 있도록 해야 한다. 서서히 독립심을 키워주는 것이 중요하다. 부모의 재산이 곧 자녀들 것이 아니라는 것을 가르쳐 주어야 한다. 부모들이 부자라면 어느 정도는 혜택을 누릴 수 있을 것이다. 그러나 스스로 노력하는 것을 체득하지 않으면 아무리 돈이 많아도 망하는 것은 순식간이다. 자녀들에게 돈의 가치와 무서움을 잘 가르쳐 주자.

'사랑의 하나님 아버지, 우리에게 있어야 할 것을 아시고 필요한 것들을 채워주심을 감사합니다. 자녀들도 일확천금을 꿈꾸지 않고 검소하게 살며 있는 것으로 족하게 하시고 주님의 나라와 의를 구하며 살게 하옵소서. 아멘!'

22. 물질로 섬기는 법을 배우자

"가서 네 있는 것을 다 팔아 가난한 자들을 주라 그리하면 하늘에서 보화가 네게 있으리라 그리고 와서 나를 좇으라 하시니"(막 10:21).

이 세상에 부자가 되는 것을 싫어하는 사람들은 아무도 없을 것이다. 돈을 많이 벌기 위해서 한평생 수고의 땀을 흘리며 노력하는 사람들이 얼마나 많은지 모른다. 그들은 돈이 인생의 전부라는 생각을 가지고 살기 때문이다. 그러나 돈이 많지 않다고 낙심하고 절망할 필요가 없다. 진짜 부자는 가지고 있는 돈을 어떻게 효율적으로 잘 쓰느냐에 달려 있다. 돈이 많으면 그만큼 많은 곳에 영향력이 드러나도록 사용되어야 한다. 자기 자신과 가족들만을 위해서 쓰는 것이 아니라 다른 사람들에게 베풀어야 한다. 재산을 늘리고 또 늘려서 욕심보가 터지도록 부를 축적하는 삶이 되어서는 안 된다. 이 땅에서 살 수 있는 세월은 지극히 한정적이다. 젊어서 죽을 수도 있고 언제 인생을 마감할지 아무도 모른다.

열심히 일해서 돈을 많이 모으는 것도 중요하지만 가지고 있는 돈을 얼마나 잘 쓰느냐가 더 중요하다. 그러면 어떻게 사용하는 것이 돈을 잘 쓰는 것일까? 먼저는 주변의 가까운 사람들에게 관심과 사랑으로 그들의 필요를 채워주는 것이다. 교회에서는 주의 종들에게 도움을 줄 수 있는 물질이 되어야 한다. 또한 성도들의 가정을 살피며 그들에게 물질의 도움을 주는 것도 중요한 일이다. 외지에서 선교 사역을 감당하고 있는 많은 선교사님들을 도와주는 것도 절실히 필요하다. 다른 사람들을 돕고 싶어도 돈이 없으면 대부분 마음뿐이다. 그러나 물질을 가지고 있으면 마음과 함께 상대방의 필요를 채워 주는 일을 하자. 돈의 가치는 잘 사용되어질 때만이 높아지는 것이다. 장롱 속에 꼭꼭 숨겨 놓는 것은 돈이 아니다. 하나님이 우리에게 맡기신 재물을 다른 사람들을 섬기는 데 사용하는 복된 자녀들이 되자. 반드시 주님께서 셈을 하실 것이다. 두려운 마음으로 잘 사용하자.

'사랑의 하나님 아버지, 우리에게 먹을 것과 입을 것과 쓸 것을 주셔서 감사합니다. 우리에게 주신 것을 가지고 영혼을 건짐과 구제와 봉사에 아낌 없이 쓸 수 있게 하옵소서. 아멘!'

23. 취미 생활에도 투자하자

"두 사람이 한 사람보다 나음은 저희가 수고함으로 좋은 상을 얻을 것임이라"(전 4:9).

결혼 전에는 시간의 여유를 가지고 각자 취미 생활을 했을 것이다. 그러나 결혼 후에는 자녀들을 키우면서 점점 바쁜 생활에 허우적거리다 보면 삶의 여유를 가질 수가 없다. 그러나 결혼 후에도 계속적으로 부부가 함께할 수 있는 취미 활동을 갖는 것이 좋다. 서로 좋아하는 것이 다르겠지만 될 수 있으면 부부는 뭐든지 함께하는 것이 좋은 것이다. 주말을 잘 활용해서 부부가 함께하는 일들을 만들자. 서로 마음을 터놓고 대화하며 취미 활동을 하는 것이 건강에도 좋고 삶의 활력을 불어넣어 줄 수 있다. 아내를 위해서 또는 사랑하는 남편을 위해서도 서로 함께하는 좋은 시간들을 보내야 한다.

늘 일상적인 생활에서 벗어나는 것도 정신적으로 필요하다. 주부들은 주로 집에서 활동하기 때문에 답답하기도 하고 자신이 무기력하다고 느낄 때도 있다. 작은 공간에서 생활하기 때문에 여러 가지 스트레스를 받을 수 있다. 또한 남편의 뒷바라지와 자녀들을 키우는 것은 주부들에게는 큰 부담이 되는 일이다. 남편들도 직장에서 많은 스트레스를 받으면서 일하기 때문에 쉼이 필요하다. 일 중독으로 인해 두통과 피로에 시달린다. 부부가 육체적인 피로를 푸는 방법을 잘 터득해야 한다. 피곤이 누적이 되다 보면 병을 유발할 수 있기 때문이다. 또한 일상 생활에서 탈출하여 정신적으로도 쉼을 주는 것도 아주 중요하다. 집 안에서의 생활에서 벗어나서 단 몇 시간이라도 다른 환경에서 지내는 것도 괜찮은 방법이다. 예를 들면 등산을 간다거나 영화 관람을 한다거나 박물관을 방문하는 것도 좋을 것이다. 돈을 많이 투자하지 않아도 얼마든지 부부가 시간을 함께하며 즐길 수 있을 것이다. 돈이 없다고 취미 활동을 중단하지 말고 적은 물질을 투자해서 부부가 함께 즐기는 것을 개발하는 행복한 가정이 되기를 바란다.

'사랑의 하나님 아버지, 한 몸을 이룬 부부로서 평생 해로하게 하시고 함께 수고하여 좋은 상을 얻는 즐거움을 맛보는 남은 생애가 되게 하옵소서. 아멘!'

24. 돈을 헛되이 쓰지 말자

"사람의 수고는 다 그 입을 위함이나 그 식욕은 차지 아니하느니라 지혜자가 우매자보다 나은 것이 무엇이뇨 인생 앞에서 행할 줄 아는 가난한 자는 무엇이 유익한고"(전 6:7-8).

어려서부터 돈을 잘 사용하는 법을 배우는 것이 중요하다. 그렇지 않으면 돈의 가치를 우습게 여기는 경향이 많기 때문이다. 돈을 어떻게 사용하느냐에 따라 삶의 질이 결정될 것이다. 우리가 살아가는데 없어서는 안 되는 것이 돈이기도 하다. 그러나 물질에 너무나 많은 비중을 두지 말아야 한다. 세상은 모든 잣대를 돈에 두기도 한다. 돈에 너무 욕심을 부리면 판단력이 흐려진다. 옳고 그름은 늘 성경에 기준을 두어야 한다.

어떤 사람들은 열심히 일해서 돈을 많이 벌기도 한다. 그러나 최선을 다해서 열심히 일해도 돈을 많이 벌지 못하기도 한다. 주님은 가난한 자나 부자 모두에게 먹을 것과 입을 것과 쓸 것을 채워 주신다. 돈을 많이 못 벌어도 살 수 있는 공간이 주어진다. 성도는 풍부에 처할 줄도 알고 빈부에 처할 줄도 알아야 한다. 돈은 있다가도 없고 없다가도 있는 것이기 때문이다. 그래서 돈은 돌고 돈다는 말이 있다. 하나님께서 우리에게 허락하신 물질을 헛되이 쓰지 않는 것이 더 중요하다. 부부가 돈 타령을 하지 말자. 돈 때문에 부부 싸움을 하지 말자. 서로가 욕심 부리지 말고 형편대로 쓰면 되는 것이다. 돈이 없으면 없는 대로 절약해서 살아가는 지혜를 발휘해야 한다. 돈이 넉넉하게 있으면 많은 사람들에게 유익을 주면서 살아가면 된다. 아내들은 백화점이나 마트에 가서 돈을 사용할 때 늘 조심해야 한다. 생각 없이 물건을 구입하다가는 적자의 살림살이가 되기 쉽다. 항상 기도하면서 꼭 필요한 것만 구입하는 법을 터득해야 한다. 남편들도 늘 기도하면서 돈의 지출을 최소한으로 가져야 한다. 아내와 자녀들을 책임져야 하는 가장이기 때문이다. 헛되게 지출해서 가정 살림을 어렵게 만드는 일은 없어야 한다. 필요한 것들을 적어보고 당장 요긴한 것이 아닌 것들은 지워 버림으로써 절약하는 검소한 삶을 살아가게 될 것이다.

'사랑의 하나님 아버지, 어떻게 하면 하나님을 영화롭게 하고 사람들을 행복하게 하며 우리 자신에게도 만족스러운 길을 갈 수 있는지를 알게 하시고 가르쳐주옵소서. 아멘!'

25. 가족 휴가도 즐겨야 한다

"네 집 내실에 있는 네 아내는 결실한 포도나무 같으며 네 상에 둘린 자식은 어린 감람나무 같으리로다"(시 128:3).

선진국에서는 대부분 가족 휴가를 일 년에 한 번씩 꼭 갖는다. 년 중 행사 계획에 포함되어서 가족들이 휴가를 기다린다. 자녀들도 부모와 함께하는 시간들을 사모하면서 기다리고 있다. 매년마다 휴가를 어디에서 보낼 것인가를 계획한다. 가족들이 나같이 즐겁고 행복한 시간들을 가지려고 노력한다. 가족 여행을 통해서 일상 생활에서의 탈출을 만끽한다. 이러한 쉼은 또 다른 한 해를 보내는데 좋은 활력소가 되기도 한다. 가족 휴가는 꼭 필요한 시간들이다. 부부가 반복적인 생활에서 벗어날 수 있는 좋은 기회가 된다. 가족 휴가는 돈이 많이 필요하다. 그러나 최대한 절약해서 가족들의 행복을 위해서 투자하는 것은 좋은 것이다. 아내가 집안 일에서 벗어나서 자유롭게 즐길 수 있는 시간이다. 남편들도 직장에서 받은 많은 스트레스를 날려 버릴 수 있는 기회일 것이다. 자녀들도 부모와 함께하는 시간들을 보내면서 마음껏 웃고 놀 수 있는 행복한 시간들이다.

남편들이 사랑하는 아내와 자녀들을 위해서 즐거운 여행 계획을 세우는 것은 잘하는 것이다. 가정의 화목함을 위해서 노력해야 한다. 재정적으로 부담은 되겠지만 가족 여행은 돈으로 환산할 수 없는 기쁨을 줄 것이다. 가족들에게 아름답고 즐거운 추억들을 만들어 주는 것은 아무나 할 수 있는 일은 아닐 것이다. 그러나 아내와 자녀들을 진정으로 사랑한다면 시간과 물질을 아낌없이 투자해야 한다. 하나님이 만드신 산천초목을 바라보면서 감사하고 즐기는 가족 여행이야말로 얼마나 멋진 일인가? 아무런 계획 없이 여행하는 것이 아니라 하나님께 기도하면서 가족 여행을 재미있고 즐겁게 의미 있게 만들어 보자.

'사랑의 하나님 아버지, 우리들만의 우물을 주심을 감사합니다. 이곳에서만 마실 수 있는 시원하고 달콤한 물을 마시게 하옵시고 악에 빠지지 않고 가족간의 사랑을 더욱 확고하게 하는 은총만 넘치게 하옵소서. 아멘!'

26. 아내의 필요를 잘 충족시켜 주자

"남편 된 자들아 이와 같이 지식을 따라 너희 아내와 동거하고 저는 더 연약한 그릇이요 또 생명의 은혜를 기업으로 함께 받을 자로 알아 귀히 여기라 이는 너희 기도가 막히지 아니하게 하려 함이라"(벧전 3:7).

여성들은 결혼 전에는 사고 싶은 것을 마음대로 사면서 살았을 것이다. 그들은 시간만 있으면 스트레스를 풀기 위해서도 백화점을 이용한다. 돈이 없어도 볼거리 등을 즐기면서 시간을 보내기도 한다. 백화점에 가면 남성들을 위한 쇼핑몰은 한 층 정도이고 나머지는 대부분 여성들을 위한 쇼핑몰이다. 여성들을 위한 눈요깃거리들이 너무나 많기 때문이다. 계절마다 예쁘고 아름다운 옷들이 걸려 있는 것을 보면 사고 싶은 충동 때문에 많이 구입했을 것이다. 그러나 결혼 후에는 경제적인 염려 때문에 사고 싶은 것을 마음대로 살 수가 없다. 돈 걱정 때문에 아내들이 사고 싶은 것들로부터 많은 제약을 받는다. 어떤 아내들은 팍팍한 삶 때문에 제대로 된 외출복이 없을 정도라고 하니 얼마나 기가 막힌 노릇인가? 돈을 절약하고 알뜰 살뜰하게 사는 것도 중요하지만 남편들은 아내들의 욕구를 만족시켜 줄 수 있어야 한다. 아내의 생일을 이용해서 멋진 드레스를 선물하는 것도 좋은 방법일 것이다. 또한 결혼 기념일을 기억해서 아내가 원하는 액세서리나 예쁜 옷을 선물해 주는 것도 남편의 사랑을 표현하는 좋은 방법이다. 남편들이 아내들에게 표현하는 사랑의 방법에는 여러 가지가 있다. 그러나 무엇보다도 아내의 필요를 잘 채워주는 자상한 마음이 남편들에게 있어야 한다. 아내를 사랑한다고 말로만 하지 말자. 사랑을 마음으로 담아 물질을 투자해서 아내를 기쁘게 해 주어야 한다. 남편만이 아내를 기쁘게 해 줄 수 있다. 자상하고 따뜻한 남편의 사랑을 늘 받고 산다면 얼마나 가정 생활이 행복하겠는가? 하나님이 나에게 허락하신 아내는 늘 내 옆에서 사랑스럽게 행복하게 살아야 하기 때문이다.

'사랑의 하나님 아버지, 뼈 중의 뼈요 살 중의 살인 아내를 주셔서 감사합니다. 아내를 즐거워하고 그의 필요를 마음 깊이 채워 흡족한 삶을 살아가게 하옵소서. 아멘!'

27. 남편이 무엇이 필요한지 살펴주자

"누가 현숙한 여인을 찾아 얻겠느냐 그 값은 진주보다 더하니라 그런 자의 남편의 마음은 그를 믿나니 산업이 핍절치 아니하겠으며"(잠 31:10-11).

아내들이 해야 할 일은 평생토록 남편을 돕는 배필로서 살아가는 것이다. 그만큼 아내의 도움 없이는 살 수 없다는 것을 의미하기도 한다. 결혼 전에는 어머니들의 극진한 사랑과 돌봄을 받으면서 살아온 남편들이다. 그러나 결혼 후에는 어머니의 손에서 벗어나서 아내의 정성 어린 돌봄과 사랑이 있어야 한다. 남성들은 대부분 일 중심으로 살아간다. 가정의 일이나 집 안의 대소사에는 별로 관심이 없다.

남편들은 때로는 한 가지 일에는 무서운 집중력을 발휘하기도 한다. 그러나 한꺼번에 여러 가지 일을 하지 못하는 경향이 있다. 사랑하는 아내들은 남편들이 보이지 않는 그 많은 잔 일을 기쁨으로 감당해야 한다. 아주 사소한 일이라도 남편을 위하는 것이라면 기꺼이 해야 한다. 아내의 눈에는 사소한 일이지만 남편에게는 꼭 해야만 하는 일이 될 수 있기 때문이다.

가끔 어떤 아내들은 남편들의 사소한 일들을 하면서 남편들을 어린아이로 취급하는 경향이 있다. 그러나 그것은 옳은 것이 아니다. 성경은 남편에게 복종하라고 하셨다. 남편에게 부족한 면이 많아도 늘 존경하는 마음을 잊어서는 안 된다. 남편에게 필요한 것이 무엇인지 꼼꼼히 살펴 주어야 한다. 양복을 입는 일부터 시작해서 속옷을 챙겨 주는 일 등 할 일은 무궁무진하게 많다. 잔소리하지 않고 돈을 투자해서 멋스러운 남편으로 만들자. 늘 멋있다고 하고 존경한다고 하면 얼마나 에너지 충전이 되겠는가? 내 남편은 내가 훌륭하게 멋있게 만들어 가는 것이다. 존경하는 남편의 허물까지 아름답게 덮어주는 아내라면 더 무엇을 바라겠는가?

'사랑의 하나님 아버지, 진주보다 더 귀한 보배를 주시고 서로 믿고 의지하며 살게 하시니 감사합니다. 우리의 산업에 모자람이 없게 하시고 선을 행하고 악을 행하는 일들이 없게 하옵소서. 아멘!'

28. 무리한 투자는 삼가해야 한다

"여호와께서 집을 세우지 아니하시면 세우는 자의 수고가 헛되며 여호와께서 성을 지키지 아니하시면 파수꾼의 경성함이 허사로다"(시 127:1).

요즈음은 맞벌이 하는 부부들이 많이 있다. 어머니의 돌봄이 절실히 필요한 어린 자녀를 두고도 직장 생활을 하는 아내들이 많다. 무엇 때문인가? 다시 한번 깊이 생각해 보아야 한다. 어린 자녀의 돌봄은 시간이 지나면 할 수 없다. 자녀들이 기다려 주지 않기 때문이다. 점점 육체적으로 성장하는 자녀가 영적으로도 성장하기 위해서는 부모의 관심과 사랑과 돌봄이 너무나 필요하다.

남편의 수입으로는 살아가기가 어렵기 때문에 아내들도 직장을 다니는 경우가 대부분일 것이다. 돈이 필요해서 일하는 것이지만 자녀가 어릴 때는 돈보다 더 중요한 것이 있다는 것을 알아야 한다. 부모의 사랑과 정성 어린 돌봄은 돈으로 계산할 수 없다. 그런데 부부가 재산을 늘리려고 얼마나 많은 고생을 하는지 모른다. 그래서 돈이 되는 것이라면 투자를 아끼지 않는 경우가 있다. 가끔 위험한 투자 때문에 많은 부부들이 어려움을 겪는다. 재산을 모으는 것도 필요하지만 가족을 희생시키면서 까지는 하지 말아야 한다. 남편과 아내와 자녀가 하나되는 아름다운 가정을 만들기 위해서는 포기해야 할 것이 의외로 많다. 너무 돈 때문에 식구들과 함께하는 귀한 시간들을 헛되이 보내지 말자. 재산 증식을 위해서 절대로 무리한 투자는 하지 말자. 가정이 화목하고 하나님을 경외하는 믿음의 사람들이 되는 것이 무엇보다 더 귀중하다. 부부가 하나님이 주시는 복을 마음껏 누리기 위해서는 물질에 너무 많은 욕심을 부려서는 안 된다.

'사랑의 하나님 아버지, 사람이 마음으로 계획할지라도 여호와께서 이끌지 아니하시면 그 모든 것이 허사임을 믿습니다. 우리의 산업을 친히 이끄시고 영광을 받으소서. 주의 손에 붙들림 바 되어 언제나 감사와 승리의 감격이 넘치게 하옵소서. 아멘!'

29. 은혜롭게 물질을 사용하자

"각양 좋은 은사와 온전한 선물이 다 위로부터 빛들의 아버지께로서 내려오나니 그는 변함도 없으시고 회전하는 그림자도 없으시니라"(약 1:17).

부모가 자녀들에게 용돈을 주었을 때는 잘 쓰기를 원하는 마음으로 준다. 함부로 쓰지 말고 지혜롭게 잘 사용하기를 바랄 것이다. 자녀들도 내 돈이라고 생각해서 무조건 쓰는 것이 아니라 부모님의 것임을 알고 절약하면서 사용해야 한다. 부모님들의 피와 땀을 통해서 얻어진 물질이다. 자녀로서 그런 돈을 마음대로 사용하는 어리석은 행동은 하지 말아야 한다.

이와 마찬가지로 우리에게 주어진 재물은 다 주님께로부터 온 것이다. 내가 가지고 있는 모든 것의 주인은 하나님이시다. 우리에게 가정을 주시고 사랑스러운 자녀들까지 주신 좋으신 하나님이시다. 이 땅에서 사는 동안 필요한 모든 것을 아낌없이 주신 하나님이시다. 그러므로 재물을 내 마음대로 사용해서는 안 된다. 늘 기도하는 마음으로 잘 사용해야 한다. 너무 돈을 사랑하는 마음으로 수전노 같은 인생을 살아서는 안 된다. 돈을 아끼고 절약하는 것은 좋은 것이지만 구두쇠가 되는 것은 바람직한 것이 못 된다. 돈의 가치는 잘 쓸 때 빛나는 것이기 때문이다.

돈을 가지고 이웃을 사랑하는 삶을 실천해야 한다. 또한 손님을 잘 대접하는 일도 해야 한다. 선교사님들을 돕는 것을 비롯해서 복음 사역에 물질을 투자하는 것도 복된 것이다. 구제하는 일은 꼭 해야할 일이다. 성경에는 고아와 과부들을 도와주고 나그네들을 잘 대접해 주라고 하였다. 늘 기도하는 마음으로 물질을 은혜스럽게 사용해야 한다. 청지기의 마음으로 주님의 것을 잘 사용하는 자만이 칭찬을 들을 것이다. 또한 잘 관리하는 자에게 하나님께서 더 많은 물질을 주실 것이다.

'사랑의 하나님 아버지, 각양 좋은 것들을 허락해 주심을 감사합니다. 더욱 주인 되신 주님의 뜻을 세워가는 일에 가장 복된 일꾼들이 되게 하옵소서. 아멘!'

30. 나그네의 삶이다

"대저 나는 주께 객이 되고 거류자가 됨이 나의 모든 열조와 같으니이다"(시 39:12).

성경은 우리들을 나그네의 삶에 비유하셨다. 이 땅을 잠시 잠깐 있는 곳으로 표현한 것이다. 우리가 영원히 살 곳은 보이는 이 땅이 아니라 보이지 않는 하나님 나라이기 때문이다. 아브라함은 그의 아들 이삭과 손자 야곱과 더불어 장막을 짓고 살았다. 하나님이 직접 지으시고 경영하시는 도성이 있음을 내다보고 나그네 인생으로 살았던 것이다. 성도는 이 땅의 삶을 나그네의 삶으로 살아가는 자이다. 나그네의 삶의 특징은 모든 것을 갖추어 놓고 살지 않는다는 것이다. 꼭 필요한 것 외에는 가지지 말아야 한다. 언제 떠나야 할지 모르기 때문이다. 너무나 가지고 있는 것들이 많으면 떠날 때 다 버려야 한다. 늘 간편하게 짐을 꾸릴 수 있을 정도이어야 한다.

지금 현재 가지고 있는 것이 아무리 많아도 하늘 나라에 가지고 갈 수 있는 것은 아무 것도 없다. 이 땅에 빈 손으로 왔기 때문에 빈 손으로 세상을 떠나야 하는 것이다. 다만 이 땅에 살면서 주님이 주신 것을 얼마만큼 잘 사용했는지를 판단하실 것이다. 그 때에 주님께 칭찬을 듣는 성도가 되어야 하지 않겠는가? 우리의 보물을 하늘에 쌓아 두는 지혜로운 자가 되어야 한다. 이 땅에 쌓아 두는 어리석은 자가 되지 말아야 한다.

나그네의 특징은 욕심을 부리지 않는 것이다. 왜냐하면 잠깐 있다가 고향으로 돌아가기 때문이다. 늘 고향을 그리워하며 나그네의 여정을 즐기면 되는 것이다. 지금의 고통과 고난은 고향에서 맛볼 행복을 생각하며 이겨내는 것이다. 이 땅에서 잘 먹고 잘 사는 것보다 더 중요한 것은 하늘나라 백성으로서 어떻게 살아야 하는지가 더 고귀한 것이다. 영원한 삶을 준비하는 지혜로운 하나님의 자녀가 되어야 하지 않겠는가? 이 땅에서는 잘 살았지만 지옥을 향해서 간다면 그것보다 더 불행한 일은 없을 것이다. 영원한 천국의 삶이 우리를 기다리고 있음을 기대하며 욕심 부리지 말고 늘 감사하며 살아가자.

'사랑의 하나님 아버지, 우리가 돌아갈 본향이 있음을 알고 그 나라에서 받을 상을 위하여 나그네로서 힘껏 달려가는 믿음의 경주자가 되게 하소서. 아멘!'

CHAPTER_ 12

처가와 시댁

1. 시부모님을 존경하자

"네 부모를 공경하라 그리하면 너의 하나님 여호와가 네게 준 땅에서 네 생명이 길리라"(출 20:12).

시어머니와 며느리가 잘 지내기 위해서는 어떻게 해야 하는가? 며느리 사랑은 시아버지라고 하는데 왜 시어머니와의 관계는 그렇지 않은가? 우리나라의 고부 갈등은 참으로 많은 문제를 안고 있는 것이 사실이다. 성도들도 세상 사람들과 마찬가지로 고부 갈등으로 인해 가정의 어려움이 심각하다. 그러나 진정한 성도들의 삶은 달라야 한다. 시부모님을 내 부모님처럼 여기는 마음을 가져야 한다. 처음에는 힘들겠지만 남편을 낳아 주시고 키워 주신 귀한 부모님이기에 마땅히 사랑의 표현을 해야 한다.

성경에는 부모님을 공경하라고 말씀하셨다. 하나님 말씀에는 어떠한 이유도 없다. 남편의 부모가 내 부모라는 생각을 가져야 하지 않겠는가? 먼저 시부모님이 며느리를 내 자식처럼 사랑하는 것이 우선이 되어야 한다. 부족한 것이 많고 맘에 들지 않는 것이 많이 있을 것이다. 그러나 모든 허물을 덮어 주고 사랑으로 감싸준다면 며느리도 마음을 열고 서서히 시부모님께 다가 갈 것이다.

며느리도 시부모님을 존경하고 사랑하는 마음을 가져야 한다. 시댁은 내가 자라온 환경과 배경이 많이 다르다. 그러나 주님의 사랑으로 잘 받아들이는 지혜가 필요하다. 무엇이든지 적응하는 기간이 필요하듯이 시댁과 잘 지내는 요령을 터득해야 한다. 시부모가 계시고 시댁이 있다는 것은 주님이 주신 복이다. 시댁식구들이 있어서 남편에 대해서 더 많이 알아 갈 수 있는 장점이 있다. 아내는 돕는 배필이기 때문에 남편을 잘 알면 그 만큼 잘 도울 수 있지 않겠는가? 시부모님을 존중하고 사랑하는 마음을 키워 가면 세월이 흐를수록 며느리는 더 성숙해질 것이다.

'사랑의 하나님 아버지, 남편으로 인해서 새로운 부모를 얻게 하신 것을 감사합니다. 그분들을 전심으로 존경하고 사랑하며 잘 섬기는 부부가 되게 하옵소서. 아멘!'

2. 시댁 식구들도 가족이다

"어머니께서 가시는 곳에 나도 가고 어머니께서 유숙하시는 곳에 나도 유숙하겠나이다 어머니의 백성이 나의 백성이 되고 어머니의 하나님이 나의 하나님이 되시리니"(룻 1:16).

부부가 한 몸이 되어서 살아가는 것도 많은 시간과 노력이 필요하다. 서로가 불편한 것을 감수하고 익숙해지기까지는 수많은 훈련의 세월이 지나야 한다. 포기해야 할 것도 많이 있을 것이고 참고 인내해야 하는 것들이 얼마나 많은지 모른다. 배우자와 함께 잘 사는 것도 쉽지 않은 일이다. 하물며 시댁식구들과 잘 지내는 것은 더욱더 많은 수고와 노력 없이는 안 된다.

시누이와 시동생에게는 무조건적인 사랑을 주어야 한다. 그들을 내 사랑하는 동생으로 여기는 마음은 참으로 아름다운 일이다. 시누이에게는 새 언니가 되는 것이고 시동생에게는 형수가 되는 것이다. 한가족이 되어 가는 것은 자기 자신을 수없이 포기하지 않으면 안 된다. 내가 포기하면 주님께서 좋은 것으로 하나씩 채워 주는 경험을 할 수 있다. 그러나 시댁 식구들이 귀찮다고 외면하면 좋은 관계를 유지하면서 사는 것은 불가능한 일이다.

시댁 식구들이 내 삶 속으로 들어와서 힘들게 한다고 생각하지 말자. 내가 그들의 삶 속에서 좋은 영향을 미치는 것으로 만족하며 살아가는 지혜가 있어야 하지 않겠는가? 네 이웃을 네 몸같이 사랑하라는 주님의 말씀에 순종하며 살아가야 한다. 시댁 식구들을 사랑으로 돌보지 않으면 내가 불행하게 된다. 그들이 잘 되어야 내가 잘 되는 것이고 내 남편이 편하게 지낼 수 있기 때문이다. 하나를 포기해서 많은 유익한 것을 얻어내는 것이 현명한 일이 아니겠는가? 내 것만 지키려고 수많은 좋은 것을 포기하는 어리석은 며느리는 되지 말자.

'사랑의 하나님 아버지, 룻처럼 시어머니를 사랑하고 시댁 식구들을 내 형제자매로 간주하며 가정의 화목을 이루어가는 며느리가 되게 하시고, 처가를 그렇게 사랑하며 섬기는 사위가 되게 하옵소서. 아멘!'

3. 집안의 대소사에 관심을 갖자

"그 집안 일을 보살피고 게을리 얻은 양식을 먹지 아니하나니 그 자식들은 일어나 사례하며 그 남편은 칭찬하기를 덕행 있는 여자가 많으나 그대는 여러 여자보다 뛰어난다 하느니라"(잠 31: 27-29).

결혼을 하면 양가에서 일어나는 사건들이 많다. 집 안의 경조사를 비롯해서 여러 가지 일들이 많이 일어난다. 결혼을 했다는 것은 그만큼 지경이 넓혀지는 삶을 살아가게 되는 것이다. 나 혼자의 삶에서 배우자와 함께 그 가족의 일까지 관심과 사랑을 보여주어야 한다. 그래서 넓은 마음을 품어야 하고 이해심을 더 키워 가야 한다. 사랑하는 남편 때문에 관련된 모든 사람들을 하나씩 품어 내는 기술을 발휘하지 않으면 견디기 힘들게 된다. 살다 보면 남편도 맘에 들지 않는 구석이 많이 있다. 그런데 남편과 관련된 식구들을 바라볼 때는 더하지 않겠는가?

그래도 남편은 사랑하는 마음으로 견딜 수 있을 것이다. 그런데 남편 때문에 알게 되고 만나게 되는 시댁 식구들과 친척들을 어떻게 감당할 수 있겠는가? 오죽하면 시집 오면 귀머거리 3년, 벙어리 3년, 장님 3년의 세월을 보내야 한다는 말까지 나왔겠는가? 그만큼 어렵고 힘든 시간을 통과하지 않으면 한식구로서 살아 갈 수 없다는 것이 아니겠는가?

시댁 식구들과 친하게 지내지 않으면 늘 서먹서먹하고 즐겁지가 않다. 그래서 집 안의 대소사에 시간을 최대한 관심을 가져야 한다. 시부모님과 식구들의 생일들을 잘 기억해서 작은 선물과 함께 따뜻한 사랑의 표현을 해야 한다. 아무리 바쁘게 살아도 꼭 해야 할 일이 있다. 적극적인 사랑의 표현이 없이는 친하게 지내기란 여간 힘들지 않기 때문이다. 많은 물질이 필요한 것이 아니다. 작은 정성과 친절한 태도와 사랑의 마음이 있으면 누구나 할 수 있다. 이런 행동들이 남편을 더 신나게 하고 즐겁게 해 줄 것이다. 살맛나는 가정 생활을 만들어 가는 지혜를 발휘해 보자.

'사랑의 하나님 아버지, 남편과 자녀들에게서 사랑 받고 존중히 여김을 받으며 집안을 흥왕케 하는 며느리가 되게 하옵소서. 아멘!'

4. 사랑하는 마음으로 대해야 한다

"내 계명은 내가 너희를 사랑한 것 같이 너희도 서로 사랑하라 하는 이것이니라"(요 15:12).

결혼 전에는 대부분 부모의 헌신적인 사랑만 받고 살아왔을 것이다. 그러나 결혼 후에는 남편과 자녀와 시댁 식구들을 비롯해서 많은 사람들을 사랑하면서 살아가는 것이다. 세월이 흐를수록 사람들을 귀하고 소중하게 여기는 마음이 커져야 한다. 늘 결혼 전과 같이 사랑만 받기를 원한다면 잘못된 것이다. 한 남편의 아내가 되었기 때문에 그와 관련된 모든 사람들을 귀하게 여기고 사랑하는 마음으로 대해야 한다.

혹시라도 시댁 식구들이 맘에 들지 않고 싫다고 해도 감정 조절을 잘 해야 한다. 싫은 감정을 그대로 드러내는 어리석은 행동은 삼가해야 한다. 어린 아이가 아니라면 본인의 감정을 그대로 드러내는 실수는 없어야 한다. 시댁이 싫고 맘에 들지 않아도 참고 인내하며 사랑해야 한다. 그것이 성도의 기본 자세이다. 그리스도의 사랑을 실천할 수 있는 좋은 기회를 놓치지 말아야 한다.

우리가 사랑 못할 사람은 이 세상에 아무도 없다. 나를 미워하고 싫어하고 저주하는 사람일지라도 우리는 끝까지 사랑으로 대해야 할 의무가 있다. 왜냐하면 그 역시 예수님께서 보배로운 피를 흘려 주신 대상이 되기 때문이다. 더구나 그들은 남편으로 인해서, 아내로 인해서 얻은 가족이지 않는가? 주님의 엄청난 사랑을 입은 우리가 같은 사랑을 입은 시댁 식구를 미워한다면 하나님이 얼마나 슬퍼하실까? 모든 사람들에게 친절하게 사랑으로 대하는 것만이 우리가 살 길이다. 사랑은 성령의 역사를 기대할 수 있다. 하나님이 우리에게 향하신 거룩한 뜻이 우리의 가정에서 나타나야 한다. 나도 살고 남편도 편안하고 자녀들도 사랑의 둥지에서 잘 자라지 않겠는가?

'사랑의 하나님 아버지, 죄인이며 하나님의 원수였던 우리를 사랑하사 아들을 십자가에 달려 죽게 하신 그 사랑을 입게 하여 주셔서 감사합니다. 주님이 십자가상에서 보여 주신 그 사랑으로 서로 사랑하며 살아가게 하옵소서. 아멘!'

5. 허물을 덮어 주어야 한다

"두루 다니며 한담하는 자는 남의 비밀을 누설하나 마음이 신실한 자는 그런 것을 숨기느니라"(잠 11:13).

사랑하는 친정식구들의 허물을 누설하고 다니는 어리석은 말은 없을 것이다. 그들의 허물이 곧 나의 허물이기 때문일 것이다. 자기 부모님을 흉보고 형제를 미워하는 사람이 제일 미련한 자이다. 남편이 친정 식구들의 허물을 말하면 아내들은 속상하고 얼마나 섭섭한지 모른다. 늘 마음은 친정에 있고 부모님이 보고 싶은 마음이 얼마나 많은지 남편들은 알고 있어야 한다. 하지만 보고 싶은 마음을 달래면서 남편과 함께 살아가는 것이다. 부부는 믿음의 한 가정을 잘 세워가기 위해 많은 노력을 해야 한다.

그러나 시댁 식구들을 바라볼 때 사랑의 마음이 없으면 하나부터 열까지 맘에 드는 것을 찾아 보기 힘들다. 내가 자라온 환경과는 너무나 다르기 때문에 적응하는데 많은 수고와 인내가 필요하다. 시댁 식구들의 삶을 인정하고 그것을 받아들이는 넓은 마음이 있어야 한다. 친정 집하고 다르다고 불평하다 보면 싫어하는 마음이 생기기 때문이다. 30년 동안이나 익숙한 환경에서 살다가 다른 환경으로 적응하면서 산다는 것이 정말 쉬운 일이 아닐 것이다.

인생은 훈련의 연속이고 결혼 생활은 더 많은 수고를 해야 한다. 남편을 이해하고 남편의 식구들을 품어 주지 않으면 행복한 결혼생활을 할 수 없다. 내 눈에 보이는 허물을 말하는 것은 어리석은 일이다. 그것은 내가 성숙하지 못하다는 것을 말하는 것이기 때문이다. 한가족의 허물은 덮어 주어야 한다. 또한 기도하고 그들의 연약하고 부족한 점을 채워 주어야 한다. 시댁 식구들을 자연스럽게 한가족으로 인정하고 늘 감사하는 마음으로 행복하고 즐겁게 살아가는 아내들이 되기를 바란다.

'사랑의 하나님 아버지, 주께서 우리를 우리의 죄악대로 처치하지 않으시고 인자와 긍휼로 관을 씌워주시듯 우리도 다른 이들의 허물을 따라 판단하고 저주하는 악을 행치 않게 하시며 사랑으로 감싸주는 은혜가 넘치게 하소서. 아멘!'

6. 물질로도 잘 섬기자

"어진 여인은 그 지아비의 면류관이나 욕을 끼치는 여인은 그 지아비로 뼈가 썩음 같게 하느니라"(잠 12:4).

과거의 우리나라는 특히 딸보다 아들이 태어나면 집안의 큰 경사가 되었다. 가문과 혈통을 이어갈 수 있다고 생각했기 때문이다. 그러나 지금은 많이 달라지기는 했지만 아직도 며느리가 아들을 낳아야 대접을 받는 것은 변함이 없다. 어떤 부모는 아들이 잘 되기만을 위해서 모든 삶을 헌신하기도 한다. 이렇게 해서 잘 나가는 아들이 결혼을 할 때 그 부모의 심정은 어떻겠는가? 아들을 며느리에게 빼앗겼다고 질투를 하며 시집살이를 시키게 되는 것이다.

아들이 결혼하면 예쁜 딸을 하나 얻었다고 생각하면 얼마나 좋겠는가? 그러나 며느리가 어떻게 하는지에 달려 있기도 하다. 시부모님을 내 부모님처럼 생각해야 한다. 어렵지만 마음을 열고 잘 섬겨야 한다. 부모님과 함께 사는 경우라면 최선을 다해서 후회 없도록 잘 모셔야 한다. 불편하겠지만 환경을 탓하지 말고 가족이기에 모든 것을 참고 견뎌내야 한다. 인내하면서 가족을 소중하게 여기면 반드시 하나님께서 좋은 것으로 채워 주실 것이다. 네 부모를 공경하라는 말씀에 순종하는 것이기에 자녀들에게는 잘 되는 복이 있게 된다.

또한 부모님과 따로 살고 있다면 늘 관심을 가져야 한다. 바쁘다는 핑계를 대지 말고 전화 안부라도 하자. 부모님이 무엇이 필요한지 잘 살펴서 그들의 필요를 채워주는 일도 해야 한다. 물질로 잘 섬기는 것도 자녀들이 해야 할 일이다. 물질의 여유가 없어서 큰 것을 도와 줄 수 없지만 작은 것이라도 성의를 보여야 한다. 부모가 늘 우리 곁에 있는 것이 아니기 때문이다. 살아 계실 때 한 번 더 찾아 뵙고 사랑의 언어를 적절하게 잘 사용하는 지혜로운 며느리가 되자.

'사랑의 하나님 아버지, 성읍이 정직한 자의 축원을 인하여 진흥하듯이 우리 가문도 며느리의 축복과 사랑의 헌신을 인하여 더욱 흥왕케 되며 지아비의 면류관이 되는 복이 넘치게 하옵소서. 아멘!'

7. 함께하는 시간들을 잘 보내자

"가산이 적어도 여호와를 경외하는 것이 크게 부하고 번뇌하는 것보다 나으니라 여간 채소를 먹으며 서로 사랑하는 것이 살진 소를 먹으며 서로 미워하는 것보다 나으니라"(잠 15:16-17).

가족과 친지들과 함께하는 시간들을 지혜롭게 잘 보내야 한다. 늘 볼 수 있는 얼굴들이 아니기 때문이다. 시댁의 경조사에 동참했다면 그 곳에서 성의껏 마음을 다해서 공손한 태도를 보여야 한다. 사람들을 알아 가는 것이 가정의 삶에서 아주 유익하기 때문이다. 더불어 함께 살아가는 것이 몸에 배어 있어야 한다. 결혼을 했으니 시댁 식구들에게 관심을 갖는 것은 당연한 것이다.

무조건 바쁘다는 핑계로 참석하지 않는 것은 잘못된 것이다. 결혼해서 산다는 것은 남편하고만 사는 것이 아니다. 남편과 함께하는 모든 친척이나 친구들하고도 잘 지내야 한다. 친척들의 모임이 내 시간을 뺏는 것이라고 생각하지 말자. 그들의 시간에 내가 포함되어 있어서 즐겁게 보내는 것이다. 이 세상은 혼자서 살 수 없다. 또 내 가정만 소중하고 귀한 것이 아니다. 다른 사람들을 배려하고 관심과 사랑을 늘 보여 줄 수 있어야 한다.

우리가 전혀 모르는 사람들에게도 구제나 봉사활동을 통해서 돕고 사랑을 베푸는 일을 하지않은가! 이것이 네 이웃을 네 몸같이 사랑하라는 주님의 말씀에 순종하는 것이기 때문이다. 하물며 시댁 식구들과 친척들은 우리와 아주 가까운 이웃이고 형제들이다. 망설이지 말고 다가가서 그들의 필요를 채워 주고 사랑을 베풀어야 한다. 가족과 친척들의 만남을 즐기자. 그러다 보면 가까워지고 마음이 한결 편안하다. 내 주위에 좋은 사람들을 만들어 가는 삶의 지혜를 배우자. 그들이 예수님을 믿지 않는다면 전도할 수 있는 아주 좋은 기회이다. 생명을 건질 뿐 아니라 사랑을 실천할 수 있는 철호의 찬스를 놓치지 말자.

'사랑의 하나님 아버지, 화평함과 사랑함과 오래 참음과 자비가 풍성한 가족들이 되는 일에 밑거름이 될 수 있게 하옵소서. 아멘!'

8. 기도하는 마음으로 대해야 한다

"삼가 말씀에 주의하는 자는 좋은 것을 얻나니 여호와를 의지하는 자가 복이 있느니라"(잠 16:20).

결혼하기 전보다 결혼 후에는 더 많이 기도해야 한다. 사단의 활동 범위가 더 넓어지기 때문이다. 내가 성령 충만한 삶을 살면 더 많은 사람들에게 좋은 영향력을 미치게 될 것이다. 그러나 기도하지 않고 산다면 더 많은 아픔과 고통이 찾아 올 수 있기 때문이다. 결혼 전에는 나 혼자 신앙생활을 열심히 하면 된다. 그러나 결혼 후에는 남편을 비롯해서 자녀들 부모님들 친척들에 이르기까지 많은 사람들에게 관심을 가져야 한다. 그들이 불행해지면 곧 내가 불행하기 때문이다. 사단이 틈타지 못하도록 늘 깨어서 기도하는 것을 잊어서는 안 된다.

남편을 위해서 열심히 기도하는 것을 귀하게 여겨야 한다. 시간을 내어서 꼭 기도해야 한다. 기도하고 남편을 대하면 성령의 은혜가 넘칠 것이다. 남편을 무시하지 않게 된다. 그를 존중하고 더 잘 도우려고 애를 쓰지 않겠는가? 남편은 누구보다도 아내의 도움이 절실하기 때문이다. 남편을 잘 돕지 못하면 아내는 잘못하고 있는 것이다. 자녀들을 위해서도 마찬가지이다. 어머니의 기도를 통해서 자녀들의 신앙이 자라기 때문이다. 기도하는 어머니를 생각할 때마다 자녀들은 다른 길로 가다가도 돌아오는 역사가 일어나기 때문이다. 그래서 자녀들을 위해서 날마다 기도하는 것을 잊어서는 안 된다. 시부모님과 형제들 친척들에 이르기까지 늘 기억하고 기도해야 한다. 그들이 주님 앞에서 합당한 삶을 살 수 있도록 간절히 기도하자. 그러면 성령님의 역사가 저들의 가정마다 놀라운 은혜로 나타날 것이다. 기도하는 사람들은 시댁 식구들을 미워하지 않는다. 오히려 사랑하며 섬기는 자세로 살아가는 것이다.

'사랑의 하나님 아버지, 핍박하는 자를 위하여 기도함으로 하늘에 계신 우리 아버지의 아들이 된다고 하셨는데 하물며 우리 식구들을 위한 기도를 어찌 게을리하겠나이까. 기도로 축복하며 날마다 은혜의 보좌 앞에서 살게 하옵소서. 아멘!'

9. 시부모님들의 건강에 신경 쓰자

"자기의 아비나 어미를 저주하는 자는 그 등불이 유암 중에 꺼짐을 당하리라"(잠 20:20).

자녀가 결혼을 했다는 것은 부모가 늙어 가고 있다는 것을 말한다. 그래서 결혼한 자녀들은 특히 부모들에게 관심을 가져야 한다. 부모가 언젠가는 우리 곁을 떠날 날이 올 것이기 때문이다. 건강하게 오래 살이 계셔서 우리 곁에 늘 함께 있다면 그것보다 더 좋은 것이 어디 있겠는가? 부모가 돌아가셔서 안 계신 것보다 살아계셔서 우리 곁에 계신 것이 자녀들에게는 큰 의지가 되고 힘이 될 것이다.

부모님이 늙어 간다는 것은 몸이 쇠약해져 가고 있다는 것을 의미한다. 때로는 마음도 몸도 점점 약해져 가는 것을 자녀들이 알지 못하는 경우가 많다. 자녀들이 걱정하고 염려할까봐 말하지 않는 부모님들도 의외로 많은 것을 볼 수 있다. 혼자서 아픔과 고통을 참아내려고 애쓰며 이겨내시는 부모님들을 생각해 보자.

아들은 바쁘다고 찾아 오지도 않고 며느리도 시부모님을 돌보지 않는다면 누가 돌보겠는가? 옛날에는 자녀들이 많아서 아들이 못하면 딸들이 하고 서로가 형편되는 대로 했다. 그러나 지금은 집안에 한두 명밖에 없으니 당연히 미루지 말고 돌봐 드려야 한다. 물론 요즈음은 요양원이 많이 있어서 돈만 있으면 얼마든지 부모님을 돌볼 수 있다고 한다. 그러나 시설에 맡겨도 관심과 사랑은 늘 보여 주어야 한다. 부모님이 외롭지 않게 신경을 써야 한다. 건강도 잘 챙겨드려야 한다. 때로는 맛있는 음식도 사 드리고 시간과 물질을 잘 사용해서 부모님을 기쁘시게 하는 자녀들이 되어야 한다. 부모가 돌아가시면 하고 싶어도 하지 못하는 일들이 얼마나 많은지 모른다. 나중에 후회하지 말고 지금 옆에 계실 때 최선을 다해서 잘 섬기는 아들 내외가 되자. 죽은 자의 무덤에 찾아가려 하지 말고 산 자의 집에 자주 드나드는 것이 지혜롭다.

'사랑의 하나님 아버지, 부모님의 마음을 잘 헤아려 기쁘게 해 드리는 효도하는 자녀가 되게 하시고 노인들을 잘 공경하는 식구들이 되게 하옵소서. 아멘!'

10. 섭섭한 마음을 버리자

"겸손과 여호와를 경외함이 보응은 재물과 영광과 생명이니라, 네 부모를 즐겁게 하며 너 낳은 어미를 기쁘게 하라"(잠 22:4, 23:25).

친정 부모님 곁을 떠나서 시댁이라는 거대한 문턱을 넘는다는 것이 참으로 어렵고 고달픈 일이다. 남편의 사랑만 가지고 가기에는 너무나 힘든 여정이다. 시부모님들도 며느리에게 기대하는 것이 있어서 부담감을 갖게 된다. 잘 하려고 애쓸 때마다 시댁에 대해서 이해가 안 되는 것이 참으로 많다. 자주 친정 부모님하고 시부모님을 비교하게 된다. 우리 부모님은 이럴 때 이러시는데 왜 시부모님들은 나를 이렇게 힘들게 하시나 라고 말하지 말자. 당연히 서로가 잘 모르기 때문에 일어나는 시행착오임을 알아야 한다.

결혼생활을 통해서 시댁의 식구들도 서로가 알아 가는 것이고 배워 가는 것이다. 사랑하면서 모든 허물을 덮어 주어야 한다. 섭섭한 일이 생길 때마다 마음에 담지 말고 밖에다 내 버리자. 빨리 잊어 버리고 좋은 것만 기억하는 며느리가 되어야 한다. 계속적으로 섭섭한 것만 마음에 담아 두면 사는 재미도 없고 나중에는 병이 생기게 된다. 사단이 주는 나쁜 것을 버리는 훈련을 해야 한다. 시부모님들도 아들 내외가 잘 되기를 누구보다도 바라시는 귀한 분들이다. 아들이 불행하기를 바라는 부모가 이 세상에 어디 있겠는가? 며느리가 일부러 나쁜 마음을 가지고 시집살이를 시키시는 부모님들은 이 세상에 없을 것이다.

하나님만을 의지하고 다른 사람들을 이해하고 감싸주고 배려해 주는 귀한 마음들을 키워 가야 한다. 또한 기도하면서 섭섭한 것을 내버리고 좋은 것들을 기억하면서 마음의 평안을 누리는 삶을 살자.

'사랑의 하나님 아버지, 우리가 여호와를 경외하는 자들임을 기억하고 우리의 어미와 아비를 기쁘게 하는 자가 되어 집안을 일으키는 자녀들이 되게 하소서. 아멘!'

11. 겸손한 마음으로 섬기자

"사람의 마음의 교만은 멸망의 선봉이요 겸손은 존귀의 앞잡이니라"(잠 18:12).

예수님도 이 땅에 오신 목적이 섬김을 받으러 오신 것이 아니라 섬기시기 위해서 오셨다고 성경은 기록하였다. 만 왕의 왕이신 예수님께서 천하고 천한 죄인들을 살려 주시고 그들을 섬기시기 위해서 오셨다. 우리는 하나님의 자녀이므로 당연히 섬기는 자세를 배워야 하지 않겠는가? 결혼 전에는 부모님의 사랑을 받으며 살아 온 것이 당연하다고 생각했을 것이다. 그러나 결혼 후에는 섬김을 받는 자리에서 섬기는 자리로 내려와야 한다.

가장 먼저 시부모님을 섬기는 자세를 가져야 한다. 내가 가장 사랑하는 남편의 부모님이시다. 그들의 환경과 처지가 어떠하든지 무조건적인 사랑으로 섬겨야 한다. 시부모님과 함께 살고 있다면 불평하지 말고 겸손하게 섬기자. 주님이 주신 기회이기에 최선을 다해서 해야 한다. 부모님을 기쁘게 해 드리는 것이 곧 하나님을 기쁘시게 하는 것이다. 부모와 다투고 싸우는 미련한 짓은 어떠한 일이 있어도 하지 말자. 부모님의 마음에 깊은 상처를 주지 말아야 한다. 평생 자식들을 위해서 헌신하고 수고의 땀을 흘리신 귀한 분들이다. 내 맘에 들지 않는다고 함부로 행동하지 말자. 나이가 들면 실수도 많고 모든 것이 느리고 답답하게 행동하는 것이 한두 가지가 아닐 것이다. 겸손하게 부모님을 섬기다 보면 그분들의 모든 행동이 용서가 되고 이해가 된다. 그런 마음을 하나님은 겸손한 자에게 주신다. 하나님의 마음을 품고 살아가는 것이 진정한 행복이 아니겠는가? 자기 부모님을 잘 받들어 섬기는데 싫어할 남편이 어디 있겠는가? 남편에게도 사랑받고 부모님에게도 귀중함을 받고 사는 것이 얼마나 큰 축복인가? 부모님을 잘 섬기는 사람이라면 다른 사람들도 잘 섬기지 않겠는가? 내 방식대로가 아니라 어른들이 좋아하는 방식대로 섬기는 것이 올바른 섬김이다. 젊은 사람 입장에서 판단하고 행동하기 전에 어른들의 심기를 잘 살펴서 불편함이 없게 하는 자가 되어야 할 것이다.

'사랑의 하나님 아버지, 섬기려 오시고 자신의 생명을 대속물로 주신 예수님을 본받아 온유와 겸손으로 살게 하시고 교만한 마음이 틈타지 않도록 도와주옵소서. 아멘!'

12. 잘 들어주는 며느리가 되자

"너희가 잠잠하고 잠잠하기를 원하노라 이것이 너희의 지혜일 것이니라 너희는 나의 변론을 들으며 내 입술의 변명을 들어보라"(욥 13:5-6).

사람들 대부분의 문제가 소통이 잘 되지 않을 때 일어난다. 대화만 잘 이루어져도 문제들이 쉽게 풀리는 경우가 많이 발생하게 된다. 각자가 자라온 배경과 환경에 의해 만들어진 자기만의 독특한 언어들이 있다. 이 언어들을 이해하려면 상대방에 대해서 잘 알아야 한다. 본인은 아무 생각 없이 던진 말이 의외로 상대방에게 상처를 주는 경우가 종종 발생한다.

시부모님과의 관계에서 발생되는 대부분의 문제들도 예외는 아닐 것이다. 서로가 언어 소통만 잘 이루어져도 수월한 것들이 그렇지 않아서 문제를 일으키는 일들이 의외로 많이 있음을 알 수 있다. 특히 시어머님들은 할 말이 많으실 것이다. 험난한 인생의 굴곡들을 건너오면서 얼마나 많은 이야기 거리가 있겠는가? 젊은 며느리하고는 비교가 안 될 정도일 것이다. 어머님의 이야기를 잘 들어주는 며느리가 되어야 한다. 했던 말을 반복적으로 한다고 짜증내지 말고 무조건 들어 주자. 말씀을 한다는 것은 건강하다는 것이고 며느리와 함께 공감대를 형성하기 위한 수단임을 알아야 한다. 여자끼리는 많은 공감대를 형성하지 않으면 가까워지기가 쉽지 않다. 시간이 없다고 바쁘다고 핑계대지 말자. 부모와 함께 대화하는 시간은 아주 소중하고 귀중한 시간이다. 나중에 후손들에게도 들려 줄 수 있는 좋은 소재들이 많이 있다. 특히 믿음의 부모님이라면 더할 나위 없이 귀한 간증 거리가 되는 것이다. 부모님이 편안하게 말씀할 수 있도록 분위기를 만들어 주는 배려가 있어야 하지 않겠는가? 살아계실 때 한 마디라도 더 들어주고 사랑의 마음으로 답해 주는 착한 며느리가 되자. 신혼 초기에는 부모님 앞에서 자신의 입장을 내세우려는 것보다는 어른들의 말을 존중히 여기는 것이 지혜이다.

'사랑의 하나님 아버지, 어른들을 가르치려 들지 말게 하시고 어른들의 말을 잠잠히 잘 들어주며 헤아리며 살피고 존중하는 지혜 있는 자가 되게 하옵소서. 아멘!'

13. 노력하면서 가까이 다가가야 한다

"사람은 입에서 나오는 열매로 하여 배가 부르게 되나니 곧 그 입술에서 나는 것으로 하여 만족하게 되느니라 죽고 사는 것이 혀의 권세에 달렸나니 혀를 쓰기를 좋아하는 자는 그 열매를 먹으리라"(잠 18:20-21).

학생이 공부를 잘 하기 위해서는 많은 노력과 수고를 하지 않으면 안 될 것이다. 자격증을 취득하기 위해서도 많은 노력을 해야만 한다. 무슨 일을 하든지 잘 하기 위해서는 많은 시간과 물질과 노력 없이는 할 수 없을 것이다. 사람들과 친해지는 것도 많은 수고가 있어야 한다. 시간을 내서 만나야 하고 물질을 가지고 때로는 선물도 하면서 친하게 지내려고 애를 쓸 것이다.

시부모님과 가까이 잘 지내기 위해서도 며느리는 많은 노력을 기울여야 한다. 아무런 노력 없이는 가까이 잘 지낼 수가 없다. 시간을 내서 시댁을 방문해야 한다. 맛있는 음식이나 과일들도 사 가지고 가서 드시는 모습을 즐겁게 바라보아야 한다. 용돈도 드리고 필요한 것이 무엇인지도 살펴야 한다. 시부모님들이 하시는 말씀을 잘 귀담아들어야 한다. 잔소리라고 생각하지 말고 자식이기에 마땅히 듣고 순종해야 한다는 마음을 가져야 한다. 아프시다고 하면 병원에 모시고 가서 진료를 받도록 도와 드려야 한다. 직장을 다니는 며느리라면 시간이 없어서 할 수 없는 일이 많을 것이다. 바쁘고 힘들다는 핑계로 아무런 노력을 하지 않으면 시부모님들과 가까이 지낼 수 없을 것이다. 직장 때문에 함께하는 시간은 없지만 전화를 하는 것은 마음만 있으면 얼마든지 할 수 있다. 끊임 없는 관심과 사랑을 보여 주어야 한다. 시부모님을 위해서 날마다 기도하고 있다고 힘 내시라고 격려의 말도 자주 해야 한다. 사랑합니다, 존경합니다, 아프지 마시고 늘 건강하세요, 부모님이 계시기에 저희는 열심히 살고 있습니다 등 좋은 말들과 행복한 말들을 자주 사용해서 가까워지려고 노력하는 예쁘고 착한 며느리가 되자.

'사랑의 하나님 아버지, 점점 연로해지시는 어른들의 마음을 행복하게 하고 귀를 즐겁게 하는 유익한 행동과 말들을 잘 하는 지혜가 있게 하옵소서. 아멘!'

14. 자녀가 되어가는 것이다

"마음의 즐거움은 양약이라도 심령의 근심은 뼈로 마르게 하느니라"(잠 17:22).

친정 어머니는 딸을 배 아파서 낳았지만 시어머니에게 며느리는 마음으로 낳은 자식이다. 친정 어머니와 딸의 관계는 어떠한 어려움과 시련이 닥쳐와도 함께하며 늘 애틋한 심정을 가지고 있다. 그러나 시어머니와 며느리의 관계는 말로 표현할 수 없는 미묘한 감정들이 쌓여 간다. 서운하고 섭섭하고 얄밉고 때로는 미운 감정마저 들 때가 있다. 배 아파서 낳은 자식이 아니기에 이해하려고 하지 않고 기대감에 못 미치기에 마음에 들지 않는다고 한다. 그러나 시어머니도 며느리를 딸이라고 생각하고 넉넉한 마음으로 이해하며 감싸 주어야 한다. 며느리도 늘 시어머니를 공경하고 허물을 덮어 주고 불평하지 않고 감사하는 마음을 가져야 한다.

서로가 양보하고 이해하고 위로하고 격려해 주는 마음으로 행동해야 한다. 어린 자녀를 키울 때는 늘 사랑이 우선되어야 한다. 사랑하는 마음으로 자녀를 교육시키지 않으면 바르게 자라는 것을 기대하기가 어렵다. 시부모님은 어린 딸이 내 집에 들어왔으니 내 자녀로 인정하고 사랑하는 마음으로 잘 대해 주어야 하지 않겠는가? 실수가 많고 부족한 것이 많이 있는 것은 당연한 것이다. 잘못을 지적하는 것이 아니라 잘 하고 있는 것을 칭찬해 주어서 한 식구가 되는 것을 자랑스럽게 여기도록 해야 한다. 절대로 상처를 주는 말을 함부로 하는 실수는 하지 말아야 한다. 며느리를 내 마음대로 할 수 있다는 생각은 저 멀리 버려야 한다. 며느리도 시부모님의 딸이 되었으니 존중하고 순종하는 마음을 늘 가져야 한다. 시댁 식구들이 마음에 들지 않아도 내색하지 말자. 참고 견디고 인내하면 좋은 마음이 되어서 한 식구가 되어가는 것을 느끼게 될 것이다. 부부가 된다는 것은 내 문화를 심으려고 하는 것이 아니라 상대방의 문화를 이해하고 한 식구가 되는 노력을 기울인다는 다짐이다.

'사랑의 하나님 아버지, 시어른들께 마음의 즐거움을 많이 안겨드리는 며느리 되게 하시고 서로 통하는 교통함이 늘 풍성한 가족들이 되게 하옵소서. 성을 세우는 자가 되게 하옵소서. 아멘!'

15. 손주를 안겨 드리자

"손자는 노인의 면류관이요 아비는 자식의 영화니라"(잠 17:6).

요즈음은 갈수록 결혼 연령이 늦춰지고 있는 것이 현실이다. 예전에는 20대에 결혼했는데 지금은 거의 30대가 넘어야 결혼하는 경우가 늘고 있다. 신부가 나이가 많으면 자녀를 낳는 것도 힘들고 기르는 것도 여러모로 어렵다. 아이는 젊어서 가져야지 튼튼하고 건강한 아이를 낳을 수 있는 확률이 높고 기르는 힘을 잘 발휘할 수 있기 때문이다. 결혼하면 전업주부가 되는 것이 아니라 직장생활을 지속해야 하기때문에 아기를 낳는 데도 많은 장애물이 있음을 부정할 수 없다. 그러나 결혼을 했으면 자녀를 낳는 문제를 가지고 기도해야 한다.

자녀를 주시는 분은 하나님이시다. 언제 주실 줄 모르기 때문에 늘 마음으로 준비하고 건강에 신경을 써야 한다. 깨끗하고 영양가 있는 음식을 먹고 몸가짐을 단정히 하며 어머니가 되어가는 연습을 해야 한다. 그러나 아내가 직장을 다니면 집안 일을 포함해서 여러 모로 심리적인 압박감과 부담감이 있다. 육체적으로도 힘들고 지치게 되는 경우가 많다. 그러면 스트레스를 받기 때문에 임신을 하는데 많은 지장이 있음을 알아야 한다. 시부모에게 가장 좋은 선물은 손주를 안겨 드리는 것이다. 손주는 노인의 면류관이기 때문이다. 그 어떠한 선물보다도 가장 좋은 선물이다. 결혼을 했으면 생육하고 번성하라는 하나님의 말씀에 순종해야 한다. 돈을 버는 것이 우선이 아니다. 돈보다 더 중요한 것은 생명이다. 여자가 아기를 낳을 수 있는 나이는 제한적이다. 40이 넘으면 아기를 낳는 것이 힘들고 50이 넘으면 낳을 수 없다. 그러면 30에 결혼하면 10년 정도만 아기를 낳을 수 있는데 그 기간도 직장을 다니면 임신하기가 어렵게 된다. 결혼을 했으면 몸가짐을 바르게 하고 기도하는 마음으로 2세를 기다려야 한다. 믿음은 자손 대대로 계승해 가야 하는 하나님의 언약적 선물이다.

'사랑의 하나님 아버지, 태의 열매를 허락하사 믿음의 후손을 보는 즐거움을 누리게 하시고 가정에 아이들의 웃음소리가 끊이지 않는 복을 누리게 하옵소서. 아멘!

16. 장인 장모를 사랑하자

"집과 재물은 조상에게서 상속하거니와 슬기로운 아내는 여호와께로서 말미암느니라"(잠 19:14).

이 땅에 태어나서 삼십 년이나 늘 함께 지냈던 사랑스러운 딸이 결혼해서 집을 떠나간다고 생각해 보자. 친정 부모님들의 마음이 얼마나 허전한지 말로 다 표현할 수 없을 정도이다. 어떤 아버지는 결혼식 끝나고 딸의 방에 가서 엉엉 우셨다고 한다. 그러니 친정 어머니의 마음은 어떻겠는가? 겉으로는 잘 살라고 말을 하지만 염려스럽고 걱정스러운 부모님들의 마음을 어찌 다 헤아릴 수 있겠는가? 부모님들의 허전한 마음을 채우기 위해서라도 사위는 부지런히 관심과 사랑을 부모에게 보여 주어야 한다. 결혼은 나 혼자만 잘 살면 되는 것이 아니다. 양가의 부모님들이 행복해야 하고 형제와 친척들 모두에게도 유익한 삶이 되어야 한다. 결혼 전에는 개인의 삶에 충실했겠지만 결혼은 무엇이든지 함께하는 것에 익숙해져야 한다.

소중하고 귀한 딸을 사위에게 보내고 늘 노심초사 염려하면서 그리워하고 있는 장인 장모를 생각해야 한다. 그들에게 늘 고맙게 생각하고 감사하는 마음으로 애정의 표현을 하자. 아내가 내 부모님에게 잘 하기만을 바라지 말고 사위도 장인 장모님에게 지극한 정성을 보여 줄 수 있어야 한다. 사위도 자식이라는 것을 느낄 수 있도록 늘 사랑하고 존경하는 마음으로 대해야 할 것이다.

결혼을 통해서 아내를 내 몸같이 사랑해야 하며 아내의 부모님도 한가족으로 받아들이는 훈련을 해야 한다. 처가 댁 식구들을 사랑하지 않는 남편은 자격 미달이다. 그들을 사랑하고 돌보는 것이 곧 아내를 사랑하는 것이기도 하다. 아내가 남편을 생각할 때마다 믿음직스럽고 고마운 마음이 들도록 노력해야 한다.

'사랑의 하나님 아버지, 슬기로운 아내를 얻게 하심을 감사합니다. 그 아내를 낳아 주시고 길러주신 처가 어른들과 식구들을 사랑하고 존중하고 감사하는 마음을 잃지 않게 하옵소서. 아멘!'

17. 안부 전화를 자주 하자

"선한 말은 꿀 송이 같아서 마음에 달고 뼈에 양약이 되느니라, 사람은 그 입의 대답으로 말미암 아 기쁨을 얻나니 때에 맞는 말이 얼마나 아름다운고"(잠 15:23, 16:24).

사랑하는 딸과 늘 함께 살다가 결혼을 했기 때문에 매일 볼 수 없다는 것이 부모에게는 참으로 마음이 저리고 아프다. 밥을 먹을 때나 잠을 잘 때나 마치 집에 있는 것 같은 착각을 하기도 한다. 딸이 사용했던 방에 들어가면 그리움에 사무쳐서 한동안 넋을 잃을 때도 있다. 다 커서 부모 곁을 떠나는 것이 당연하다고 느끼겠지만 친정 부모는 늘 딸에 대한 애잔한 마음을 감출 수가 없다.

보고 싶고 그리워서 사진첩을 들여다보며 그리운 마음을 달래려다 울컥 눈물을 흘릴 때가 한두 번이 아닐 것이다. 이런 부모님의 마음을 이해할 수 있겠는가? 집에 딸이 없다는 것에 대해서 얼마 동안은 적응이 안 된다. 저녁만 되면 대문을 열고 엄마 하고 부르며 들어올 것 같은 착각을 하게 될 때가 한두 번이 아니기 때문이다.

처가댁과 가까이 살지 않는 한, 자주 찾아 가는 것은 어려울 것이다. 결혼해서 멀리 외국에 나가서 사는 경우도 종종 있다. 부모의 서운한 마음을 달래기 위해서는 무엇보다도 전화를 통해서 목소리를 듣는 것이다. 자주 안부를 묻고 따뜻한 말로 관심을 갖는 것은 잘 하는 것이다. 남자는 아내의 내조로 인해 더 많은 큰 일들을 할 수 있도록 하나님이 만드셨다. 그런 내조를 잘 받으려면 아내의 마음이 늘 평안해야 하지 않겠는가? 아내가 친정 부모님에 대해서 걱정하고 염려하는 것이 무엇인지 잘 알아야 한다. 그런 부분을 남편이 힘 닿는 대로 채워주는 역할을 해 주어야 한다. 양가의 부모님을 잘 돌아보는 부부가 되어야 한다. 부모님의 헌신과 수고가 있었기에 지금의 우리가 있다는 것을 알아야 하지 않겠는가? 늘 고마운 마음으로 자주 연락드려야 한다.

'사랑의 하나님 아버지, 때에 맞게 기쁨을 드리는 선한 말을 잘 하게 하시며 좋은 기별을 드리는 자가 되어 듣는 이들의 뼈를 윤택하게 하는 자가 되게 하옵소서. 아멘!'

18. 집안 경조사에 함께해야 한다

"지혜자의 마음은 초상집에 있으되 우매자의 마음은 연락하는 집에 있느니라"(전 7:4).

성경은 아내를 얻은 자가 복이 있다고 기록하였다. 결혼을 통해서 아내를 얻었으니 주님이 주신 복을 마음껏 누려야 하지 않겠는가? 아내의 가족들은 잠깐 만났다가 헤어지는 그런 관계가 아니다. 아내가 시집 와서 시댁 식구들과 죽을 때까지 함께 사는 것처럼 사위도 처가 식구들과 세상을 떠날 때까지 평생 잘 지내야 한다. 그러기 위해서는 함께하는 시간들을 잘 활용해야 한다. 늘 같이 사는 것이 아니기 때문에 소홀해 질 수 있는 관계이다. 그러나 관심과 사랑으로 대해야 한다. 집 안의 경조사가 있으면 잘 참석해서 친해지려고 노력해야 한다.

아무리 직장 업무가 바쁘고 힘들어도 처가 댁 식구들과의 정기적인 만남을 갖는 것도 하나의 좋은 방법이다. 장인 장모님을 직접 뵙고 담소를 나누며 이야기를 나누는 것도 좋을 것이다. 서로가 어렵고 힘든 일이 있으면 함께 도와야 한다. 가족은 좋은 일이든 나쁜 일이든 마음을 같이하는 것이다. 세상을 살다 보면 어른들의 지혜가 필요할 때가 많이 있다. 장인 장모님에게 지혜를 구하고 도움을 청하는 것도 가까워질 수 있는 기회이다.

처가 댁을 위해서 늘 기도해야 한다. 처남과 처제 등 형제들과도 끊임없는 관계를 잘 유지하도록 노력해야 한다. 언니와 누나 때문에 매형과 형부가 되었으니 더 사랑하는 마음을 가지고 잘 보살펴 주어야 한다. 때로는 그들의 필요가 무엇인지 알아서 물질로도 도울 수 있어야 한다. 작은 물질이라도 마음을 실어서 도와 주면 한층 더 친해지고 좋은 관계를 잘 맺어 갈 수 있다. 아내 때문에 더 많은 형제를 얻은 것이니 즐겁고 감사한 일 아닌가?

'사랑의 하나님 아버지, 집안의 대소사에 관심을 기울여서 가족들간의 유대관계를 더욱 돈독히 하며 서로 사랑하며 더불어 행복해지는 가정들 만들어가게 하옵소서. 아멘!'

19. 아들이 되어 가는 것이다

"너희는 다시 무서워하는 종의 영을 받지 아니하였고 양자의 영을 받았음으로 아바 아버지라 부르짖느니라"(롬 8:15).

요즈음은 자녀들이 대부분 하나 아니면 둘이다. 옛날에는 자녀들을 많이 낳았기 때문에 아들도 있고 딸도 있었다. 그러나 지금은 자녀가 둘 정도이기 때문에 딸만 있든지 아들 하나 딸 하나인 가정이 대부분이다. 그래서 자녀들을 더 귀하고 소중하게 여기며 정성을 다해서 키운다. 그렇게 키움을 받은 너무나 소중하고 귀한 사랑하는 딸을 시집 보내 놓고 허전한 마음을 달래고 있을 장인 장모를 깊이 생각한 적이 있는가? 그분들을 이해하려고 노력은 해 보았는가?

예쁜 딸 때문에 아들을 얻었다고 생각하면 얼마나 행복하시겠는가? 그렇게 되도록 사위는 장인 장모님에게 최선을 다해서 잘해 드려야 한다. 늘 같이 살 수는 없을지라도 한결 같은 마음으로 관심을 가져야 한다. 부모님의 든든한 버팀목이 되어서 허전한 마음을 조금이라도 달래준다면 사위 역할을 잘 하는 것이다. 대부분 장인 장모님께서는 내 딸에게만 잘 할 것을 당부한다. 그러나 마땅히 남편이라면 아내를 늘 아끼고 사랑해 주어야 한다. 더 나아가서 아내의 가족들을 챙기고 사랑하는 마음을 키워 가야 한다. 아내가 친정 때문에 염려하고 걱정하지 않도록 세심한 배려를 한다면 정말 훌륭한 남편이다.

사위가 항상 다정하게 친절하게 대해 주면 장인 장모님이 얼마나 좋아하시겠는가? 세월이 흘러갈수록 사위에 대한 믿음이 생길 것이다. 또한 내 딸이 좋은 신랑감과 산다고 생각하니 염려하는 마음이 다 사라지지 않겠는가? 사위는 백 년 손님이 아니라 그리스도 안에서 만난 진정한 아들이 되는 것이다.

'사랑의 하나님 아버지, 하나님의 사랑하심을 본 받아서 장인 장모님을 정성으로 섬기며 살게 하옵시고 아울러 사랑하는 아내 또한 내 몸같이 사랑하게 하옵소서. 아멘!'

20. 처가 식구들도 잘 보살펴 주어야 한다

"누구든지 자기 친족 특히 자기 가족을 돌아보지 아니하면 믿음을 배반한 자요 불신자보다 더 악한 자니라"(딤전 5:8).

여성은 시집을 가면 한평생 시댁 식구들과 뗄래야 뗄 수 없는 관계로 살아 가게 된다. 그래서 시집살이를 하면서 많은 고통과 아픔을 겪는다. 어느 누구도 예외는 없다. 시집살이를 즐기면서 하는 며느리는 아마도 없을 것이다. 처음에는 많은 시행 착오를 겪으면서 시댁 식구들과 적응하면서 지내는 것이다. 실수를 연발하고 부족한 것이 드러나는 현실 속에서 얼마나 많이 힘들고 어렵겠는가?

사위도 처가댁 식구들과 잘 지내려면 많은 시행 착오를 겪지 않으면 안 될 것이다. 서로를 잘 알지 못하기 때문에 많은 오해가 생길 수도 있다. 결혼과 함께 아내 식구들을 한가족으로 알아야 한다. 맘에 들지 않는 것이 많이 있어도 품을 수 있어야 한다. 아내의 동생들과 형님들을 잘 모셔야 한다. 친절하고 예의 바르게 행동해야 한다. 좋은 인상을 심어 주려고 노력을 하지 않으면 안 된다.

때로는 그들의 필요가 무엇인지 알아서 적극적으로 도움을 줄 수 있어야 한다. 사랑은 적극적인 것이다. 처가 식구들을 진정으로 사랑한다면 그들의 마음을 읽을 수 있어야 한다. 주님께 날마다 기도하는 것을 잊어서는 안 된다. 지혜를 구하며 결혼생활을 믿음으로 잘 할 수 있어야 한다. 결혼과 함께 가족들이 많아진 것에 대해서 하나님께 감사하자. 모든 식구들과 더불어 함께 살아가는 지혜를 배워야 한다. 나중에 자녀들이 아버지의 모습을 보고 돈으로 배울 수 없는 좋은 인성들을 배우게 될 것이다. 하나님과 함께하는 부모님의 믿음을 보고 아름답게 자녀들이 잘 자라지 않겠는가? 그리스도의 사랑으로 정복되고 정복당함이 아름답다.

'사랑의 하나님 아버지, 세상은 사랑이 없어 탄식하지만 말로 다할 수 없는 사랑을 받은 그리스도인으로서 우리의 가족들을 잘 돌보는 믿음이 넘치게 하옵소서. 아멘!

21. 필요한 물품들을 사 드리자

"너그러운 사람에게는 은혜를 구하는 자가 많고 선물을 주기 좋아하는 자에게는 사람마다 친구가 되느니라"(잠 19:6).

딸들이 결혼하기 전에 집안의 생활비를 보태드리는 경우가 많이 있다. 부모님들의 생활이 넉넉하지 않아서 직장을 다니며 도와 주었을 것이다. 가정의 모든 것들을 함께 나누면서 필요를 채워 주는 착한 딸들이 주변에 많이 있음을 본다. 그러나 그러한 딸들이 결혼을 하게 되면 친정을 돕는다는 것이 쉽지가 않은 것이 현실이다. 남편의 허락이 없이는 안 되는 것이기 때문이다. 때로는 남편 몰래 친정에 물질로 돕기도 하지만 그것은 바람직한 것은 아니다.

결혼을 했다고 부모님의 형편이 어려운데 모르는 척 하는 것은 잘못된 것이다. 힘이 닿은 대로 도울 수 있으면 도와 드려야 한다. 결혼해서 자녀들은 잘 먹고 잘 사는데 부모님들이 어렵고 힘들게 산다면 하나님이 기뻐하시겠는가? 부모님들의 헌신과 수고가 없이는 지금의 우리는 없다는 것을 알아야 한다. 부모님들이 무언가를 바라고 자식들을 키우는 것은 아니다. 그러나 자녀들이 결혼을 했으면 부모님들의 형편을 살펴 주어야 마땅한 것이다. 네 부모를 공경하라는 말씀은 결혼 전까지 실천해야 하는 것은 아닐 것이다. 부모님이 돌아가시기 전까지 끊임없이 돌보고 살피는 일을 해야 한다는 것을 의미한다.

결혼을 했는데도 부모님에게 자녀들을 맡아 키워 달라는 불효는 하지 말자. 늙은 부모는 키워 주고 싶은 마음은 크지만 몸이 허락하지 않는다는 것을 알아야 한다. 오히려 부모님들의 필요가 무엇인지 알아서 남은 여생을 주님의 은혜 가운데 평안하게 지내시도록 적극적으로 도와야 한다. 부모님들이 살아 계신다는 것은 엄청난 축복임을 알고 필요한 것들을 채워 드리는 착한 사위가 되자.

'사랑의 하나님 아버지, 은혜와 긍휼이 풍성하신 하나님, 좋은 것 주시기를 아끼지 아니하시는 주님처럼 양가 어른들에게 너그러운 사람이 되게 하시고 좋은 친구들이 많은 가정이 되게 하옵소서. 아멘!'

22. 가끔 휴가도 같이 보내자

"아비를 핍박하고 어미를 쫓아내는 자는 부끄러움을 끼치며 능욕을 부르는 자식이니라 내 아들아 지식의 교훈에서 떠나게 하는 교훈을 듣지 말지니라"(잠 19:26, 27).

자녀들을 출가시키고 나면 부모님들의 마음은 참 허전하다. 특히 휴가철이 다가오면 자녀들의 생각이 더 간절하다. 늘 함께 웃고 놀면서 지냈던 과거의 추억들이 떠오르기 때문이다. 나이가 들어서 여행을 가는 것도 예전과 같이 쉬운 일이 아니다. 그래서 삶의 반경이 자꾸 좁아지고 움츠러드는 경우가 대부분이다. 자녀가 떠나고 난 빈 둥지를 바라보는 부모의 심정은 이해할 수가 없을 것이다.

사위도 법적인 아들이기 때문에 가까이 지내려고 노력을 기울이지 않으면 친해 질 수가 없다. 부모님의 마음을 헤아려 주는 자녀는 잘 하는 것이다. 시간을 내어서 즐겁게 해 드리는 일도 할 수 있어야 한다. 휴가철에 가끔은 부모님들을 모시고 여행을 함께 하는 것도 좋은 일이다. 양가의 부모님과 함께 가는 여행이라면 더 잘하는 것이다. 결혼을 했다는 것은 가족이 더 많이 생겼다는 것을 의미하는 것이다. 내 가족을 비롯해서 아내의 가족과도 함께해야 한다. 일일이 관심과 사랑을 보이지 않으면 먼 이웃이 되고 말 것이다. 특히 장인 장모님께는 특별한 사랑으로 대해야 한다. 그것이 아내를 기쁘게 하는 것이다. 사랑하는 아내의 부모님을 내 부모님같이 생각하는 아름다운 마음을 가져야 한다. 그들의 수고를 인정해 주고 보살펴 드려야 한다.

자주 찾아 뵐 수 있는 형편이 안되겠지만 휴가철이라도 계획을 잘 세워서 즐겁게 해 드리자. 부모님들을 생각하면 늘 감사하고 기쁜 마음으로 자원해서 섬기는 마음을 가져야 한다. 사위가 하나님과 함께하는 모습을 보는 것이 장인 장모에게 큰 기쁨이 될 것이다. 딸을 보내 놓고 안심하게 지낼 수 있을 것이다.

'사랑의 하나님 아버지, 주님의 인자하심을 베풂으로 다른 이들에게 사모함을 받으며 어른들의 면류관이 되는 자식 되게 하옵소서. 아멘!'

23. 날마다 처가댁을 위해서 기도하자

"부모의 물건을 도적질하고 죄가 아니라 하는 자는 멸망케 하는 자의 동류니라"(잠 28:24).

그리스도 안에서의 삶은 늘 사랑하는 사람들을 위해서 기도하는 것이 우선이 되어야 한다. 배우자를 위해서 날마다 기도해야 한다. 시험에 들지 않도록 늘 깨어서 기도하지 않으면 부부 사이에 죄가 틈타게 된다. 매일 얼굴을 보며 지내는 부부라도 서로가 잘 모르는 것이 많이 있다. 사람의 마음속을 우리가 어찌 알 수 있겠는가? 무슨 생각을 하고 있는지 어떤 일이 벌어질지 한 치의 앞도 볼 수 없는 연약한 인생들이 아닌가? 함께 살고 있다고 배우자에 대해서 다 아는 것이 아니다. 그래서 기도로 돕고 힘을 모아서 거룩한 삶을 살아야 한다.

처가댁 식구들은 자주 만나는 사람들이 아니다. 서로가 잘 모르는 경우가 대부분이다. 알려고 노력하지 않으면 이웃 사촌보다 훨씬 먼 관계가 된다. 아내의 가족은 하나님이 맺어 주신 귀한 가족임을 명심해야 한다. 무관심하게 성의 없이 대하면 안 되는 관계이다. 그래서 자주 만날 수 없는 관계이지만 늘 처가댁 식구들을 위해서 기도하는 것을 잊어서는 안 된다. 안부를 묻고 기도제목이 어떠한 것이 있는지 함께 마음을 같이하는 것이 절대적으로 필요하다. 그러다 보면 만나고 싶어지고 더욱 많은 관심을 가지게 된다.

자녀는 부모님들을 보살펴 드리는 것을 잊어서는 안 된다. 점점 나약해지고 힘도 없어지고 마음과 몸도 늙어 가는 모습들을 보면서 정성껏 힘 닿는 대로 도움을 줄 수 있어야 한다. 각자 살기 바쁘겠지만 핑계를 대지 말고 부모가 살아 계시는 한 최대한의 사랑과 관심은 지속적으로 이루어져야 한다. 장인 장모님을 비롯해서 처가 식구들을 위해서 기도하며 사랑의 마음을 가져야 한다. 기도하는 사위가 있다는 것이 얼마나 행복한 일인가?

'사랑의 하나님 아버지, 장인 장모의 소중한 딸을 도적질해온 사람처럼 살지 않게 하옵시고 슬기로운 아내를 기꺼이 배필로 허락해 주신 어른들의 마음을 시원케 하는 사위가 되게 하옵소서, 아멘!'

24. 부모님들의 조언을 잘 들어야 한다

"내 아들아 나의 법을 잊어버리지 말고 네 마음으로 나의 명령을 지키라 그리하면 그것이 너로 장수하여 많은 해를 누리게 하리라"(잠 3:1-2).

결혼생활을 하는 것은 미지의 세계로 들어가는 것이다. 한 번도 경험하지 못한 삶 속으로 한 걸음씩 다가가는 것이다. 아내와 남편이 좌충우돌하면서 여러 가지 시행 착오를 겪는다. 실수와 실패를 경험하면서 많은 아픔과 고통이 따라 오게 된다. 하나님을 믿는 신앙이 없다면 더 큰 어려움과 환난을 당하게 될 것이다. 하나님을 의지하면서 지혜를 구하며 가정 생활을 통해서 한층 더 성숙한 어른이 되어 간다.

또한 하나님이 자녀들에게 부모님을 주셨다는 것은 그들에게는 큰 복인 것이다. 주님이 주신 복을 마음껏 누려야 한다. 그러기 위해서는 부모님과의 관계를 잘 가져야 한다. 성경은 부모님께 순종하라고 가르치신다. 결혼 전이나 결혼 후에도 부모 말씀에 순종하는 자는 복된 자이다. 우리보다 먼저 미지의 세계에 들어가서 많은 삶의 경험을 하신 부모님이시다. 그분들의 지혜를 무시하지 말아야 한다. 자녀가 잘 되기를 늘 기도하면서 바라시는 부모님이시다. 인생의 대 선배님이시다. 부모님들이 주시는 귀한 삶의 지혜를 배워야 한다. 사위도 마찬가지이다. 장인 장모님께서 주시는 조언들을 잘 귀담아 들을 수 있어야 한다. 내가 사랑하는 아내의 부모님이시다. 이 세상에 어느 누구보다도 아내를 너무나 잘 알고 계시는 분이시다. 사위인 나보다도 내 아내를 잘 알고 그 딸의 행복을 아낌 없이 응원해 주시는 분들이시다. 시큰둥하게 듣지 말자. 잔소리로 생각하고 무시하지 말아야 한다. 하나님은 부모님들을 통해서 말씀하시기 때문이다. 늘 겸손한 자세를 가져야 한다. 그분들의 말은 진심이 담겨 있다. 진심으로 자녀들을 염려하고 사랑하는 분들이시다. 이 얼마나 놀라운 복인가?

'사랑의 하나님 아버지, 인생의 풍부한 경험에서 나오는 어른들의 지혜로운 말들을 잘 듣게 하시고 인애와 진리로 마음판에 새기게 하옵소서. 그리하여 하나님과 사람 앞에서 은총과 귀중히 여김을 받는 가정 되게 하옵소서. 아멘!'

25. 처가댁을 즐거운 마음으로 방문하자

"나를 사랑하는 자들이 나의 사랑을 입으며 나를 간절히 찾는 자가 나를 만날 것이니라 부귀가 내게 있고 장구한 재물과 의도 그러하니라"(잠 8:17-18).

사랑하는 아내가 살아왔던 집을 방문하는 날은 아주 특별한 날이다. 부모님의 사랑을 한 몸으로 받으면서 지내온 아름다운 수많은 추억들이 담겨 있는 곳이다. 아내의 소중한 추억들이 부모님과 함께 만들어졌을 것이다. 이 곳에서의 삶이 있었기에 지금의 아내가 당신 곁에 있는 것이다. 부모님의 가르침과 헌신이 있었기에 지금의 아내가 되어서 새로운 삶을 사는 것이 아니겠는가?

따스함과 사랑이 담긴 부모님이 계신 곳이 얼마나 귀하고 아름다운 보금자리인가? 무조건적인 사랑을 받으면서 자라온 가정을 떠나서 남편 품으로 온 것이다. 그런데 결혼을 해서 자주 찾아 뵐 수 없는 형편이라면 얼마나 안타깝고 서글프겠는가? 그러니 처가댁을 갈 때마다 즐거운 마음으로 가야 하지 않겠는가? 피곤하다고 바쁘다고 미루지 말고 아내를 위해서라도 자주 찾아 뵙는 것이 좋은 것이다. 아마도 아내는 친정을 갔다 오면 부모님의 얼굴을 보고 왔으니 힘이 저절로 생기지 않겠는가?

물론 아내 혼자서 친정을 가는 것도 좋겠지만 사위도 보고 싶은 부모님의 마음을 헤아린다면 시간을 내어서 같이 가는 것이 더 좋지 않겠는가? 부모님의 생신이나 명절 때 가는 것은 당연한 일이다. 그러나 특별한 때만 가는 것이 아니라 일부러 시간을 내어서 찾아 뵐 수 있으면 더 좋을 것이다. 자주 만나면 정도 두터워지고 마음도 편안하고 한가족이라는 생각도 들지 않겠는가? 사위가 진심으로 부모님을 공경하고 마음을 다해서 섬긴다면 누구보다도 아내는 행복하지 않겠는가? 처가 댁 식구들이 사위로 인해서 더 풍성한 삶을 살 수 있을 것이다.

'사랑의 하나님 아버지, 지혜와 풍성한 인자로 자녀들을 대하시는 어른들을 잘 봉양할 수 있는 자가 되게 하옵시고 부모님들이 즐거워하는 시간들을 많이 만들어 갈 여유와 여건을 허락하옵소서. 아멘!'

26. 아내가 편안한 마음을 가질 수 있도록 노력하자

"네 샘으로 복되게 하라 네가 젊어서 취한 아내를 즐거워하라"(잠 5:18).

자녀들은 대부분 부모님 없이 사는 것을 생각하기 조차 싫어한다. 사랑하는 부모님의 품은 언제나 포근하고 따뜻하다. 어떠한 잘못을 해도 언제나 용서해 주시고 바른 길을 제시해 주시는 분이시다. 나이가 먹을수록 부모님을 향한 마음은 언제나 정감이 넘친다. 효도를 하고 싶은데 잘 하지 못하는 안타까운 마음이 항상 자리 잡고 있다. 잘못한 것만 생각나고 몸이 아프시다고 하면 걱정이 커진다.

특히 결혼을 하고 나면 자주 찾아 뵙지 못하는 마음이 너무 서글프고 안타깝다. 바쁘게 살다 보면 항상 마음뿐이고 제대로 보살펴 드리지도 못한다. 자녀들을 키우고 살림하는 일에 분주해 마음의 여유가 없다. 직장 생활을 하는 주부들은 더 심란한 마음이다. 여러 가지 일을 하다 보면 아내의 마음은 언제나 부모님을 향한 그리움이 더 커지기 마련이다. 연로해지고 쇠약해져 가는 부모님을 생각하면 편안한 마음을 가질 수 없을 때가 많다.

아내들의 이러한 마음을 살펴주는 자상한 남편이 되어야 한다. 친정 부모님들의 염려 때문에 마음을 졸이고 있는 아내의 심정을 이해하고 도울 수 있어야 하지 않겠는가? 아내를 내 몸처럼 사랑하라고 하신 주님의 말씀에 순종해야 한다. 아내의 친정 식구들이 어떻게 살던 관심이 없다면 정말 잘 못된 생각을 하고 있는 것이다. 그리스도의 사랑 안에서 내 부모님을 섬기듯이 친절하게 사랑의 표현을 해야 한다. 사랑하는 아내가 편안하게 가정 생활을 할 수 있도록 보살펴 주는 것이 남편의 도리이다. 아내가 무엇을 염려하는지 잘 살펴 주어야 한다. 아내의 심령이 늘 평안해서 가정의 웃음꽃이 활짝 피기를 바란다.

'사랑의 하나님 아버지, 우리에게 주신 샘물을 복되게 하는 일, 아내를 즐거워하는 일을 잘 감당하게 하옵소서. 사람의 길은 주님의 눈 앞에 있나니 주님께서만 우리의 가는 길을 평탄하게 하심을 믿습니다. 아멘!'

27. 좋은 음식으로 가끔 대접하자

"성도들의 쓸 것을 공급하며 항상 손 대접하기를 힘쓰라, 손님 대접하기를 잊지 말라 이로써 선 사들을 대접한 이들이 있었느니라"(롬 12:13, 히 13:2).

연로해지신 부모님들의 가장 큰 특징 중의 하나가 집안 일과 부엌 일이 하기 싫은 것이다. 젊어서는 자녀들 키우고 남편 뒷바라지에 여념이 없어서 힘드신 깃도 잊고 살아오신 어머니들이다. 아버지들도 마찬가지이다. 온갖 시련과 아픔을 참아내시며 직장 생활 하시면서 가족들의 생계를 꾸려가신 분이시다. 연세가 드시면서 몸이 아프고 힘들기 때문에 일의 능률과 의욕이 떨어져 가고 있다. 생활 반경은 점점 좁아지고 사소한 일에도 서운하고 섭섭한 마음이 들게 된다.

그래도 신앙생활을 하면서 성도들과의 교제가 잘 이루어지시면 다행이다. 서로의 마음을 이해하고 아픔을 함께 나누면서 노후를 보낼 수 있는 이웃이 있다는 것은 행복한 것이다. 비록 몸은 아프지만 영적으로 더 강건하게 사시면 얼마나 좋겠는가? 늘 깨어서 기도하고 다른 사람들을 살피면서 도움을 주는 강건한 삶을 사시는 분은 그렇게 많지 않을 것이다. 그러나 자식 된 도리는 언제나 한결같이 부모님을 사랑하고 도움을 줄 수 있는 자리에 있어야 한다. 특히 딸 가진 부모는 걱정과 염려가 더 많은 법이다. 결혼해서 행복하게 잘 살기를 바라는 간절한 부모의 마음을 읽어야 하지 않겠는가? 가끔 시간을 내서 맛있는 음식을 대접하자. 많이 드시지는 않을지라도 자녀와 함께 식사하는 것을 너무나 좋아하시는 부모님이시다. 물질과 시간을 투자해서 부모님을 기쁘시게 한다면 무엇보다도 하나님이 기뻐하지 않으시겠는가? 한평생 자녀들을 위해서 헌신한 부모님이시다. 특히 아내를 지극 정성으로 키우신 장인 장모님이 아니신가? 대접을 해도 생색내지 말고 진심으로 사랑하고 존경하는 마음으로 친절하게 해야 한다.

'사랑의 하나님 아버지, 우리를 먹이고 입히고 키워주신 부모님의 은덕을 잊지 않게 하시고 항상 손 대접 하기를 즐거워하게 하시며 받는 것보다 주는 것이 더 복된 일임을 잘 실천하게 하옵소서. 아멘!'

28. 처가댁에 부족한 것을 채워주자

"피차 사랑의 빚 외는 아무 빚도 지지 말라 남을 사랑하는 자는 율법을 다 이루었느니라" (롬 13:8).

부모들은 자녀들을 위해서 한평생 수고를 아끼지 않으신 분들이다. 온갖 정성과 사랑으로 돌보며 양육하신 분들이시다. 자녀들의 필요를 채워 주려고 힘을 다하셨다. 엄청난 학자금을 비롯해서 자녀들에게 필요한 모든 것을 해 주시려고 언제나 애를 쓰신 분들이시다. 때로는 어려운 가정 형편에도 자녀들의 필요는 아낌 없이 채워 주셨다. 자녀들이 아프면 온갖 정성을 기울여서 돌보며 헌신하신 부모님들이시다.

눈에 넣어도 아프지 않는 사랑스러운 딸이 결혼을 해서 가정을 떠났으니 얼마나 서운하시겠는가? 보고 싶어도 마음대로 볼 수 없는 환경이 되어 버린 것이다. 한 남편의 아내가 되었으니 가정에 충실하며 살아야 하지 않겠는가? 어린 자녀들까지 키우면서 친정 식구들을 돌아볼 여유가 없을 것이다. 몸도 마음도 힘들고 지쳐서 다른 식구들에게 관심과 사랑을 갖는다는 것이 쉬운 일은 아닐 것이다.

그럴 때 사위가 처가댁을 돌아보면서 부모님들의 필요를 채워 준다면 얼마나 멋진 남편이겠는가? 전화로 안부도 물어 보면서 장인 장모님에게 무엇이 필요한지 살펴 주는 일은 아무나 하지 못하는 일일 것이다. 아내를 사랑하는 남편이기에 아내의 친정 식구들에게 최선을 다해서 섬기면 가정의 화목은 더 꽃을 피우지 않겠는가? 물질이 많아서 섬기는 것이 아니다. 처가댁 식구들을 위해서 늘 기도하다 보면 주님께서 지혜를 주시지 않겠는가? 주님을 의지하며 순종하는 든든한 사위를 보면서 장인 장모님이 얼마나 행복해 하시겠는가? 딸을 자주 볼 수는 없지만 늘 마음과 물질로 섬겨주는 사위가 있다면 그것보다 더 즐거운 일은 없을 것이다.

'사랑의 하나님 아버지, 억지로나 인색함으로 섬기는 일이 되지 않게 하옵시고 즐겁고 자원하는 마음으로 섬겨서 우리 모두가 웃고 즐거워하는 일들만 생산해 내는 가정이 되게 하옵소서. 아멘!'

29. 관심과 사랑으로 겸손하게 대하자

"모든 겸손과 온유로 하고 오래 참음으로 사랑 가운데서 서로 용납하고 평안의 매는 줄로 성령의 하나 되게 하신 것을 힘써 지키라"(엡 4:2-3).

성도는 모든 사람들에게 친절과 사랑으로 대해야 한다. 남을 무시하거나 괴롭히는 일은 절대로 없어야 한다. 특히 아내의 식구들에게는 더욱더 친절하고 상냥하게 대해 주어야 한다. 처남과 처제에게도 따뜻하게 관심을 가지고 보살펴 줄 수 있어야 한다. 사위도 자녀가 되어가는 과정을 잘 밟아 가야 한다. 처가 댁 가족들과는 하루 아침에 친해지는 것이 아니다. 서로가 관심을 갖고 노력할 때 가까워지는 것이다.

장인 장모님에게도 변함 없이 한결 같은 마음을 가지고 대해야 한다. 부모님을 공경하라는 하나님의 말씀에 순종하는 착한 사위가 되어야 한다. 하나님과 함께하는 사위의 모습을 보는 것이 가장 큰 즐거움이 아니겠는가? 늘 딸을 시집 보내 놓고 염려하는 부모님의 마음을 아주 편안하게 해 주는 사위에게 반드시 주님께서 많은 복을 주실 것이다. 무엇보다도 아내를 사랑하고 자상하게 보살펴 주어야 한다. 그 모습을 바라보는 장인 장모님께도 늘 친절하고 다정하게 대해 준다면 아주 성숙한 사위가 되어 갈 것이다. 그러한 노력 없이는 한가족으로 살아가는 것은 불가능하다. 저절로 되어지는 것은 이 세상에 아무것도 없다는 것을 알아야 한다.

모든 인간 관계도 관심과 사랑이 없으면 지속될 수 하물며 아내의 식구들에게 아무런 영향력을 끼치지 못한다면 어떻게 가까워질 수 있겠는가? 시간이 필요하고 물질도 투자해야 한다. 아까워하지 말고 그리스도의 사랑으로 다가가야 한다. 그것이 아내를 사랑하는 것이고 가정의 평화를 유지할 수 있는 지름길이다. 믿음으로 살아가는 성숙한 사위가 되자.

'사랑의 하나님 아버지, 버려진 존재요 원수였던 우리에게 관심과 사랑을 쏟으셔서 죄에서 건져주시고 하나님의 자녀가 되게 하셔서 감사합니다. 주님의 은혜를 관계 속에서도 잘 실천하여 그리스도의 사랑의 법을 완성케 하는 자가 되게 하옵소서. 아멘!'

30. 위로와 격려와 힘을 주어야 한다

"사람은 입의 열매로 인하여 복록을 누리거니와 마음이 궤사한 자는 강포를 당하느니라 입을 지키는 자는 그 생명을 보존하나 입술을 크게 벌리는 자에게는 멸망이 오느니라"(잠 13:2-3).

장인 장모님이 결혼을 허락했을 때는 사위가 완벽하게 마음에 들어서가 아니다. 부족한 것이 많이 보여도 가능성을 보고 딸의 결혼을 승낙하신 것이다. 항상 부모님 눈에는 자녀들이 염려스럽고 안타까울 뿐이다. 부모님의 사랑을 입은 자녀들이 해야 할 일이 있다. 물론 부부가 싸우지 않고 행복하게 잘 사는 것이 무엇보다 중요하다. 요즈음은 이혼율이 점점 높아지고 있고 깨어지는 가정들이 참으로 많다. 성도는 어떠한 일이 있어도 이혼하지 않고 참고 견디면서 가정을 세워가야 한다.

부모님들은 점점 쇠약해지고 몸도 마음도 늙어가는 것이 현실이다. 부정할 수 없는 늙음이 부모님에게 찾아오는 것이다. 때로는 허전하고 쓸쓸하고 외롭고 떠나간 자녀들이 그리워서 눈시울을 적신다. 옛날 자녀들의 어린 시절 추억을 상기하면서 보고 싶은 마음을 달래기도 한다. 특히 몸이 아파서 연약해질 때는 자녀들이 더 그립고 보고 싶다. 그러나 자녀들에게 짐이 될까봐 말도 못하고 혼자서 끙끙 되시는 부모님들도 많이 계신다.

이럴 때 자녀들은 어떻게 해야 하는가? 부모님들에게 돌봄이 필요할 때 신속하게 행동으로 옮겨야 한다. 언제 어떻게 될지 아무도 모르기 때문이다. 부모님들은 우리들을 위해서 기다려 주지 않으신다. 기회가 주어질 때 할 수 있는 효도를 마음껏 해야 한다. 시간이 늘 있는 것이 아니다. 때로는 말로 힘과 용기를 드려야 한다. 할 수만 있으면 직접 찾아 뵈어서 필요를 채워 드려야 한다. 부모님들의 외롭고 힘겨운 삶을 함께 나누면서 위로해 드리고 격려해야 한다. 자녀들의 진심 어린 사랑을 느끼면 얼마나 힘이 되고 삶의 보람이 있겠는가?

'사랑의 하나님 아버지, 입의 말로 잘 위로하게 하시고 격려와 용기와 소망을 심어주는 지혜로운 사람이 되게 하옵소서. 부지런한 자의 손이 되어 이웃의 인도자가 되고 사망에서 생명으로 옮기는 복된 일꾼이 되게 하옵소서. 아멘!'